DESIGN & INTERFACE

ERGONOMIE WEB ILLUSTRÉE

60 SITES À LA LOUPE

AMÉLIE BOUCHER

Préface de Benoît Drouillat

EYROLLES

L'éditeur tient à remercier tout particulièrement Benoît Drouillat, Steve Krug, Pierre Kosciusko-Morizet, Dick Lantim, Jesse James Garrett et tous les responsables de sites web qui ont accepté de paraître dans cet ouvrage.

Crédits photos pour l'étude de cas n° 39 (Krys), de haut en bas et de gauche à droite :
• Photo par David M. Goehring (CarbonNYC on Flickr), sous licence Creative Commons-Paternité (*Every now and then…* http://www.flickr.com/photos/carbonnyc/3156504080/).
• Photo par Tafari Anthony, sous licence Creative Commons-Paternité-Pas de modifications (*JustinDockery* : http://www.flickr.com/photos/tafarianthony/3786174828/).
• Image de Kevin Dooley sous licence Creative Commons (*Saboten-Con Sunday Portraits* : http://www.flickr.com/photos/pagedooley/4074334035/).
• Photo de Anne Oeldorf-Hirsch, sous licence Creative Commons (*Finally a decent portrait* : http://www.flickr.com/photos/acidcookie/838655195/).

CHEZ LE MÊME ÉDITEUR

A. BOUCHER. **Ergonomie web**. *Pour des sites web efficaces.*
N° 12479, 2e édition, 2009, 458 pages (collection Accès libre).

A. BOUCHER. **Mémento Ergonomie we**b.
N° 12698, 2e édition, à paraître 2010, 14 pages.

E. SLOÏM. **Mémento Sites web**. *Les bonnes pratiques.*
N° 12802, 3e édition, à paraître 2010, 18 pages.

J. KEITH, preface de J. ZELDMAN. – **HTML 5 pour les Web Designers**.
N° 12861, 2010, 90 pages (A Book Apart).

M.-V. BLOND, O. MARCELLIN, M. ZERBIB. **Lisibilité des sites web**.
Des choix typographiques au design d'information.
N° 12426, 2009, 326 pages (collection Accès libre).

I. CANIVET. **Bien rédiger pour le Web…** *et améliorer son référencement naturel.*
N° 12883, 2e édition, à paraître 2010, 400 pages environ (collection Accès libre).

J. ZELDMAN. – **Design web : utiliser les standards**. *CSS et XHTML.*
N° 12026, 2e édition, 2006, 444 pages.

« Quand l'éditeur d'Amélie m'a envoyé un chapitre en PDF de son nouveau livre, je ne voulais même pas ouvrir le fichier. Pour une bonne raison : je m'étais juré, il y a deux ans, de ne plus écrire de citations pour quatrièmes de couvertures, parce que cela me prenait trop de temps. (Contrairement à nombre d'autres, je me sens obligé de véritablement *lire* le livre avant d'écrire une recommandation.) Sans compter que c'était en français, et que je n'en parle pas un mot. (Certes, ma femme et moi aimons nous dire "Bonjour !" tous les matins depuis que nous avons emmené notre fils à Paris, mais c'est vraiment tout ce que je connais.)

Et puis j'ai fait l'erreur d'ouvrir le PDF. Les pages étaient belles et m'intriguaient. Même sans être capable de lire un mot, je comprenais ce qu'Amélie tentait de faire, et j'ai voulu savoir ce qu'elle avait à dire.

Après deux heures de travail acharné, avec l'aide des souvenirs de mon amie Elisabeth qui avait étudié le français au lycée et un certain nombre d'allers-retours vers Google traduction, nous avions "lu" le chapitre entier. Et ma première impression était confirmée : même via une traduction approximative, je pouvais dire qu'Amélie fait preuve d'une profonde compréhension de l'utilisabilité. Et qu'elle pense et écrit merveilleusement bien – à la limite du poétique – à ce sujet.

J'ai accepté de lui écrire une recommandation, car je pense que beaucoup de gens devraient lire son livre. En échange, elle doit promettre de trouver quelqu'un pour me le lire en anglais… »

Steve Krug,
auteur de *Don't Make me Think : A Common Sense Approach to Web Usability*
(New Riders Publishing, 2000, 2005, traduit chez Pearson Education :
Je ne veux pas chercher : Optimisez la navigation sur vos sites, 2006)

« Enfin un livre d'ergonomie qui n'impose pas une vue académique de la discipline, risquant de n'intéresser que les lecteurs déjà sensibilisés à ces valeurs. Amélie amène naturellement le lecteur à réfléchir sur cette problématique, quelle que soit sa sensibilité vis-à-vis de cet art. Elle repositionne ainsi l'ergonomie comme une pièce maîtresse de l'élaboration d'une interface pour fournir la meilleure expérience utilisateur possible. »

Dick Lantim,
Responsable Expérience utilisateur chez Microsoft

« Si les sites pouvaient parler, ils auraient tellement de choses à nous dire sur les visiteurs perdus, les clients découragés et les membres mécontents. Autant que sur les curieux satisfaits, les membres heureux et les clients comblés : ils nous diraient alors les rubriques bien placées, les mises en avant efficaces, les boutons réussis… Car chaque site web rêve de proposer les bonnes informations au bon endroit au bon moment à tous ses utilisateurs. Lesquels sont aujourd'hui non seulement aussi divers et variés que ne l'est l'ensemble de la population, mais aussi de plus en plus nombreux. À l'instar de toutes les disciplines, une connaissance empirique doublée d'une réflexion transversale permet de mieux cerner les règles de l'ergonomie web pour mieux servir les internautes – à condition de savoir faire parler les sites, ce qu'Amélie Boucher s'emploie à faire avec talent. »

Pierre Kosciusko-Morizet,
PDG du Groupe PriceMinister

Préface

Au sens premier qu'on lui connaît, l'étude de cas est une méthodologie de recherche empirique – issue de l'héritage français des sciences sociales –, un moyen aujourd'hui consacré dans le monde professionnel pour communiquer les meilleures pratiques d'un projet. L'étude de cas agit comme un révélateur, elle « raconte l'histoire » du projet, c'est une forme de *communication narrative*. Elle permet de catalyser les problématiques et les solutions, de mettre en évidence les articulations logiques. Elle concerne toute discipline qui cherche à démontrer les bénéfices de sa pratique et à les rendre mesurables, explicitables. Elle sanctionne l'aboutissement du projet.

L'ergonomie web, comme discipline d'étude scientifique et pratique professionnelle, ne fait pas exception à ce besoin de dégager dans le projet les articulations, de mettre en évidence les relations logiques entre moyens et résultats. Elle a déjà derrière elle une riche habitude de publication qui a débuté au début des années 1990, dont les figures s'incarnent à travers Ben Schneiderman, Jakob Nielsen, Donald Norman… Dans le monde anglo-saxon, la *Web usability* est un champ particulièrement vivace. Pourtant, peu d'ouvrages, hormis celui de Jakob Nielsen et de Marie Tahir, *L'art de la page d'accueil : 50 sites web passés au crible* (paru en 2001 aux éditions Eyrolles), ont systématisé le recueil et la formalisation d'études de cas en ergonomie web. D'ailleurs, un constat similaire pourrait être étendu aux projets de design interactif. Les « retours d'expérience » ne manquent cependant pas. En marketing interactif, les « cas pratiques » sont beaucoup plus répandus car ils donnent à voir l'excellence de la discipline – c'est leur fonction de « vitrine » – et ils contribuent à bâtir une culture de la performance et du partage d'expertises dont se nourrit la profession.

On trouve aujourd'hui nombre de livres où sont consignés les fondements théoriques de la discipline, ses méthodologies, ses préceptes, mais beaucoup plus inédits sont ceux relatant en profondeur les situations d'usage réelles. Bien souvent, le regard extérieur n'a accès que partiellement aux scénarios d'usage qui s'inscrivent dans la création d'un projet web. La jeunesse de la discipline, dont l'évolution continuelle rend peut-être difficile, au fil des ruptures d'usage, une telle entreprise, n'explique pas tout. L'accès au processus de création, dans nos métiers, est malaisé – c'est une spécificité française – et Amélie Boucher incarne l'une des rares voix francophones à favoriser dans sa discipline ce partage, à aborder la démarche avec une pédagogie tout aussi simple qu'elle est exigeante.

Comme elle l'a exposé dans son premier ouvrage, *Ergonomie web – Pour des sites web efficaces*, l'ergonomie est une méthode qui requiert d'être constamment replacée en contexte. Il ne saurait exister de recettes que l'on appliquerait et qui garantiraient le succès du projet. Les nombreux exemples qu'Amélie cite dans ce livre de référence en sont les témoignages révélateurs. En choisissant de prolonger ce parcours par un recueil plus systématique et approfondi d'études de cas, l'auteur ne se contente pas de livrer un contexte plus précis ou plus exhaustif, elle met en application les méthodologies et dépasse l'évidence apparente des principes de conception. L'une des forces du présent ouvrage réside dans sa capacité à nous transporter en permanence de la théorie à la pratique et de la pratique à la théorie. Ces allers-retours garantissent de ne jamais perdre de vue le contexte d'usage, ni les principes qui sous-tendent l'analyse des interfaces détaillées ici.

Plus que d'illustrer, il s'agit ici d'expliciter les mécanismes qui confèrent au projet son statut de cas exemplaire : mettre en lumière les problématiques, les solutions et les résultats répondant aux enjeux du projet. En somme, Amélie tire le meilleur parti de l'étude de cas où se mêlent l'analyse et le recueil des observations menées lors des tests utilisateurs et des séances d'*eyetracking*. Elle distille nombre de conseils opératoires qui peuvent aisément être transposés. Ces études de cas permettent, comme démarche ancrée dans l'observation du terrain, de comprendre les processus qui sont à l'œuvre dans la conception, mais aussi la maintenance d'une interface web. Elles témoignent du rôle de médiation joué par l'interface dans la qualité du dialogue entre les *utilisateurs* et le *système*.

Cet ouvrage pose aussi le défi de visiter un genre relativement inexploré dans la littérature professionnelle, celui de l'analyse experte envisagée non comme document de travail ou *livrable* mais comme un parcours de lecture destiné à éclairer et à baliser la pratique de l'ergonomie web. Ce qui lie et donne une cohérence à ces 62 études de cas, c'est la volonté de l'auteur de donner à voir la discipline sous un jour différent. Car, en France, la perception et la place de l'ergonomie web dans un projet sont encore trop souvent associées aux actions correctives mises en œuvre pour améliorer l'adéquation à l'utilisateur et la qualité d'usage d'une interface. D'une façon générale, on constate que les apports de la discipline sont encore difficilement compris par les entreprises – et parfois même par les autres membres de l'équipe du projet.

Aussi, l'ergonome web est-il souvent sollicité en marge du projet, dans une temporalité séparée, voire décalée. On l'envisage trop fréquemment comme le professionnel objectif qui peut scientifiquement valider ou infirmer les hypothèses échafaudées lors de la phase de conception de l'interface – et qui peut apporter des améliorations au travail des architectes de l'information et des designers d'interface. Or, c'est nier l'intrication étroite de la démarche ergonomique avec les démarches de conception et de design. Dans le monde anglo-saxon, l'ergonomie web a davantage le statut d'une étape à part entière du processus de design et ses apports transparaissent dès la phase où s'explorent les premières solutions de conception, comme une activité de l'amont. Cela soulève bien sûr de nombreuses questions de frontières et de périmètre, à délimiter entre ergonomes et designers. Amélie Boucher a parfaitement à l'esprit ces constats, en choisissant d'envisager son ouvrage non comme le catalogue des défauts des interfaces qu'elle parcourt, mais comme une critique raisonnée où se font jour tant les qualités que les axes d'amélioration possibles.

Benoît Drouillat
Président fondateur de Designers Interactifs

Sommaire

Avant-propos

L'ERGONOMIE PAR LA PRATIQUE, PAR LA DIVERSITÉ

Apprendre par l'exemple. Après un premier livre dédié aux principes et méthodes, j'avais toujours envie de parler d'ergonomie, mais en attaquant la chose sous un autre angle : le point de départ de ce nouvel ouvrage, ce serait le Web lui-même, on y apprendrait par la pratique, presque sans s'en rendre compte, naturellement.

Apprendre de la diversité, aussi. Ce livre devait souligner la richesse des enseignements reçus à s'inspirer d'autres contextes, à sortir de son domaine. Montrer comme, en ouvrant les yeux sur des problématiques différentes de notre quotidien, on découvre souvent que la solution est ailleurs que là où on la cherche. Vous avez donc échappé de peu à l'analyse de l'ergonomie de machines à café ou de lave-vaisselles – qui sont pourtant mes hobbies favoris – mais l'idée est bien là : montrer beaucoup de choses, des choses différentes, qui puissent nourrir vos travaux, quels qu'ils soient.

Cette variété s'exprime à travers plusieurs dimensions : le type de page étudiée (page d'accueil, liste, ou encore application iPhone), le type de site web (e-commerce, éditorial, outil...), son domaine (distribution, institutionnel, média...), mais aussi la notoriété de l'éditeur ou de la marque. Ce choix de la diversité, tout sauf innocent, incarne une revendication à dire l'importance de l'ouverture de cadre pour l'ergonome et le concepteur.

Cela signifiait lutter contre la tendance de marché voulant que les travailleurs du Web soient spécialistes d'un domaine et d'un type de site. Si les enjeux de cette spécialisation sont compréhensibles, son extrémisme risque de gangréner l'ensemble d'une profession qui grandirait mieux si on lui donnait les moyens de nourrir autrement son expérience. Entièrement positive dans de nombreux métiers, la spécialisation a sa part de danger dans la conception d'interfaces homme-machine, et doit être maîtrisée, compensée par des fenêtres de diversification.

Montrer un Web varié, c'était aussi prendre en compte les usagers pour ce qu'ils sont réellement : des gens évoluant dans un environnement qui ne se limite pas au Web et qui, eux aussi, apprennent de tous les contextes qu'ils rencontrent. C'était enfin le moyen de réaffirmer l'individualité de chaque situation, de revenir à la définition même de l'ergonomie, de redire qu'elle n'existe pas en soi, mais s'exprime uniquement dans la relation d'un utilisateur à une machine.

LE REGARD DE L'ERGONOME, MAIS AUSSI CELUI DES INTERNAUTES

Dans ce livre d'analyses de sites web, vous trouverez aussi bien des remarques issues du travail d'audit des pages que des observations provenant des réels experts : les internautes. Les deux se complètent au fur et à mesure des pages étudiées, et vous trouverez des retours de tests utilisateurs dans la plupart des sections. Cette participation des internautes, que ce soit pour ce livre ou pour un projet de site web en général, ne doit pas seulement être considérée comme une étape optionnelle, mais comme le fondement de toute réflexion sur une interface.

Le dispositif de test utilisateur est décrit à la fin de cet avant-propos, de même que la méthodologie et la technique d'*eyetracking*, qui consiste à enregistrer le parcours oculaire des internautes sur l'écran. Nous donnons ainsi le cadre dans lequel lire les études de cas ayant bénéficié des tests.

L'ERGONOMIE DES SITES WEB

Optimiser l'ergonomie d'un site Internet, c'est travailler sur son adéquation aux besoins et attentes des utilisateurs, ainsi que sur sa simplicité d'usage. Tout tourne donc autour de vos internautes : qui sont-ils, quel est leur niveau d'expertise sur le Web, leur connaissance de votre domaine... Mais surtout, que viennent-ils faire sur votre site ? Vous verrez dans cet ouvrage que chaque remarque est rattachée à une situation d'usage, soulignant qu'il n'existe pas de « bonne solution » en termes d'ergonomie, et que les choix sont toujours dépendants du contexte. Autrement dit, une solution peut être tout à fait ergonomique pour un site, et anti-ergonomique pour un autre.

62 ÉTUDES DE PAGES WEB

Des analyses orientées

Les analyses proposées dans ce livre n'ont pas vocation à auditer le site ou même la page en entier : à l'inverse, elles zooment sur certains points en particulier, l'ensemble d'une section abordant ainsi de nombreux principes à travers l'ensemble des exemples présentés. Chaque sujet est présenté en évoquant ses avantages ou inconvénients du point de vue de l'ergonomie, et complété de recommandations le cas échéant.

Dans chacune des études, les termes techniques développés dans le lexique sont indiqués par le format pointillé suivant : référence au lexique.

Les différents cas abordés ont souvent été prétexte à glisser des principes, bonnes pratiques, vocabulaire, règles et autres références. Un lexique en fin d'ouvrage reprend chacune des notions qui n'auraient pas pu être expliquées précisément dans l'étude de cas elle-même.

Une lecture par thématique

Le sommaire de cet ouvrage répartit les 62 études de cas en sept parties, chacune concernant un type de page en particulier.

1. **Pages d'accueil** : pages d'accueil au sens strict du terme, mais aussi landing pages ou pages interstitielles...
2. **Pages de rubriques et de listes** : listes de produits, d'annonces, de recettes de cuisine...
3. **Pages de contenu** : articles, fiches produits, offres d'emploi, fiches descriptives...
4. **Formulaires** : pages d'inscription, de commande, de recherche, de commentaire ou encore d'identification...
5. **Outils** : interfaces de simulation, de configuration, coloriage en ligne, dictionnaire...
6. **E-mails et newsletters** envoyés par un site à ses internautes.
7. **Applications iPhone**.

À QUI S'ADRESSE CE LIVRE ?

Le caractère visuel de cet ouvrage devrait permettre à chacun, quel que soit son niveau d'expertise, de pouvoir en apprécier le contenu. Par la diversité des thèmes abordés, il permet d'offrir une vision complète de ce que peut vouloir dire un site web ergonomique, et intéresser ainsi tous les professionnels du Web :

- les responsables ou éditeurs de site web soucieux d'améliorer l'ergonomie d'un site existant, ou en projet de création de site ;
- les chefs de projet, consultants, directeurs de clientèle, apportant conseil à leurs clients et équipes et souhaitant nourrir leur vision de l'ergonomie web au sens large ;
- les directions marketing, qui peuvent voir en l'ergonomie une manière de satisfaire leurs internautes par le respect de bonnes pratiques ;
- les développeurs, intégrateurs et webmasters, pour comprendre les tenants et les aboutissants d'une réflexion sur l'ergonomie, pour comprendre aussi l'importance de chaque détail, qu'ils sont souvent seuls à traiter ;
- enfin, les designers, graphistes, ergonomes et architectes de l'information, qui pourront y trouver non seulement des exemples, mais aussi un guide pour l'analyse ergonomique de site web et d'applications iPhone, permettant d'asseoir les actions d'évaluation, mais aussi de création.

REMERCIEMENTS

Mes remerciements sont adressés à tous ceux qui, de près ou de loin, ont participé à cet ouvrage. Particulièrement aux éditeurs de site ayant accepté d'apparaître dans cet ouvrage (merci pour le fair-play), aux participants des tests utilisateurs, à Benoît Drouillat pour son remarquable travail de préface et nos échanges, à Steve Krug, Pierre Kosciusko-Morizet, Dick Lantim, à Antoine Luu pour m'avoir gracieusement fourni le Tobii magique, à Dimitri, Julien et Vincent pour le dérangement, à Karine ! Merci enfin à Stéphanie pour le sauvetage et son aide précieuse, aux collaborateurs et partenaires d'Eyrolles pour avoir lancé et produit cet ouvrage ainsi que la nouvelle collection Design & Interface qui l'accueille.

Et une spéciale dédicace à Manu (on ne m'y reprendra plus).

Tests utilisateurs et eyetracking

LE DISPOSITIF DE TEST UTILISATEUR

Quatorze études de cet ouvrage ont bénéficié d'un retour utilisateur grâce à des sessions de tests menées en mars et juillet 2010. Pendant ces études, onze internautes ont été confrontés aux pages web présentées dans ce livre, avec un scénario précis jouant le rôle d'objectif à réaliser sur le site. Les participants invités passaient tous au moins une heure par jour sur Internet (en mettant de côté la gestion des e-mails), le maximum étant de quatre heures par jour. Ils présentaient des profils diversifiés, que ce soit en termes d'habitudes sur le Web, de genre (cinq femmes, six hommes) ou d'âge (de 21 à 58 ans, médiane : 31 ans).
Parce que c'est un point fondamental de la méthodologie, j'ai essayé que les participants soient au maximum représentatifs de la cible de chacun des sites étudiés. La précision n'a cependant pas été telle que lors d'un test utilisateur dédié à un seul site web.

Des sessions individuelles (un participant à la fois) ont été réalisées dans une salle de test et selon un protocole mixte (présentation du scénario à l'oral et sur écran). J'accompagnais chacun des participants pour m'assurer de recueillir les données au plus près de l'interaction. Les situations ainsi provoquées relevaient donc d'une observation contrôlée, mais aussi d'un échange avec le participant.

Un ordinateur fixe avec un écran de 17 pouces et une résolution de 1 024 × 768 pixels ont été choisis pour effectuer les tests utilisateurs. L'ensemble de la session a été enregistré, puis analysé : actions, clics, saisies, verbalisations (retranscrites ici telles quelles), comportements non verbaux et parcours oculaires.

> L'espace disponible à l'écran est un paramètre extrêmement variable chez les internautes, et qui ne dépend pas uniquement de leur résolution d'écran ! Le navigateur utilisé, les barres d'outils affichées, ainsi que la taille de la fenêtre du navigateur (pas toujours maximisée) sont autant de paramètres qui peuvent influencer ce que voit votre utilisateur. Il ne faut donc pas chercher à répondre entièrement à cette hétérogénéité, mais plutôt s'assurer que, dans les contextes les plus fréquents, vos internautes pourront voir les éléments principaux de votre site et l'utiliser confortablement.

Cette résolution cible a été choisie en considérant les sites étudiés, en faisant des hypothèses ou en connaissant leurs statistiques de visite en termes de résolution d'écran. Elle prend en compte le plus important dans une résolution : sa hauteur disponible (la largeur est plus facilement prise en compte et pose en général moins de problèmes). Sur ce point, la résolution choisie permet de mener les tests dans une configuration que l'on retrouve non seulement sur les 1 024 x 768 mais aussi sur les 1 280 x 800 pixels des ordinateurs portables (c'est-à-dire quasi la même hauteur disponible). Ce faisant, on couvre encore une grande part des équipements. Puisque la méthodologie du test impose de faire un choix, la résolution choisie a été 1 024 x 768 pixels. Les études de cas montrent la ligne de flottaison de référence pour cette résolution (570 pixels), mais aussi pour 1 280 x 1024 pixels (820 pixels).
Votre résolution cible ne doit pas forcément être la plus courante chez vos internautes. Ce qui compte est le volume des visiteurs qu'elle recouvre (par exemple, si la résolution 1 024 x 768 pixels représente 35 % de vos visites contre 45 % pour des résolutions supérieures, il serait incongru de ne pas le prendre en compte).

DES DONNÉES CLASSIQUES COMPLÉTÉES PAR L'EYETRACKING

© Tobii

Fig. 0-1

Eyetracker Tobii T120

Les parcours oculaires ont été enregistrés avec l'*eyetracker* Tobii T120. Sa technologie non invasive se présente sous la forme d'un écran quasi identique à ceux que l'on connaît. L'internaute peut bouger librement la tête, et la discrétion du système permet de ne pas l'influencer pendant la réalisation des scénarios. Ce système est basé sur le principe PCCR (*Pupil Centre Corneal Reflection*). Cachées dans l'écran, un ensemble de diodes permettent d'envoyer un signal infrarouge au niveau des yeux et deux capteurs d'image réceptionnent les données de reflet de l'infrarouge sur la cornée et la pupille. La position de l'œil est ensuite calculée en interprétant ces informations grâce à un modèle physiologique de l'œil en trois dimensions et des algorithmes avancés de traitement de l'image. Les données ont été analysées avec le logiciel Tobii Studio 2.1.13.

Le Tobii T120 offre une précision de 0,5 degrés et une fréquence de 120 Hertz (c'est-à-dire qu'il récolte 120 données par seconde pour chaque œil).
Les calibrations pour chaque participant ont été réalisées sur la base de 9 points de fixation, permettant au système de se familiariser avec les caractéristiques oculaires de chaque utilisateur.

COMMENT PRENDRE EN COMPTE DES DONNÉES OCULOMÉTRIQUES ?

Les données d'eyetracking sont par nature difficiles à interpréter. On peut en effet faire dire une chose et son contraire à une carte de chaleur, et la prise en compte de l'ensemble des indices de la situation d'interaction est capitale pour bien comprendre les données oculaires. Les verbalisations des participants sont notamment précieuses, et peuvent être recueillies soit en cours de session, soit grâce à un protocole RTA (*Retrospective Think Aloud*). Quoiqu'il en soit, en ergonomie, le suivi du regard ne vient que compléter une session de test utilisateur classique, et ne saurait être utilisé de manière isolée, au risque de provoquer de fausses interprétations.

Une fixation peut par exemple signifier que la personne est intéressée par la zone qu'elle est en train de regarder, ou alors qu'elle ne comprend pas cette même zone...
Pour démêler la vérité, il ne reste qu'à savoir prendre en compte les autres sources d'informations, observer et écouter la personne en face de vous.

L'autre danger est la masse de données recueillies, et la manière dont on dirige l'étude de ces données. Partir d'hypothèses, même si ces dernières sont formulées a posteriori, semble une démarche intéressante pour concentrer l'analyse sur un point particulier. Les données qui sont présentées dans ce livre sont celles qui ont paru les plus pertinentes pour illustrer les points relevés dans les études de cas. Chacune des images utilisées, mais aussi des extraits vidéo, sont disponibles sur le site du livre, pour compléter votre lecture : http://www.ergonomie-web-illustree.com

Enfin, reste la valeur à accorder à l'eyetracking : il faut bien le considérer pour ce qu'il est, à savoir la restitution des fixations et l'interpolation des saccades visuelles. Notre perception visuelle n'est pas limitée à la vision fovéale que permet de capturer le reflet des faisceaux infrarouges : nous sommes aussi dotés d'une vision périphérique (ou para-fovéale) qui nous permet de percevoir les objets environnants dans leurs grandes masses. Cette capacité à voir des choses en dehors des fixations, même si c'est de manière floue, doit aussi être prise en compte dans l'analyse des données d'eyetracking. Elle est cependant très variable selon les individus.

TYPOLOGIE DES DONNÉES PRÉSENTES DANS CE LIVRE

Les différentes manières de représenter les parcours oculaires et leurs éléments marquants ont été choisies en fonction des thématiques abordées et des données à restituer. Voici les types de résultats que vous pourrez retrouver dans le livre, chacun représentant un intervalle réduit de la session (par exemple, les 30 premières secondes) ou sa totalité.

Les cartes de chaleur

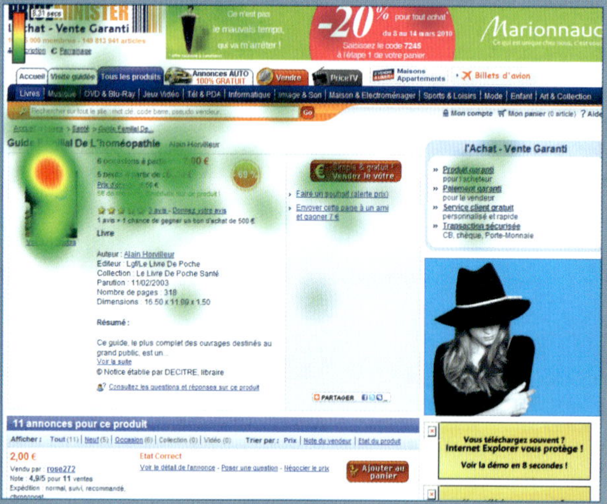

© www.priceminister.com

Fig. 0-2 *Exemple de carte de chaleur*

C'est le type de données le plus populaire, fréquemment rencontré sur le Web (et même parfois utilisé pour représenter de simples statistiques d'usage, et non des parcours oculaires). Une carte de chaleur représente les fixations visuelles cumulées de l'ensemble des participants (elles peuvent aussi concerner un seul participant, ou quelques-uns parmi le panel entier). Les zones rouges représentent les espaces les plus fixés, et le dégradé allant du rouge au vert montre la hiérarchie décroissante, le blanc représentant les zones non fixées. Cela ne signifie pas que ces dernières zones n'ont pas été vues, puisqu'elles peuvent avoir fait partie d'une vision périphérique, plus floue.

Les cartes de chaleur sont toutes présentées en durée absolue (c'est-à-dire qu'elles représentent la durée réelle des fixations cumulées sur la zone – on aurait aussi pu prendre en compte par exemple la durée relative, à savoir la durée des fixations sur une zone par rapport à l'ensemble de la page, ou simplement le nombre de fixations).

Dans la dernière version de Tobii Studio (2.1.13), il est possible de générer des cartes de chaleur animées, qui sont aujourd'hui le seul format dynamique permettant de cumuler des données de différents participants.

Les cartes d'occultation (ou nuage d'opacité)

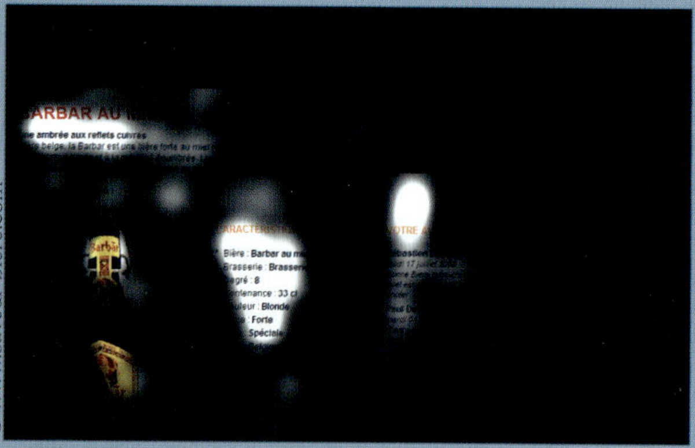

© www.saveur-biere.com

Fig. 0-3 *Exemple de carte d'occultation*

Les cartes d'occultation sont la vue en négatif de la carte de chaleur : le principe est inversé puisqu'on voit précisément les éléments fixés (alors que la carte de chaleur les recouvre). C'est un type de représentation encore plus dangereux que la carte de chaleur, puisqu'il donne souvent une impression plus tranchée des résultats, et ignore complètement, du fait de son format, la notion de vision périphérique. Il est toutefois très intéressant pour souligner un comportement visuel marqué, et présente l'avantage de montrer plutôt que de masquer les choses vues.

Les parcours oculaires individuels, point par point (*gazeplots*)

Fig. 0-4 *Exemple de parcours oculaire individuel*

Le dernier type de représentation est une vue séquencée des fixations (points) et saccades (lignes) d'un individu. La plupart du temps, j'ai choisi de représenter aussi la durée (symbolisée par la taille du point), mais certains parcours oculaires peuvent simplement lister les points en les présentant tous de la même taille. L'ordre des fixations est restitué sous la forme d'un numéro (le 1 symbolisant la première fixation effectuée sur la page). Là aussi, la plupart des parcours indiquent l'ordre, mais cette donnée peut être retirée afin de se concentrer seulement sur les points de fixation.

Les statistiques

D'autres données peuvent être calculées à partir de l'ensemble des fixations oculaires : durée s'écoulant avant la première fixation sur une zone, durée cumulée des fixations sur cette zone... Lorsque j'ai utilisé ce type d'informations, elles sont livrées au fil de l'analyse.

Partie 1
PAGES D'ACCUEIL

AFNIC

TSF JAZZ

ARCHIDUCHESSE

FORTUNEO

MONABANQ

CNC

THÉÂTRE DE L'ODÉON

HEADICT

ALLOCINÉ

Ô pages adorées ! Comment ne pas débuter ces études de sites web par leur accueil, objet de tant de soins, et paradoxalement de moins en moins visité. On se trompe souvent sur l'importance que leur accordent les internautes, mais ces pages restent des symboles de la qualité d'un site perçue au premier coup d'œil.

Accueils à part entière, pages d'atterrissage ou écrans intermédiaires, nombre d'exemples choisis ici représentent des sites sur lesquels les internautes entrent encore en partie via la page d'accueil. Elles constituent alors un point d'entrée générique sur le site ou une partie de son offre. Tout et son contraire ayant été dit sur ces pages, tout et son contraire pouvant être recommandé selon le type de site et ses visiteurs, voyons comment démêler bonnes pratiques et points d'accroche pour créer des pages d'entrée plus ergonomiques.

1 AFNIC

http://www.afnic.fr

L'AFNIC, Association française pour le nommage Internet en coopération, est une association en charge de la gestion des noms de domaine en *.fr* (France) et *.re* (Île de la Réunion). Regardons ici la page d'accueil de son site web.

1 UNE PAGE D'ACCUEIL QUI VA À L'ESSENTIEL EN RISQUANT DE CACHER CERTAINS ACCÈS CLÉS

La présentation est épurée, mais manque de clarté

- La simplicité apparente de cette page, conjuguant petit nombre d'éléments et larges espaces de respiration, démontre un effort de concision intéressant : on obtient une page peu chargée, à l'inverse d'un bon nombre de pages d'accueil. C'est un premier pas vers une ergonomie réussie, puisqu'il réduit le travail d'analyse mentale de la page pour l'internaute.

Fig. 1-1

Cette page web est en refonte, allez voir la différence en ligne !

- En revanche, l'organisation des trois fonctions autour de la mappemonde (disponibilité d'un nom de domaine, modalités d'enregistrement et recherche d'un bureau) ne facilite pas leur repérage et leur distinction. Il n'est pas évident de voir que trois choses sont proposées à cet endroit, et qu'elles n'ont pas de lien fonctionnel entre elles ou avec l'illustration centrale.

Les contenus remontés sur la page sont pertinents

Présenter les dernières actualités sur la page d'accueil est une bonne pratique, permettant de remonter du contenu frais à partir de rubriques internes au site, sans que l'utilisateur ait besoin d'aller plus en profondeur. Il est également pertinent d'avoir fait un raccourci vers les fonctions du cœur de page, fonctions clés pour le visiteur du site.

La phrase de présentation en haut de page est intéressante puisqu'elle permet à l'utilisateur de comprendre rapidement la mission de l'AFNIC. Elle serait encore plus efficace suivie d'un lien vers une présentation plus complète, et éventuellement vers un contact.

La page d'accueil a aussi pour vocation de représenter l'ensemble du site

- Du fait du peu d'éléments présentés, on n'a aucun aperçu de la diversité des contenus depuis la page d'accueil : l'internaute pourrait croire que l'AFNIC ne propose que de se renseigner sur la disponibilité et l'enregistrement d'un nom de domaine, alors qu'elle traite de nombreux autres sujets.
- Les autres sujets abordés ne sont visibles qu'en survolant chacun des items de la navigation principale. Par exemple, un visiteur ayant une question d'ordre juridique ne pourra trouver un accès à la rubrique *Références juridiques et techniques* que sous l'intitulé *Documentation* (voir Fig. 1-2). Or, ce terme ne semblant pas répondre à l'objectif poursuivi, il risque de ne pas être survolé. En l'absence de recherche, l'internaute pourrait donc éprouver des difficultés à trouver l'information souhaitée.
- Chercher les coordonnées de l'AFNIC, autre scénario d'usage fréquent, ne peut ici être résolu de manière nominale qu'avec le lien *Contactez-nous* du pied de page. Les autres accès sont cachés dans le menu *Au sujet de l'AFNIC* et dans la liste déroulante en bas de page. Une fonction qui semble si importante ici pourrait bénéficier d'un accès direct plus visible dans la page d'accueil et/ou dans l'en-tête de page.
- De nombreuses rubriques clés apparaissent en fait dans la liste déroulante *Accès rapides/Raccourcis vers*, qui donne une vue plus exacte des thématiques couvertes sur le site. Cependant, cet élément risque d'être ignoré car il est peu visible, en bas de page, sous la ligne de flottaison (en 1 024 × 768 pixels) et opaque (il faut en effet cliquer dessus pour voir son contenu).

L'architecture de l'information ne semble pas orientée utilisateur : il est difficile, en voyant les termes du menu de navigation, d'avoir une idée des contenus qui se trouvent à l'intérieur. Ces termes trop génériques (*Outils*, *Opérations*, *Documentation*) pourraient aussi être clarifiés grâce à des remontées de liens ou contenus sur la page d'accueil.

Bien doser les mises en avant de contenus

C'est grâce à la remontée de contenus ou de fonctionnalités sur une page d'accueil que l'on peut réussir à capter l'intérêt de l'internaute pour des choses qu'il n'est pas explicitement venu chercher sur le site. À utiliser avec modération, cependant, sous peine de voir le phénomène inverse se produire, et le visiteur quitter le site.

2 LA DISPONIBILITÉ DE NOM DE DOMAINE : UNE BONNE IDÉE À OPTIMISER

La fonction est bien mise en avant sur la page d'accueil

La recherche d'un nom de domaine est l'un des objectifs utilisateur sur ce site, un service important à valoriser, puisqu'il fait partie de la mission de l'association. La mise en avant de ce module, permise par la simplicité du reste de la page (même s'il pourrait être encore plus visible), est un vrai point fort du site.

Un champ de recherche à adapter à l'internaute

- Le champ de saisie est trop petit pour accueillir les requêtes de plus d'une dizaine de caractères, alors que les noms de domaines recherchés peuvent être plus longs. Par exemple, si on entre *Meubles-exotiques*, on ne voit plus le début de sa saisie et on doit

Fig. 1-2

revenir au début du champ pour vérifier l'absence d'erreur. Voir d'un seul coup d'œil sa saisie en entier contribuera en outre au sentiment de confort éprouvé par l'utilisateur.

- Ce champ serait encore plus affordant à la saisie si les couleurs étaient inversées : un champ blanc sur un fond foncé plutôt qu'un champ coloré sur fond blanc.
- Inscrire l'extension du nom de domaine par défaut est une bonne idée, puisqu'elle évite à l'utilisateur de le saisir lui-même. Cependant, l'AFNIC annonçant en haut de page qu'elle gère à la fois les *.fr* et les *.re*, il paraît peu logique de ne proposer que l'extension *.fr* sur cette page. Cliquer sur le lien *.re* dans la phrase d'introduction pour changer de site (et donc d'outil de recherche) n'est pas intuitif.

La recherche de noms de domaines en *.re* pose plus largement la question du rapport et de la facilité d'accès aux sites *Afnic.fr* et *Afnic.re*. La relation entre les deux semble très opaque, alors qu'elle pourrait être clairement affichée en tant qu'élément de navigation dans l'en-tête de page. En outre, seule la rubrique *Enregistrement.fr* semble être différente sur le site *Afnic.re*. Cela nécessite-t-il réellement deux sites différents, avec toutes les difficultés de compréhension que cela entraîne ?

3 UN ACCÈS AU COMPTE UTILISATEUR PAS SUFFISAMMENT VISIBLE

L'espace de connexion au compte utilisateur (accès réservé à certains visiteurs, avec un identifiant et un mot de passe) manque de visibilité du fait de certains choix d'interface.

- Bien qu'il reste visible lorsqu'on le cherche, il serait repéré encore plus rapidement dans l'en-tête que dans le cœur de page.
- Le bouton *Je m'identifie* est si imposant que, du coup, il ne ressemble plus à un bouton. L'illustration ajoutée pour appuyer l'idée d'entrée sur le site complique en fait le message et transforme le bouton en une zone manquant d'indices de cliquabilité.
- Les caractères du titre *Mon compte* sont trop peu contrastés par rapport au fond : une différence de brillance de 42 et de couleur de 165 (bien en deçà des minima recommandés). Le manque de lisibilité affecte aussi la visibilité de la fonction, car même en déchiffrant facilement le titre, l'utilisateur peut mettre trop de temps à le repérer.

Contrastes de couleurs fond-caractères

Le minimum recommandé pour la différence de brillance est de 125, tandis que pour la couleur, il est de 400, voire 500, selon les règles d'acceptabilité des contrastes de couleurs fond-caractères.

Le paradoxe du trop gros bouton

En essayant de mettre en avant des éléments cliquables, on risque parfois de les cacher. Plus gros, plus gras, plus illustré ne veut pas forcément dire plus visible. Un objet sera visible s'il respecte les conventions attachées à sa classe d'objets (localisation, mais aussi format de présentation), et qu'il est bien distinct des autres éléments de la page.

2 TSF JAZZ

http://www.tsfjazz.com

Le site web de la radio TSF Jazz propose à ses internautes de retrouver sur ses pages les émissions, programmes, blogs de passionnés (animateurs, chroniqueurs, journalistes ou artistes) et son fameux Jazzenda, calendrier des événements jazz à Paris et sur la Côte d'Azur, relayé plusieurs fois par jour à l'antenne. Nous analysons ici l'ergonomie de sa page d'accueil.

Fig. 2-1

En mars 2010, onze participants ont été confrontés à cette page avec pour consigne de montrer et dire ce qu'ils feraient s'ils étaient chez eux. Les données de ce test utilisateur sont utilisées ici pour compléter l'analyse experte.

SCÉNARIO : « Imaginons que vous avez entendu sur TSF Jazz qu'il y avait un concert de Patricia Barber samedi soir à Paris ; par contre, vous ne vous souvenez plus de l'endroit, mais l'animateur a dit que toutes les infos étaient sur le site, donc vous allez sur leur site pour trouver ces infos… »

1 SAVOIR SE PERMETTRE DES CHOSES

- L'ensemble du site repose sur une photographie de fond, qui donne du sens et de la matière au site. Alors que ce procédé est parfois décrié car il peut desservir la lisibilité de la page, il est ici utilisé avec intelligence. Reste à surveiller que chaque image de fond continue à permettre aux contenus d'être bien vus par les utilisateurs.
- Dans le même ordre d'idées, les textes sont présentés avec un contraste négatif (caractères clairs sur fond foncé), alors qu'on recommande en général plutôt les contrastes positifs. Cependant, cela est surtout important pour des sites à caractère éditorial, où les internautes vont passer du temps à lire. Ce n'est pas le cas du site de TSF Jazz, qui peut donc s'affranchir de cette règle, et le fait bien.

2 LES ÉLÉMENTS DE NAVIGATION SONT TRÈS VITE REPÉRÉS

Quelle que soit la stratégie employée pour atteindre leur objectif (cinq participants utilisent la barre de navigation, cinq le moteur de recherche), ils repèrent très rapidement la zone correspondant à l'outil qui va les aider à atteindre le contenu recherché.

3 UNE AMBIGUÏTÉ ENTRE PROGRAMMES ET JAZZENDA

Cependant, pour ceux qui utilisent la barre de navigation (soit en première stratégie, soit après l'échec de la stratégie de recherche), on observe parfois une hésitation ou une erreur consistant à cliquer sur *Programmes* au lieu de *Jazzenda* (cinq participants sur onze font cette erreur).

> Marie-Christine, 58 ans : Elle clique sur Programmes. *« Ah, mais le problème, c'est que Programmes, c'est le programme de la radio, donc ce n'est pas ça. »*
> Myrtille, 28 ans : *« Alors, vous voyez, tout de suite ce qui me… c'est que j'irais dans Programmes, mais que, en même temps, là il y a le Jazzenda, et donc je ne sais pas lequel choisir. »*

- Ces constats ne doivent pas forcément amener à revoir complètement les termes utilisés. En effet, les participants finissent par trouver l'information dans *Jazzenda*, et comprennent très vite la différence entre les deux rubriques lorsqu'ils arrivent sur le contenu de *Programmes*. En outre, *Programmes* est effectivement un terme exact si la rubrique en question présente le programme, et il est conventionnel dans le monde de la radio et sur les sites web.
- On peut toutefois envisager quelques ajustements : le terme « Émissions », qu'on retrouve aussi souvent sur le Web, pourrait notamment lever l'ambiguïté, d'autant qu'ici, en cliquant sur *Programmes*, on ne tombe pas tout de suite sur la grille des programmes, mais sur la liste des émissions. Si on lui ajoute un relais direct en cœur de page vers la « grille des programmes », il y a fort à parier que la différence entre les deux rubriques sera plus claire. En effet, seul le *Jazzenda* pourrait alors correspondre à la liste des concerts.

Le Jazzenda étant un programme clé de la chaîne, on peut supposer que si les participants avaient tous connu la radio, l'effet aurait pu être limité. Ceux qui se trompent ne sont cependant pas uniquement ceux qui ne connaissent pas la radio.

Fig. 2-2
Carte de chaleur des onze participants confondus, 5 premières secondes (durée absolue)

- Enfin, on peut recommander que le cœur de page soit plus clair sur la différence entre les deux rubriques, afin d'accompagner ceux qui hésiteraient, et de renforcer les choix d'architecture de l'information.

  Myrtille, 28 ans : *« Alors comme j'ai de la chance, je vois que la thématique est reprise ici et ici* [en cœur de page], *donc je descends pour pouvoir comparer… sauf que la différence ne me paraît pas évidente. Du coup, je pense que je vais aller sur Programmes* [clic]… *Ah oui, d'accord, je suis bête, c'est le programme de la radio, effectivement, donc je retourne à Jazzenda. »*

Lorsque des rubriques sont reprises en cœur de page, il est préférable que leur titre soit cliquable. Ici, *Jazzenda* et *Programmes* dans la page devraient pouvoir mener vers les rubriques correspondantes. Cela permet de profiter du lieu où l'utilisateur prend sa décision pour en faire le lieu de lancement de la navigation.

4 LES CONTENUS MIS EN AVANT PARVIENNENT À ATTIRER L'ATTENTION

Alors qu'ils ont un objectif de visite bien précis qui nécessite qu'ils entrent dans une des rubriques du site, on observe que les contenus en page d'accueil, notamment la photo et le titre à la une, attirent les regards et l'intérêt des participants. Ainsi, la page d'accueil joue bien son rôle de relais de l'actualité, en plus de son rôle de support à la navigation. On peut faire l'hypothèse que la relative simplicité de cette page (peu de contenus sont mis en avant) participe du fait que les internautes consentent à s'intéresser à son contenu.

Après s'être promené dans le site à la faveur des mises en avant, l'utilisateur peut avoir envie de revenir à la page d'accueil pour reprendre le fil de son objectif. Il n'a que la possibilité de cliquer sur *Page précédente* (autant de fois qu'il a effectué de clics) ou sur le logo, mais cette dernière possibilité n'est pas connue de tous. Un bouton *Accueil* lui simplifierait alors la tâche.

Si on peut comprendre le besoin d'intégrer des espaces publicitaires, il aurait été préférable de les réserver à des formats tels que la bannière du haut, qui peut être plus facilement ignorée par les internautes, car elle entre peu en concurrence avec le contenu du site (ce que fait à l'inverse le pavé du cœur de page).

3 ARCHIDUCHESSE

http://www.archiduchesse.com

Site de vente en ligne de chaussettes et autres accessoires pour pieds, Archiduchesse est une marque créée en juin 2009 à Saint-Étienne par Patrice Cassard et Virginie Micol, à la fabrication 100 % française. Un bien joli site pour de bien jolies chaussettes !

Fig. 3-1

1 UNE PAGE D'ACCUEIL EN FORME DE LISTE

Une offre ciblée qui oriente la page d'accueil vers l'achat

Nous n'avons pas affaire ici à une page d'accueil au sens où on l'entend habituellement : c'est l'une des pages de listes de produits qui a été choisie comme porte d'entrée du site, plus exactement la première liste de la rubrique *Shop*. Cela fonctionne bien, en plongeant l'internaute très vite au cœur du sujet : le produit. Un bel exemple de site qui connaît parfaitement sa force et l'utilise dans ses choix d'ergonomie.

La page d'accueil comme page de contenu

Le procédé consistant à recentrer l'accueil d'un site sur son contenu est le principe fondateur du blog, qui a transformé la page d'accueil d'une page de présentation globale du site en une page de contenu.

- Ce choix est possible grâce à l'offre très ciblée du site, qui propose principalement des chaussettes. La gamme de produits tend toutefois à se diversifier, ce qui peut un jour remettre en question ce principe.
- Ce choix impose par ailleurs de privilégier l'un des rayons, celui qui sera affiché en page d'accueil. Le risque pourrait alors être de diminuer la visibilité des autres produits, mais ici, les onglets sont suffisamment visibles pour réduire ce risque. Le dernier onglet tirerait toutefois avantage à être explicité à l'aide d'un libellé, afin de montrer plus clairement à l'internaute qu'on y propose des lacets.

Une liste présentée sur une seule page

L'absence de pagination facilite la découverte de l'ensemble des couleurs. En effet, descendre dans la page est un acte beaucoup moins conscient et engageant qu'utiliser un système de pagination. Sur ce site, il sera même réalisé de manière quasi réflexe par l'internaute qui souhaite jeter un coup d'œil à la gamme.

En augmentant le nombre de produits vus, on augmentera aussi la probabilité d'une prise de décision d'achat ou le nombre de produits achetés par commande.

Bientôt sur le site...

Le troisième onglet, *Petite*, n'est pas cliquable puisqu'il a uniquement pour utilité d'indiquer l'arrivée d'une future gamme. Donner ce type d'informations est une bonne idée, particulièrement adaptée à ceux qui connaissent déjà le site et ses produits. Pour être exploité au maximum, il pourrait être couplé avec une fonction d'alerte par e-mail lors de la mise en ligne de la gamme correspondante.

2 UNE PRÉSENTATION DES PRODUITS TRÈS SÉDUISANTE

- Malgré la simplicité du produit (dans une liste, les produits sont tous identiques), les photos sont grandes. Ainsi, on montre en grand la particularité de chaque chaussette : sa couleur. Dans le détail, on s'aperçoit aussi que chaque photo a ses propres spécificités, ce qui renforce l'impression de qualité.
- Les photos sont accompagnées de noms qui font rêver, ce qui contribue encore une fois à la qualité perçue, et donne à la présentation de chaque produit un très fort pouvoir persuasif.
- Le prix est identique pour tous les produits d'une même page, mais répété à côté de chaque produit. Ce principe, qui pourrait sembler inutile tout en risquant de charger la page visuellement, est pourtant une bonne idée. On encourage ainsi l'achat d'impulsion, par ce discret rappel qu'on se trouve sur un site d'e-commerce : où que je me trouve dans la page, je dispose de tout ce qu'il faut pour comprendre l'offre et commander.
- L'effet couleur est accentué par l'attribution aux tailles de couleurs identiques à celles des produits, mais cela dessert parfois la lisibilité des tailles. Ce défaut est toutefois compensé par l'effet de répétition (les tailles affichées sont identiques quel que soit l'article).

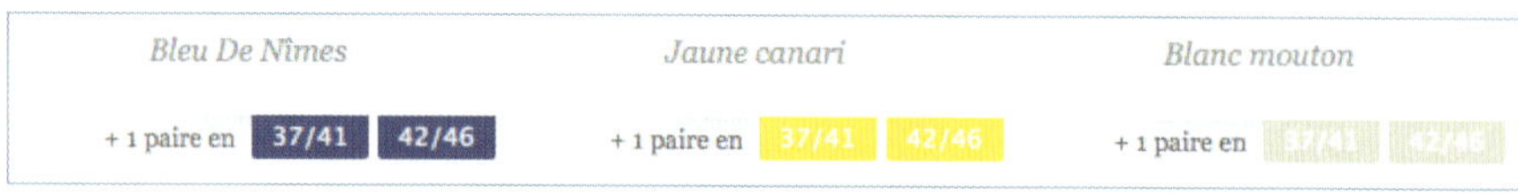

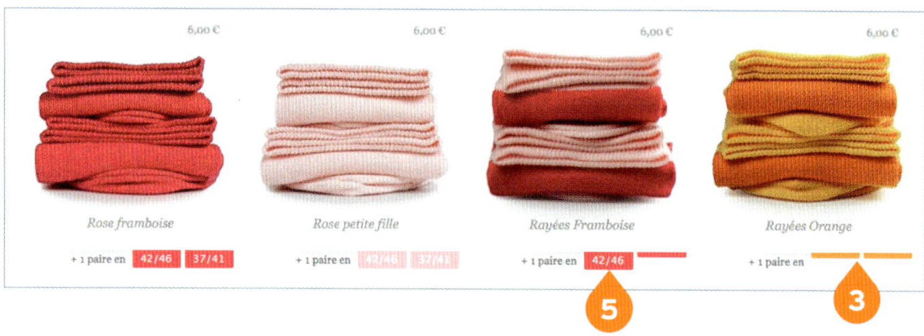

Fig. 3-2
Les chaussettes Rayées Framboise ne sont plus disponibles qu'en 42/46, et les Rayées Orange ne sont plus du tout en stock.

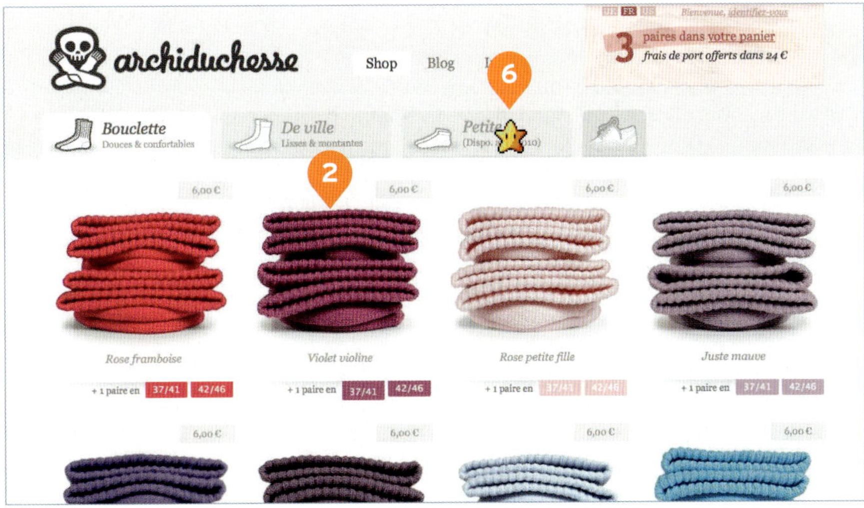

Fig. 3-3
L'étoile est en cours de déplacement de l'endroit du clic (37/41 violine) vers l'indicateur panier.

3 INFORMATION SUR LE STOCK

Lorsque des produits ne sont plus en stock, l'affichage s'adapte : les tailles indisponibles n'apparaissent plus. Ainsi, l'internaute s'aperçoit très vite de ce qu'il peut acheter ou non.

Cet affichage fonctionne mieux lorsqu'une des tailles est encore disponible. En effet, lorsqu'il n'en reste aucune, la phrase *+ 1 paire* n'a plus de sens, et pourrait être supprimée, ce qui libérerait de l'espace pour dire explicitement que le produit n'est plus en stock.

4 UNE FICHE PRODUIT À L'IMPORTANCE RÉDUITE

La photo et le nom de la couleur sont cliquables et mènent à une page de détail sur le produit. Identique pour tous les produits (excepté la photo), cette page donne peu d'informations supplémentaires (composition et coupe, pour l'essentiel). Il est donc assez pertinent que son accès ne soit pas davantage mis en avant.

On pourrait tout de même accompagner la transformation du curseur de la souris par un effet léger renforçant le caractère cliquable de la zone (exemple : un souligné sur le nom du produit).

5 AJOUTER AU PANIER

Sur l'accueil, l'achat est représenté de manière peu conventionnelle, puisqu'on n'a pas de lien clairement libellé « Ajouter au panier ». Le bouton d'action est fondu dans l'indicateur de taille. Mais ce procédé fonctionne plutôt bien, grâce à la présence d'une phrase *+ 1 paire en*, qui vient concrétiser la possibilité de l'achat. D'autant plus que cette notion de « paire » fait écho au même terme utilisé dans la zone panier en haut à droite.

On pourrait aller plus loin en affichant une infobulle au bout de 400 ms après l'effet graphique résultant du survol de la pointure (le cadre coloré s'agrandit). Cela permettrait de préciser que le clic sur la pointure entraîne un ajout au panier. En revanche, il serait peu recommandé d'afficher cette information dès le survol, car elle pourrait gêner les internautes n'en ayant pas besoin.

6 UNE CONFIRMATION D'AJOUT AU PANIER À OPTIMISER

Lorsqu'on ajoute une paire, un feedback en forme d'étoile part du produit et se déplace vers la zone panier. Ce procédé, qui fonctionne correctement lorsqu'on se trouve en haut de l'écran, devient plus mystérieux, voire invisible, une fois qu'on est tout en bas. La vitesse de l'objet se déplaçant est alors trop rapide pour nos capacités perceptives, surtout sans visibilité sur le point d'arrivée.

Répondez-leur !

Une des règles très importantes en ergonomie est le **feedback** : à toute action de l'internaute, et particulièrement à un clic, le site doit répondre pour montrer qu'il a pris en compte ce clic.

Les défauts de feedback les plus importants sont de deux types : oubli de répondre, et manque de visibilité du feedback. Ce dernier défaut peut résulter d'un format graphique trop discret, d'un emplacement éloigné ou invisible pour l'utilisateur, d'un code peu compréhensible et/ou d'une durée de confrontation au message trop réduite.

7 INFORMATION DYNAMIQUE SUR LES FRAIS DE PORT OFFERTS

La zone du panier donne à voir une information sur le montant restant avant de bénéficier de la gratuité des frais de port, même avant l'ajout du premier produit. C'est d'autant plus intéressant que ce montant change dynamiquement au fur et à mesure qu'on ajoute des articles.

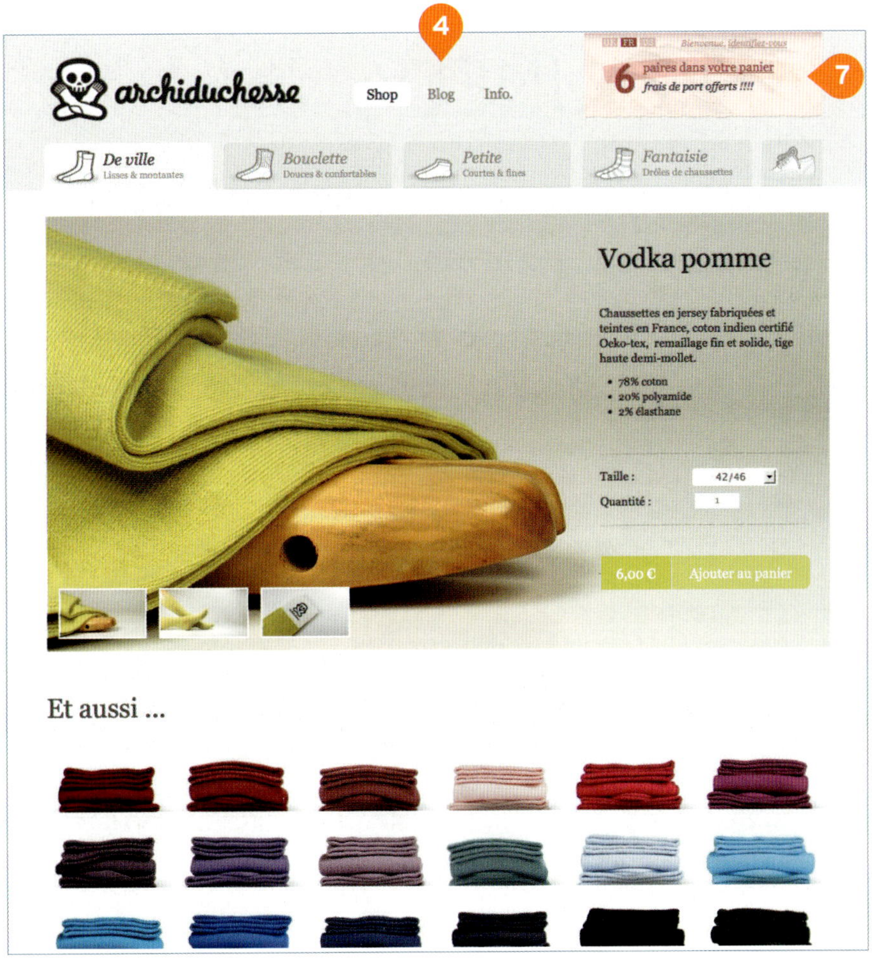

Fig. 3-4

Ici la page produit est moins importante que sur d'autres sites.

4 FORTUNEO

http://www.fortuneo.com

Banque en ligne et site de bourse, Fortuneo a lancé au printemps 2010 une grande campagne de communication visant à faire connaître la marque. Des pages d'atterrissage (landing pages) sont créées pour accueillir les internautes qui viendraient de cliquer sur un lien publicitaire.

Fig. 4-1

En mars 2010, onze participants ont été confrontés à cette page avec pour consigne de montrer et dire ce qu'ils feraient s'ils étaient chez eux. Les données de ce test utilisateur sont utilisées ici pour compléter l'analyse experte. Aucun des utilisateurs ne connaissait Fortuneo.

SCÉNARIO : « Imaginons que vous envisagiez de changer de banque. Vous étiez sur un tout autre site, et vous avez vu une pub qui vantait les mérites d'une banque en ligne, Fortuneo Banque. Vous vous êtes alors dit "pourquoi pas", et vous avez cliqué. Vous arrivez ici [on montre la page]. »

1 EXPLOITER LA PAGE D'ATTERRISSAGE POUR NE PAS PERDRE SON INTERNAUTE

Une page facile à prendre en main

La simplicité de cette page est atteinte grâce à la sélection des contenus : seuls quelques éléments clés de l'offre apparaissent. Attention toutefois à ce que cette sélection ne soit pas trop drastique.

Des informations qui semblent trop partielles

L'objectif d'une landing page est que les internautes soient suffisamment intéressés pour agir. Ici, trop peu d'informations sont données pour convaincre l'utilisateur de faire une demande de documentation. Sur les onze personnes interrogées, seules deux déclarent qu'elles rempliraient le formulaire. Les autres déclarent manquer d'informations.

> Charlotte, 34 ans : *« Je trouve que je n'ai pas assez d'informations, je ne sais pas qui ils sont, je ne sais pas si c'est pas une arnaque… et je n'ai pas forcément envie de rentrer mes données pour avoir une documentation… »*
> Samuel, 31 ans : *« J'aimerais bien qu'ils me donnent… le trajet… Vous voulez rentrer chez nous ? Comment faire ?….* [Après avoir lu attentivement tous les contenus] *J'ai l'impression que c'est un peu succinct, en fait. »*
> Marie-Christine, 58 ans : *« Ça ne me donne pas plus d'infos sur l'info primordiale, en fait, qui est la différence entre les trois cartes… et puis là c'est, je trouve, un peu trop succinct, de n'avoir que cette idée de gratuité ; alors bien sûr, peut-être qu'il suffit de demander la documentation, et tout y est à ce moment-là* [vous le feriez ?] *Ben si je veux des infos, oui, si c'est la seule manière de les avoir, sinon là, rien ne me permet d'aller plus loin que la première page* […]. *C'est forcément en étant inscrit… donc là c'est juste une page d'appel… il pourrait quand même y avoir une deuxième page un peu plus explicative. »*

Des résultats à prendre avec précaution

Il faut toujours garder à l'esprit que la situation de **test utilisateur** est provoquée. Ici, on demande à nos participants d'imaginer qu'ils veulent changer de banque, mais ce n'est pas leur réalité. Cela n'empêche pas de recueillir des informations inestimables sur le comportement et le ressenti des internautes face à cette landing page, mais il faut savoir interpréter les résultats avec précaution.

La logique de demander une documentation par manque d'informations ne semble pas s'imposer à tous. Cela nécessiterait sans doute des relais directement dans les pavés d'argumentation, incitant à demander une documentation pour en savoir plus.

Le rapport entre la landing page et le site complet n'est pas évident

- L'internaute arrive sur une page très simple, qui a pour vocation de ne présenter que le compte courant. Cependant, il manque un « contexte Fortuneo ». Ce n'est pas le principe de la page d'atterrissage qui est remis en question, mais l'indication de sa relation à un site, une marque, qui viendrait rassurer l'internaute et lui redonner une liberté qu'il a l'habitude d'avoir sur le Web.
- Le logo est toujours regardé par les participants, souvent en première fixation, comme une prise d'informations sur l'identité du site sur lequel ils se trouvent.
  Thomas, 26 ans : Son premier clic se fait sur le logo en disant *« Je ne sais pas, j'ai envie de cliquer là, car j'ai l'impression que ce n'est pas la page principale. »*
  Annabelle, 27 ans, suite à la consultation de plusieurs pages du site Fortuneo qu'elle avait ouvert via le lien *Tarifs* : *« Je retournerais sur la page d'accueil pour...* [clic sur le logo du site, ce qui la ramène à la page d'accueil du site, et non à la landing page]. *Ah bah y a plus... il y avait une proposition* [sur la landing page]... *Ah en fait ça m'a ouvert une autre... c'est ça, c'est derrière...* [elle clique sur la fenêtre correspondant à la landing page]. »

Retrouvez cette image en grand sur www.ergonomie-web-illustree.com !

Fig. 4-2

Carte de chaleur avec transparence (durée absolue) – onze participants – 2 premières secondes

Des liens de bas de page qui semblent être une solution

- Cherchant plus d'informations, certains finissent par descendre dans la page. Mais cela ne se fait que très tard, voire jamais : un parcours oculaire typique (voir Fig. 4-3) montre que dans l'ensemble de la session, la participante ne regarde pas une seule fois dans cette zone.
- Les liens hypertextes que les participants voient dans le pied de page sont alors toujours considérés comme la solution. Dommage pour des éléments qui n'ont qu'une valeur très secondaire sur la page !

> Le fait de ne descendre que très tard dans la page peut s'expliquer par le fait que la page semble terminée après la ligne de flottaison, puisqu'un espace blanc court sur toute sa largeur. Si on veut éviter ce type de comportement (ce qui n'est pas forcément le cas ici), on doit pratiquer le cut-off design.

2 UN FORMULAIRE QUI PEUT ÊTRE OPTIMISÉ

Le formulaire est bien vu

Grâce à sa taille et à un format bien marqué visuellement, les participants voient très rapidement le formulaire. Cette zone est fixée par tous dès les deux premières secondes de découverte de la page.

Le formulaire est parfois pris pour ce qu'il n'est pas

- La plupart des participants ne le voient que pour l'ignorer ensuite, soit par refus quasi philosophique de donner ses coordonnées, soit, et c'est plus grave, par incompréhension. Malgré un titre assez clair, sa taille fait qu'on le prend parfois pour une demande d'inscription ou d'ouverture de compte (dans trois cas sur onze). Dommage, car cela dissuade des utilisateurs qui pourraient être intéressés s'ils comprenaient de quoi il s'agit.

  Didier, 44 ans : *« Ils veulent juste collecter mes coordonnées, on ne peut pas ouvrir de compte là-dessus… J'ai juste le choix de remplir le formulaire et puis d'attendre je sais pas quoi d'ailleurs, qu'on me contacte, sans doute…* [Il parcourt la page.] *Ah, ouvrir un compte en cinq minutes, tiens ! »*
  Florence, 28 ans : *« Je me demande où je vais trouver les infos… Il va falloir recevoir la documentation, donc il va falloir s'inscrire… Non, je ne m'inscrirai pas. »*
  Samuel, 31 ans : *« Même s'il y a des trucs qui m'intéressent, mais bon… peut-être que j'entrerais en contact* [*Comment ?*] *Ah oui, bonne question… Ah oui, je ne peux pas, il faut que j'ouvre un compte… oui, eh bien en gros, c'est soit j'ouvre un compte, soit je m'en vais, quoi.* [Il parcourt de nouveau l'ensemble de la page…] *Donc non, je n'irai pas. »*

- Certains champs, notamment celui concernant les revenus, sont ressentis comme particulièrement intrusifs, et les participants cherchent de multiples explications au fait

> Le nombre de champs a un impact sur le niveau de criticité perçue du formulaire : plus on me demande de choses, plus je me dis que ce doit être un formulaire d'ouverture, et non une simple demande d'infos.
> La taille du formulaire peut aussi expliquer que quatre participants sur onze n'en fixent pas le titre dans les 50 premières secondes. La vision générale qu'ils en ont leur semble suffisante pour avoir compris de quoi il s'agit. D'où l'importance à accorder à la forme macroscopique des éléments sur les pages web !

qu'on les leur demande. Cela représente souvent un point de fuite, alors qu'ils étaient finalement dans l'optique de remplir le formulaire, faute de mieux.

Myrtille, 28 ans : *« Ils ont un truc qui est intéressant là, c'est l'idée de la documentation ; tu te dis, ça ne me coûte rien, juste à m'envoyer par mail, donc je pense que je le ferais si je cherchais à… Il n'y a pas de données qui me semblent trop… du genre, de combien de livrets bénéficiez-vous, dans quelle banque êtes-vous déjà, enfin, des trucs où je n'aurais pas envie d'y aller. Là je me dis que ça ne m'engage pas. Euh, par contre, les revenus… je me dis que si c'est un critère pour rentrer dans leur banque, c'est un peu… s'ils sélectionnent sur la rem* [unération]*, je trouve ça un peu naze. Je pense que ça me couperait mon envie. Je ne le ferais pas. Je trouve que pour t'exposer les projets d'une banque, on a pas besoin de te demander ta rem, sauf si c'est un critère discriminant ; et si ça l'est, ça ne me va pas. »*

On pourrait soit demander moins d'informations, soit commencer par quelques infos clés et placer le reste des champs dans une seconde étape, plus optionnelle.

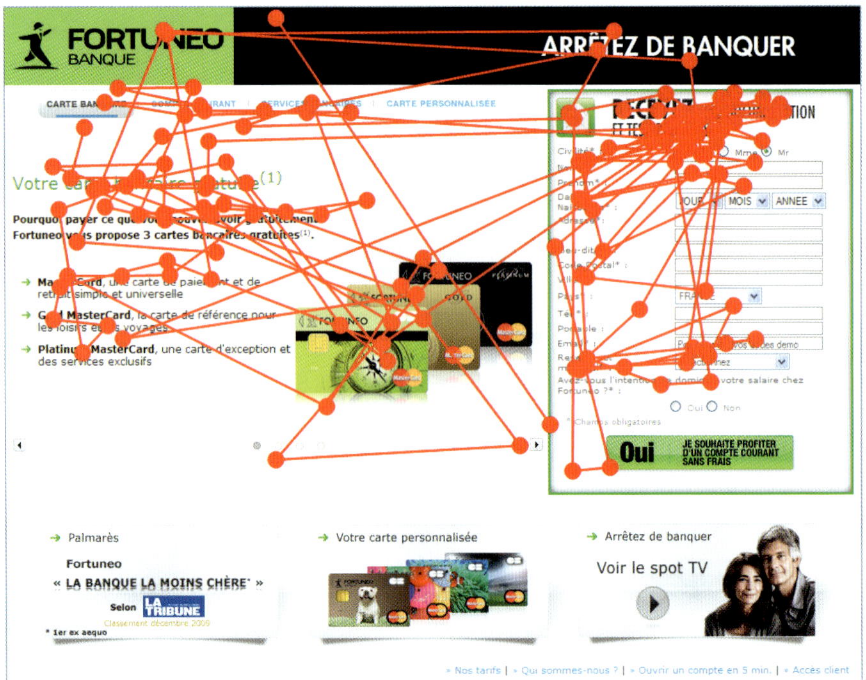

Retrouvez cette image en grand sur www.ergonomie-web-illustree.com !

Fig. 4-3

Le parcours oculaire sur les 4 minutes 30 de la session montre que la participante n'a jamais effectué une fixation oculaire sous la ligne de flottaison. Ce n'est pas un cas isolé, puisque dans les 40 premières secondes, ils ne sont que deux à avoir effectué une fixation en dessous de cette ligne.

- L'objectif du formulaire pourrait aussi être explicité de manière plus précise dans son titre. Par ailleurs, *Testez notre site* pourrait être proposé en tant que choix directement dans le formulaire, afin de simplifier à première vue la proposition.
- Le libellé du bouton d'action peut faire peur, car il est très engageant, à tel point qu'il dissuade l'une des personnes qui s'était dirigée rapidement vers la demande de documentation : « *Recevez une documentation et testez notre site. Je pense que je m'intéresserais à ça, pour bien comprendre… sauf qu'après, je vois "Oui, je souhaite profiter d'un compte courant sans frais"* [elle écarquille les yeux], *tout en bas, du coup je me dis, ouh là, si je remplis ça, est-ce que ça veut dire que ça y est, je m'engage ?* » (Annabelle, 27 ans).

3 UN CARROUSEL QUI NE MARQUE PAS BEAUCOUP DE POINTS

L'affichage est ressenti comme incontrôlable

Quatre contenus défilent automatiquement l'un après l'autre dans la zone centrale. Le principe est intéressant puisqu'il permet d'augmenter la visibilité des informations non visibles à l'arrivée sur la page. Cependant, il est mis en œuvre de manière discutable, car peu adaptée au comportement des internautes : chaque zone n'est affichée que pendant trois secondes, ce qui est trop court pour lire le contenu en entier. Et, s'il est possible en réalité d'arrêter ce défilement en cliquant sur une des rubriques, l'utilisateur ne peut pas le deviner avant d'avoir essayé.

> Samuel, 31 ans, alors que la page vient juste de se charger : « *Ouh la, ça va vite ! Ça va trop vite !* »
> Charlotte, 34 ans : « *J'essaierais d'arrêter ce truc qui tourne, ça m'énerve, je n'ai pas le temps de lire.* »
> Didier, 44 ans : « *Ouh là, c'est vivant ! Je n'ai pas tout lu ! Euh… ça va trop vite cette affaire-là. Cool, gentiment, pas si vite !* »

3

Fig. 4-4 *Contenu des quatre écrans de carrousel*

La navigation n'est pas comprise

Cliquer sur un des boutons de la navigation a pour effet d'afficher le contenu correspondant dans le cœur de page. Or la moitié des participants ne le comprend pas tout de suite, car ils ne voient pas que la page *Compte courant* est celle déjà affichée par défaut.

Sans la présence de l'animateur, il y a fort à parier que certains participants n'auraient pas cherché aussi longtemps à comprendre ce qui se passait.

Bastien, 21 ans : *« Si je cherche un compte courant, je clique sur* "compte courant" [clic 1] *Évidemment* [clic 2]*… d'accord, ça ne marche pas… Non, ça ne marche pas* [il a cliqué six fois en tout] *Ah, d'accord, en fait c'est juste pour passer d'image en image. »*
Marie-Christine, 58 ans : *« J'ai voulu cliquer* [elle montre le cœur de page]*, parce que ça défile et ça ne s'arrête pas… et ça, ce n'est pas très pratique. »*
Myrtille, 28 ans : *« Donc là, je vais sur "compte courant"* [elle clique, puis attend… clic] *Je ne peux pas.* [S'adressant à l'animateur] *Je peux y aller ?* [Animateur : *Qu'est-ce qui se passe ?* [Elle attend à nouveau.] *J'ai l'impression qu'il est un peu bloqué* [clic]*… Je réactualiserais, peut-être ?* [Elle rafraîchit la page, puis clique deux fois.] *Ben non, j'ai l'impression que… du coup, si ça m'intéressait, l'avantage c'est que même si ça bogue, ils ont un truc qu'est intéressant, c'est l'idée de la documentation… »*

- Cette incompréhension vient notamment du fait que les rubriques sont dessinées sous forme de boutons, et séparées du contenu par un trait gris qui vient couper les deux zones, comme si elles n'avaient aucun rapport. Un bon exemple de l'importance cruciale des lois de la Gestalt sur le moindre élément d'interface !
- De plus, les titres ne sont souvent pas semblables aux libellés des boutons (par exemple, à *Compte courant* correspond *Une gestion en ligne sans frais*). En effet, si, dans l'absolu, on ne devrait pas avoir besoin de répéter le titre, cela serait utile ici pour compenser le défaut déjà évoqué.

Pertinence du carrousel
Un affichage en carrousel avec un défilement automatique est peu recommandé pour des espaces présentant beaucoup de contenu à lire.

5 MONABANQ

http://www.monabanq.com

Monabanq, banque en ligne dédiée à une clientèle de particuliers, propose sur la partie de son site destinée aux prospects de découvrir la marque et son offre. Analysons quelques points d'ergonomie de la page d'accueil lorsque les internautes arrivent sur le site par cette voie.

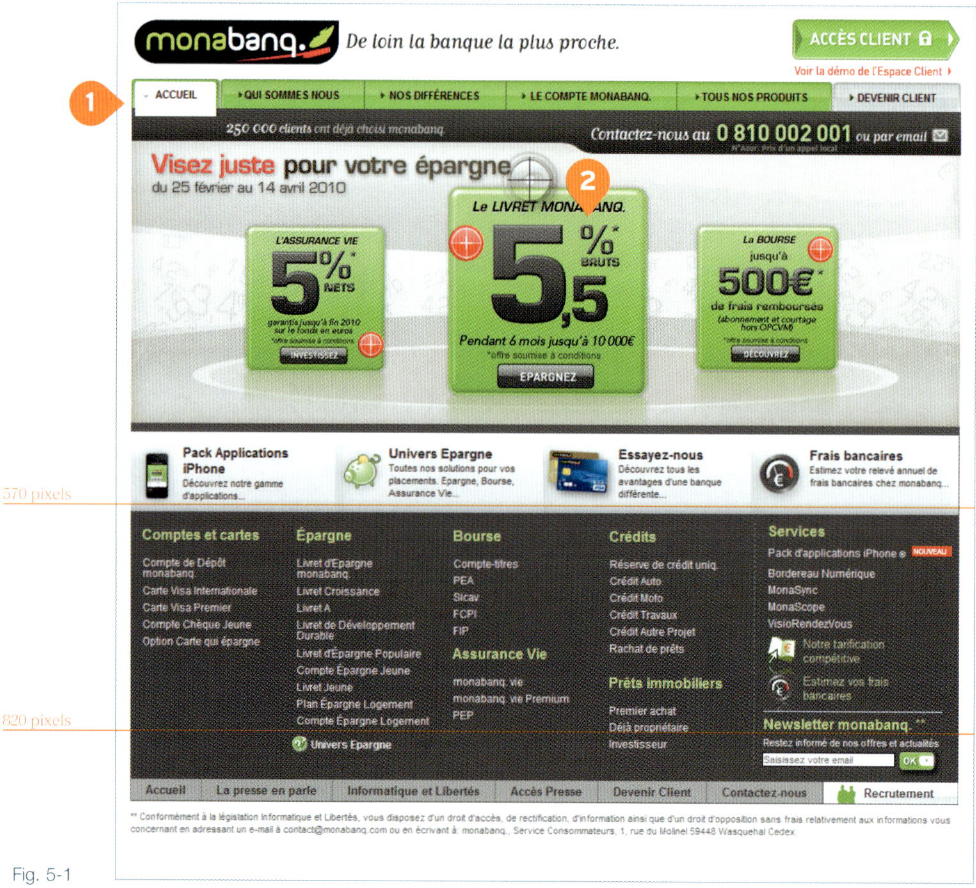

Fig. 5-1

En mars 2010, onze participants ont été confrontés à cette page avec pour consigne de montrer et dire ce qu'ils feraient s'ils étaient chez eux. Les données de ce test utilisateur sont utilisées ici pour compléter l'analyse experte. Aucun des participants ne connaissait Monabanq.

SCÉNARIO : « Imaginons que vous envisagez de changer de banque. Un ami vous a parlé de Monabanq, une banque en ligne dont il est client et très satisfait. Vous décidez d'aller voir leur site pour pour vous renseigner un peu plus. Une fois arrivé sur la page, sur quoi vous cliqueriez en premier ? »

1 UNE NAVIGATION CLAIRE, MASSIVEMENT UTILISÉE POUR LE PREMIER CLIC

Des rubriques qui répondent à diverses stratégies d'entrée

- Les rubriques de la navigation principale ne sont pas réellement exclusives, mais cela ne semble pas gêner les participants, qui choisissent ainsi la clé d'entrée qu'ils préfèrent. Ce choix est très personnel, avec une tendance forte à visiter les rubriques de connaissance de la marque (*Qui sommes-nous* et *Nos différences*), du fait du manque de notoriété de Monabanq par rapport aux banques historiques, mais aussi une stratégie plus cartésienne consistant à aller voir *Tous nos produits*.

Comment architecturer un niveau de menu ?

Les rubriques d'un menu devraient normalement être signifiantes (on doit comprendre ce que le libellé recouvre), complémentaires (l'ensemble des rubriques doit recouvrir l'offre du site) et exclusives (on doit pouvoir choisir entre deux items sans hésiter). Il est toutefois possible de s'écarter de cette règle si on s'assure que l'internaute reste guidé. Par exemple, si le critère d'exclusivité n'est pas respecté (comme ici entre *Qui sommes-nous* et *Nos différences*), il faudra faciliter les passages transversaux entre les deux rubriques.

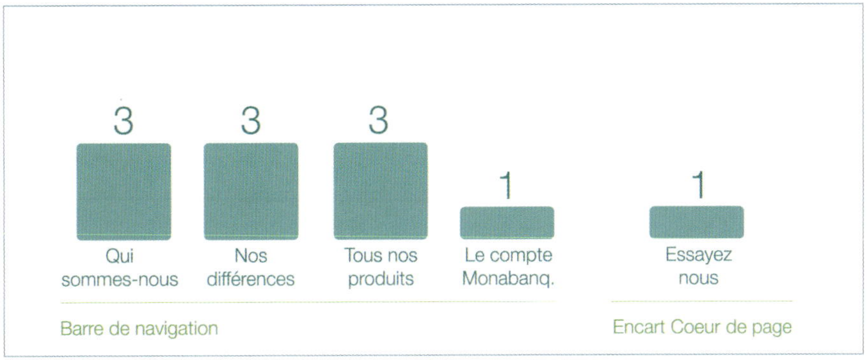

Fig. 5-2

Les internautes se dirigent majoritairement vers la barre de navigation pour entrer dans le site, même pour ceux ayant parcouru le cœur de page. C'est un comportement qu'il est courant d'observer en test utilisateur.

- Ainsi, il n'y a pas une seule solution adaptée à tous les internautes : chacun aura des réflexes d'entrée dépendant de sa personnalité, de son histoire et de ses attentes. Par contre, tous ces premiers clics relèvent d'une prise d'information globale sur le site, et pas encore sur le détail des offres.
- L'ensemble des résultats d'exploration visuelle et de comportement nous amène à souligner que le seul élément sur lequel on peut compter est la barre de navigation. À méditer quand on voit le temps passé en conception sur la navigation par rapport à celui passé sur la page d'accueil !

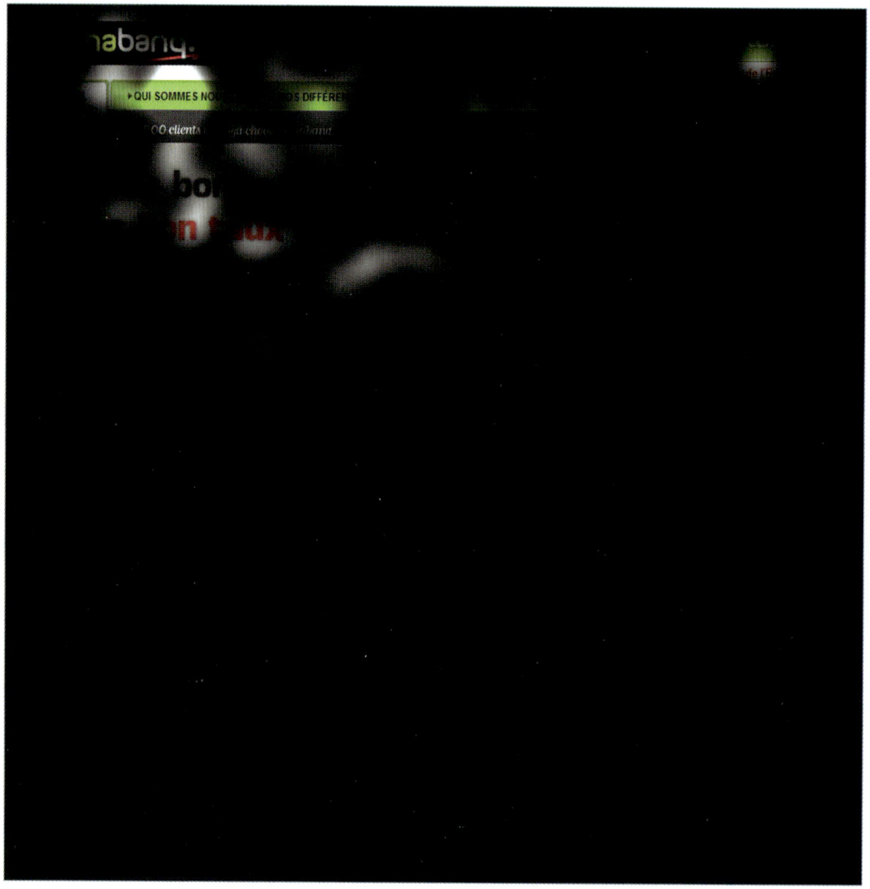

Fig. 5-3

Carte d'occultation des onze participants confondus, 3 premières secondes (durée absolue). Note : le cœur de page étant animé, l'image ne correspond pas à la durée totale d'exploration visuelle.

Retrouvez cette image en grand sur www.ergonomie-web-illustree.com !

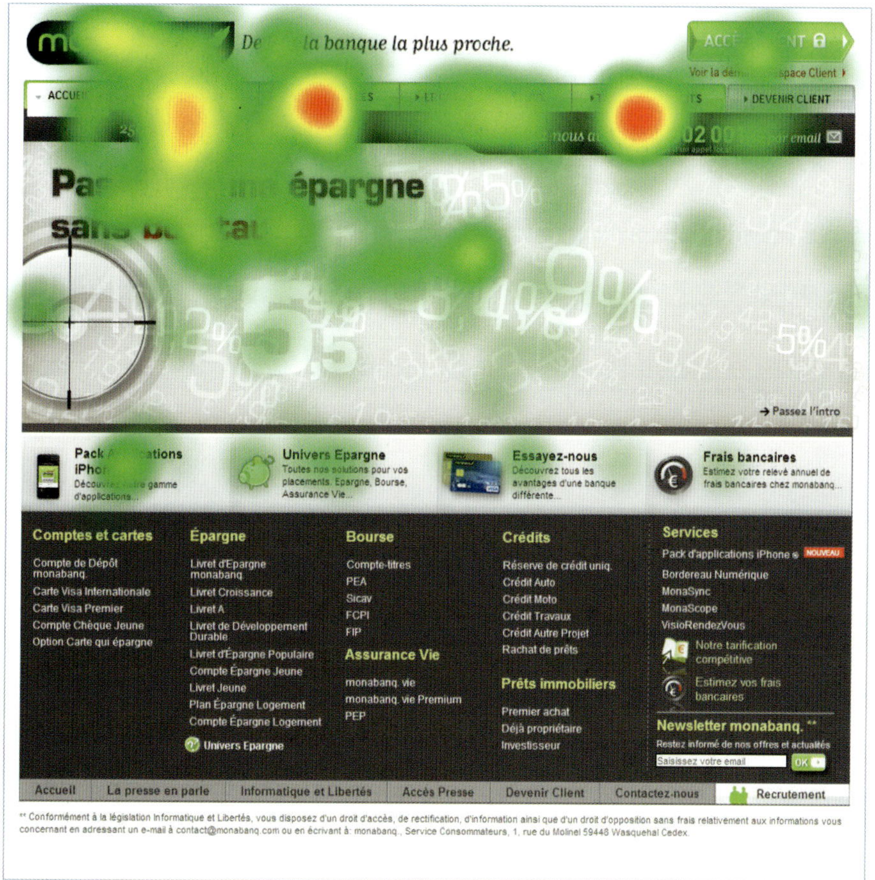

Fig. 5-4

Carte de chaleur des onze participants confondus, 10 premières secondes (durée absolue)

Concision et formats différenciés aident la lecture de la navigation

- Grâce au petit nombre d'éléments de la navigation, les internautes font vite leur choix, tout en parcourant l'ensemble du menu. *Accueil* et *Devenir client* sont ignorés par huit participants sur onze, du fait de leur format très différent des autres boutons. C'est intéressant, puisque cela réduit le nombre d'items fixés dans la navigation : les participants font leur choix parmi ces seuls quatre éléments, ce qui leur permet de les regarder tous.
- Cela offre aussi l'avantage de laisser une chance au dernier item : si la visibilité du premier élément est plus importante au début de l'exploration visuelle (voir la carte d'occultation à 3 secondes), ce phénomène disparaît au bout de 10 secondes. On voit aussi à travers les clics que l'item *Tous nos produits* est tout autant choisi que *Qui sommes-nous*.

Faut-il absolument limiter le nombre d'items de navigation ?

Attention, cela ne signifie pas que vous deviez concevoir des barres de navigation avec le moins d'éléments possible, car cela peut entrer en contradiction avec de bons choix d'architecture de l'information. Dans le même ordre d'idées, n'essayez pas de vous limiter à un nombre maximum d'items dans la barre de navigation, même si le critère de concision est important. Il vaut souvent mieux pencher pour une **architecture plate** qu'une **architecture** trop **profonde**.

2 UN CŒUR DE PAGE TROP ACCROCHEUR, AU DÉTRIMENT DU SÉRIEUX PERÇU

Le cœur de page, qui met en avant les offres du moment sur différents produits, est très peu apprécié par les participants ; aucun d'entre eux ne clique dessus. Il s'affiche progressivement de manière dynamique, et c'est surtout ce côté animé, les choix graphiques et la forme du curseur (qui se transforme en viseur dans la zone centrale) qui les font réagir, notamment parce qu'ils attendent du monde bancaire quelque chose de plus « sérieux ».

Laisser le contrôle à l'utilisateur

Il est peu recommandé de changer la forme du curseur de la souris, car cela entre en conflit avec la sensation de contrôle que les internautes aiment ressentir sur Internet : sur des sites grand public, prenez en compte leurs habitudes, et si vous voulez être original, faites-le sur un autre point.

Charlotte, 34 ans : « *Déjà, je ne cliquerais pas là-dessus* [elle montre la zone de mise en avant des offres], *parce que j'ai l'impression à la fois que c'est de la pub et aussi que je vais directement aller m'inscrire quelque part… parce que ça fait un peu gadget, et les couleurs sont criardes… et il y a ce petit truc* [curseur en forme de viseur]. »

Thomas, 26 ans : « *Alors, je regarde le logo, Monabanq, je remarque que je ne l'ai jamais vu… De loin, La banque la plus proche, Accès client…* [Il survole le cœur de page.] *Ouh là, alors ça… je remarque que ça fait très cheap, ça ne fait pas du tout banque, le viseur, là… donc déjà, je ne suis pas très rassuré.* »

Didier, 44 ans : « *Ils font de la pub partout* [en évoquant la zone d'offres]… »

Annabelle, 27 ans : « *Ça ne me rassure pas dans mon envie d'avoir une banque sur Internet… les logos, là, 5 %, on a presque l'impression que c'est de la pub, ça ne me plaît pas trop…* »

Les internautes voient souvent les infobulles et s'en servent pour asseoir leurs choix de navigation. Une autre bonne raison de les soigner ! Ici, c'est le cas d'une personne qui survole *Nos différences* et dit *« Ben déjà, pourquoi choisir Monabanq »*, car tel est le libellé de l'infobulle.

Annabelle, 27 ans

Samuel, 31 ans

Myrtille, 28 ans

Fig. 5-5

Parcours oculaires individuels de trois participants adoptant des stratégies d'exploration différentes, qu'on retrouve chez les autres participants : intérêt particulier pour les éléments d'identité de la marque, fixation exhaustive et presque exclusive de la barre de navigation, fixations de prise d'informations jusqu'aux encarts en bas de page (10 premières secondes).

6 CNC

http://www.cnc.fr

Le Centre national du cinéma et de l'image animée (CNC), établissement public placé sous la tutelle du ministère de la Culture, a pour missions de soutenir, réglementer, négocier, promouvoir, diffuser, coopérer et protéger pour garantir la diversité culturelle. La diversité de ses fonctions est aussi représentée sur le site web, dont nous analysons ici la page d'accueil.

570 pixels

820 pixels

Fig. 6-1

En mars 2010, onze participants ont été confrontés à cette page avec pour consigne de montrer et dire ce qu'ils feraient s'ils étaient chez eux. Les données de ce test utilisateur sont utilisées ici pour compléter l'analyse experte.

SCÉNARIO : « Imaginons que vous êtes auteur. Vous avez entendu parler d'une subvention du Centre national de la cinématographie pour les gens qui écrivent des films. C'est un domaine qui vous intéresse particulièrement, du coup vous voudriez savoir si vous pouvez en bénéficier, donc vous allez sur leur site… »

1 PRÉDOMINANCE DU MENU COMME STRATÉGIE D'ACCÈS : QUE DEVIENT LA PAGE D'ACCUEIL ?

La notoriété du CNC dans son domaine fait que ses internautes vont avoir tendance à saisir des requêtes sur son nom, et ainsi à entrer sur son site via la page d'accueil.

Pour réaliser le scénario demandé, les participants se dirigent majoritairement vers la barre de navigation principale.

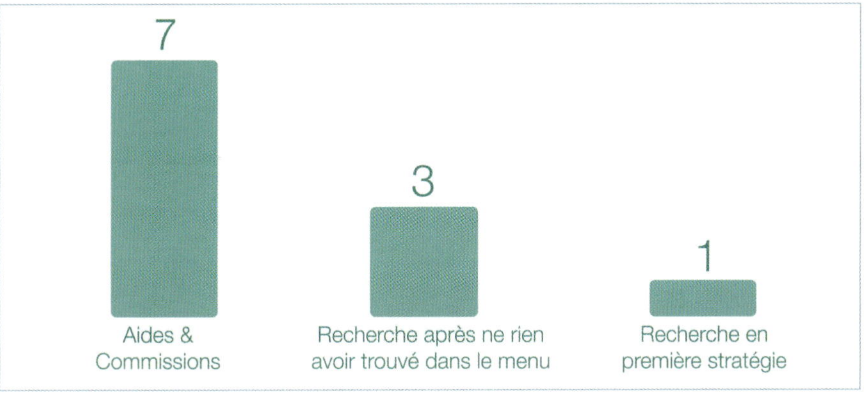

Fig. 6-2

Nombre de participants par stratégie d'accès

- Cela pose la question de l'utilité des liens présents aujourd'hui dans la page d'accueil : avant même d'avoir la chance d'être perçus et de toucher leur public, ils sont cannibalisés par la navigation et la recherche, qui permettent d'entrer rapidement dans une thématique. Ce type de stratégie, courant sur des sites à fort volume de contenus comme celui-ci, doit être pris en compte au niveau de la conception de la page d'accueil.

On n'observe aucune utilisation d'un lien en cœur de page, et c'est paradoxalement plutôt positif, puisque cela témoigne de l'adéquation du menu aux objectifs utilisateurs. Cependant, une analyse du cœur de page montre qu'il offre des clés d'accès par domaine qui ne sont aujourd'hui pas relayés dans la navigation (par exemple : *cinéma*, *audiovisuel*). Il semble regrettable de les cacher en les présentant seulement dans la partie basse de cette page d'accueil.

- Cela impose sans doute de porter un nouveau regard sur cette page, qui ne peut avoir de sens pour ses internautes que si elle se concentre à relayer fortement l'actualité, avec une véritable sélection et des formats de mise en avant imposants, laissant le menu et la recherche adresser l'exhaustivité des contenus.

2 UNE PAGE D'ACCUEIL CHARGÉE EN LIENS, AU RISQUE D'EFFRAYER

- La partie basse de la page d'accueil est trop dense, surtout à cause de la présentation. Seuls deux participants s'intéressent à ce qui se passe sous la ligne de flottaison, et sont alors rapidement désappointés par le contenu qu'ils y trouvent. La surutilisation de la puce en forme de flèche dans l'ensemble de la page a un effet radical sur la charge visuelle et la perception du contenu : tout semble au même niveau ou presque, avec pour résultat qu'on ne voit qu'un ensemble de liens qui, avant même d'être lus, semblent lourds à appréhender.
- La rationalisation de la présentation ne suffit donc pas à faire de cette page d'accueil un espace qui donne envie d'être exploré, et la solution ne peut passer que par un travail de concision et de hiérarchisation des sujets, hiérarchie qui devra être traduite dans un canevas visuel.

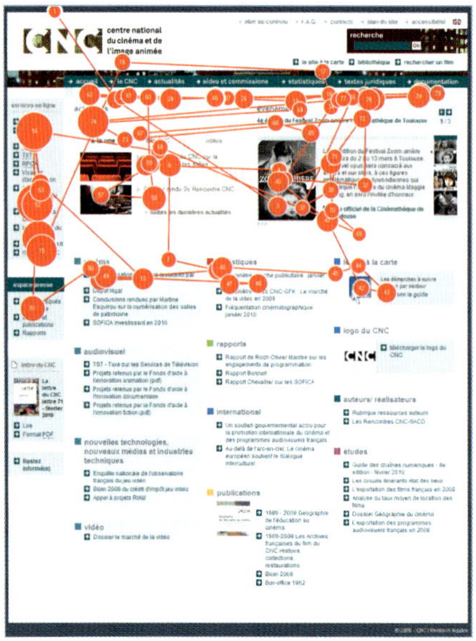

Marianne, 44 ans

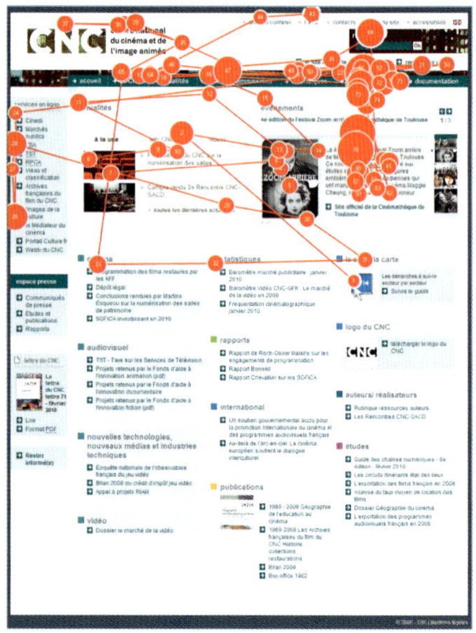

Bastien, 21 ans

Retrouvez ces images en grand sur www.ergonomie-web-illustree.com !

Retrouvez ces images en grand sur www.ergonomie-web-illustree.com !

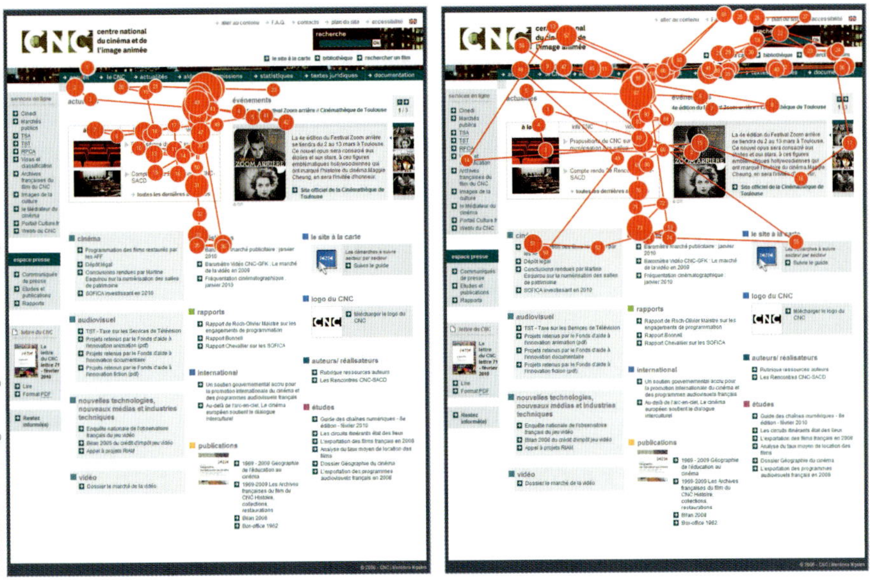

Marie-Christine, 58 ans — *Myrtille, 28 ans*

Fig. 6-3

Parcours oculaires individuels typiques d'utilisateurs qui ne descendent pas dans la page, 30 premières secondes

3 LA LISTE DES SERVICES EN LIGNE EST CONSIDÉRÉE COMME UN MENU

Même pour les participants utilisant rapidement la barre de navigation horizontale, la liste de liens en colonne de gauche est considérée comme un menu à part entière : c'est son format de présentation et son emplacement qui donnent cette impression. Par ailleurs, les participants ne lisent pas son titre (quand bien même, il est générique et ne leur permettrait sans doute pas de comprendre qu'ils ne sont pas au bon endroit). On aurait avantage à revoir cette zone pour limiter l'ambiguïté qui peut desservir la navigation principale.

Mélanger deux types de liens est déconseillé dans un menu

La liste de services en ligne contient à la fois des liens vers d'autres sites du CNC, et des liens vers des pages internes au site. Cela peut gêner les internautes, auxquels on devrait présenter plus clairement la distinction entre ces deux types de liens, sous deux formes ou dans deux zones différentes. Plus globalement, cela pose la question de la notion de « mini-site » : quel rôle doit avoir le site du CNC, est-il un portail, comment aider l'utilisateur à se faire une représentation claire de sa galaxie de sites web ?

4 UNE GESTION DE L'IDENTITÉ VISUELLE SURPRENANTE

On sert aléatoirement à chaque internaute qui arrive sur le site une version parmi trois : une bleue, une rose et une verte. L'ensemble du site s'adapte alors à cette couleur : barre de navigation, liens, puces, mais aussi logo.
Puisque les internautes n'ont pas conscience de ces différentes versions (ou ne peuvent l'être qu'à travers différentes visites s'ils ont mémorisé la couleur du site), cela questionne l'utilité de ce système. La symbolique sous-tendue par la colorisation aléatoire peut être intéressante, mais si elle est si importante dans la vision du site web, elle pourrait alors être davantage et mieux exploitée, et réservée à des éléments particuliers plutôt que toucher l'ensemble du système. Même si cela ne met pas en danger la réalisation des objectifs utilisateurs, on peut notamment recommander que les éléments de navigation soient constants à travers les visites.

Parce qu'il ressemble peu à un rectangle blanc dans lequel on peut saisir quelque chose (surtout dans les versions verte et rose), le champ de recherche est peu affordant à la saisie, et moins suggestif qu'il pourrait l'être. On observe d'ailleurs davantage de fixations visuelles sur le lien *Rechercher un film* que sur le véritable moteur de recherche.

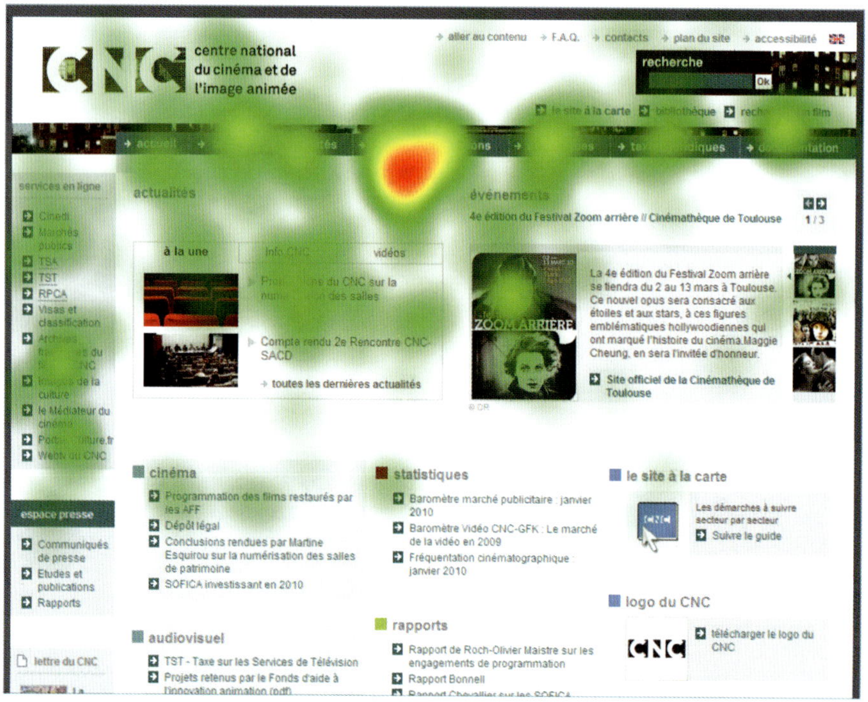

Fig. 6-4

Carte de chaleur des onze participants confondus, 10 premières secondes (durée absolue)

Retrouvez cette image en grand sur www.ergonomie-web-illustree.com !

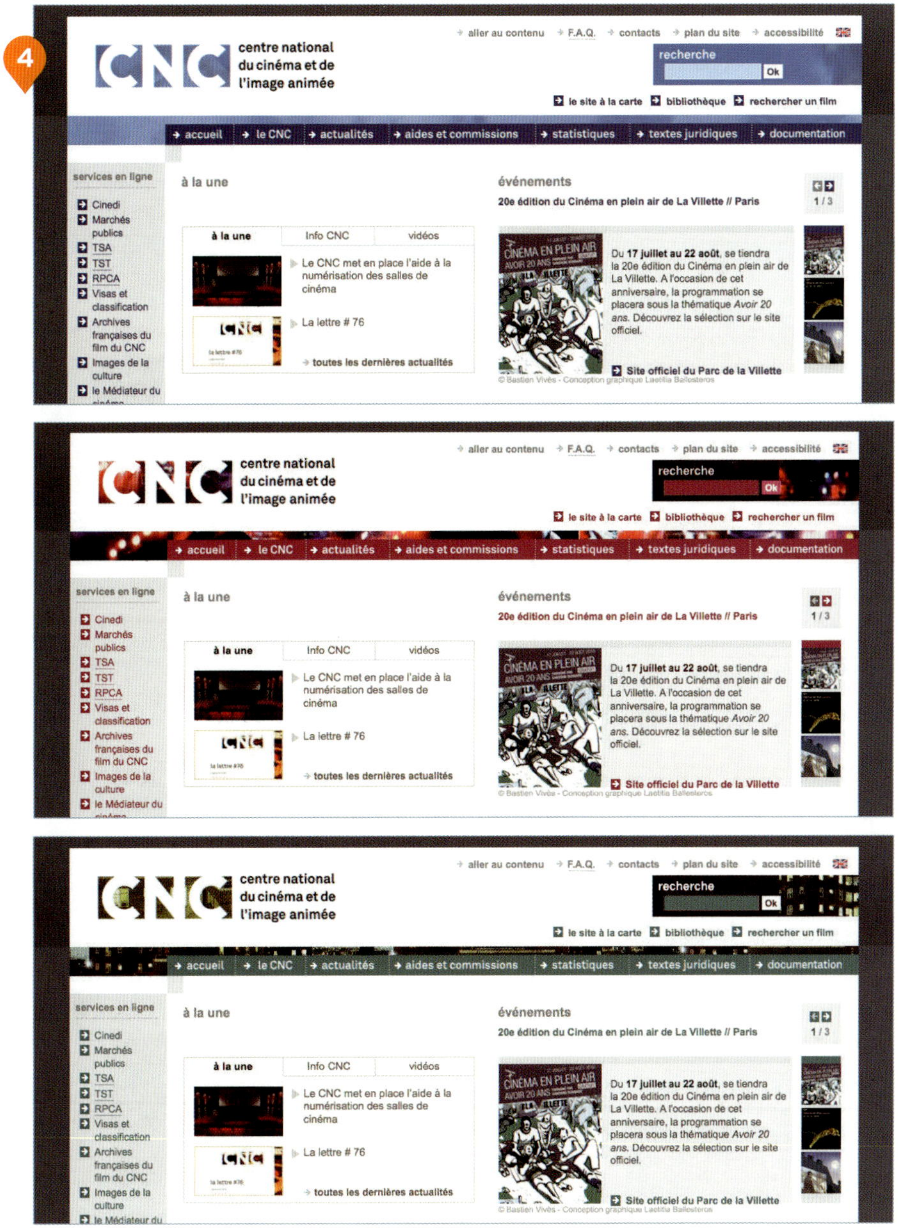
4
centre national du cinéma et de l'image animée
aller au contenu
F.A.Q.
contacts
plan du site
accessibilité
recherche
Ok
le site à la carte
bibliothèque
rechercher un film
accueil
le CNC
actualités
aides et commissions
statistiques
textes juridiques
documentation
services en ligne
Cinedi
Marchés publics
TSA
TST
RPCA
Visas et classification
Archives françaises du film du CNC
Images de la culture
le Médiateur du
à la une
Info CNC
vidéos
Le CNC met en place l'aide à la numérisation des salles de cinéma
La lettre # 76
toutes les dernières actualités
événements
20e édition du Cinéma en plein air de La Villette // Paris
1 / 3
CINÉMA EN PLEIN AIR
AVOIR 20 ANS
Du 17 juillet au 22 août, se tiendra la 20e édition du Cinéma en plein air de La Villette. A l'occasion de cet anniversaire, la programmation se placera sous la thématique Avoir 20 ans. Découvrez la sélection sur le site officiel.
Site officiel du Parc de la Villette

Fig. 6-5

7 THÉÂTRE DE L'ODÉON

http://www.theatre-odeon.fr

Le site de l'Odéon, volet Internet du théâtre éponyme, propose à ses visiteurs de découvrir la saison en cours à travers sa programmation, ses spectacles, des photos et vidéos, mais aussi des informations sur le théâtre, son équipe, son histoire, des renseignements pratiques... Sa page d'accueil en est la porte d'entrée.

Il est appréciable que les liens externes présents dans le descriptif de *La Ronde du Carré* s'ouvrent dans une nouvelle fenêtre. Cela permet au lecteur de parcourir une critique sur un autre site web sans perdre celui du théâtre.

Fig. 7-1

1 UNE PAGE INTERMÉDIAIRE AVANT D'ENTRER SUR LE SITE

L'accueil du site est précédé d'une page de transition proposant trois liens : accès au site en français, en anglais, et lien direct pour réserver. Malgré son intérêt esthétique et sa vocation de communication (elle reprend les codes graphiques de la saison en cours), cette page est fonctionnellement peu utile, et pourrait être supprimée.

En amenant directement les visiteurs sur la page d'accueil en français, on privilégierait l'action la plus fréquente, évitant un clic à la majeure partie des internautes. Pour ceux qui préfèrent la version anglaise ou l'accès direct à la réservation, le nombre de clics reste identique, puisque ces liens sont fournis dans l'en-tête du site en français.

2 UNE PAGE D'ACCUEIL QUI DONNE DU CONTENU

Le cœur de page est dédié à un carrousel d'actualités, puis à deux pièces en cours de représentation. Cela permet d'un coup d'œil de se renseigner sur ce qui se joue en ce moment. Et c'est bien là le rôle d'une page d'accueil : fournir les outils de navigation pour parcourir l'ensemble du site, et faire remonter du contenu en fonction de l'actualité.

- Chaque mise en avant de pièce occupe une large place à l'écran, permettant de présenter un volume important de contenus : affiche, titre et informations clés, auteur, metteur en scène, lieu et dates, description, photos des représentations.
- Les photos défilent automatiquement, sans que l'internaute puisse agir sur l'affichage, ce qui peut être frustrant. On pourrait reprendre ce qui est très bien fait dans la fiche spectacle (à savoir proposer un suivant/précédent) ou choisir une seule photo pour cette page, les autres étant visibles en plus grand dans la fiche spectacle.
- Une vidéo d'une des pièces en cours est présentée en colonne de gauche. Elle se lance directement dans l'espace qui lui est réservé, de manière contextuelle, et c'est très confortable pour l'internaute de pouvoir « jeter un coup d'œil » sans être redirigé ailleurs. Il ne manque plus qu'un lien vers la version en grand.

Le carrousel des actualités en haut de page fait aussi tourner quatre informations sans qu'on puisse contrôler cette rotation. Si on n'a pas eu le temps de lire une information en entier, il faut attendre que les trois autres s'affichent.

3 SOIGNER L'ACCÈS À LA FICHE SPECTACLE

- L'un des objectifs de la page d'accueil est que les visiteurs du site la dépassent pour aller consulter d'autres pages, notamment les fiches détaillées des pièces mises en avant. Ici, le bouton *Lire la suite* est le seul moyen d'accéder à ces fiches, et il se situe assez bas dans la page. En outre, il ne renvoie pas seulement vers une suite du texte, mais surtout vers un contenu très détaillé sur la pièce. Un libellé plus adapté tel que « Voir la fiche » ou « Fiche complète » permettrait déjà de valoriser ce volume de contenu.
- Les premiers réflexes pour accéder au détail sont de cliquer sur le titre ou sur l'image, car ce sont des éléments naturellement et par convention très affordants à l'action. Or on ne peut pas cliquer sur le titre, et un clic sur l'affiche l'ouvre en plus grand…

Pour ouvrir la navigation, on pourrait proposer en fin de page un lien vers la liste complète des spectacles de la saison en cours.

8 HEADICT

http://www.headict.com

Headict.com, site e-commerce spécialiste en couvre-chefs (chapeaux, bérets, bonnets et casques en tous genres), distribue des marques de qualité, dont certaines en exclusivité. Un secteur de niche pour un site web sorti en 2009, dont nous analysons ici la page d'accueil.

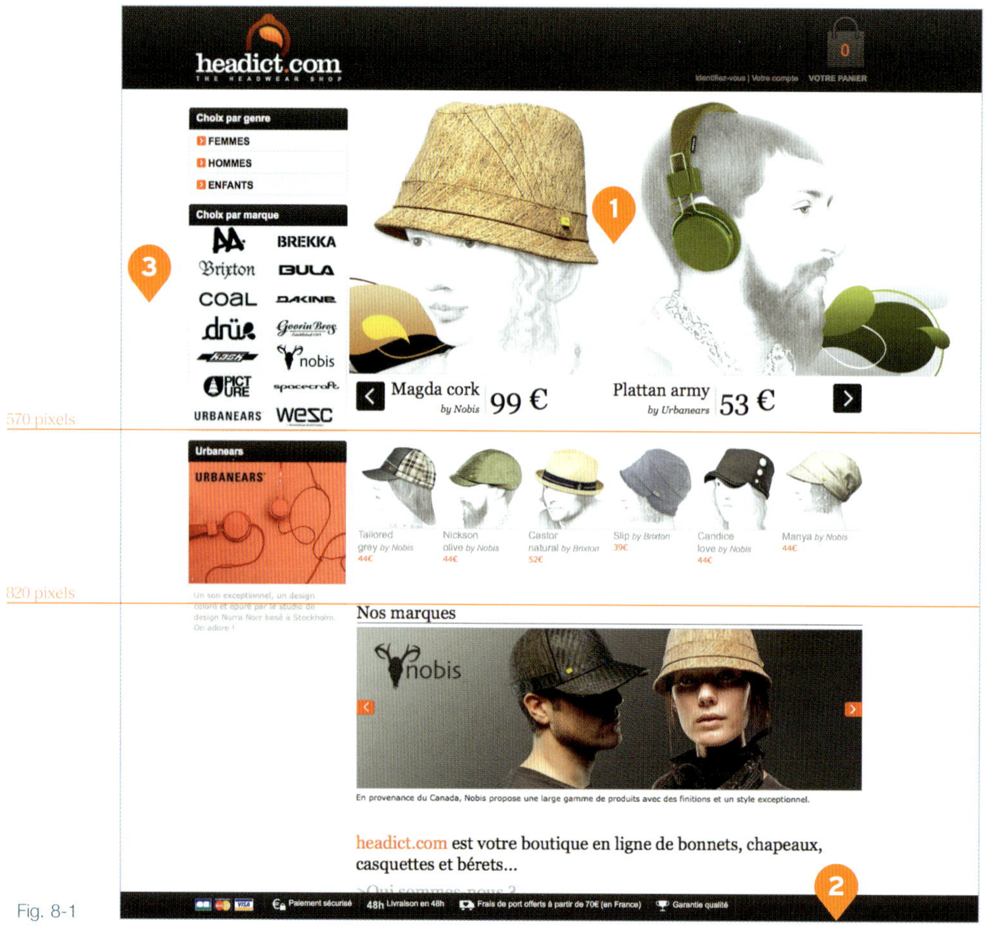

Fig. 8-1

© www.headict.com

1 ICI, ON VEND DES COUVRE-CHEFS

- Une page d'accueil a vocation à dire ce que fait le site, à le définir pour que l'internaute puisse savoir s'il peut l'intéresser ou non. C'est surtout vrai pour les sites découverts pour la première fois. Headict.com réussit bien le pari en affichant le message en grand : c'est le produit qu'on voit.
- Le produit, cela ne veut pas seulement dire des photos de produit, mais bien une mise en scène qui leur donne la vedette. Ici, on sort des canons de la photo e-commerce, si bien que l'internaute risque fort d'être séduit par le site au premier coup d'œil, même si l'article mis en avant ne lui convient pas.

La page d'accueil joue bien son rôle de fournisseur de contenu et de navigation, permettant à chacun soit d'adopter une approche cartésienne (via la navigation), soit de se laisser séduire par les mises en avant en cœur de page.

C'est important à prendre en compte dans le parcours de conversion : ce ne sont pas seulement les éléments de description du produit qui intéressent votre internaute, mais l'ensemble des éléments du site, qui vont influencer la confiance et la qualité perçue de votre marque.

2 UNE BARRE SI PERMANENTE QU'ELLE RISQUE D'ÊTRE IGNORÉE

- Une barre d'informations est fixée en permanence au bas de l'écran, et suit la navigation de l'internaute lorsqu'il descend dans la page. Ce qui semble une bonne idée de prime abord est pourtant risqué, car de par son format de présentation, cette barre ne semble pas appartenir au site, et a donc peu de chances d'être vue. C'est encore plus vrai lorsqu'on descend dans les pages. (Difficile de s'en apercevoir sur une copie d'écran, mais allez l'expérimenter en ligne pour vous en rendre compte.)
- Cette présentation est toutefois sympathique et peut être conservée, à la condition nécessaire de répéter ailleurs les informations qu'on veut absolument que les visiteurs voient (par exemple, les coups de pouce à l'achat : *Livraison en 48 h* et *Frais de port offerts à partir de 70 €*).

3 UNE BONNE SÉLECTION DES CONTENUS CLÉS EN HAUT DE PAGE

Sur cette page, pour une résolution de 1 024 × 768 pixels, seuls la navigation et le carrousel sont visibles. Pour le reste, l'internaute doit descendre dans la page, et c'est bien. Ces deux éléments sont en effet les éléments primaires de l'accueil, et leur réserver toute la partie haute de la page permet d'avoir une grande liberté en termes de présentation.

Ce zoning est réussi, car on a su faire des choix, et c'est important pour ne pas tomber dans le côté habituellement chargé des pages d'accueil. La hiérarchisation des contenus par rapport aux besoins utilisateurs forme une part essentielle de l'ergonomie.

4 DES MISES EN AVANT DE MARQUES QUI POURRAIENT GUIDER VERS L'ACTION

Un carrousel de bandeaux fait la promotion des marques « coup de cœur » du site (*Nos marques*), dans une présentation intéressante, en rupture avec les éléments purement catalogue. Mais il mériterait un lien ou un bouton explicite *Tous les articles Nobis* renvoyant vers le *corner* dédié à la marque (d'autant que ces espaces sont souvent graphiquement personnalisés selon la marque).

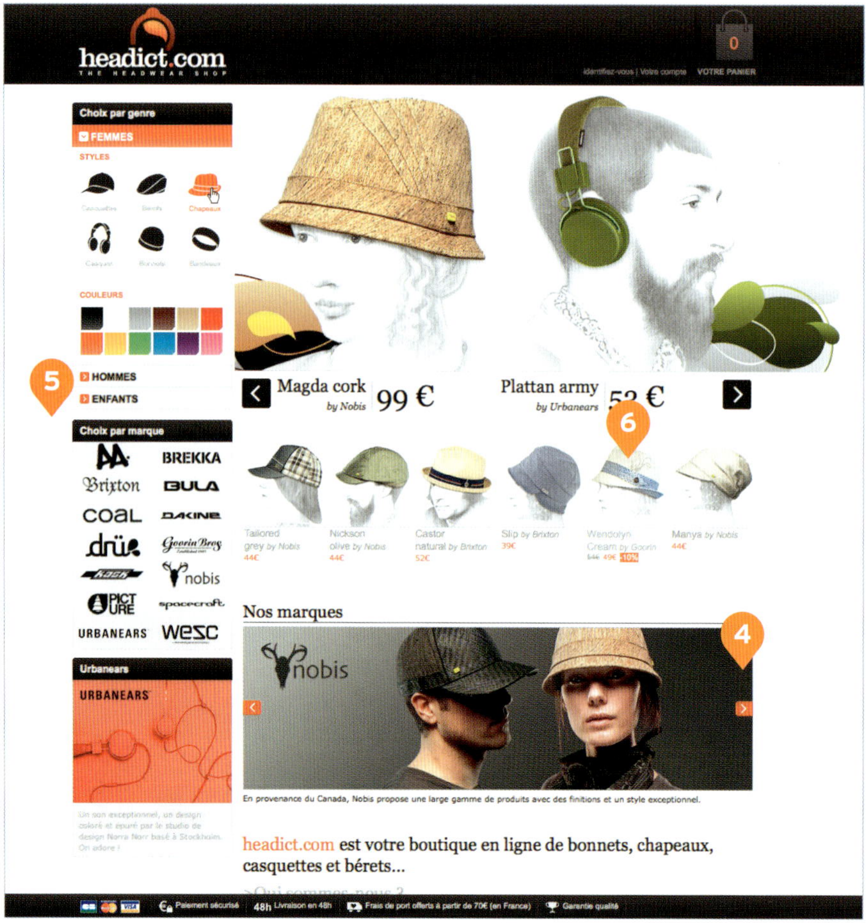

Fig. 8-2

Page d'accueil au survol de la catégorie Chapeaux

5 DES CLÉS D'ENTRÉE QUI RÉPONDENT À TOUS

- Dans la navigation, les clés d'entrée dans le catalogue sont propres à satisfaire deux types de stratégie chez les internautes : la recherche d'une marque par les experts et l'exploration du catalogue par les découvreurs, à la recherche d'un article susceptible de leur convenir (ils entreront alors plutôt par genre, puis par forme ou par couleur).
- Les facettes sont présentées différemment selon leur typologie, et non simplement en texte : les marques ont droit à leur logo, les couleurs à une vraie vignette de couleur, et les styles à un pictogramme. En définissant ainsi chaque critère par l'élément le plus représentatif de sa nature, on facilite le travail mental de l'internaute, tout en ayant un pouvoir suggestif beaucoup plus fort.
- Une fois que l'utilisateur a cliqué sur un des genres, il semble manquer un accès de type « tous les articles femmes » (en plus du choix par styles), d'autant qu'avec le système de liste infinie adopté dans ce site, il est très agréable et rapide de parcourir les listes. On favoriserait ainsi à la fois l'achat coup de cœur et le parcours de l'ensemble du catalogue.

Il n'est pas nécessaire d'écrire *Choix par genre*, car les options proposées sont auto-explicites, et c'est elles qui vont provoquer la décision de l'internaute de s'orienter vers cette navigation.
Ce n'est par exemple pas le cas de *Marque*, qui complète bien la liste des logos.

6 BIEN PRÉSENTER LES PROMOTIONS DANS LES LISTES

Lorsqu'une promotion est présentée dans la liste, trois informations décrivent le prix (prix barré, prix final et réduction) : elles sont indispensables pour bien comprendre l'offre et optimiser la conversion. Les sites e-commerce ont paradoxalement souvent du mal à bien présenter ces promotions, alors que tout se joue dans le détail. Ici, la promotion est très bien traitée visuellement tout en occupant très peu d'espace.

9 ALLOCINÉ

http://www.allocine.com

AlloCiné est un site d'informations sur le cinéma, caractérisé par sa gratuité et le grand nombre de ses services et contenus. Avant le chargement d'une page du site, un interstitiel est affiché pour faire la promotion d'un film.

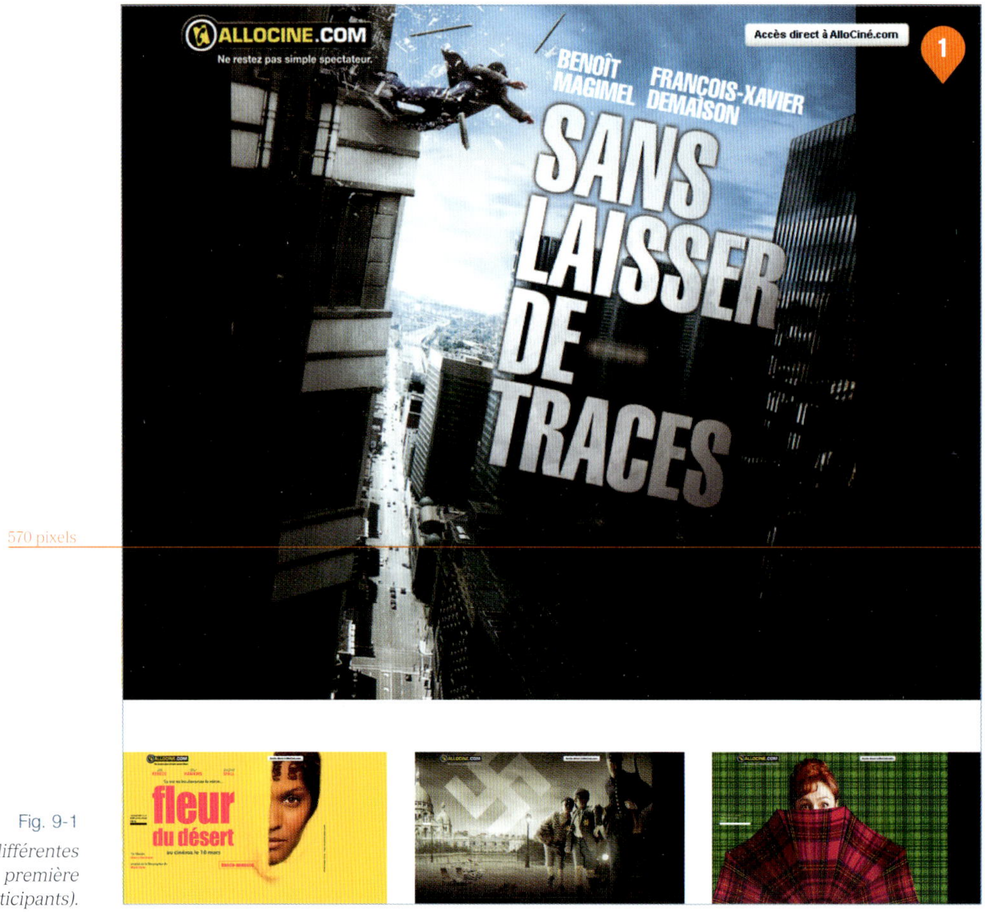

Fig. 9-1

Quatre publicités différentes ont été vues (la première a été vue par cinq participants).

En mars 2010, dix participants ont été confrontés à cette page avec pour consigne de montrer et dire ce qu'ils feraient s'ils étaient chez eux. Les données de ce test utilisateur sont utilisées ici pour compléter l'analyse experte. Six participants connaissaient le site, quatre ne le connaissaient pas.

SCÉNARIO : « Imaginons que vous voulez voir ce qui passe ce soir à l'UGC Bercy. »

1 DE BONNES PRATIQUES COMPENSENT LA PRÉSENCE DE L'INTERSTITIEL

L'interstitiel n'est pas souhaité par les internautes

Le principe de l'interstitiel consiste à s'intercaler entre le visiteur et le site web pour faire de l'auto-promotion, de la publicité externe ou pour des partenaires. AlloCiné dédie cette page à un film (souvent aussi repris en habillage du site). Par définition, c'est donc quelque chose qui n'est pas demandé par les internautes, et qui souffre donc d'un fort déficit en termes d'utilité : *« Alors ça déjà, ça m'énerve, donc je ne le laisse même pas charger la page de pub, j'y vais direct. »* (Didier, 44 ans)

L'interstitiel ne s'affiche qu'une fois par jour

Tout repose sur l'utilisabilité du format, et de sa capacité à respecter la liberté des internautes. Par exemple, le format de l'interstitiel étant par nature très intrusif, mémoriser que l'internaute l'a déjà vu permet de limiter les phénomènes d'agacement qui peuvent être observés lors de la répétition d'un tel format. C'est d'autant plus important ici que ce type de publicité pour un film cherche autant à provoquer des impacts en termes de notoriété que des clics à proprement parler.

Un bouton d'action très efficace, connu des habitués et permettant de gagner le respect des internautes

- Un interstitiel génère toujours des comportements d'évitement (surtout chez ceux qui connaissent le site), qui doivent être facilités pour ne pas dégrader la relation du site avec ses utilisateurs. Ici, le bouton *Accès direct à AlloCiné.com* est bien libellé, bien placé, et son format est parfaitement pensé pour se détacher sur tous les fonds testés. Il attire donc les regards extrêmement vite, dans la première seconde et demi pour huit participants (juste après le logo, fixé en moyenne à une seconde après le chargement de la page). Ce comportement semble persistant quels que soient le film en promotion et le niveau de connaissance du site.
- La connaissance ou non du site affecte surtout la suite de l'exploration visuelle : lorsqu'on regarde les parcours individuels, ceux qui découvrent le site passent plus de temps sur l'interstitiel, et continuent leur visite en explorant aussi le reste de la page. Les phénomènes d'apprentissage interne permettent donc aux habitués de limiter encore l'impact de l'interstitiel sur leur expérience de navigation.

L'un des participants n'a pas fixé le bouton suffisamment longtemps pour que ce soit notable, mais clique pourtant dessus pour accéder au site. On peut faire l'hypothèse que sa vision périphérique a suffi pour comprendre que c'était le bouton permettant de sauter la publicité, sans avoir eu besoin de s'y attarder.

Paradoxalement, une seule personne a émis une remarque dépréciant cette page de pub (alors que les mêmes participants se sont largement exprimés à d'autres moments du test sur leurs impressions négatives).

Il semble que les personnages présents dans ces publicités pour des films attirent particulièrement les regards.

- Grâce à cette facilité à trouver le bouton, l'interstitiel ne gêne finalement pas tant les gens qu'on aurait pu l'attendre, et ce d'autant moins lorsqu'ils connaissent le site. Ils semblent alors accepter le contrat d'échange proposé et retirer plus de bénéfices de leur usage du site que d'inconvénients liés à la publicité.

  Annabelle, 27 ans : *« Je vais tout de suite dans Accès direct à AlloCiné, parce que je sais que les pubs, c'est trop long. »*
  Bastien, 21 ans : *« Donc là, Accès direct à AlloCiné… Bon après, AlloCiné, ils sont connus pour toujours mettre le grand film en premier, donc il faut cliquer à côté, donc bon… c'est une perte de temps, mais ça, c'est pas grave. »*

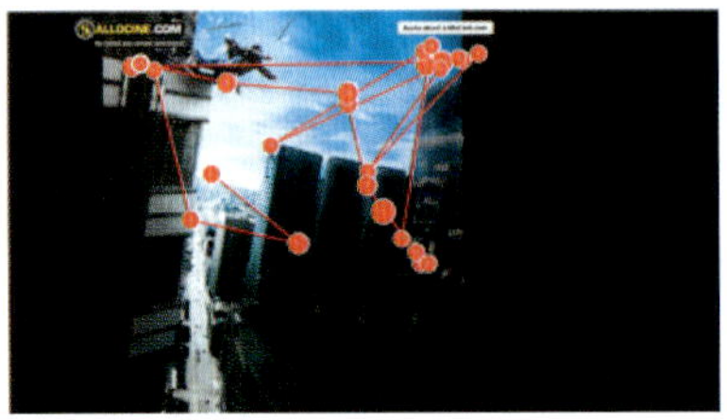

Didier, 44 ans, 10 premières secondes (session complète)

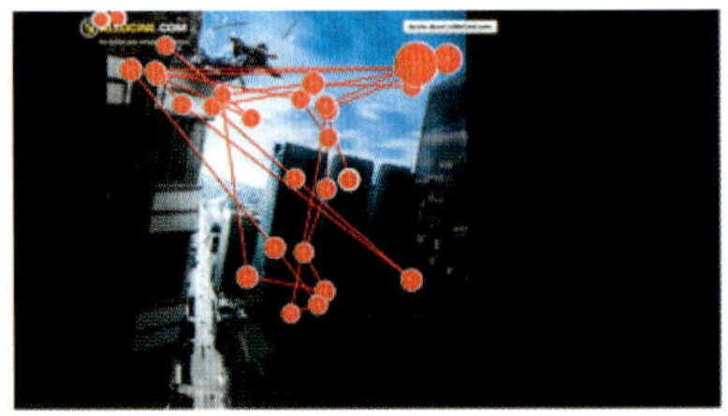

Julien, 34 ans, 16 premières secondes (session complète)

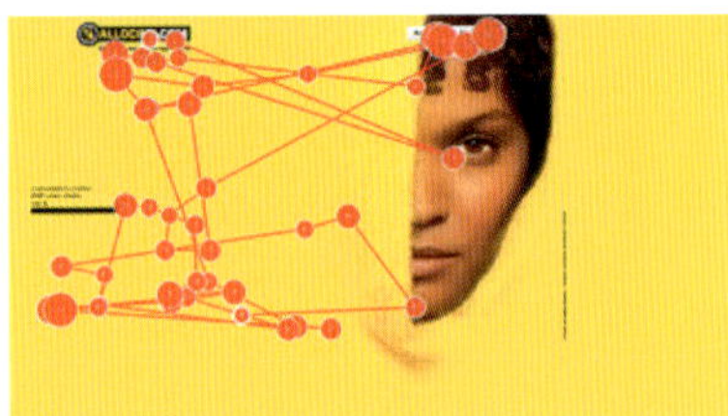

Marianne, 44 ans, 16 premières secondes (session complète)

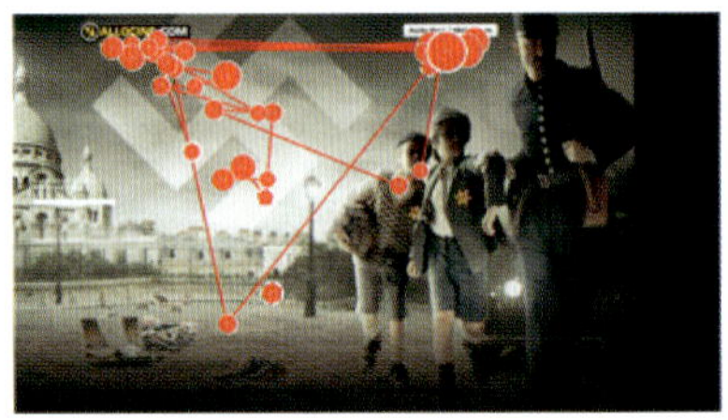

Marie-Christine, 58 ans, 12 premières secondes (session complète)

Retrouvez ces images en grand sur www.ergonomie-web-illustree.com !

Fig. 9-2

Parcours oculaires individuels des quatre participants ne connaissant pas le site (les sessions durent en moyenne 13,25 secondes).
Note : les interstitiels étant animés, la copie d'écran ne représente qu'un instant de la session.

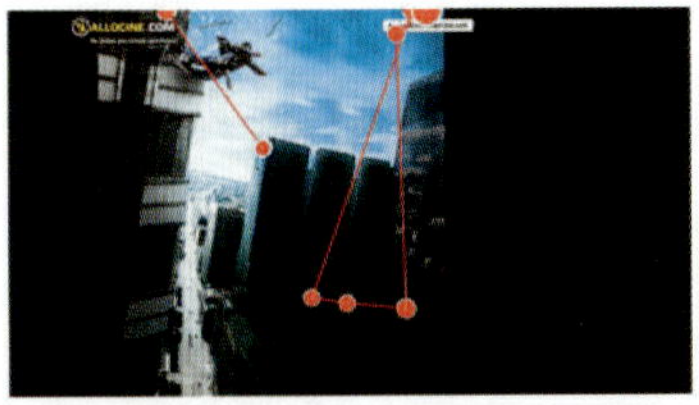

Charlotte, 34 ans, 2 premières secondes (session complète)

Thomas, 26 ans, 2 premières secondes (session complète)

Annabelle, 27 ans, 7 premières secondes (session complète)

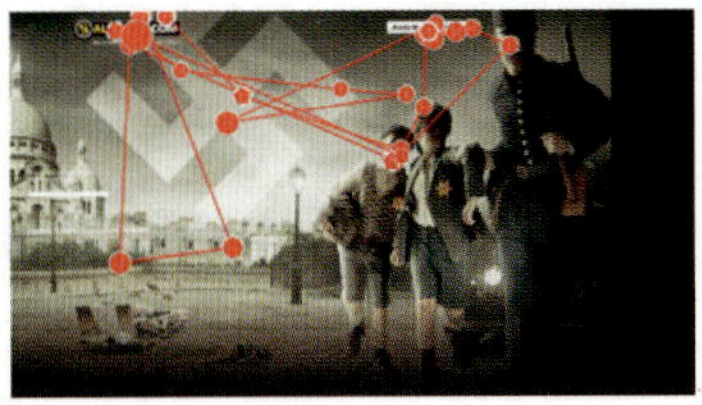

Bastien, 21 ans, 8 premières secondes (session complète)

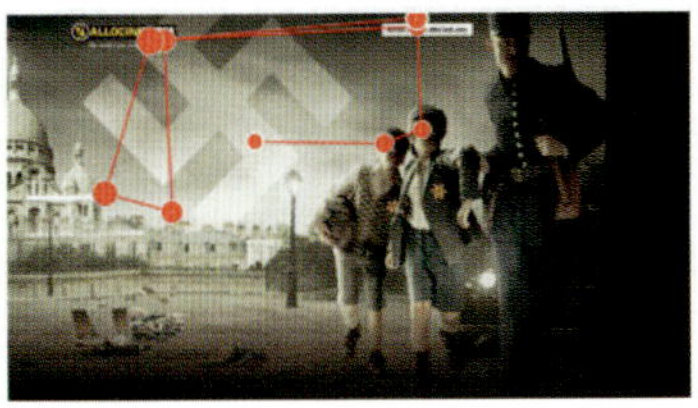

Samuel, 31 ans, 2 premières secondes (session complète)

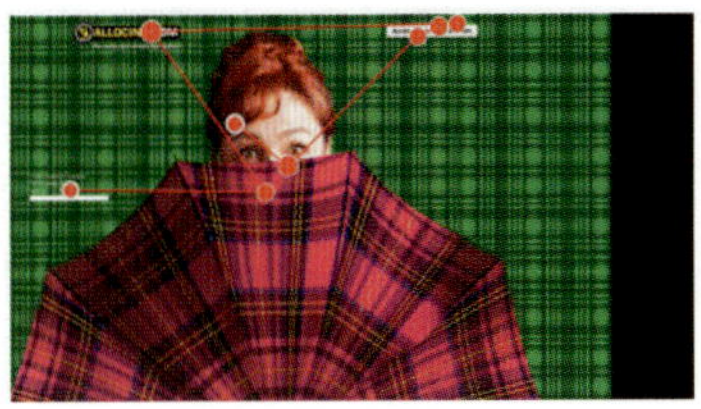

Myrtille, 28 ans, 3 premières secondes (session complète)

Retrouvez ces images en grand sur www.ergonomie-web-illustree.com !

Fig. 9-3
Parcours oculaires individuels des six participants connaissant le site (les sessions durent en moyenne 4 secondes).

Le logo du site est visible et bien placé

Le fait que le logo d'AlloCiné.com soit bien présent sur cet interstitiel joue beaucoup dans l'acceptation de cette page de publicité. Ce logo et le bouton d'action sont les deux éléments majoritairement fixés dans les premières secondes de découverte de la page, comme le montrent les cartes d'occultation à 3 et 7 secondes (attention, dans cet intervalle, quatre personnes sont déjà parties : on ne prend donc en compte pour elles que les 2 à 3 premières secondes).

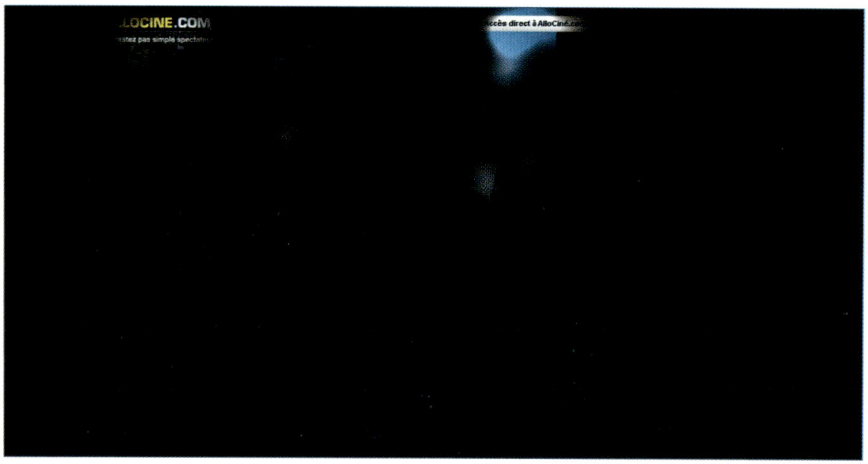

Retrouvez ces images en grand sur www.ergonomie-web-illustree.com !

Fig. 9-4

Cartes de chaleur et d'occulation des dix participants confondus, 3 premières secondes (durée absolue)

Fig. 9-5

Cartes de chaleur et d'occulation des dix participants confondus, 7 premières secondes (durée absolue)

Partie 2
PAGES DE LISTES ET RUBRIQUES

- OKAÏDI
- PAYSANS.FR
- BEAUTÉ-TEST
- CARRIEREONLINE
- Ô DÉLICES
- EVENE
- SAVEUR BIÈRE
- COCOONCENTER
- DELAMAISON

Des pages dédiées à la navigation, dont la fonction est donc essentiellement utilitaire : cette idée que l'on se fait des listes peut expliquer pourquoi elles sont si souvent négligées. N'ayant pas la puissance symbolique de la page d'accueil, ni la valeur descriptive d'une fiche produit, se situant à mi-parcours entre le début de la navigation et son apogée, elles sont considérées comme étant faciles à concevoir. Or, la simple application de conventions aseptisées ne suffit pas pour donner une bonne page de liste. Ce faisant, ces pages représentent de véritables risques de fuite dans un parcours utilisateur.

Mission de cette partie : démontrer à quel point les listes de recettes, de produits ou encore d'offres d'emploi doivent certes respecter des bonnes pratiques, mais surtout s'adapter à leur contexte – qui sont leurs visiteurs, que cherchent-ils sur ces pages, comment les aider à passer le cap ?

10 OKAÏDI

http://www.okaidi.fr

Okaïdi est un site de vente en ligne qui vient compléter l'offre des 320 magasins de la marque. Les internautes y retrouvent toute la collection et peuvent se faire livrer gratuitement en magasin, ou plus classiquement à la maison. Nous analysons ici la page de liste.

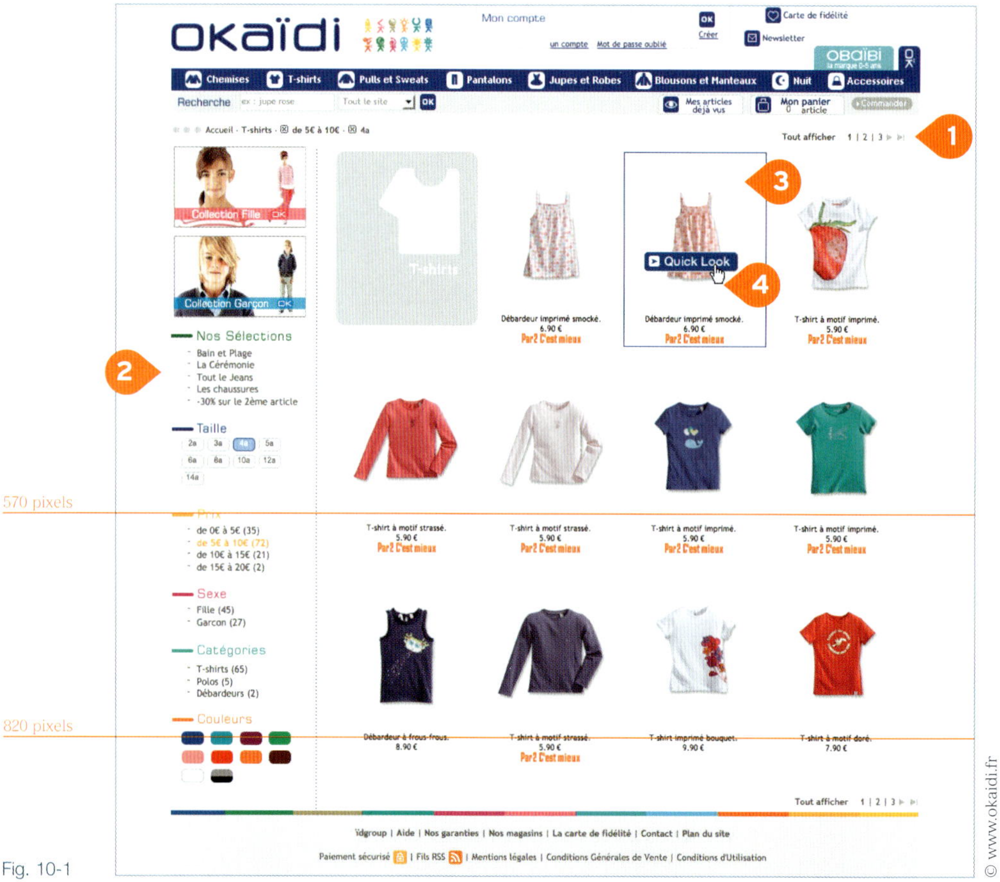

Fig. 10-1

1 ADAPTER LES OUTILS DE NAVIGATION INTERPAGES À L'INTERNAUTE

Comme pour tout site e-commerce, la tâche de parcours des pages dans les listes de produits doit être optimisée, car les internautes y passent beaucoup de temps.

La pagination n'est pas seulement un outil de navigation

Servant principalement à passer de page en page, c'est aussi un moyen pour l'internaute de s'informer sur le nombre de produits proposés dans la rubrique. À travers le nombre de pages disponibles, il peut se faire une idée du volume d'articles. Ici, ce nombre semble toujours être de trois. Or, ce n'est pas le cas, mais l'internaute ne s'en rend compte qu'en progressant dans sa navigation.

Fig. 10-2

Au début de la navigation, toutes les listes semblent contenir trois pages, alors qu'elles peuvent en contenir jusqu'à quatorze.

Les clics les plus fréquents doivent être facilités

La fonction la plus utilisée étant le passage à la page suivante, il faut que la zone cliquable correspondante soit suffisamment large. Ici, la flèche ne fait que 12 pixels de large. En remplaçant ce pictogramme par un lien *Page suivante*, on augmentera naturellement la zone cliquable, tout en rendant la fonction plus explicite.

> **Loi de Fitts**
>
> La loi de Fitts énonce qu'une cible est d'autant plus rapide à atteindre qu'elle est proche et grande. Une des recommandations consiste donc à augmenter la taille des éléments cliquables. C'est d'autant plus important que l'élément sera cliqué de nombreuses fois dans une session d'interaction. Rendez-vous dans le lexique pour découvrir cette loi plus en détails.

Valoriser la fonction de liste infinie

Le site offre la possibilité à l'internaute d'afficher l'ensemble des produits de la liste sur la même page. C'est une fonction très intéressante, qui facilite le travail mental de comparaison. Cependant, le lien *Tout afficher* n'est pas très affordant au clic : il est présenté de la même manière que la page courante, devant les numéros de page (donc apparenté à un titre), et avec un libellé qui pourrait être plus explicite (exemple : *Tout sur la même page*).

2 DES FILTRES QUI AIDENT L'INTERNAUTE À PRÉCISER SES ENVIES

Les listes s'adaptent aux besoins de l'utilisateur

- L'internaute peut affiner son besoin grâce à une navigation par facettes : il peut restreindre la liste des produits par taille disponible, couleur, catégorie, prix, etc. Cette grande flexibilité est très importante pour qu'il trouve plus rapidement un produit qui lui plaise. Elle permet aussi de pouvoir se passer de fonctions de tri (par prix croissant ou autre).
- Dans le domaine vestimentaire, la disponibilité des tailles est un critère incompressible (versus la couleur, le prix, etc., qui peuvent toujours être réévalués par l'internaute). Pouvoir la choisir en amont plutôt que parcourir de nombreux produits qui ne sont pas accessibles améliore grandement l'expérience d'achat sur le site. Ce filtre pourrait même être un critère de configuration générale du site.

La présentation doit aider l'internaute à bien utiliser les filtres

- Les encarts *Collection* situés en colonne de gauche semblent être des filtres permettant de ne voir que les articles Garçon ou Fille. Ils sont donc ambigus par rapport à la fonction correspondante, située plus bas dans la page.
- Il est difficile de repérer comment annuler un filtre que l'on aurait cliqué. Une fois que l'on a choisi *de 10 € à 15 €* ou *Fille*, l'inscription correspondante s'affiche dans le fil d'Ariane. C'est ici aussi qu'apparaît la fonction de suppression de ce filtre. Or, on s'attend à pouvoir revenir sur son choix au même endroit ou au moins à proximité. C'est donc l'endroit idéal pour fournir ces fonctions.

Prévoir que le clic n'est pas forcément très précis

Il est courant de voir des éléments cliquables dont la zone de cliquabilité n'est pas optimisée. Plus elle sera étendue autour de l'élément « signifiant » (c'est-à-dire le texte, la photo, le bouton, etc.), plus il sera facile pour l'internaute de bien viser dès son premier clic. Ici, la zone dessinée par la bordure au survol est plutôt bien pensée, mais l'ensemble de sa surface devrait être cliquable.

3 ACCÈS À LA FICHE PRODUIT : ATTENTION AU SURVOL

Une des actions les plus fréquentes consistant à cliquer sur un produit pour en voir le détail, il est capital d'optimiser cette tâche dans les moindres détails.

- Ici, au survol d'un item, une bordure apparaît autour du produit afin de renforcer le fait que c'est celui-ci dont on va consulter le détail. Ce procédé est intéressant, et vient s'ajouter à la transformation du titre en lien souligné.
- Par contre, il existe à l'intérieur de cette bordure une zone non cliquable. C'est dommage, car on semble dire à l'internaute « ici, tu peux cliquer », alors que ce n'est pas le cas. Il faudrait donc rendre l'ensemble de la zone cliquable. C'est un exemple typique de manque de prise en compte de la loi de Fitts et d'affordance erronée.

4 UNE FONCTION DE QUICK LOOK

Au survol, l'internaute a deux choix : cliquer pour voir la fiche, ou cliquer sur le lien *Quick Look* pour voir un premier niveau de détail du produit.

Un libellé qui risque de cacher la fonction

Le libellé *Quick Look* fonctionne bien pour une cible anglophone, et pour les concepteurs web qui connaissent bien cette fonctionnalité. À l'inverse, il est peu adapté aux internautes du site Okaïdi, qui comprendraient sans doute mieux son utilité si on l'avait nommée en utilisant la notion d'*Aperçu*. En effet, cette fonction sert de raccourci au lieu de passer par la fiche produit.

Le Quick Look doit être utile

Sur Okaïdi, cette fonction est ambiguë par rapport à la fiche produit : il y a très peu de différences entre le contenu du Quick Look et celui de la fiche (l'essentiel résidant dans les articles similaires proposés en cross-selling dans la fiche produit). On devrait donc opter pour un choix plus tranché : soit le Quick Look est réduit à une véritable fonction d'aperçu (voir le détail matière, le produit de dos, les tailles disponibles, etc.), soit on supprime la fiche produit en tant que telle en l'affichant à la manière du Quick Look (on pensera alors à renommer la fonction, dont on ne conservera plus que le procédé d'affichage).

Utilité du Quick Look

Le Quick Look permet de donner plus d'informations à l'internaute sans pour autant l'emmener sur une autre page. Il a aussi l'avantage de conserver le contexte de la liste afin de continuer ses achats facilement suite à un ajout au panier. Il est plus adapté aux achats peu engageants, pour lesquels on hésite peu, et aux listes dans lesquelles l'internaute va acheter plusieurs produits (exemple : alimentaire). Le premier à avoir lancé le Quick Look est pourtant le site de Gap, mais dans sa version américaine.

Quick Look

Fiche produit

Fig. 10-3

OKAÏDI

11 PAYSANS.FR

http://www.paysans.fr

Paysans.fr propose aux internautes de faire leur marché en ligne grâce à une sélection de produits issus de producteurs locaux. Au-delà de la simple présentation des produits, les consommateurs sont accompagnés et conseillés (menus de la semaine, paniers présélectionnés, club des testeurs, recettes...). La liste de produits s'affiche en cliquant sur l'un des rayons présentés en haut de page, ici *Épicerie*.

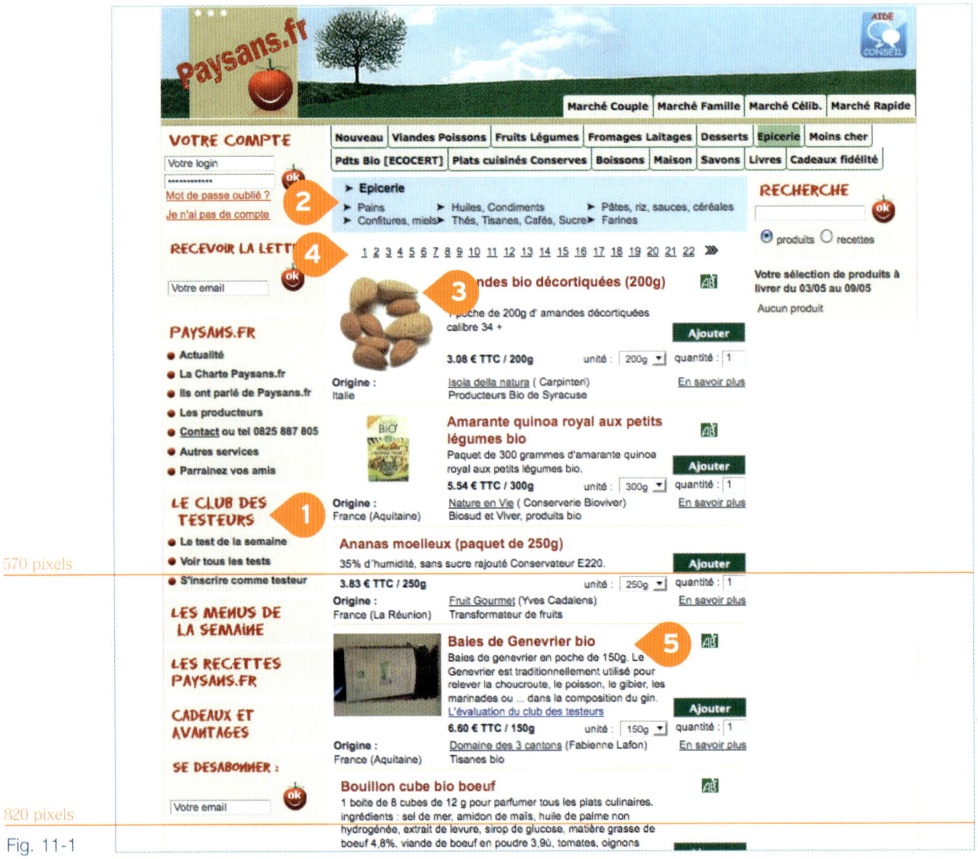

Fig. 11-1

1 LA PRÉSENTATION DOIT PRIVILÉGIER L'OBJECTIF PRINCIPAL DE LA PAGE

La présentation des articles, objectif essentiel de cette page, souffre d'un manque d'espace, et l'organisation visuelle de la liste semble étriquée. En effet, la liste reprend un squelette commun à toutes les pages du site : une colonne de gauche généraliste, un espace central dédié au contenu et une colonne de droite réservée à la recherche et au panier.
Or, dans les pages intérieures, il semble que les contenus de la colonne de gauche soient peu utiles à l'utilisateur. Plus précisément, leur utilité est moins critique que la place qu'ils occupent. On pourrait donc supprimer cette colonne dans la page de liste de produits, et redistribuer ses contenus ailleurs dans la page ou le site.

La cohérence n'est pas sans risque

L'homogénéité est une règle d'ergonomie importante, mais à interpréter avec précaution. En termes de gabarits de pages notamment, prévoyez plusieurs squelettes en fonction de l'utilité de chacun des types de pages. Vous réussirez ainsi à être cohérent tout en conservant la flexibilité nécessaire aux contenus web.

2 ADAPTER LE CONTENU AU PARCOURS UTILISATEUR

La liste de produits peut être filtrée au moyen de catégories (*Pains, Huiles, Condiments*…). Si l'on se recentre sur le besoin utilisateur, ce sont ces filtres qui lui permettront de faire son marché confortablement, en ne se voyant proposer que des articles qui l'intéressent : s'il cherche du miel, il n'a pas envie de voir de la farine. Deux solutions sont envisageables pour favoriser la sélection d'une catégorie :

- un accès direct aux catégories via un menu s'affichant au survol ou au clic sur l'item *Épicerie* ;
- une page consacrée au rayon comme actuellement, mais davantage centrée sur la présentation des catégories plutôt que des produits.

3 SAVOIR SUGGÉRER

Avantage non négligeable de la présentation actuelle : suggérer à l'internaute des produits qu'il n'aurait pas forcément été chercher de lui-même, mais susceptibles de le tenter, d'autant plus que les articles de Paysans.fr sont en général de grande qualité, avec un fort potentiel suggestif.
Plutôt que d'opter pour une présentation par ordre alphabétique, on optimisera encore l'impact d'une vue produit en mettant en avant des articles choisis (produits de saison, meilleures ventes, nouveautés ou encore, pour les habitués, les produits susceptibles de plaire à notre internaute selon les préférences qu'on lui connaît).

Répondre et suggérer

Répondre au besoin utilisateur tout en proposant des choses auxquelles ce dernier ne pensait pas : ces deux objectifs souvent antinomiques participent cependant tous deux à la satisfaction utilisateur tout en tenant compte des objectifs stratégiques du site. Reste à savoir bien doser les deux, car à trop suggérer, on risque de perdre de vue l'essentiel : la réalisation de l'objectif utilisateur.

4 FACILITER LE PARCOURS DE LA LISTE

D'un point de vue utilisateur, une liste est un ensemble d'items parmi lesquels je dois mener des actions de comparaison et de sélection mentale afin de me diriger petit à petit vers le produit qui me plaira le plus. Il est donc essentiel de faciliter le parcours des articles selon le besoin de l'utilisateur.

Naviguer à travers les pages de la liste

C'est là l'une des premières difficultés. En effet, si lister l'ensemble des 22 pages présente l'avantage de pouvoir les atteindre une à une très rapidement, en termes d'utilité, avoir accès à l'ensemble des pages a peu d'intérêt. Sur un tel site, proposer d'atteindre les quelques pages suivant ou précédant la page consultée (actions de navigation les plus fréquentes) ainsi que la première ou la dernière page, permettra de libérer de l'espace visuel (par exemple, si je me trouve sur la page 6, seules les pages 1, 4, 5, 7, 8 et 22 sont présentées). Ce système fonctionnera tout aussi bien avec une liste de plus de 22 pages.

Notons que le fait de forcer la sélection d'une catégorie par l'internaute viendra d'ailleurs améliorer ce point puisqu'en affichant moins de produits dans la liste, on obtiendra mécaniquement un nombre de pages plus réduit.

Augmenter le nombre d'articles par page

Le nombre d'articles par page étant fixé à huit, cela présente l'avantage de limiter les temps de chargement. Cependant, l'internaute est ainsi trop souvent obligé de cliquer pour passer d'une page à l'autre. Un compromis est donc à trouver entre nombre de produits par page et temps de chargement.

On peut aussi opter pour un principe de liste infinie, comme sur le site Ô Délices présenté dans l'étude n° 14.

Proposer une personnalisation de l'affichage

Une telle fonction, inexistante ici, pourrait pourtant permettre à l'internaute de préciser sa demande et de s'approprier la liste (filtre par type de produits dans une catégorie, tri par prix, par produits les plus appréciés des internautes…).

5 OPTIMISER LA PRÉSENTATION DES PRODUITS

Sur un site présentant des produits majoritairement alimentaires, la manière de présenter le produit dans la liste est déterminante pour séduire l'internaute. Le choix se fait ici plus que sur les fiches produits.

Une description précise et attractive, insistant sur la qualité

- En termes d'informations données à l'utilisateur, les produits sont ici bien décrits : nom précis, courte description, typologie (sigle AB), origine, producteur et photo (notons que les articles sans photo sont beaucoup moins attractifs).

- Le nom du producteur et sa description participent énormément de la qualité perçue du produit. Cliquable, le nom permet d'accéder de manière transversale à tous les articles de ce producteur. C'est une fonction très appréciable.
- Attention, cependant, le convertisseur permettant de consulter le prix au kilo est source de confusion, car il semble autoriser l'achat d'1 kg. La proximité visuelle des champs *unité* et *quantité* y est pour beaucoup.

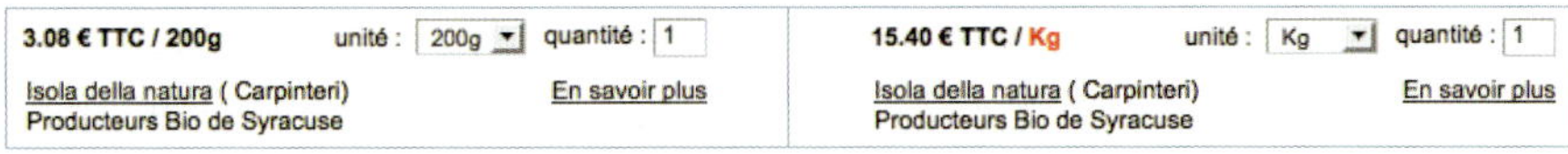

Fig. 11-2

État par défaut, puis après avoir passé la liste Unité de 200 g à Kg

Faciliter l'accès à la fiche produit

- Pour accéder à la fiche produit, deux liens sont disponibles : la photo ou *En savoir plus* L'intitulé du produit, lui, n'est pas cliquable. Or, si l'utilisateur clique dessus par réflexe et qu'il n'observe aucun effet, il risque de penser qu'il ne peut pas obtenir de détail. Un intitulé cliquable, présenté dans un format clairement identifié comme tel, permettrait en outre de supprimer le lien *En savoir plus*, qui devient alors inutile.
- Le détail du produit s'affiche sur une nouvelle page. Or ces informations pourraient être présentées de manière contextuelle, dans une fenêtre flottante apparaissant pardessus la liste, de manière à faciliter le retour à cette dernière.

6 CONNAÎTRE ET METTRE EN AVANT SES AVANTAGES

Pas de frais de port, seulement un minimum de commande de 80 € : Paysans.fr propose un modèle d'achat original, à valoriser dès cette page de liste de produits, capitale pour ceux qui découvrent le site – c'est souvent à partir d'ici qu'ils vont décider de passer commande ou non. Il est donc dommage de ne voir apparaître la mention *frais de livraison offerts* qu'après l'ajout d'un article au panier, car c'est une information susceptible de déclencher la décision de commencer son marché.

12 BEAUTÉ-TEST

http://www.beaute-test.com

Site de conseils et d'avis de consommateurs sur les produits de beauté, de santé et de bien-être, le site Beauté-Test.com recense plus de 700 000 commentaires indépendants. L'ensemble des produits du marché est réparti sous forme de catégories et de rubriques, dont nous présentons ici la page.

En mars 2010, quatre participants ont été confrontés à cette page avec pour consigne de montrer et dire ce qu'ils feraient s'ils étaient chez eux. Les données de ce test utilisateur sont utilisées ici pour compléter l'analyse experte.

SCÉNARIO – À partir d'une fiche produit : « Imaginons que vous voyez que celui-là a des effets secondaires indésirables ; comment feriez-vous pour voir les autres articles du même genre sur ce site ? » On s'intéresse à ce qui se passe après que les utilisateurs sont arrivés sur la page de rubrique (seuls quatre participants sur dix au départ consultent cette page, les autres ayant choisi d'autres parcours).

1 DES FILTRES QUI NE CORRESPONDENT PAS AU MODÈLE MENTAL DE LA PAGE ATTENDUE

- Lorsqu'ils arrivent sur la page, les participants s'imaginent voir des produits, et tombent en fait sur une liste de filtres qu'ils ont l'impression d'être obligés d'utiliser pour passer à la suite. Deux participants sur quatre ne voient les produits qu'après avoir utilisé les filtres et rechargé la page. Les deux autres mettent très longtemps avant de se rendre compte de la présence de ces produits en bas de page.

  Florence, 28 ans : « *Euh… critères généraux, critères spécifiques, par mot-clé… Ah oui, alors, ils ne m'en présentent pas, en fait…* [Elle descend dans la page.] *Ah, si !* »
  Samuel, 31 ans : « *Ce filtre est un peu bizarre, je n'ai pas l'impression que c'est… un filtre remis à zéro, et qu'il faut que je rentre à chaque fois les… À partir du moment où je suis rentré dans la catégorie Soins à avaler, je ne comprends pas pourquoi je reviens à ça.* »
  Didier, 44 ans : « *Euh, la marque je n'en sais rien du tout… je ne voudrais que… label bio, why not, je veux bien…* [Il parcourt tous les champs.] *Ça, c'est du moteur de recherche !… Énergie, oui… cheveux, ongles, mémoire ? Non, il y en a trop là ! Allez, Afficher les produits* [clic], *donc du coup je ne sélectionne rien comme critère.* »
  Myrtille, 28 ans : « *Euh, alors là, euh… Critères généraux, marque, machin, j'en sais rien… héhé, mais tous ces critères… Tu ne sais pas forcément tout ce que tu souhaites, il me semble qu'il y en a un peu trop, ou c'est idiot, mais alors faire un truc où tu dois*

L'organisation visuelle fait que, après avoir spécifié des critères, la page se recharge, mais on ne voit toujours pas les produits. Cela donne rapidement l'impression de tourner en rond et de se trouver dans une machine infernale qui nous empêche de voir des produits.

Fig. 12-1

On pense, en voyant *Label Bio & certification*, que l'option est sélectionnée. En fait, ce n'est que le titre du champ, et il faut afficher le contenu de la liste pour voir les options. Veillez à ne pas tromper vos internautes avec des libellés de champ ambigus !

les cocher… Mais là, euh… critères : poudre, effervescent… Ce n'est pas là que j'aurais envie de choisir… Raffermissant, non… Il y a beaucoup trop de critères […] *donc en gros, je vais faire par mot-clé, je vais faire complément alimentaire. »*

- La carte de chaleur à 35 secondes (Fig 12-2) est à cet égard assez inquiétante : sur cette durée, il est capital que l'on voie des produits, or ce n'est pas le cas. On peut même imaginer que la carte d'occultation (Fig 12-3) n'est pas si loin de l'expérience vécue par les participants, et on comprend qu'ils aient pu s'attendre à autre chose.

Fig. 12-2
Carte de chaleur des quatre participants confondus, 35 premières secondes (durée absolue). À noter : les fixations sur les deux premiers produits sont le fait d'une seule participante. Les autres n'ont effectué aucune fixation sur cette zone.

Fig. 12-3
Carte d'occultation des quatre participants confondus, 35 premières secondes (durée absolue)

2 LE TABLEAU RENFORCE LA PERCEPTION D'UNE PAGE TRÈS « TECHNIQUE »

En plus de l'omniprésence des filtres en haut de page, qui donnent un caractère très mécaniste à la page, les produits sont présentés sous forme d'un tableau très cadré, où les images sont petites, et qui laisse peu de place à la description des produits. La rigueur des critères objectifs est certes un point fort, mais la liste telle qu'elle est présentée ici ne donne pas envie d'être parcourue, et doit être complétée de notions plus détaillées.

Florence, 28 ans : « *Mais là… il y a le titre, mais il n'y a même pas de tout petit texte ; c'est-à-dire que rebelote, il va falloir recliquer sur chacun pour aller voir si… Même si je suis dans l'onglet Énergie, si vous voulez, rien qu'en descendant ça me… Donc soit je vais vers un que je connais ou dont on m'a parlé, mais si je ne connaissais pas…* »

De manière plus globale, on peut imaginer qu'une page de rubrique propose un minimum de contenu éditorial, afin d'introduire le sujet, de mettre en avant les produits du moment, les meilleures ventes, les préférés de la rédaction… Cela ajouterait un peu de matière à cette liste recensant les produits de manière exhaustive.

3 EXPLICITER LES POSSIBILITÉS DE TRI DE LA LISTE

Alors qu'elle cherche à trier par prix, une des participantes ne voit la solution que dans la zone de filtres, alors que l'en-tête de colonne lui permet de faire la même chose. Pourtant, aucun indice ne lui permet de le voir. Pour les types d'affichage les plus recherchés, on recommande de proposer des liens plus explicites et plus visibles, qui permettent aux utilisateurs d'atteindre rapidement leur objectif. Les options de tri devraient d'ailleurs être supprimées de la zone de filtres, car elles ne jouent pas le même rôle.

Myrtille, 28 ans : « *Je trierais par prix… si je peux… Ah, prix !* [Dans les filtres, elle choisit *Ordre d'affichage par prix*.] *Oui, mais vous voyez, je suis obligée de revenir en haut et de faire Afficher les produits, alors que c'est toujours sympa d'avoir un truc là* [Elle montre le haut du tableau.] *où on peut trier par prix…* [Elle voit la flèche bleue apparue pour montrer le tri qui vient d'être effectué.] *Mais, j'ai peut-être été bête, je pouvais peut-être le faire là…* [Elle survole l'icône de flèche, mais rien ne se passe.] *Ah non, c'est juste pour montrer quel est le filtre, mais j'aurais pu trier par contenance, par avis… Mais si je suis toujours obligée de revenir en haut, c'est trop compliqué.* »

Le comportement de Myrtille ici est très proche de ce que Nielsen & Pernice (2010) appellent le *momentum behaviour* : après avoir vu que la flèche n'est pas cliquable, elle reste sur son idée que la colonne ne peut être triée à cet endroit (même si elle voit par la suite en survolant le libellé *Prix* que celui ci se souligne). Il est probable que si le mot avait été souligné dès le départ, elle aurait pu se diriger directement vers celui-ci. Dans l'absolu, le titre de la colonne et la flèche indiquant le tri doivent être considérés comme le même objet, et pouvoir être cliquables indifféremment pour lancer le tri.

4 MANQUE DE VISIBILITÉ DE LA PAGINATION

C'est souvent en bas de page qu'on souhaite passer à la page suivante. Ici, la pagination est tellement éloignée du dernier produit de la page (une publicité est intercalée entre les deux) qu'elle en devient presque invisible, et que les internautes risquent donc de faire leur choix uniquement à partir des produits présentés en première page.

13 CARRIEREONLINE

http://www.carriereonline.com

CarriereOnline.com est un site du groupe ParuVendu, spécialisé dans le recrutement sur Internet. Lors de sa visite sur le site, un internaute effectuant une recherche obtient rapidement comme résultat des pages de listes d'offres d'emploi, qu'il doit parcourir pour évaluer si les annonces correspondent à ce qu'il recherche.

570 pixels

820 pixels

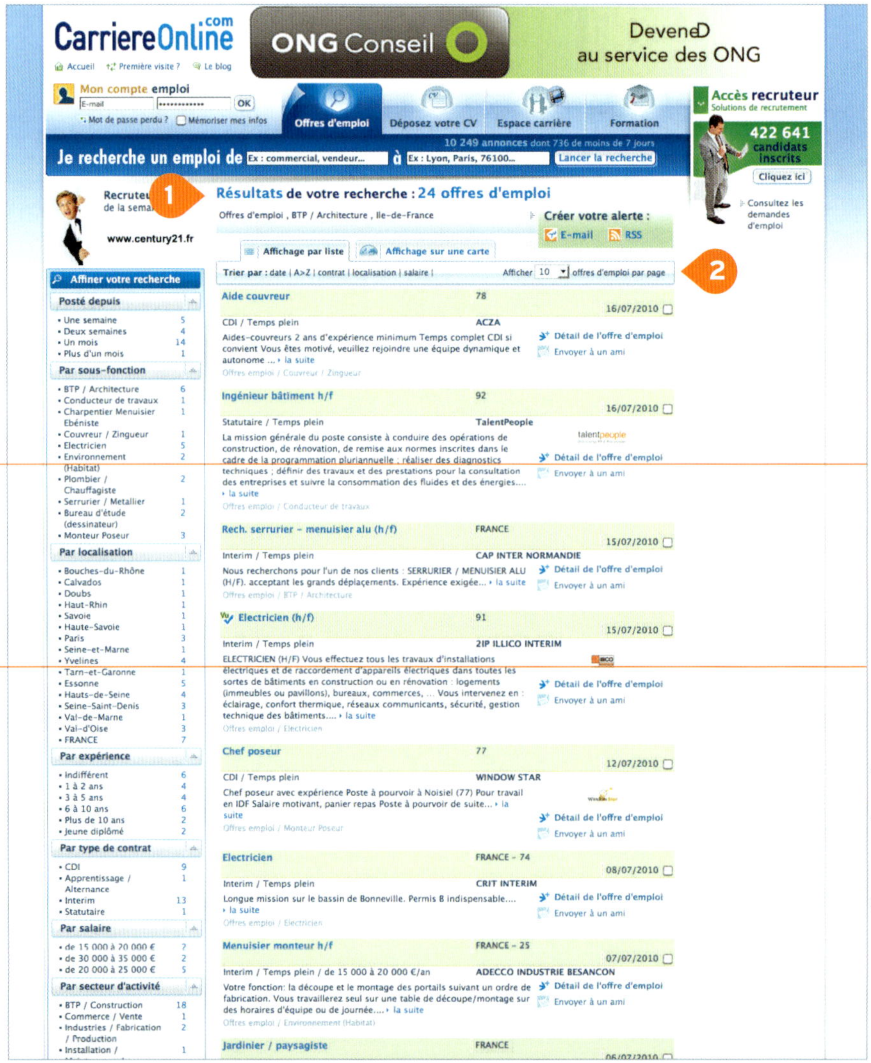

Fig. 13-1

1 FACILITER L'ÉLARGISSEMENT DE LA RECHERCHE

Dans un des scénarios d'usage les plus fréquents, l'internaute est dirigé vers cette liste à partir d'une recherche par critères et peut, dès son arrivée sur la page, vouloir retourner en arrière pour modifier sa recherche, ou en lancer une nouvelle car le nombre de résultats est trop faible.

- Rien ne lui est proposé pour faciliter cette tâche, alors que c'est une action à promouvoir, car on tombe très souvent sur des pages avec peu d'offres d'emploi. Les fonctionnalités présentes ne servent qu'à affiner en aval, et non à remonter en amont pour obtenir plus de résultats. Il faut pourtant optimiser les chances que l'utilisateur puisse trouver une offre qui lui convienne.
- La seule chose qu'il puisse faire, c'est utiliser le retour arrière de son navigateur. Notons que dans le cas d'une simple recherche par mots-clés, les champs sont toujours présents à l'écran, pouvant ainsi être modifiés. Or ce type de principe pourrait aussi être appliqué pour une recherche par critères. Les champs n'ont pas forcément besoin d'être affichés en permanence, mais doivent pouvoir être affichables par un simple clic sur un lien *Modifier ma recherche*. On peut aussi y associer un bouton *Retour* ou *Nouvelle recherche*.

2 LA PERSONNALISATION DE L'AFFICHAGE DOIT ÊTRE AUSSI UTILISABLE QU'UTILE

- Par défaut, la pagination est fixée à dix annonces par page, et une liste déroulante permet à l'internaute de choisir d'en afficher plutôt vingt ou trente. Ce nombre par défaut est trop réduit, d'autant que les lignes sont principalement composées de texte et assez réduites en hauteur. Le nombre maximal d'annonces par page pourrait de la même manière être augmenté, ou même fixé à « tout sur la même page », ce qui faciliterait la consultation de la liste et optimiserait le nombre d'annonces vues. C'est par ailleurs tout à fait envisageable car on observe rarement des listes de plus d'une centaine de lignes.
- Les options de tri sont en général intéressantes, mais elles sont ici difficilement utilisables : si le tri par défaut est bien choisi (offre la plus récente en premier), on ne l'indique pas explicitement, pas plus que celui activé par la suite. En outre, les tris ne sont pas réversibles : une fois que l'internaute a cliqué sur *date*, les annonces se classent avec la plus ancienne en premier, et il n'a aucune possibilité de revenir en arrière en cliquant à nouveau sur le même lien. Si on ajoute à cela qu'il est parfois difficile de repérer l'utilité d'un tri *Par salaire* (car ils ne sont pas toujours indiqués), *Par localisation* (car il est difficile de comprendre le critère d'organisation) ou *Par ordre alphabétique*, on peut conclure qu'il aurait en fait été préférable de ne pas pouvoir trier.

Pourquoi les longues listes peuvent-elle être intéressantes ?

Une liste longue est plus facilement parcourue qu'une liste scindée en plusieurs pages. En effet, les utilisateurs ont largement adopté le principe du défilement vertical (*scroll*). A contrario, cliquer sur un lien pour atteindre la page suivante nécessite de le repérer, de le viser avec la souris, puis d'attendre que la nouvelle page se charge. La rupture perceptive qui se produit alors provoque aussi un effet de rupture sur le plan mental, alors que la fluidité obtenue par une lecture verticale favorise la continuité dans l'activité de comparaison pour sélectionner les offres.

- L'affichage des résultats *sur une carte* est intéressant, mais n'est pas toujours possible du fait que les offres ne sont pas toutes géolocalisées. On s'expose alors à la déception, alors qu'on aurait pu l'éviter si la fonction n'était pas proposée en cas d'impossibilité à générer l'affichage demandé.

3 SÉLECTIONNER UNE OFFRE POUR LA METTRE DE CÔTÉ

- L'essentiel du travail de l'internaute ici consistant en un repérage des annonces susceptibles de l'intéresser, il est très pertinent de proposer une fonction pour *Enregistrer les offres cochées*. Mais pourquoi ce bouton n'est-il situé qu'en bas de page ? C'est parier sur le fait que les utilisateurs adopteront une logique de sélection de haut en bas au fur et à mesure de leur lecture de la liste, alors qu'il peut en être bien autrement !
- Lorsque l'on clique sur ce bouton sans être connecté, un message d'erreur apparaît tout en haut de la page, et ce quelle que soit la position de l'utilisateur dans la page (on est d'ailleurs forcément en bas dès que la liste contient plus de trois lignes, du fait de l'emplacement du bouton d'action). Il est donc fréquent de ne pas voir ce message, et cela peut entraîner que l'utilisateur clique plusieurs fois sans comprendre ce qui se passe, en finissant par penser que le site a un souci technique.

Ce message est classique d'un feedback que l'on a bien pensé à prévoir, mais qui est peu utilisable du fait d'un manque de visibilité. Ici, il s'agit de la localisation, mais il est aussi fréquent que ce soit le format de présentation qui soit peu repérable.

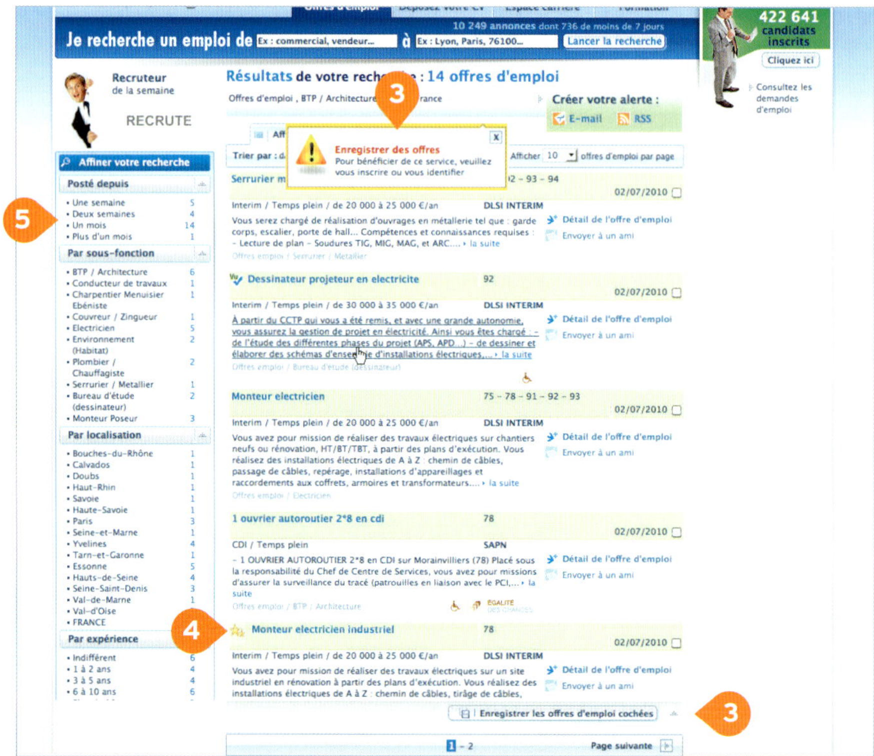

Fig. 13-2

Le bouton *Affiner votre recherche* est un défaut typique d'affordance erronée : son apparence semble signifier qu'il est cliquable alors qu'il ne l'est pas (il représente juste le titre de la colonne).

Technique ou utilisabilité ?

On entend souvent en test utilisateur *« ah bah ça bogue... »*. Les utilisateurs ont intégré que l'informatique était difficilement fiable à 100 %, et attribuent parfois à un problème technique des comportements étranges liés à des défauts d'utilisabilité. Dans de tels cas, ils ne vont pas chercher longtemps pourquoi ils n'arrivent pas à leurs fins.

4 SIGNIFIANCE ET UTILITÉ DES PICTOGRAMMES

- Parmi les pictogrammes ponctuant la liste, la plupart sont compréhensibles (annonces vues, égalité des chances...), mais les étoiles précédant parfois le titre des offres, indiquant une annonce chartée, restent obscures même au survol, car aucune légende n'apparaît. Ce serait la première action à mettre en place.
- De manière plus large, la question se pose de la réelle utilité de ces icônes : pourraient-elles être reportées dans la fiche détaillée, et libérer ainsi de l'espace visuel et mental sur cette page de liste ? Cela revient à se demander si les informations apportées par ces pictogrammes sont réellement de nature à provoquer à elles seules la lecture ou non d'une offre, et il est probable que ce ne soit pas le cas.
- Des pictogrammes accompagnent aussi les liens *Détail de l'offre d'emploi* et *Envoyer à un ami*, qui pourraient être supprimés pour faciliter l'appropriation visuelle de la liste par l'utilisateur. En effet, le premier est déjà largement adressé par le titre, le résumé et un lien *Lire la suite*, tous trois cliquables, et le second peut très bien n'être présent que dans la fiche détaillée.

Les internautes étant susceptibles de parcourir de nombreuses pages de listes et de faire des allers-retours entre ces listes et les fiches détaillées, il est capital de faciliter leur tâche de repérage des annonces qu'ils auraient déjà consultées. À cet effet, l'indication *Vu* en regard du titre de l'annonce dans la liste est très appréciable.

5 UNE NAVIGATION À FACETTES DONT TOUT LE POTENTIEL N'EST PAS EXPLOITÉ

- La sélection de critères avancés dans la navigation à facettes permet de filtrer la liste. Mais son fonctionnement doit être optimisé : on ne voit pas lorsqu'un critère est sélectionné (ici, la valeur *Un mois*, qui n'était pas cochée en Fig 13-1). La seule manière de vérifier si un critère a été appliqué est donc de regarder le nombre de résultats affichés dans le titre, si tant est qu'on se souvienne du nombre total du début. On se perd alors vite dans un système qui avait pourtant pour objectif de nous aider.
- Mais surtout, les critères ne peuvent pas être croisés, alors que c'est tout l'intérêt d'un tel système. Ici, si on clique de nouveau sur un des liens en colonne de gauche, on a peu de chances de trouver un seul résultat correspondant. Cela signifie aussi qu'après le premier clic, les chiffres affichés dans cette colonne deviennent faux.

Il paraît incongru qu'en ayant sélectionné *Île-de-France*, on me propose encore d'autres localisations dans les facettes. Vérifiez toujours la pertinence des affichages dans plusieurs contextes afin que vos internautes ne soient pas perdus.

14 Ô DÉLICES

http://www.odelices.com

Depuis 2002, ce site de cuisine de Marie-Laure Tombini propose sur cette adresse un grand nombre de recettes. S'ajoutent à ce corpus de plats délicieux des initiatives pour que ses lecteurs puissent enrichir et partager leurs expériences : forum, avis sur les recettes, cours et rencontres dans la vie réelle. Nous analysons ici l'ergonomie de la liste de recettes.

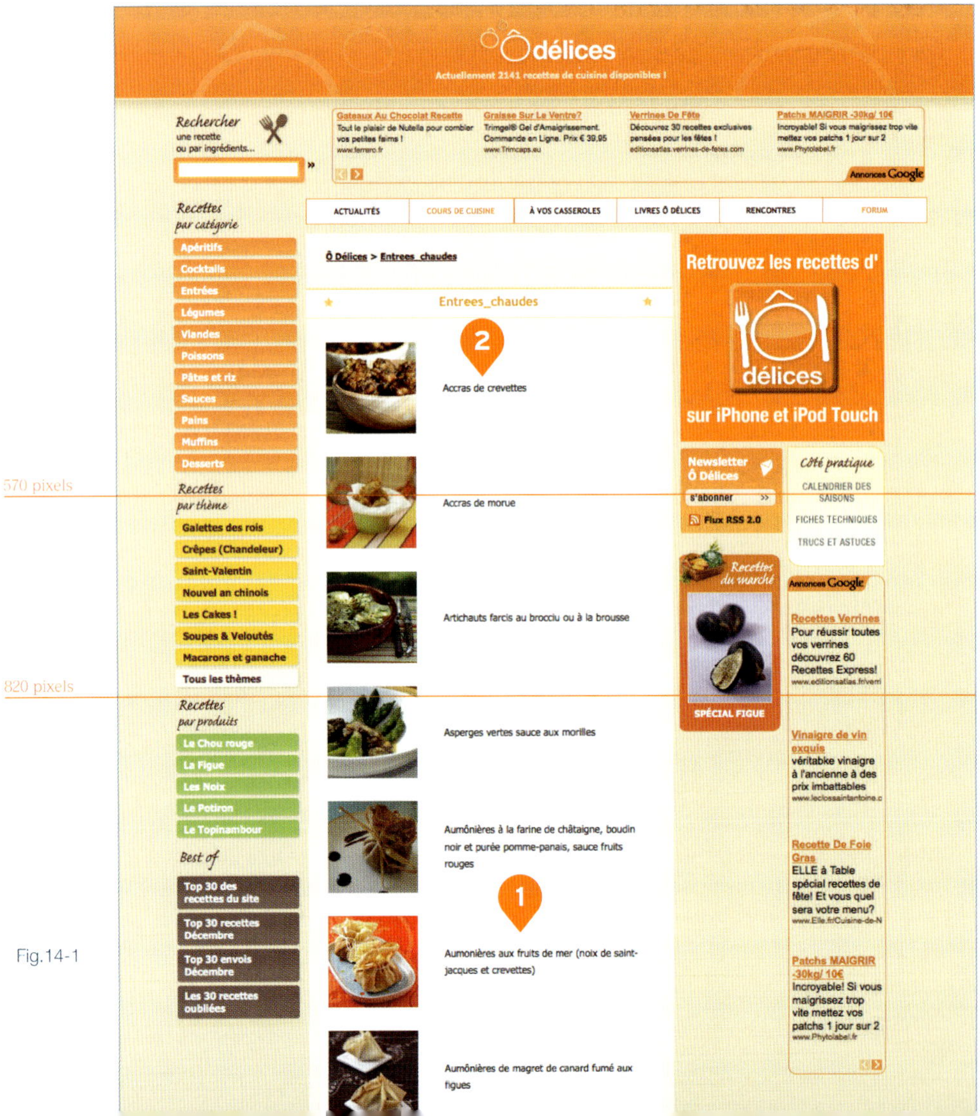

Fig. 14-1

1 UNE LISTE INFINIE POUR FACILITER LE PARCOURS DES ITEMS

La page *Entrées chaudes* ne compte pas moins de 150 recettes, présentées dans une liste infinie, c'est-à-dire sans pagination.

- C'est un très bon choix, en particulier sur un site de ce type, où les visiteurs passent beaucoup de temps à consulter des listes de recettes, à effectuer des actions de comparaison et de tri cognitif rapide des items de la liste. On leur facilite donc la tâche en ne découpant pas la liste en plusieurs pages, puisqu'il est plus facile de descendre dans une seule page plutôt que de passer de page en page. Une page mesurant 20 984 pixels de haut comme celle-ci peut donc être très ergonomique, si cela est adapté aux besoins des utilisateurs !

Tri cognitif rapide

Sur ce type de pages, et encore plus lorsque le nombre d'éléments est élevé, les internautes ont tendance à parcourir la liste très rapidement : ils voient très vite si une recette peut leur convenir ou non. On observe ici un comportement typiquement ***bottom-up*** : même s'il n'avait pas beaucoup plus d'idées que vouloir une entrée chaude, l'utilisateur est capable de mettre de côté très rapidement des recettes en fonction de ce qu'il voit à l'écran, et par mise en correspondance avec ses envies, besoins, attentes (exemple : il n'aime pas la morue, son invité est allergique aux fruits de mer, il voudrait une entrée assez légère, il a déjà fait des asperges la veille...).

- Avec une liste infinie, il peut être fastidieux de remonter tout en haut de la page (par exemple, pour changer de rubrique, saisir une recherche...). L'internaute expérimentera cette contrainte avec d'autant plus de difficultés qu'il se trouve bas dans la page. Une solution : proposer un raccourci *Haut de page*, présent de manière permanente à l'écran et facile à atteindre avec la souris.

Attention aux temps de chargement

La moindre milliseconde étant un critère déterminant pour la conversion, il faut veiller à ne pas allonger le temps de chargement de la page en optant pour une liste infinie. Les techniques de chargement progressif des pages (exemple : **dynamic scrolling**) vous y aideront.

2 COMMENT PRÉSENTER LES RECETTES ?

L'organisation de la liste doit aider l'utilisateur à faire son choix

- Les recettes sont présentées par défaut dans l'ordre alphabétique. Or, cela ne semble pas être le choix le plus pertinent si l'on considère la tâche de sélection d'une recette : des critères tels que les recettes préférées des internautes ou de la rédaction, celles les plus vues ou encore les nouveautés permettraient d'ajouter une aide mentale pour le visiteur en situation de parcourir la liste. Cette recommandation est plus importante pour les listes contenant un grand nombre d'items.

- Il serait intéressant de proposer, outre ce critère d'affichage par défaut, d'autres alternatives à l'utilisateur afin que celui-ci puisse choisir celui qui lui conviendrait le mieux.
- Quelques recettes pourraient bénéficier d'une mise en avant particulière (selon la période calendaire, les avis des internautes, de l'éditeur du site, etc.) en étant affichées au-dessus de la liste, dans un format graphique complètement différent. On ajouterait ainsi un niveau de lecture supplémentaire venant rompre le rythme classique de la liste.

Encore plus d'informations pour chaque recette

Une liste est par définition une page navigante, un endroit de passage où l'essentiel de la tâche de l'internaute consiste à décider s'il va cliquer ou non sur tel ou tel item. Or, ici, peu d'informations permettent de savoir si une recette est susceptible de nous intéresser.

Certes, l'essentiel est là : titre de la recette et photos contribuent ainsi aux éléments les plus évocateurs. Cependant, on pourrait enrichir chaque item de la liste d'informations supplémentaires, facilitant ainsi la tâche de sélection (des indicateurs sur la difficulté, le temps de préparation ou cuisson, une phrase d'accroche, des mots-clés, etc.).

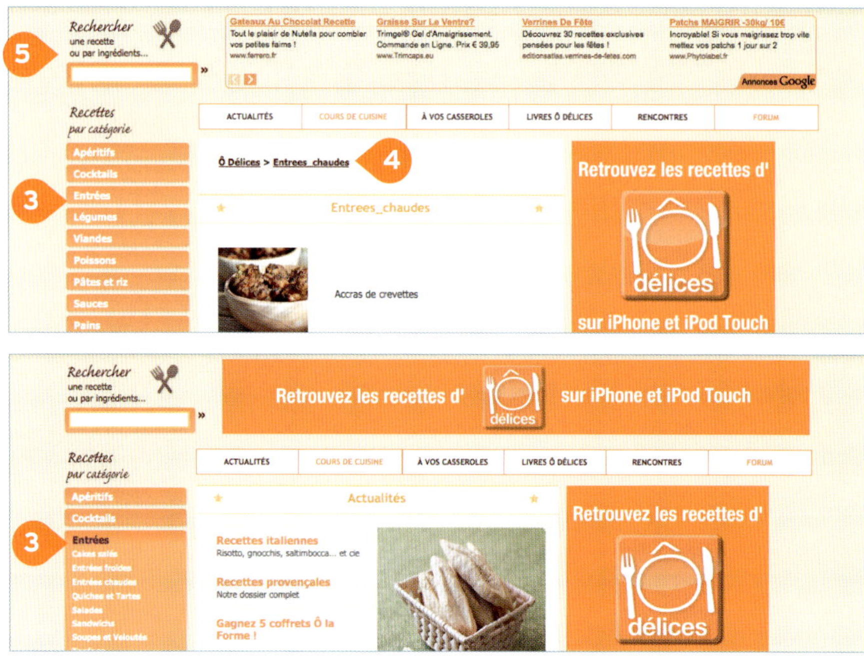

Fig.14-2

© www.odelices.com

3 SE SITUER ET NAVIGUER À PARTIR DE CETTE PAGE

- Aucun indicateur situationnel dans la navigation *Recettes par catégorie* n'indique à l'internaute où il se trouve dans le site. Il faudrait a minima l'informer qu'il se trouve dans la rubrique *Entrées*.
- Un sous-menu s'affiche suite au clic sur *Entrées*. Il pourrait être conservé à l'écran pendant la navigation dans cette rubrique. Ainsi, le menu secondaire jouerait mieux son rôle d'indicateur et de guide sur la page de liste.
- Le sous-titre *Entrées chaudes* pourrait alors être présenté grâce à un code graphique spécifique, afin de jouer le rôle d'indicateur situationnel, mais aussi de faciliter la consultation d'autres pages (par exemple, si je cherchais une entrée, que j'ai cliqué *Entrées chaudes* mais que je suis aussi intéressé par *Entrées froides*).

4 LE FIL D'ARIANE PEUT COMPENSER UNE PARTIE DES DÉFAUTS DE LA NAVIGATION

Il rappelle que l'on se trouve dans la page *Entrées chaudes*, qui elle-même se trouve directement sous la page d'accueil. Cependant, sa dernière entrée (ici, *Entrées chaudes*) ne devrait pas être cliquable, puisqu'il représente l'endroit où je me trouve déjà.

Donner le nom du site à la première entrée du fil d'Ariane a beaucoup d'intérêt, puisque cela contextualise cet élément de navigation selon le site web visité. Cependant, cela doit être réservé à ceux qui disposent d'un bouton explicite *Accueil* dans leur navigation. Ici, remplacer *Ô Delices* par *Accueil* pourrait compenser l'absence de ce lien ailleurs dans la page.

5 UN MOTEUR DE RECHERCHE QUI AIDE À TROUVER QUELQUE CHOSE DE PRÉCIS

- La recherche, à gauche, malgré un emplacement moins conventionnel que sur d'autres sites, est toutefois bien visible.
- Elle donne des informations complémentaires à la seule description « technique » de la fonction de recherche, en précisant quel type de recherche le visiteur peut effectuer. Un seul axe d'amélioration ici : le bouton d'action mériterait d'être plus gros pour ceux qui n'utiliseraient pas la touche Entrée de leur clavier. Il sera ainsi plus facilement cliquable, et prendra en compte la loi de Fitts, qui énonce notamment que le temps que l'on met pour atteindre une cible est proportionnel à sa taille.

15 EVENE

http://www.evene.fr

Evene.fr se présente comme un média culturel interactif pour un public en quête de savoir, de sens et d'actualité sur ses loisirs culturels. Soutenu par le ministère de la Culture et de la Communication, le site propose de nombreuses rubriques très variées (théâtre, arts, livres, musique, cinéma, citations…), parmi lesquelles nous analysons une liste de proverbes.

1

570 pixels

670 pixels

820 pixels

Fig. 15-1

En mars 2010, onze participants ont été confrontés à cette page avec pour consigne de montrer et dire ce qu'ils feraient s'ils étaient chez eux. Les données de ce test utilisateur sont utilisées ici pour compléter l'analyse experte.

SCÉNARIO : « Imaginons que vous recherchez des proverbes chinois pour une soirée à thèmes. Vous avez utilisé un moteur de recherche, et un des premiers résultats, c'était cette page. » On les laisse découvrir la page puis, une fois qu'ils ont vu les proverbes : « Cela correspond-il à ce que vous cherchiez ? »

1 LE CONTENU ATTENDU EST PEU VISIBLE

- Avant d'arriver sur la page, les internautes ont droit à un interstitiel publicitaire, devant attendre son déroulement, ou le passer en cliquant sur un lien d'accès direct. Ensuite, les barres de navigation, les zones de publicité et d'autopromotion les unes sous les autres font que la page ne commence réellement qu'à partir de 375 pixels – effet renforcé par la place accordée à l'en-tête et au titre, puisque le premier proverbe n'apparaît pas avant 670 pixels.
- En arrivant sur la page en résolution 1 024 × 768 pixels, on n'en voit donc que le titre, tout en bas (c'est d'ailleurs ce qui sauve la réalisation du scénario pour les participants). En termes d'utilité de la page, on aurait aimé profiter du maximum d'espace à l'écran pour afficher son véritable contenu.
- La plupart des utilisateurs repèrent finalement assez rapidement le titre *Proverbes chinois* dans le bas de la page. Certains mettent tout de même plus de 10 et jusqu'à 25 secondes pour le voir, et une participante se trouve en situation d'échec, puisqu'elle initie une recherche : elle n'a pas vu que ce qu'elle cherche se trouve déjà dans la page. Ceux qui le repèrent expriment malgré tout leur gêne.

  Charlotte, 34 ans : « *Du coup, je vois qu'effectivement je suis arrivée sur les proverbes chinois, mais franchement, je vois beaucoup plus la pub et les trucs qui clignotent devant moi. Ça, ça me gêne* [publicité animée], *j'ai envie de cliquer dessus pour l'arrêter.* »
  Florence, 28 ans : « *J'arrive sur un site que je... euh, enfin.... Heureusement qu'il y a ça* [titre *Proverbes chinois*] *écrit en gros, sinon je ne saurais même pas où je suis. Parce que la moitié de la page est quand même occupée par autre chose, donc heureusement que j'ai vu ça.* »
  Julien, 34 ans : « *Ouais, ça correspond... Après, ce qui me dérange toujours un peu, ce sont les grands espaces à côté, parce qu'il y a beaucoup de choses, là, c'est quand même vachement épais, alors que ça* [Proverbes], *ça pourrait être un peu plus haut.* »

Publicité : quelques recommandations

On aimerait éviter la présence de la publicité, mais elle est souvent indispensable pour monétiser le site. Quelques bonnes pratiques permettront toutefois de le faire sans trop gêner l'utilisateur. Évitez notamment de déclencher du son sans qu'il l'ait demandé, de prévoir trop d'animations en même temps, de placer les bannières trop près du contenu, de les faire boucler à l'infini... Si vos bannières tournent en permanence, permettez au moins à l'utilisateur de les stopper lorsque le premier tour est terminé.

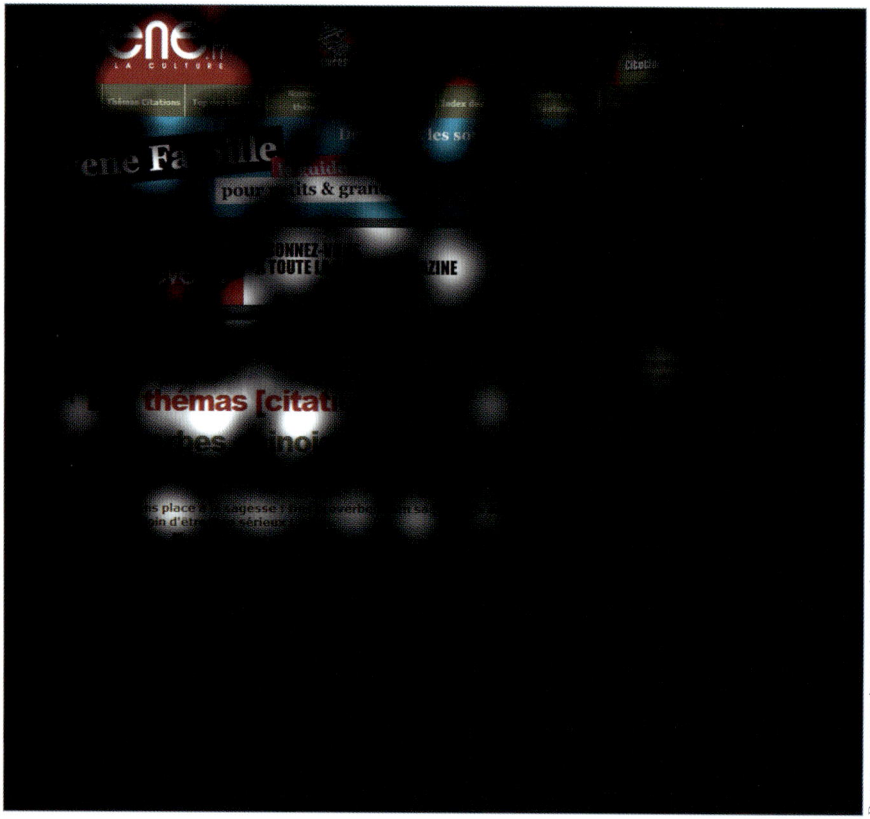

Fig. 15-2
Carte d'occultation des onze participants confondus – 5 premières secondes (durée absolue)

Retrouvez cette image en grand sur www.ergonomie-web-illustree.com !

2 UNE PRÉSENTATION PEU VALORISANTE POUR LE CONTENU

- La présentation de la liste, répétée sur chaque proverbe, donne une impression générale de lourdeur. Pour limiter cet effet, on pourrait d'abord réduire le nombre d'éléments de chaque ligne, puis mieux hiérarchiser ce qui reste, dans le but de renforcer l'importance du proverbe lui-même. Et si on peut comprendre que *Envoyer à un ami* soit répété (même s'il pourrait largement être réduit en termes de visibilité, ou présenté comme une fonction applicable à une ou plusieurs lignes), le lien *Tous les proverbes* aurait donc tout à fait sa place en haut et/ou en bas de page, car il renvoie au même endroit quelle que soit la ligne où il apparaît.
- Un format de présentation doit être affecté à chaque élément en fonction de son importance hiérarchique (qui doit tenir compte des objectifs utilisateurs, mais aussi de la

stratégie du site). Les couleurs, graisses et emplacements des éléments comptent : aujourd'hui, le lien *Sur un cadeau* est presque plus visible que le proverbe en lui-même, alors que ce dernier est écrit plus gros.

- Remarquons tout de même que seuls trois participants sur onze regrettent explicitement cette présentation.

Charlotte, 34 ans : *« Là, c'est bizarre comment c'est aligné, parce que, du coup, je vais d'abord lire là* [partie de droite], *je vais d'abord lire Envoyer à un ami, enfin, tous les liens, en fait, plutôt que le proverbe. Et puis qu'il y ait marqué à chaque fois "proverbe chinois" en gros, c'est peut-être un peu agaçant, alors que je sais déjà que j'y suis* [Elle surligne le titre]. *»*
Thomas, 26 ans : *« Ben oui, je pense, si je cherchais des proverbes chinois… Après, je ferais peut-être Tous les proverbes, pour voir vraiment tout….* [Une nouvelle page avec une liste plus épurée se charge.] *Oui voilà, c'est déjà plus lisible !* [Animateur : *Vous trouviez qu'avant ce n'était pas le cas ?*] *Pas trop, il y avait un peu trop d'infos. »*
Myrtille, 28 ans : *« Bon, à part que je ne trouve pas ça très attrayant… parce que je trouve que ça fait un peu gros pâtés… »*

La justification des proverbes sur la droite contribue à l'impression de désordre sur la page.

16 SAVEUR BIÈRE

http://www.saveurbiere.fr

Saveur Bière est un site e-commerce spécialisé dans le domaine de la bière. On y trouve de nombreuses marques de bières, des fûts et tireuses, ainsi que des conseils. Le catalogue est fourni, et son parcours se fait à travers les pages de listes analysées ci-après.

Fig. 16-1

© www.saveurbiere.fr

En mars 2010, onze participants ont été confrontés à cette page avec pour consigne de montrer et dire ce qu'ils feraient s'ils étaient chez eux. Les données de ce test utilisateur sont utilisées ici pour compléter l'analyse experte.

SCÉNARIO : « Un ami vous a envoyé l'adresse d'un site spécialisé dans les bières qu'il aime beaucoup. Vous voudriez voir toutes les bières que ce site propose pour faire votre choix et éventuellement en commander. » On s'intéresse ici à ce qui se passe une fois que les participants arrivent sur la page de liste. On leur demande en cours d'exploration d'en choisir une qui leur plairait.

1 DES FILTRES TRÈS UTILES, MAIS À OPTIMISER

Comment choisir parmi 250 bouteilles ? Cette page offre à ses visiteurs un outil très efficace pour personnaliser son contenu. Grâce à une navigation à facettes, ils peuvent déclarer leurs préférences en termes de contenance, de provenance ou de couleur, et voir ainsi la liste se réduire à mesure qu'ils ajoutent des critères. C'est une fonctionnalité très intéressante, qui peut convenir aussi bien aux amateurs qu'à des connaisseurs plus avertis, pour faire le tri dans toutes les bouteilles proposées sur le site.

Les filtres semblent plaire aux utilisateurs : à part une participante, tous cliquent sur un ou plusieurs d'entre eux. La couleur est le critère le plus sélectionné, suivi de la force et, dans une moindre mesure, du pays.

Des liens à compléter

Les catégories proposées définissent très bien les bières, mais il manquerait des notions de meilleures ventes, nouveautés, promotions, notes des clients ou recommandations de la rédaction, alors que ces accès ou contenus sont présents ailleurs dans le site.

N'oubliez pas qu'on ne contrôle par le parcours des internautes ! Ce n'est pas parce qu'ils n'ont pas choisi les meilleures ventes dans le menu, préférant d'abord avoir une vue d'ensemble de la gamme, qu'ils n'auront pas besoin de ce critère plus tard, notamment dans cette page de liste, soit pour filtrer (c'est-à-dire réduire le nombre de produits), soit pour trier (c'est-à-dire ordonner).

> Myrtille, 28 ans : « *Ce qui est intéressant, c'est que tu peux affiner ta recherche, sauf que moi ce qui m'intéresserait bien, c'est de l'affiner par… Si je ne m'y connais pas beaucoup, je ne vais pas l'affiner par "Ambrée et rousse", par exemple. Par contre, si j'ai le top des 20 meilleures ventes – vous voyez, c'est idiot, hein, mais sur La Redoute ou la Fnac, ils font ça, les meilleures ventes – ça, ça m'aiderait. Parce que là, je n'en sais foutre rien si je veux une bière du Danemark !* »

Statistiques : attention !

Attention à ne pas considérer vos statistiques d'usage comme l'exact reflet des besoins de vos internautes, car votre site influence les actes de ses visiteurs par ses caractéristiques graphiques, techniques, fonctionnelles ou encore éditoriales.

Des liens à hiérarchiser

Certains filtres semblent plus importants que d'autres, notamment car ils sont susceptibles de toucher le plus grand nombre : couleur, force ou pays. Les autres sont bien sûr intéressants, mais on pourrait adapter leur ordre d'apparition à l'importance accordée à chaque critère par les consommateurs (dans la vie, et non dans cette interface qui, par son organisation, biaise les comportements).

2 UNE LISTE CACHÉE PAR LES FILTRES D'AFFICHAGE

Les produits ne sont vus que très tardivement

- Les internautes accèdent à cette page via le lien *Toute la gamme* du menu *Bouteilles* (sous ce lien, la mention *Plus de 200 bières*). En cliquant sur ce lien, ils s'attendent donc à voir des bières. Or, ce qu'ils voient en réalité, c'est une série de liens qui leur permettent d'affiner la gamme selon leurs préférences. La ligne de flottaison en résolution 1 024 × 768 pixels fait que le début de la liste est invisible à l'arrivée sur la page, alors que c'est l'objet principal.
- D'ailleurs, la liste est vue tardivement, voire pas du tout ! Si on ne se rend pas compte qu'au-dessus du seuil de scroll sont affichés le nombre de produits et la pagination, en revanche, on voit bien le filet horizontal qui semble terminer la page.

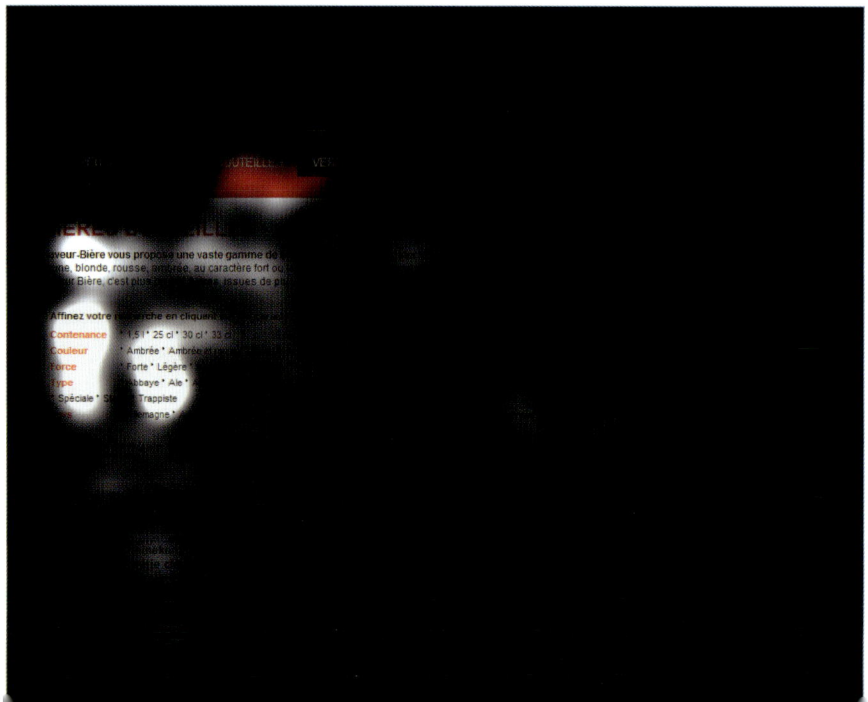

Fig. 16-2
Carte d'occultation des fixations visuelles des onze participants confondus – 10 premières secondes (critère : durée absolue)

Retrouvez cette image en grand sur www.ergonomie-web-illustree.com !

Fig. 16-3

Carte de chaleur de dix participants confondus – 30 premières secondes (critère : durée absolue). Un participant n'apparaît pas, car il a cliqué sur un lien avant les 30 secondes. Les fixations dans la zone de menu sont les quelques fixations résiduelles des premières millisecondes, dues au fait que les internautes ont le regard posé à l'endroit où ils viennent de cliquer.

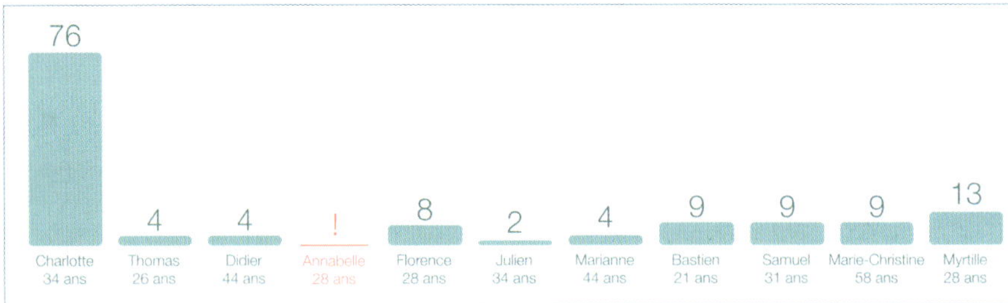

Fig. 16-4

Temps (en secondes) s'écoulant jusqu'à la première fixation sur le début de la liste. Attention, un petit chiffre indique que la personne a vu rapidement la liste. On peut donc extrapoler en disant qu'Annabelle, qui ne l'a pas du tout vue, obtient finalement le plus haut score.

- Il est gênant que la carte d'occultation des dix premières secondes (Fig 16-2) soit aussi concentrée sur les filtres. Même s'il est normal qu'ils attirent plus l'attention que le reste en raison de leur localisation en haut de page, 10 secondes est une durée finalement assez longue sur une page web, qui devrait laisser place à la visualisation d'au moins quelques produits. La situation ne s'améliore pas énormément au bout de 30 secondes (Fig 16-3), et c'est un signe encore plus fort de ce qui se passe sur cette page.

On observe d'ailleurs que c'est à partir du moment où ils voient les produits qu'on sent pointer de l'engouement et de la satisfaction chez nos participants : les photos, les titres, les descriptifs résonnent avec leur modèle mental de ce qu'est une bière.

- Outre la durée nécessaire pour voir le début de la liste, le sentiment mitigé confié par les participants à la vue des filtres souligne lui aussi la nécessité d'une réorganisation des éléments à l'écran.

  Samuel, 31 ans, à l'arrivée sur la page : *« Donc j'arrive sur… un petit cadre typographique, en fait* [évoquant le fait que ce qu'il voit est très textuel]. *Et seulement en dessous, les visuels. »*
  Charlotte, 34 ans, à l'arrivée sur la page : *« Ouh là là ! Qu'est-ce que c'est que ce bazar… [Animateur : Vous vous attendiez à quoi ?] Un truc un peu plus sympathique, avec des images. »*
  Annabelle, 27 ans, à l'arrivée sur la page : *« Ouh là ! Compliqué… Il y a plein plein de choses, il y a trop de détails, et pour le coup, d'une part c'est intéressant, mais alors présenté comme ça, c'est un peu perturbant. Euh… j'affinerais, mais… en allant vers les bières belges* [Elle clique, la page se filtre.] *Du coup, ça m'affinerait un peu… Alors après, par rapport à mon goût, bon, j'irais peut-être plus facilement vers une blonde, donc ça, ça continuerait* [Elle clique, la page se filtre.] *Mais je ne trouve pas ça très facile d'accès, en fait. À la limite, j'aurais préféré avoir des petites photos de bières, voilà, pouvoir les voir, s'il y en avait une qui m'aurait attiré plus l'œil… Alors en descendant, visiblement* [sur la 3e page, du fait du nombre plus réduit de filtres, on voit le début des images de la liste]… *Ah ben voilà, y en a ! En voyant ça, déjà ça*

me parle plus ! » 1 minute 32 s'est écoulée avant qu'elle ne se rende compte de la présence des produits plus bas dans la page, alors même qu'elle déclarait vouloir ce genre de chose.

Fig. 16-5
Fixations visuelles d'Annabelle, 27 ans, n'ayant pas vu les produits sur cette page – 57 premières secondes.

La présence de filtres ne doit pas occulter la visibilité des produits

- Pour optimiser la visibilité des produits tout en conservant les filtres, il faut réorganiser la page (d'autant plus que d'autres critères peuvent être ajoutés) et hiérarchiser les filtres : modifier leur ordre d'apparition, mais aussi éventuellement ne montrer par défaut que les titres ou les premières valeurs des groupes (exemple : afficher le titre *Pays* puis *Belgique*, *Allemagne*, *Angleterre*, suivis d'un lien *Plus...* ou d'un symbole de la notion de suite). Les placer verticalement dans une colonne adjacente peut aider, même si conserver l'horizontalité reste possible, tout en offrant l'avantage d'autoriser une colonne centrale plus étendue lorsque les filtres sont listés.
- Voir les produits est important pour les internautes, mais aussi en voir un certain nombre. Leurs remarques laissent entendre qu'ils aiment certes déclarer leurs préférences, mais surtout avoir le choix. Par exemple, lorsqu'ils choisissent un filtre qui leur convient (*Ambrée et rousse*, par exemple) mais que cela ne leur donne que deux résultats, ils préfèrent souvent revenir en arrière : « Je me dis que j'ai peut-être fait trop étroit. » (Marie-Christine, 58 ans)

Ce n'est pas parce que les gens déclarent qu'ils veulent avoir du choix qu'il faut leur placarder l'ensemble des bières d'un coup, sans filtres. En effet, on aime avoir le choix parmi un grand nombre de produits, mais paradoxalement, nos processus de décision s'enclenchent mieux lorsque le choix est plus réduit (Iyengar & Lepper, 2000). Autrement dit, bien que ce soit très attirant pour lui, trop de choix risque de faire fuir l'internaute qui n'arrivera pas à se décider.

- Les critères de choix ne peuvent pas tous être rationalisés : plusieurs participants citent, comme première manière d'appréhender la liste, la forme de la bouteille, son étiquette, son bouchon, le fait qu'ils ne la connaissent pas, que le nom est drôle, l'accroche séduisante, etc. Les amateurs de bière, cible du site, ne sont pas forcément tous des experts, et les experts n'ont-ils pas aussi cette tendance à être attirés par une bière pour d'autres raisons qu'un croisement de critères purement factuels ?

  Annabelle, 27 ans : *« J'aime bien par exemple ce genre de bouchons, donc je serais attirée par celle-là. »*
  Thomas, 26 ans : *« La bouteille, peut-être, qui m'inspire, et le nom. »*

3 UNE LISTE TRÈS BIEN PRÉSENTÉE, QUI VALORISE LE PRODUIT

Une liste agréable à parcourir

- Reste que cette liste est très agréable à parcourir : les éléments d'interface se font discrets au service du contenu éditorial et fonctionnel, et c'est bien dans cette valorisation des produits que réside l'utilité de cette liste. Mieux on y parviendra, plus on satisfera les visiteurs.

- Les photos, de qualité, provoquent de nombreuses fixations, constituent souvent le premier élément fixé d'un item et sont décrites par les participants comme un des critères de choix. Elles sont si attractives et représentatives de la bière qu'elles pourraient être un peu plus grandes.

  Florence, 28 ans, répondant à la question *« Qu'auriez-vous fait naturellement ? »* : *« J'aurais été vers les bouteilles, parce que vous voyez, là, enfin il y a l'image, voilà ! »*
  Myrtille, 28 ans : *« C'est bête, mais celle-là, elle va me plaire, de tête. »*
  Julien, 34 ans : *« En plus, ce qui est bien, c'est qu'elle est présentée avec la forme de la bouteille. »*

- Les titres ne sont pas en reste, mais les accroches textuelles attirent aussi régulièrement les regards. Ces textes sont en général très bien écrits, racontant en quelques mots l'essence du produit, et c'est le genre de détails qui fait la différence : *« Et à chaque fois, tu as la petite phrase que j'aimais bien tout à l'heure, là, les petites caractéristiques »* (Florence, 28 ans). Pensez à vos utilisateurs lorsque vous remplirez vos bases de données !

- Cette qualité dans la présentation provoque des parcours de lecture de l'ensemble de la page, pendant lesquels les participants se prennent au jeu de regarder les différentes bières et leurs caractéristiques.

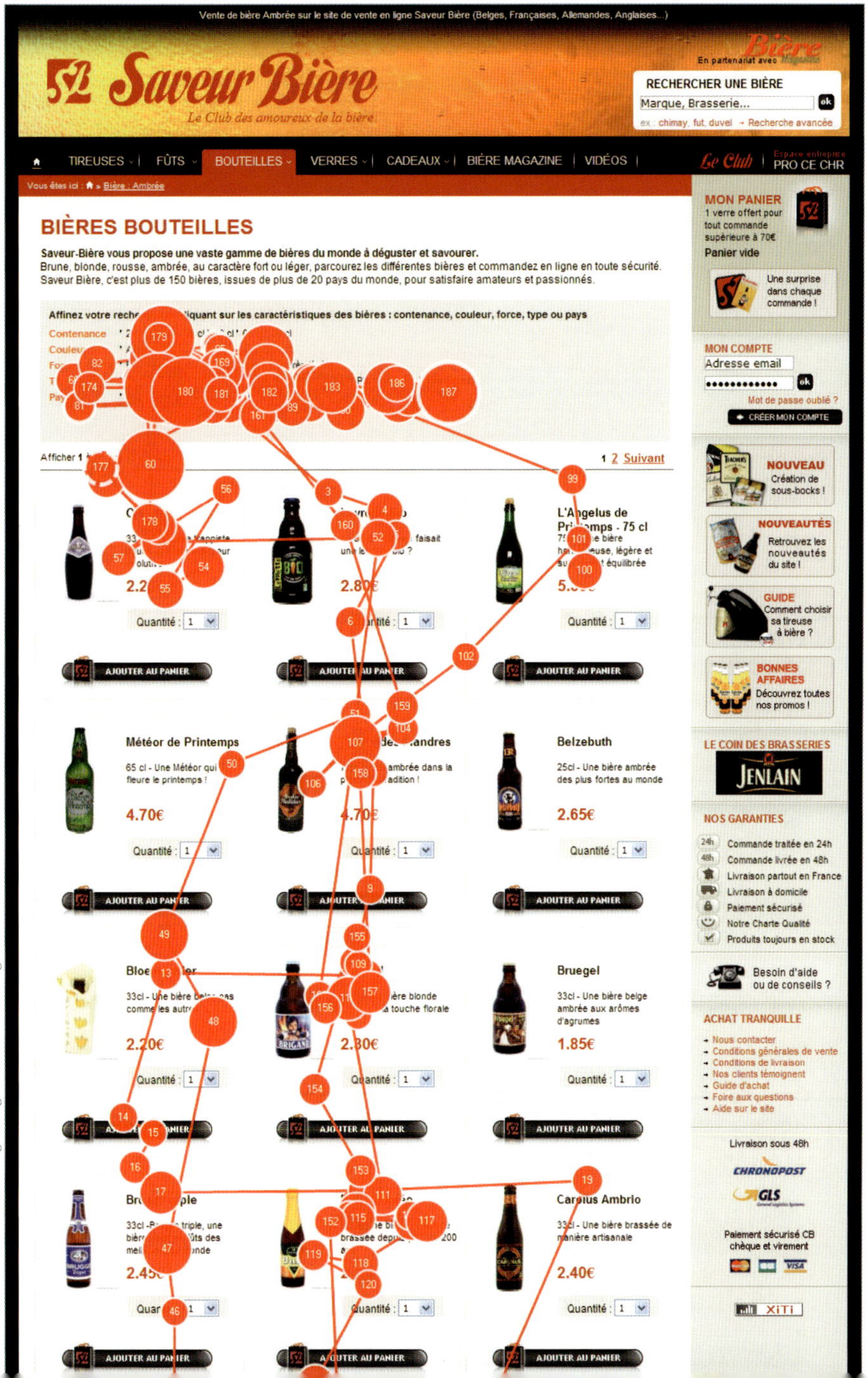

Fig. 16-6

Fixations visuelles de Marie-Christine, 58 ans – 90 premières secondes sur la page où elle fait son choix.

Retrouvez cette image en grand sur www.ergonomie-web-illustree.com !

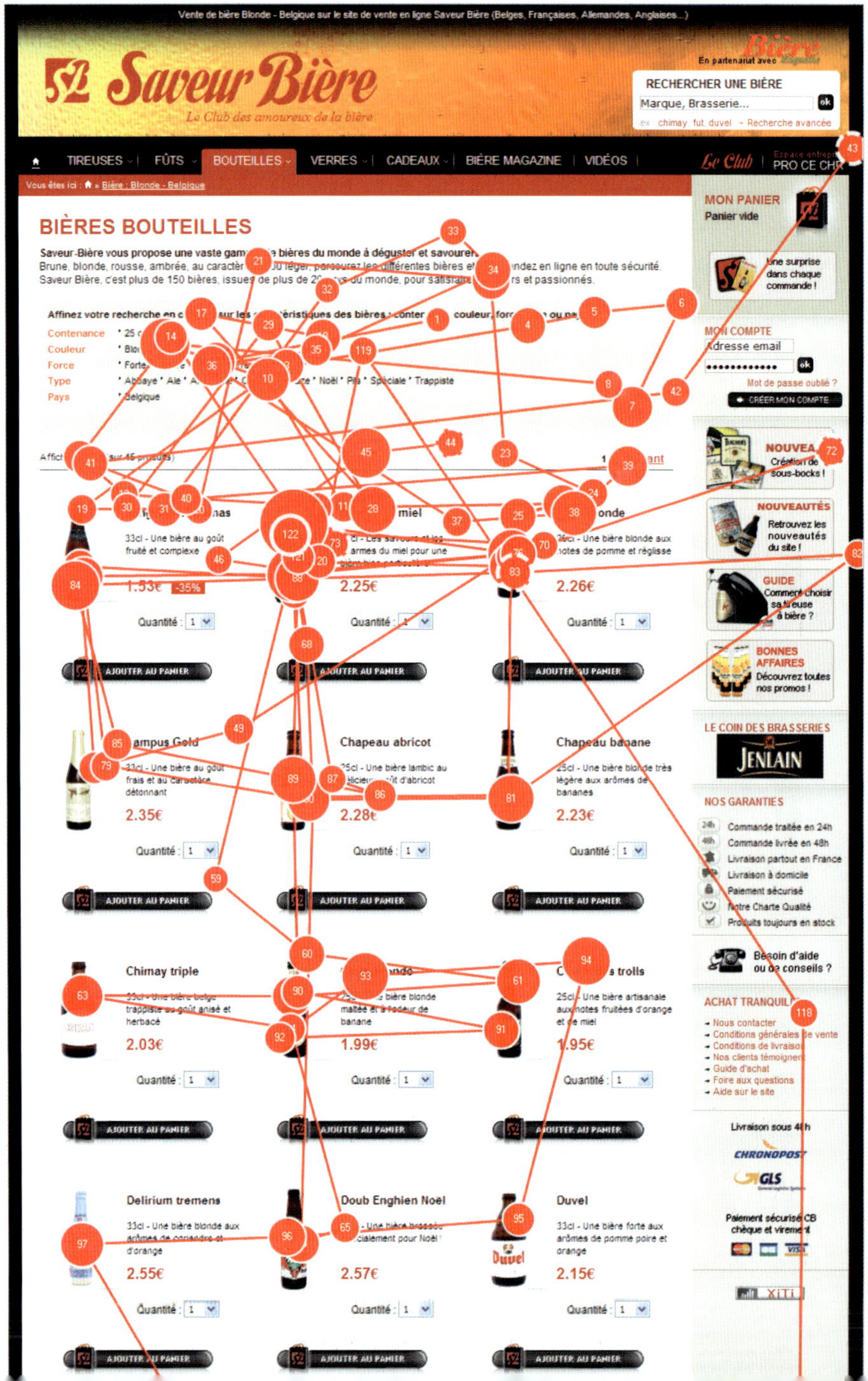

Fig. 16-7
Fixations visuelles d'Annabelle, 27 ans – 48 premières secondes sur la page où elle fait son choix.

Retrouvez cette image en grand sur www.ergonomie-web-illustree.com !

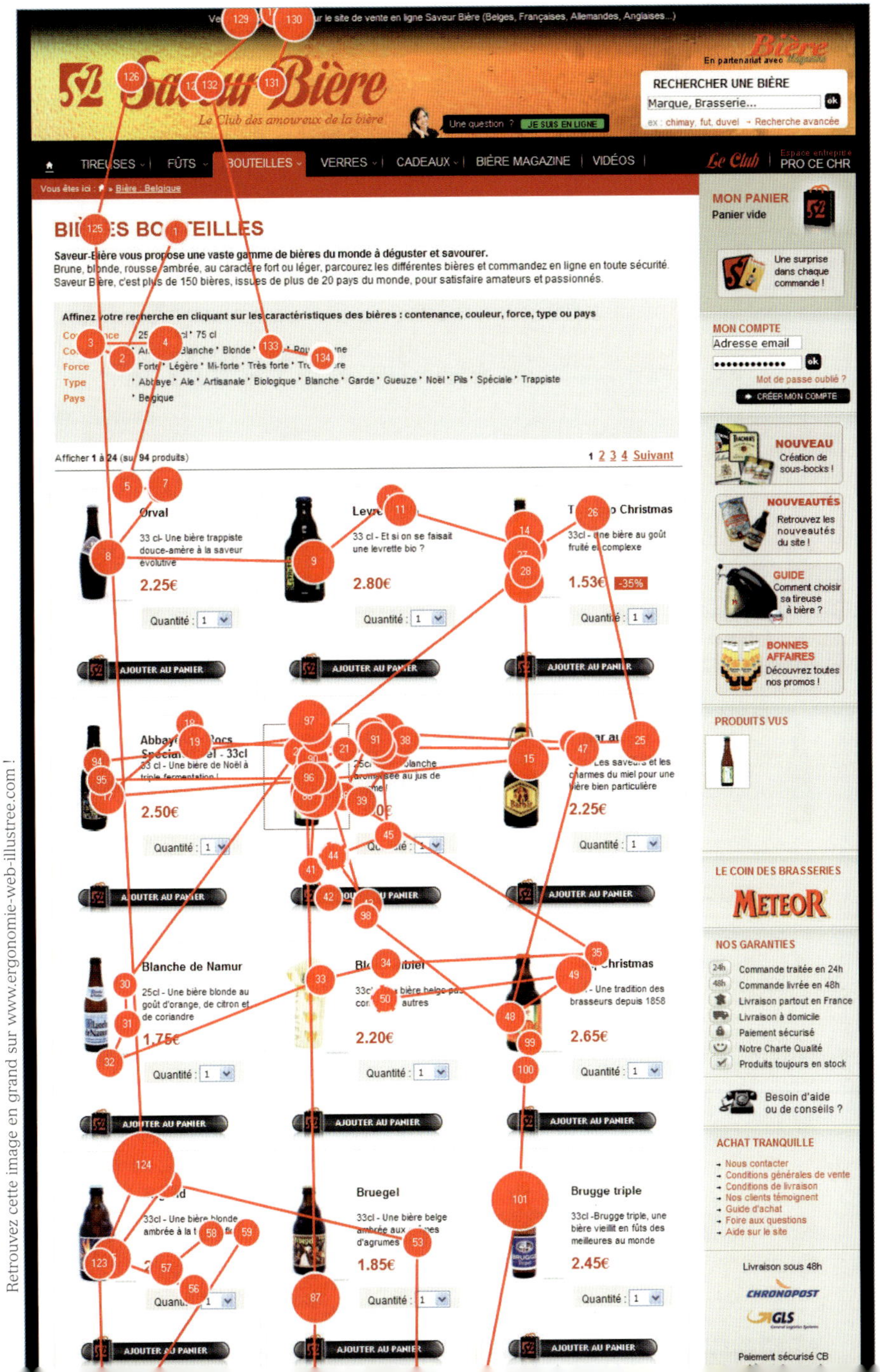

Retrouvez cette image en grand sur www.ergonomie-web-illustree.com !

Fig. 16-8
Fixations visuelles de Thomas, 26 ans – 77 premières secondes sur la page où il fait son choix.

Retrouvez cette image en grand sur www.ergonomie-web-illustree.com !

Fig. 16-9
Fixations visuelles de Samuel, 31 ans – 27 premières secondes sur la page où il fait son choix.

Fig. 16-10

Fixations visuelles de Didier, 44 ans – 21 premières secondes sur la page où il fait son choix.

Fig. 16-11
Fixations visuelles de Bastien, 21 ans – 43 premières secondes sur la page où il fait son choix.

Retrouvez cette image en grand sur www.ergonomie-web-illustree.com !

On aurait aimé trouver sur les bières en promotion un prix barré en plus du prix et du montant de la réduction. Même si l'utilité n'est pas forcément évidente à première vue (compte tenu des prix réduits des produits, la différence entre prix initial et prix final ne sera pas très importante), la présentation actuelle risque de soulever des interrogations : le prix affiché tient-il compte ou non de la réduction ?

Renforcer légèrement l'affordance au clic vers la fiche produit

Trois participants sur dix ont complètement manqué la présence des fiches détaillées sur chaque produit, et un autre le découvre vraiment tard dans son exploration, après avoir déjà choisi la bière qu'il préférait grâce aux « petites indications », à savoir le texte descriptif (Samuel, 31 ans). Ce n'est pas dramatique, et ne les empêche d'ailleurs pas d'ajouter des articles au panier, en semblant satisfaits de leurs choix, mais on pourrait tout de même renforcer un peu l'affordance de cliquabilité d'un des éléments cliquables, afin de leur permettre de lire la fiche détaillée s'ils en éprouvaient le besoin.

Gérer l'indisponibilité

Les articles en rupture de stock affichent une étiquette *En cours de réapprovisionnement* et un lien *Être averti lorsque le produit sera en stock*, très pertinent pour compenser l'indisponibilité, et signe que le stock se renouvelle régulièrement. Au risque toutefois que l'utilisateur ne s'en rende compte que trop tard (même s'il s'agit de centièmes de secondes !), et se soit déjà projeté dans le fait d'acheter cette bière. Le caractère indisponible devrait donc être plus clairement affiché afin de ne pas risquer l'effet Tiramisu en décevant l'internaute déjà engagé mentalement.

4 24 PRODUITS PAR PAGE, SOUVENT TOUS CONSULTÉS POUR FAIRE UN CHOIX

Les participants descendent facilement et avec plaisir dans la page pour explorer l'ensemble des produits, tout en exprimant ce confort ressenti : « *Et puis là, c'est rapide, c'est-à-dire que tu descends, et en descendant, en deux secondes, j'en ai déjà vu presque une quinzaine, ce qui permet d'aller assez vite.* » (Florence, 28 ans)

Il est donc appréciable que 24 produits soient proposés par page. Cependant, les participants passent peu aux pages suivantes. Ils ont tendance à bien parcourir la page, mais à rester ensuite dans cette même page pour faire leur choix. Étant donné que les liens vers les pages suivantes ne sont pas toujours vus, on pourrait donc mettre en valeur la suite de la liste par un bouton plus conséquent en bas de page, voire une barre courant sur toute la largeur, et proposer par ailleurs un lien *Tout sur la même page*.

17 COCOONCENTER

http://www.cocooncenter.com

Parapharmacie en ligne, Cocooncenter propose depuis 2005 un catalogue de plus de 3 000 références. Les pages de rubriques, comme ici celle des produits solaires, sont accessibles via les onglets de la barre de navigation principale.

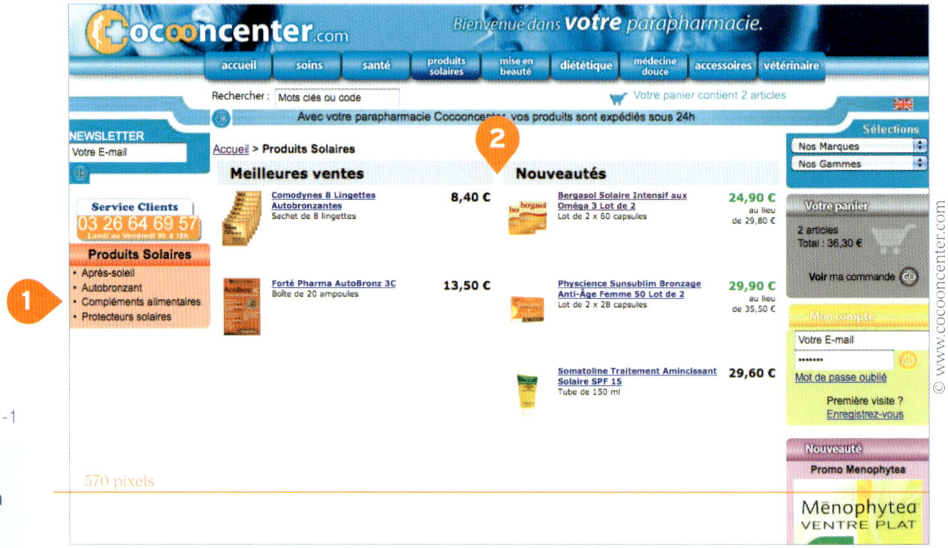

Fig. 17-1

En analysant la page avec notre regard de concepteur, on voit clairement la navigation, et on peut se demander comment l'internaute pourrait ne pas la remarquer. Or, en situation réelle d'interaction, tout se passe différemment, notamment parce que le temps d'appréhension d'une page est très rapide. Or c'est le résultat de cette activité qui détermine si l'internaute reste ou quitte le site. Il faut donc prévoir une interface qui ne laisse aucune chance à un manque de visibilité de la navigation.

1 LA NAVIGATION DOIT ÊTRE VISIBLE POUR VALORISER LE GRAND NOMBRE DE PRODUITS PROPOSÉS

Une barre de navigation secondaire très utile, mais qui risque d'être ignorée

En cœur de page sont présentées les *Meilleures Ventes* et les *Nouveautés*. C'est une très bonne idée, mais en arrivant sur cette page, on a d'abord la nette impression que c'est tout ce qu'elle propose. Le risque est donc que l'internaute quitte le site, pensant qu'il ne propose que cinq produits dans la rubrique *Produits Solaires* (alors qu'en réalité il en existe 168). Cette impression vient du fait que la barre de navigation secondaire est très peu visible. Pourtant, elle respecte des règles essentielles : présentée sur un fond largement distinct du fond du site, et surplombée du titre de la rubrique.

Des choix fonctionnels et graphiques cachent cette navigation

Le comportement des internautes tient souvent à peu de choses : ici, les principes généraux de la page sont bons, mais leur mise en œuvre crée un point de fuite important. Il est d'autant plus dommage de perdre le visiteur sur cette page qu'il vient juste de commencer à déclarer son besoin, en cliquant sur une des rubriques principales.

- La mise en avant de la newsletter et du numéro du service client jouent un rôle d'obstruction. En commençant sa découverte visuelle de la colonne de gauche par ces éléments, l'utilisateur ne pense pas y trouver quelque chose d'utile à sa recherche d'un produit.
- De plus, le format de cette navigation est utilisé dans d'autres pages pour présenter les engagements du site. Une fois qu'il a repéré que ce type de zone comprenait ce type d'informations, l'internaute ne la parcourra plus si son objectif est autre.
- Enfin, la couleur saumon est très différente de celle de la navigation principale, tout en étant proche de celle du numéro de téléphone.

Fig. 17-2
Le même format est utilisé pour présenter les Engagements et les sous-navigations.

Comment rendre cette zone plus visible ?

- Faire un lien visuel entre la navigation principale et la navigation secondaire (localisation plutôt en haut de colonne, format, couleur et autres choix graphiques qui permettront de reconnaître aux deux espaces un « air de famille »).
- Prévoir un relais de cette sous-navigation en cœur de page en la dupliquant ou en insérant un message incitant l'internaute à porter son attention en colonne de gauche.
- Indiquer de façon très visible le nombre de produits de la rubrique, car cela peut alerter le visiteur sur le fait qu'il existe beaucoup plus d'articles que ceux présentés en cœur de page.

2 LES PRODUITS DOIVENT BÉNÉFICIER D'UNE PRÉSENTATION SANS REPROCHE

Quelques produits sont mis en avant dans le cœur de page, chacun disposant de plusieurs données descriptives, bien choisies (nom, prix, photo, court descriptif). Quelques ajustements de forme leur donneront encore plus d'efficacité.

Un format de lien « visité » qui facilite la tâche de l'utilisateur

La couleur distingue les liens visités (en violet) de ceux n'ayant pas encore été cliqués (en bleu). Cette distinction, qui tend à être de moins en moins appliquée, est pourtant très utile, notamment sur un site de e-commerce où l'un des usages fréquents consiste à comparer les articles en faisant des allers-retours entre la liste et les fiches produits.

Les produits en promotion sont différenciés visuellement

- Les prix des articles en promotion sont présentés en vert, et l'ancien prix apparaît en dessous. Cela offre un avantage indéniable à l'utilisateur, qui peut alors repérer rapidement ces produits.
- Le format utilisé pourrait cependant être encore renforcé par un indicateur visuel ou une pastille explicite permettant de comprendre la promotion à son juste titre. On ajoute ainsi un élément au produit, plutôt que de seulement modifier un de ses éléments existants.
- Indiquer le pourcentage de promotion plutôt que seuls le prix original et le prix réduit sera par ailleurs plus valorisant. Ici, afficher que la réduction est de 15 % aura un effet certain sur la conversion du lien correspondant.

La lecture doit être facilitée, même sur une page de rubrique

La taille de la police est ici équivalente à 9,3 pixels en hauteur, ce qui n'est pas suffisant pour assurer un confort de lecture. Certes, il s'agit d'une page navigationnelle (autrement dit, où l'on ne fait que passer), mais il est nécessaire de fournir à l'internaute des noms et descriptifs de produits plus lisibles, en augmentant par exemple la police à 11 pixels.

Des images plus grandes seront plus efficaces

Dans le même ordre d'idées, les photos gagneraient aussi à être agrandies, d'autant plus qu'il a souvent été démontré que la taille des images de produits dans les listes joue un rôle sur la conversion. Ces photos font partie de la description, au même titre que le nom de l'article.

Les images touchent plus facilement l'internaute, de manière non consciente de prime abord, et sont plus rapidement perçues que le texte, car elles n'ont pas besoin d'être déchiffrées. Ici, l'internaute ne lira pas forcément les mots *Somatoline Traitement Amincissant Solaire SPF 15* ou ne les mettra pas forcément en correspondance avec un produit dont il a déjà vu une publicité, alors que la photo du produit aura cet effet.

3 DESIGN ÉLASTIQUE : UNE BONNE IDÉE À MANIER AVEC PRÉCAUTION

Le cœur de page est conçu de manière entièrement élastique, c'est-à-dire qu'il s'étend autant que la largeur de la fenêtre le permet. L'idée de base de ce procédé est intéressante, puisqu'elle permet à l'internaute de profiter de toute la largeur de son écran, à deux réserves près.

Prévoir un plafond au-delà duquel le site cessera de s'étendre

Sauf pour les applications (où les utilisateurs peuvent réellement avoir besoin d'un outil s'étendant sur un écran de plus de 20 pouces de large), on recommande rarement un design entièrement élastique. Ce dernier trouve en effet ses limites lorsqu'il provoque des espaces vides dans le site, ou des lignes de texte trop longues pour pouvoir être lues confortablement.

Rendre élastiques les contenus qui en bénéficieront

Il faut bien choisir les zones qui vont s'étirer. D'abord, comme ici, ce sont les contenus qui doivent bénéficier de la place disponible à l'écran, et non les espaces de navigation. Ensuite, il faut que les zones de contenu aient l'utilité d'une largeur étendue. Or, ici, les descriptifs produits n'ont pas besoin de beaucoup d'espace, puisqu'ils sont très courts ; ce sont alors les espaces entre ces descriptifs et les prix correspondants qui s'étirent, avec pour effet de créer des zones vides sans intérêt pour l'utilisateur.

L'espacement entre le titre du produit et son prix est un très bon exemple à interpréter à la lumière de la loi de proximité. En effet, le design élastique a ici pour effet d'éloigner deux choses qui sont en rapport l'une avec l'autre, donnant ainsi des signaux erronés à notre analyse mentale de l'organisation visuelle à l'écran.

Fig. 17-3
Le design entièrement élastique donne sur une grande largeur d'écran un site peu utilisable.

Design semi-élastique

La technique consistant à prévoir que seules certaines colonnes s'étendent est appelée **design semi-élastique**, semi-fluide ou semi-liquide. Elle permet de prendre en compte la multiplicité des largeurs d'écrans, qui ne cessent de se diversifier.

18 DELAMAISON

http://www.delamaison.fr

Delamaison.fr est un site e-commerce dédié à la décoration et à l'équipement de la maison, qui offre à ses visiteurs une gamme très étendue et très orientée sur les marques, puisqu'on en trouve plus de 250. Une rubrique *Ventes Flash* est présente sur le site et souvent valorisée dans les newsletters.

Fig. 18-1

1 UNE PAGE OÙ L'ON SE PROMÈNE

L'internaute qui arrive sur cette page a souvent pour volonté de « profiter de bonnes affaires ». Ils seront nombreux à ne pas chercher quelque chose en particulier, mais à être plutôt en position de découverte. Dans ce contexte, il est très agréable de parcourir les ventes flash en descendant petit à petit dans cette longue page de 7 000 pixels de haut. Un bon exemple du fait que le défilement vertical n'est pas forcément une mauvaise chose !

2 RARETÉ ET URGENCE POUR BOOSTER LA TRANSFORMATION

- Ici, l'indication du nombre d'exemplaires restants est un bon moyen de renforcer la rareté perçue d'un article, d'autant plus que ce chiffre est bas. Elle est encore soulignée par l'expression *Plus que...*, et par le fait de le voir changer au fil des achats des autres internautes, puisque cela souligne l'intérêt de ses pairs pour le produit.
- Un décompte visuel permet de voir chaque seconde défiler vers la fin de la vente flash. On insiste ainsi sur l'urgence à profiter de l'offre avant qu'elle ne disparaisse, tout en attirant l'attention sur ce concept, puisqu'il voit quelque chose qui bouge à l'écran (sans que cela soit une bannière, qu'il aurait plutôt tendance à ignorer).

3 LE CŒUR DE PAGE CACHE LA PLUS GRANDE PARTIE DE L'OFFRE

- La manière dont est présentée chaque vente dans la colonne centrale semble signifier que chacune ne propose que trois articles, alors que dans *Mobilier de Jardin* par exemple, on en trouve plus de 30. L'internaute doit faire preuve de persévérance pour s'en apercevoir, car la seule manière d'accéder au rayon est d'utiliser le menu déroulant de la navigation principale. La colonne de gauche avec sa navigation à facettes vient heureusement compenser ce manque d'offres de navigation dans le cœur de page.
- Il est intéressant de valoriser certains des articles en les proposant en accès direct dès la page de rubrique *Ventes Flash/Ventes privées*, mais au-delà de son rôle de fourniture de contenu, cette page a aussi un rôle de navigation. On pourrait donc a minima rendre le titre *Vente Flash Mobilier de Jardin* cliquable, et dans l'idéal, ajouter un lien de navigation vers l'ensemble des articles de cette vente, en affichant leur nombre.

Banner blindness

On a prouvé de nombreuses fois à quel point, à force d'expérience, les internautes ont développé des réflexes consistant à ignorer tout ce qui pourrait ressembler à une bannière publicitaire (que ce soit par la localisation, la forme, les couleurs, l'animation...). Un phénomène typique d'**attention sélective** qui aide à se concentrer sur l'essentiel. Cela signifie qu'il ne faut absolument pas présenter des choses importantes sous cette forme.

L'effet de pression par l'urgence joue sur le fait qu'en tant qu'êtres humains, nous sommes plus affectés par l'idée de perte que par celle de gain potentiel.

Rareté et attirance

« *Fewer means better* » est la phrase consacrée pour représenter l'**effet de rareté**. Brehm (1966) et Worchel (1974) soulignent par ailleurs une **réactance** plus forte lorsque la personne voit le stock baisser, car sa liberté d'obtenir l'objet est menacée de manière plus concrète.

Partie 3

PAGES DE CONTENU

FLUCTUAT

SUPERTOINETTE

PRICEMINISTER

BEAUTÉ-TEST

SAVEUR BIÈRE

JOBINTREE

CHALLENGES

PARUVENDU

VIAPRESSE

JOLIDRAGON

Profondeurs des sites web, les pages de détail sont aussi l'endroit privilégié de l'expression, là où l'idée que *le contenu est roi* prend tout son sens. Qu'on parle d'articles, de fiches produits, d'offres d'emploi ou de petites annonces, l'objectif est partagé : livrer de l'information.

Mais si une simple activité de lecture peut constituer l'essence de la visite, la vocation d'une page de contenu peut aussi être de provoquer un passage à l'action, qui rend plus stratégique encore la bonne ergonomie du contenu et son adaptation aux besoins des internautes. Voyons comment chacun peut parvenir à offrir sur ces pages une expérience utilisateur qui fera la différence.

19 FLUCTUAT

http://www.fluctuat.net

Fluctuat.net est un site éditorial proposant depuis 1998 une alternative aux médias plus classiques. Se définissant comme un magazine pop et connecté, ses rubriques thématiques sont dédiées à la culture sous toutes ses formes (musique, cinéma, livres, scènes, mais aussi télé, société…). Naturellement, les pages de contenu y sont très nombreuses, telle cette page d'article.

570 pixels

820 pixels

Fig. 19-1a
Partie haute de la page

1 CONFORT DE LECTURE : UN OBJECTIF PRIMORDIAL SUR UN SITE ÉDITORIAL

Si on sait que les internautes lisent peu sur les pages navigantes, sur les pages de contenu, le parcours oculaire est à 75 % celui d'une lecture linéaire. Encore plus qu'ailleurs, le texte doit donc être présenté de manière adaptée à la lecture sur le Web.

Des choix typographiques déterminants

Une police sans sérif, en corps 12, un bon niveau de contraste de couleurs entre le fond et le caractère et un interligne plus important que la normale : tout est fait ici pour faciliter la lecture du contenu.

Découper le texte pour qu'il soit plus digeste

- Pour éviter la monotonie de paragraphes trop longs, le style rédactionnel s'adapte selon une charte commune à tous les articles : un chapeau résume le propos en quelques lignes, des titres en gras surplombent les paragraphes, des images et des liens hypertextes rythment le tout.
- Des liens dans les paragraphes de texte instaurent des pics visuels, tout en permettant de se diriger dans le site en navigation transversale, au gré des liens rencontrés. Voir *Fight club* en rouge semble indiquer que je vais pouvoir trouver sur le même site une page dédiée à cet autre livre.
- Les images manquent parfois d'une légende. Ici, que la première soit la couverture française du livre, cela peut se deviner ; que celle qui suit (Fig. 19-1b) est celle de la version originale, moins. Or, c'est une information des plus intéressantes pour le lecteur.

La date d'écriture de l'article pourrait être affichée préférentiellement en haut de la page, car ce peut être un critère de décision pour l'internaute de poursuivre ou non sa lecture.

Cette légende peut être affichée de manière nominale ou éventuellement au survol.

Ne pas oublier que le contenu appartient à une page

Le confort de lecture est aussi influencé par l'environnement visuel direct du contenu. Ici, l'article, étriqué entre les colonnes de gauche et de droite, peine à trouver suffisamment de place pour être lu confortablement. Supprimer la colonne de gauche permettrait de commencer la page par son contenu réel, tout en l'aérant. Les liens actuels peuvent être déplacés ailleurs sur la page, voire supprimés pour les moins importants.

Prévoir que le lecteur puisse vouloir lire sur papier

Malgré tous nos efforts pour faciliter la lecture sur écran, une partie des internautes préférera imprimer le contenu. Si l'existence d'une version imprimable est plus ou moins nécessaire selon la longueur du contenu, cela semble cependant être essentiel sur un site éditorial.

Version imprimable

Ce n'est pas un simple raccourci vers la fonction d'impression du navigateur, mais bien une fonction permettant d'obtenir une version de la page sans l'en-tête, les barres de navigation ou les publicités.

10 raisons d'arrêter de lire

Articles Livres

Dossiers

Entretien avec Maurice Dantec (1/3)

Salon du livre

Festival d'Angoulême

Prix littéraires

Rentrée littéraire

Lectures d'été

Marvel et les X-Men

Polar scandinave

Tous les dossiers Livres

Année 1990

Attente et dissimulation

Comme dans les Lois de l'Attraction, mais puissance 10, on s'amuse dans ce portrait en creux (Casey est mort lorsque le roman démarre, un peu moins à la fin) à repérer les zones d'ombre, les indices et les choses qui ne concordent pas pour espérer découvrir la vérité. La forme (qui n'est pas forcément très originale et qu'on emploie souvent en Amérique dans le domaine de la recherche) crée évidemment un effet d'attente et une dissimulation de l'objet discuté (le héros en l'occurrence). Buster Casey acquiert ainsi dès le départ une dimension mythique que le récit de sa vie et de sa mort va venir renforcer.

Je ne compte pas en dire trop à partir de là, persuadé que je gâcherais le plaisir de la découverte pour ceux qui ont décidé de lire ce livre, et ne ferai qu'effrayer ceux qui ne connaissent pas Palahniuk. Rant est un roman qui dégorge d'inventions et de trouvailles, qui mêle une bonne douzaine d'idées suffisamment fortes pour justifier à elles seules l'écriture d'un roman mais qui, assemblées ici, donnent tout sauf une histoire homogène.

Saper l'ordre social

La vie de Buster "Rant" Casey démarre par des histoires de gosses avec l'idée que cet homme-là deviendra l'un des plus dangereux personnages de l'histoire américaine et le propagateur d'un virus (les rabids, déjà vus chez Cronenberg ou chez Stephen King changeant la moitié de l'humanité en zombies. Casey se shoote au venin d'araignée et aime se toucher la queue après s'être fait piquer par une légion de scorpions.

Casey déterre un trésor en louis d'or, organise, en se prenant pour la petite souris, un trafic dent contre louis qui fout en l'air l'économie d'une petite ville. Casey peut mesurer le taux de cholestérol et connaître l'alimentation d'une femme en lui touchant la chatte. Casey disparaît, remonte dans le temps et s'occupe de lui-même, enfant. Casey devient dieu et échappe à la mort. Il suffit de quelques lignes pour discréditer un travail d'invention et de contestation des valeurs américaines éblouissant et virtuose. Rant fait le portrait d'un génie du Mal qui va méthodiquement et innocemment (par bêtise ou par malice, par ambition ou par hasard, c'est là l'enjeu du livre), réussir à saper l'ordre social, voire éliminer la société elle-même.

Buster Casey, génie du mal, est une sorte de Kaizer Sauze improbable, une prolongation de tous les précédents héros de Palahniuk (les emprunts à Fight Club, à Choke ou à Survivor sont souvent évidents), fondue en une Histoire unique, factice et composite.

Le roman est, à la fois, moins qu'un tout (en cela il colle sur le fond à sa forme composite), une juxtaposition de propositions romanesques bringuebalantes et qui tiennent à peine ensemble, et plus qu'un tout au sens où il contient autant à l'intérieur qu'à l'extérieur de lui-même. Palahniuk écrit pour un lectorat en forme de fan club et offre, comme tous les grands cabotineurs, un divertissement maximum et sans cesse renouvelé. Il montre accessoirement, comme Quentin Tarantino au cinéma, que la série Z est peut-être l'avenir de la A.

Peste
Chuck Palahniuk
Denoël

Sur Fluctuat : - Lire un **entretien avec Chuck Palahniuk** - La biographie de Chuck Palahniuk - L'actualité littéraire en continu sur le **blog livres**">blog livres

Partager 6 Twitter

Benjamin Berton Le 21 January 2008

Liens commerciaux
D@ns le texte - émission
Une web-émission littéraire pas comme les autres !

n'aurait pas craché...

Miss France : Pourquoi la lecture ne rend pas plus laid que le cheval....
La France va mieux, tout le monde le dit. Depuis samedi soir, la...

Nouveau Palahniuk : Qui a peur de Buster Casey ?
Rant (ou Peste en français) est l'un des livres les plus...

Johnny Glynn : Et le septième jour, Peter Crumb s'arrêta, ouf !
Voilà presque 5 ans maintenant que les éditions du Panama...

William Vollmann : c'est celui qui le dit qui y est (2)
L'un des talons d'Achille de la...

C'est celui qui le dit qui y est (8) : pourquoi lire Virgine Despentes...
Virginie Despentes est souvent identifiée comme...

Chuck Palahniuk interviewe l'héroïne de Snuff, son dernier roman....
Le business de Chuck Palahniuk est florissant. La...

Comment voler des livres sans se faire prendre avec Chuck Palahniuk
En attendant la sortie de son nouveau livre, Pigmy...

David Fincher : du sombre Alien 3 au sublime Benjamin Button
La dernière réalisation de David Fincher, L'Etrange histoire...

Le roman Haunted de Chuck Palahniuk a trouvé son réalisateur
L'écrivain américain Chuck Palahniuk a décidément la cote au...

Chuck Palahniuk se fout-il de nous avec Pygmy ?
Le nouveau roman de Chuck Palahniuk...

2

• Les livres de Chuck Palahniuk

• Sur le forum livres

Des livres numeriques

Le dernier livre que vous avez lu

La Horde Noire by Paul Z. Wood

Enquête: mon projet manga café

La règle du je - Chloé Delaume

2

Fig. 19-1b
Partie basse de la page

2 QUE FAIRE APRÈS AVOIR LU ?

À part l'indication qu'on se trouve dans la rubrique *Livres*, la page semble déconnectée du reste du site : aucun fil d'Ariane ni navigation secondaire ne nous permet de la situer. Ce choix, qui semble cantonner l'internaute dans une impasse, est en fait plutôt bien adapté au site.

- En effet, Fluctuat.net est un exemple typique d'architecture très plate, où une grande quantité de contenus se situent au même niveau dans l'arborescence. Ici, la critique se trouve simplement dans une rubrique *Critiques*, sans être affectée à une sous-rubrique. Ce qui différencie alors une critique de livre d'une autre, c'est l'auteur de cette critique, l'auteur du livre, sa date....
- Le site offre de nombreuses portes de sortie une fois la lecture terminée : entretien avec l'auteur, biographie, news et livres du même auteur, conversations du forum… des heures de lecture en perspective ! Et c'est là tout l'art d'une page de contenu éditorial : donner à lire un contenu tout en en proposant d'autres à son lecteur pour aller plus loin.

20 SUPERTOINETTE

http://www.supertoinette.com

Supertoinette est un site de cuisine proposant des recettes, des fiches de cuisine et un forum d'entraide entre internautes. Les fiches recettes sont présentées sous forme de pas à pas guidé par des séries de photos. Nous analysons ici quelques points marquants de l'ergonomie de ces pages.

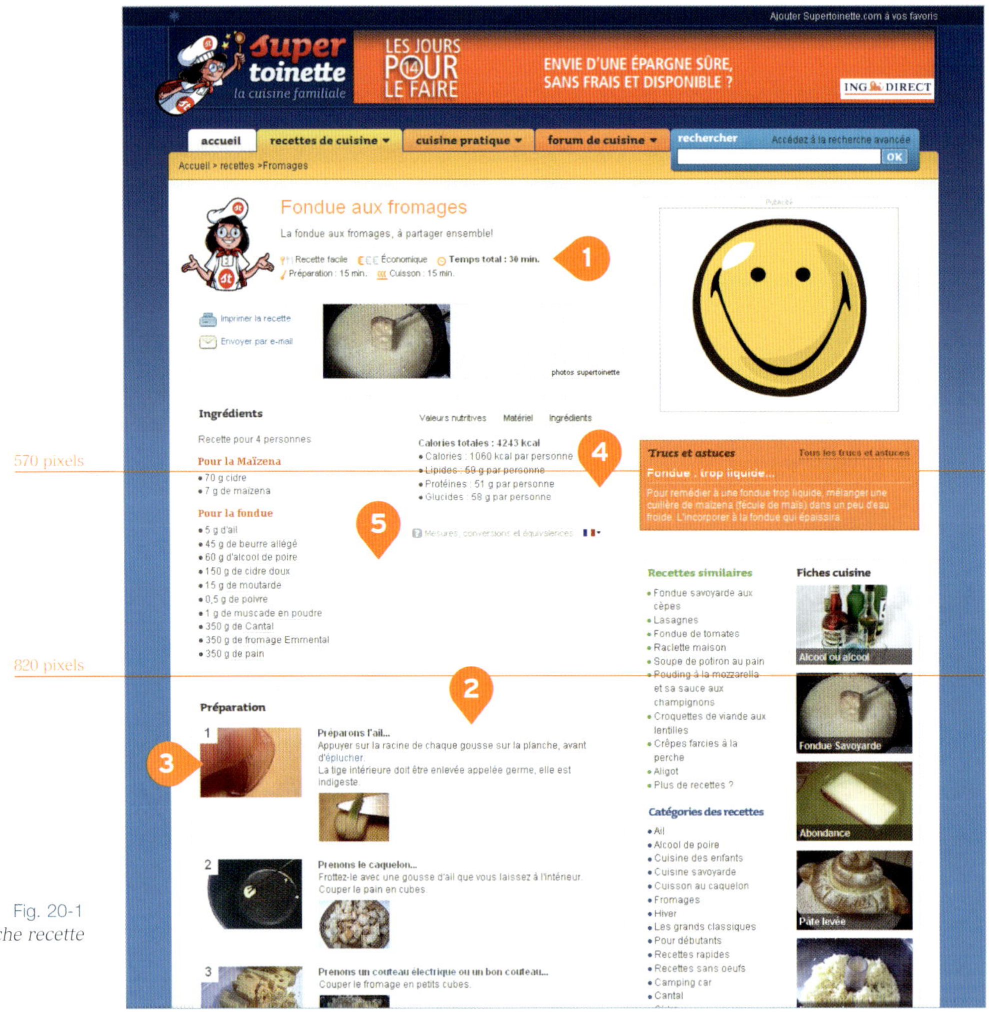

Fig. 20-1
Partie haute de la fiche recette

En mars 2010, onze participants ont été confrontés à cette page avec pour consigne de montrer et dire ce qu'ils feraient s'ils étaient chez eux. Les données de ce test utilisateur sont utilisées ici pour compléter l'analyse experte.

SCÉNARIO : « Imaginons que vous cherchez la recette de la fondue au fromage pour samedi soir. Après avoir utilisé un moteur de recherche, vous arrivez sur cette page. Nous allons regarder la recette ensemble, et vous allez me dire si elle vous convient. »

1 UNE BONNE MISE EN VALEUR DES INFORMATIONS CLÉS

- Tous les participants regardent les informations sur la difficulté, le budget ou le temps nécessaire pour la recette. Dans la première minute, c'est d'ailleurs l'une des trois zones les plus longuement regardées (Fig. 20-2 et 20-3). Les utilisateurs ne font pas que survoler ces informations, mais les analysent : ce sont des essentiels qui vont déterminer le fait qu'ils continuent à lire ou non.
- La manière dont elles sont présentées en en-tête et le fait qu'elles soient accompagnées de pictogrammes facilite leur repérage, tout en étant appréciées par les participants. On n'observe pas la même chose sur tous les sites de recettes : c'est donc bien la présentation des informations qui influence leur utilisation par les internautes.

2 LA DESCRIPTION PAS À PAS FACILITE LA COMPRÉHENSION ET LA RÉALISATION

Le style rédactionnel favorise une lecture approfondie : grâce à la numérotation, aux titres d'étapes en gras, aux phrases courtes et aux photos rythmant l'ensemble, il est facile pour les participants de lire la recette dans sa totalité afin de savoir si elle leur convient, sans éprouver d'effort à le faire.

La présentation affecte le type de lecture

À volume de texte égal, le fait de découper le texte en blocs bien distincts, de mettre en valeurs certaines informations, d'écrire avec des phrases courtes et efficaces fait que les internautes lisent plus de texte.

En revanche, la plupart des participants notent les fautes d'orthographe ou de style, et font remarquer que cela ne leur donne pas du tout confiance dans le site, qui ne « fait pas pro ». Ajouté au fait qu'ils ne connaissent pas le site et n'arrivent pas à obtenir rapidement plus d'informations sur qui est Supertoinette, cela leur fait parfois dire qu'ils iraient sur un autre site.

3 DES PHOTOS, OUI, MAIS DE QUALITÉ

- Les photos sont appréciées par les participants. Ils notent toutefois souvent qu'elles leur paraissent peu qualitatives, et peu utiles car trop petites.

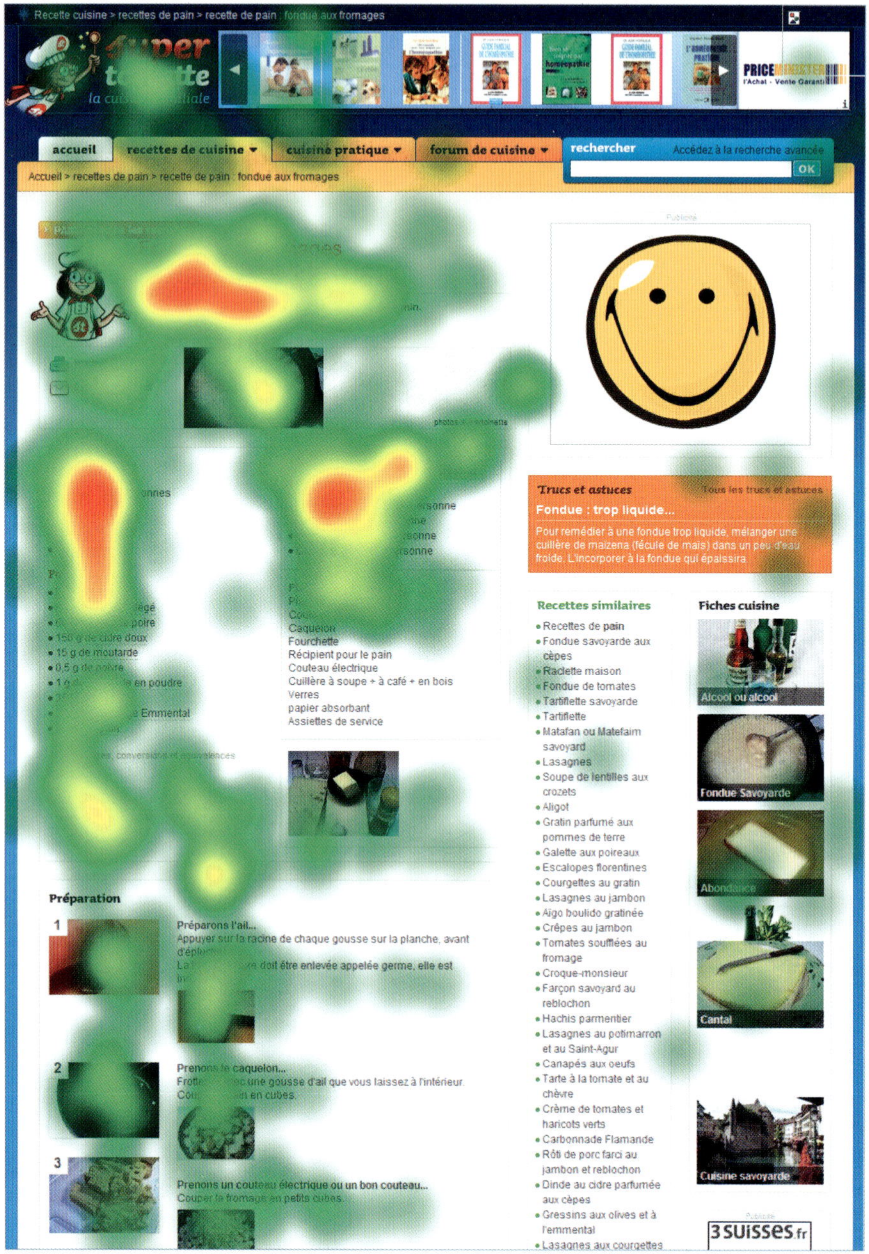

Fig. 20-2
Carte de chaleur de cinq participants – Première minute (critère : durée absolue). Note : les six autres participants ne sont pas intégrés, car ils ont été confrontés à une page différente, avec une bannière publicitaire en haut de page.

Myrtille, 28 ans : *« Je la trouve plutôt agréable à regarder, plus par la dynamique avec les photos que, comme je l'ai dit, par la qualité des photos en elles-mêmes ; mais du coup, je trouve ça très sympa à regarder, tu te sens vachement guidé, et c'est assez important. »*

- Les photos permettent même parfois d'éclaircir un point inconnu du matériel. Certains participants ayant regardé l'onglet *Matériel* notent qu'ils ne savent pas ce qu'est un caquelon. En voyant la photo, Florence, 28 ans, remarque : *« Tu comprends ce qu'est le caquelon grâce à la photo, donc c'est quand même intéressant. »*
- Toutefois, certains expriment le fait qu'ils ne souhaitent pas les imprimer, et espèrent qu'une version imprimable sans photos sera proposée.

Retrouvez cette image en grand sur www.ergonomie-web-illustree.com !

Fig. 20-3
Haut de la carte d'occultation de cinq participants confondus – Première minute (critère : durée absolue).

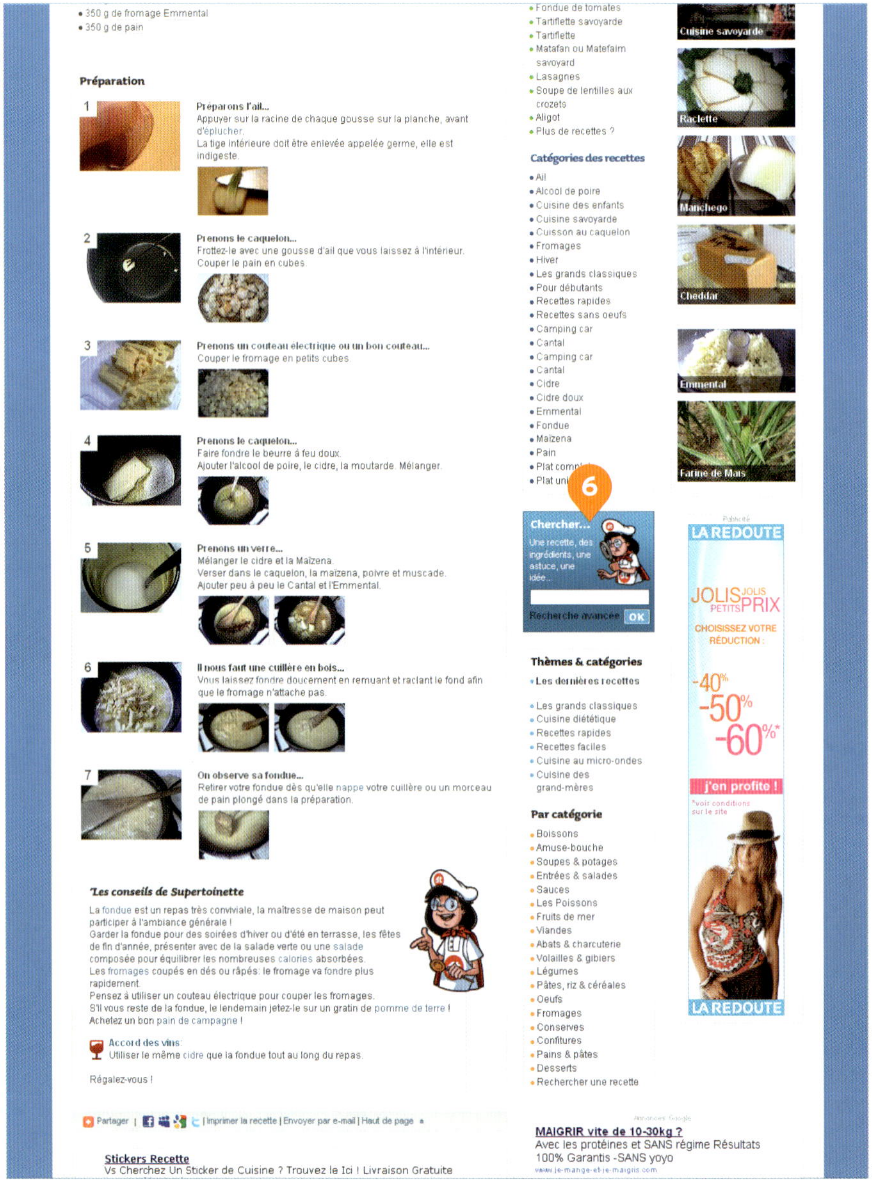

Fig. 20-4
Partie basse de la fiche recette

© www.supertoinette.com

4 UN ENCADRÉ QUI OPTIMISE LA VISIBILITÉ DES INFORMATIONS COMPLÉMENTAIRES

- Tous les participants regardent les informations nutritionnelles, et la plupart disent les trouver utiles. Le fait qu'elles soient présentées dans un encadré joue certainement un rôle sur leur visibilité.
- Cet encadré permet d'accueillir trois types d'informations sous forme d'onglets, le contenu de ces derniers s'affichant sans recharger l'ensemble de la page. C'est une très bonne manière d'exploiter efficacement la surface disponible à l'écran. Attention, cependant, cela suppose que les titres donnés aux onglets soient explicites et suggestifs.

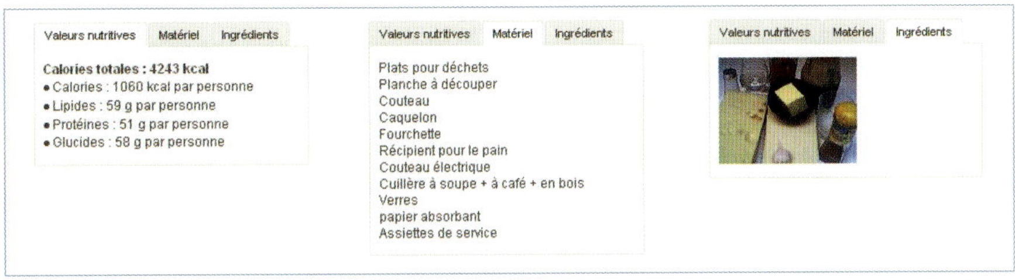

Fig. 20-5
Contenu des trois onglets

- Quatre participants sur onze cliquent sur les onglets *Matériel* et *Ingrédients*. Le contenu de ce dernier est toutefois peu apprécié, car il ne fait que traduire visuellement des informations déjà présentes textuellement, et dans un format de photo peu lisible.

La facilité à lire la recette fait que tous les participants lisent la partie *Conseils* en bas de page, alors que celle-ci aurait pu être ignorée du fait de son emplacement. Grâce à une présentation encadrée et relevée de visuels, elle attire l'attention des utilisateurs. On voit d'ailleurs des fixations visuelles jusqu'à cet endroit.

5 S'ADAPTER AU BESOIN PARTICULIER DE CHAQUE INTERNAUTE

Le lien *Mesures, conversions et équivalences* renvoie vers une page globale sur le thème des mesures, intégrant des convertisseurs, mais dont l'internaute aurait plutôt eu besoin de manière contextuelle. Dans la même veine, on pourrait apprécier un outil de calcul automatique des quantités selon le nombre de convives.

> Julien, 34 ans : *« Par contre, il y a un truc, quand tu fais une recette : tu es deux, par exemple, et là ils te proposent la recette pour quatre… Très bien, toi tu fais modifier les quantités, tu tapes le nombre de personnes, et ça te recalcule direct. »*

Du fait de leur contiguïté visuelle, on pourrait croire que le titre *Mesures, conversions et équivalences* et le drapeau font partie de la même fonction, et qu'en cliquant sur la flèche, on pourrait convertir les grammes dans une autre échelle. En fait, ce sont deux liens différents. La non-prise en compte de la loi de proximité affecte la compréhension.

L'essentiel des fixations visuelles se fait dans la première colonne. Les deux suivantes, sur la droite de l'écran, sont quasi ignorées par les utilisateurs. Or elles intègrent notamment un encadré *Trucs et astuces*, lié à la recette en cours de consultation. Alors que ce conseil pourrait les intéresser, les participants ont tendance à le considérer comme quelque chose d'étranger à la recette. Il serait davantage visible et lu s'il était situé directement sous la recette.

Fournir l'information complémentaire de manière contextuelle

Il est conseillé de proposer les contenus d'aide contextuelle sous une forme permettant de ne pas sortir de la page consultée (exemple : panneau ou fenêtre flottante, plié/déplié d'informations, infobulle, etc.). Ici, les termes techniques présents dans le lexique (en bleu sur la copie d'écran) sont cliquables et mènent vers une définition, mais sur une autre page. L'internaute est donc ensuite obligé de revenir vers la page précédente pour retrouver sa recette.

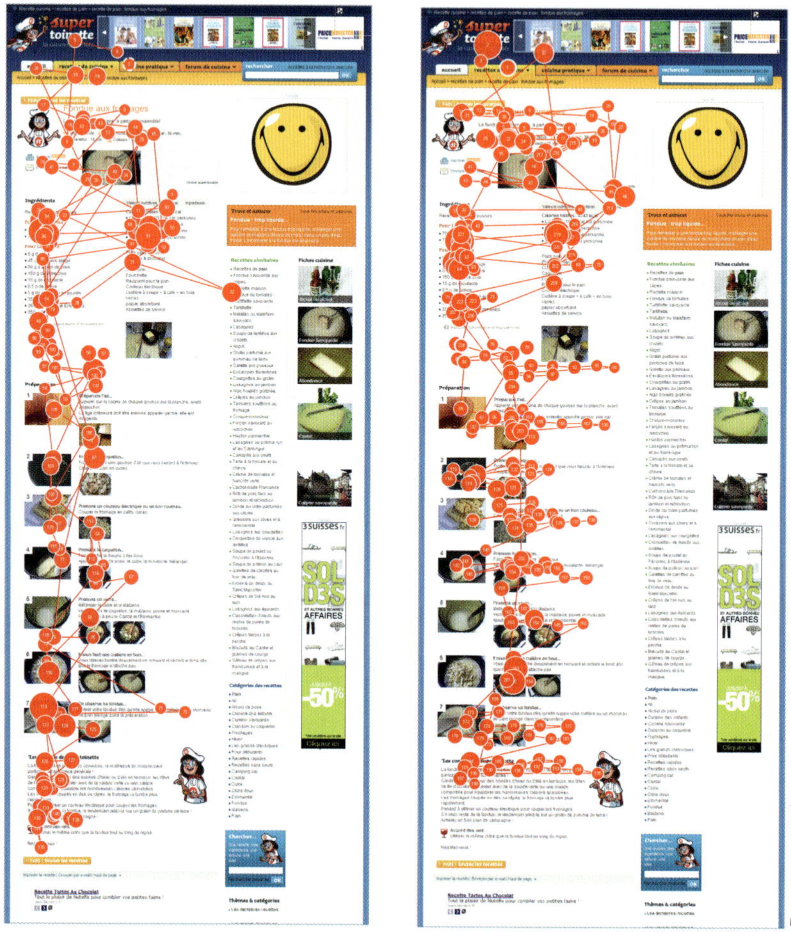

Marianne, 44 ans, 50 premières secondes

Marie-Christine, 58 ans, 80 premières secondes

Retrouvez cette image en grand sur www.ergonomie-web-illustree.com !

Fig. 20-6

Parcours oculaires individuels de deux participants

6 FACILITER LA CONSULTATION D'AUTRES RECETTES

L'objectif d'une fiche recette est certes que l'internaute consulte, voire imprime la recette, mais éventuellement aussi navigue à partir de cette page vers d'autres recettes. Cela suppose d'avoir réussi à le séduire par la première page vue, mais aussi de proposer des clés de navigation correspondant à celles auxquelles il s'attend.

Des propositions utiles mais peu vues

- Ici, une grande partie de la colonne de droite est consacrée à ces fonctions. Des liens vers des recettes similaires, les différents thèmes et catégories, ou encore un champ de recherche, permettent aux internautes de naviguer facilement vers d'autres recettes.
- Cependant, elles sont peu utilisées, alors même qu'on demande aux participants de chercher un dessert à partir de cette page. La plupart remontent directement en haut de page et utilisent le menu pour se diriger dans le site. On peut faire l'hypothèse que pour eux, l'objectif est si différent qu'il ne peut pas être réalisé à l'intérieur de la page, et nécessite de repartir de zéro.
- Conserver les recettes similaires a donc du sens, mais on peut se poser la question de l'utilité des autres liens, qui gagneraient à être rapatriés dans l'en-tête commun à toutes les pages. Ce transfert aurait par ailleurs l'avantage d'alléger la colonne de droite, favorisant ainsi son exploration visuelle. En effet, la surcharge d'éléments joue un grand rôle dans le fait que les internautes ignorent une zone de l'écran.

Le menu doit répondre au modèle mental de l'utilisateur

Lorsqu'ils survolent le menu *Recettes de cuisine*, les participants sont surpris par son manque d'adaptation à leur besoin, et y cherchent les entrées par catégories de plats.

> Myrtille, 28 ans : *« Là, je vois Recettes de cuisine* [elle survole le menu], *alors je me dis que peut-être que les recettes seraient classées par Entrées, Plats, Desserts, mais c'est raté… Ils les classent par thèmes, ce qui est intéressant aussi* […] *Il y a des trucs super sympa, mais tu n'as pas l'essentiel, c'est un peu dommage quand tu ne sais pas ce que tu veux faire. Parce que je voudrais Mousse au chocolat, eh bien je le taperais là* [elle désigne le champ de recherche], *pas de souci. Mais là… du coup, je vais voir Cuisine diététique, parce que je veux faire un truc léger, mais je n'avais pas forcément envie non plus de faire un truc diététique…* [La page *Cuisine diététique* se charge.] *Oui et puis voilà, je me tape des trucs salés…* [après avoir repéré les desserts dans la page *Cuisine diététique*] *J'y vais, mais je trouve ça dommage, parce que, du coup, je n'ai pas les trucs de grand-mère… »*

Fig. 20-7

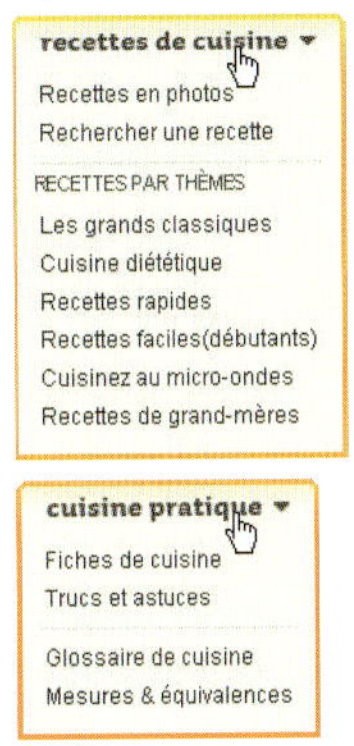

Contenu des menus Recettes de cuisine et Cuisine pratique

21 PRICEMINISTER

http://www.priceminister.com

PriceMinister est le premier site d'achat-vente français, garantissant les transactions grâce à son rôle de tiers de confiance. Dans son catalogue très étendu, les fiches produits permettent aux internautes de vendre, mais aussi d'acheter des articles via les vendeurs qui proposent des annonces.

Fig. 21-1

Partie haute de la fiche produit

Cette page web a changé, allez voir la différence en ligne !

En mars 2010, onze participants ont été confrontés à cette page avec pour consigne de montrer et dire ce qu'ils feraient s'ils étaient chez eux. Les données de ce test utilisateur sont utilisées ici pour compléter l'analyse experte.

SCÉNARIO : « Imaginons que vous voulez vous soigner par l'homéopathie. Votre sœur vous recommande un très bon livre sur le sujet. Après l'avoir cherché sur Internet, vous arrivez sur cette page, et en voyant le livre, vous le reconnaissez : c'est bien celui-là, donc vous voulez l'acheter. »

1 UN MANQUE DE VISIBILITÉ DE LA FONCTION D'ACHAT

Le site propose une grande largeur de gamme, et ses produits sont en général très bien référencés dans les moteurs de recherche. Cependant, quelqu'un qui chercherait simplement à acheter un produit en ligne risque de ne pas comprendre tout de suite qu'il peut le faire, et comment le faire.

Le développement de la page selon un design élastique a pour effet d'éloigner les boutons *Ajouter au panier* et *Vendez le vôtre* à mesure que la largeur d'écran disponible augmente.

La fonction d'achat est difficilement repérable

Même un peu excentré, le call-to-action principal sur cette page est le bouton *Vendez le vôtre*, et tout ce qui concerne l'achat se trouve sous la ligne de flottaison. Le test utilisateur vient confirmer le manque de visibilité des fonctions d'achat (cinq participants sur onze éprouvent des difficultés à les repérer), provoquant parfois même une incompréhension de la vocation du site. 50 secondes s'écoulent avant que les participants fixent un des boutons *Ajouter au panier* pour la première fois. C'est une durée très importante, et on peut supposer que chez eux, les internautes n'auraient pas fait l'effort de rester aussi longtemps pour comprendre le principe du site.

> Florence, 28 ans : *« Et après… et après ?….* [Elle survole le haut de la fiche produit, puis les fonctions de partage.] *Je ne veux pas partager… Je veux…. Ah, c'est là !… Je m'attendais à ce que ce soit ici, aussi* [elle désigne le haut de page], *commander. Je cherchais le truc rapide. »*
>
> Marianne, 44 ans, clique sur la photo par manque d'autres éléments pouvant lui permettre d'acheter : *« Là, il me le montre en plus grand, mais ce n'est pas ce que je voulais… Je voulais tout de suite l'ajouter à mon panier ! »*
>
> Marie-Christine, 58 ans (près de 2 minutes s'écoulent avant de conclure à un échec et d'effectuer la relance permettant d'attirer l'attention sur la fonction recherchée) : *« Donc là, normalement, je dois pouvoir acheter, hein… C'est curieux, mais je ne vois pas… Je veux l'acheter et… bon… Je ne veux pas donner mon avis ; le prix, j'ai compris ; le résumé, ça n'est pas ce qui m'intéresse ; je ne veux pas de questions-réponses, simple et gratuit, vendez le vôtre, c'est pas ça. Alors, ça par contre…* [elle se dirige vers la zone l'achat-vente garanti, ce qui lui permet de remarquer le panier]*… ou alors je vais dans mon panier ? Mais… normalement, il y a Acheter, et là je n'ai pas Acheter, donc*

je ne sais pas quoi faire pour acheter, ce qui m'ennuie ! Et là, je ne peux pas cliquer sur les prix, parce qu'on aurait pu penser… Donc… si je vais à mon panier [clic sur le panier], *mon panier est vide, 0 article, oui, ça je sais.* [Relance de l'animateur : *Et si on revient en arrière ?*] [clic] *Si je n'ai pas Acheter, je suis embêtée.* [*Si vous descendez dans la page, qu'est-ce qu'on voit ?*] *Ah oui d'accord, j'ai compris.* »

La fonction d'achat pourrait être atteinte grâce aux éléments de prix

L'élément qui semble le plus proche de la fonction d'achat est le prix, souvent repéré et désigné par les participants. Certains tentent de cliquer sur le nombre de livres d'occasion ou neufs. Le rendre cliquable serait un bon moyen de contourner facilement le manque de visibilité de la fonction d'achat.

> Thomas, 26 ans : « *Ben, si c'est le bon, je l'achète… et dans ces cas-là… euh… tututut !* [Il parcourt attentivement le haut de la fiche produit.]… *C'est où, déjà ?…. Alors… je vois qu'il y a 6 occasions, 5 neufs…* [ces éléments ne sont pas cliquables]… »
> Samuel, 31 ans : « *Alors moi, j'aime bien les livres neufs* [il survole la phrase 4 neufs]… *Ah ! Ben, ils me donnent un truc, mais je ne peux pas cliquer dessus !* »

Retrouvez cette image en grand sur www.ergonomie-web-illustree.com !

Fig. 21-2a

Carte de chaleur et carte d'occultation des onze participants confondus – 26 premières secondes (critère : nombre de fixations).

Fig. 21-2b

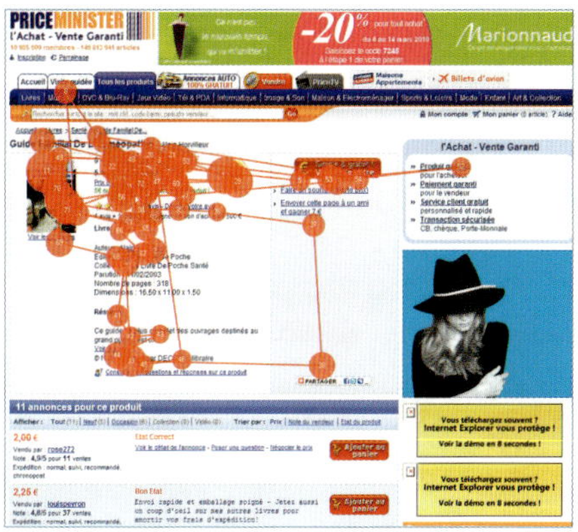

Marie-Christine, 58 ans

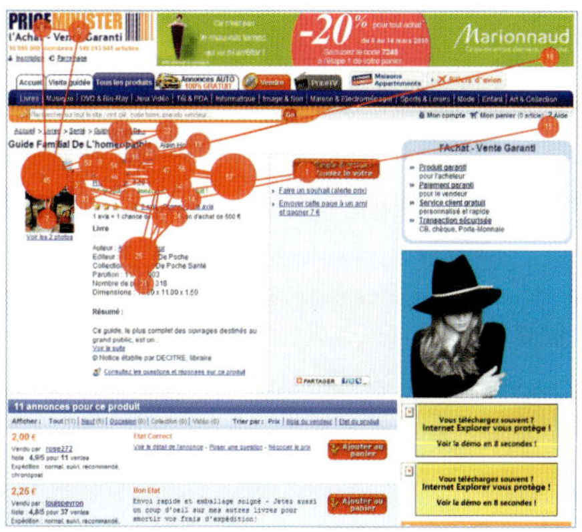

Annabelle, 27 ans

Fig. 21-3

Ci-contre et page suivante : parcours oculaires individuels de six participants – 30 premières secondes.

Charlotte, 34 ans

Julien, 34 ans

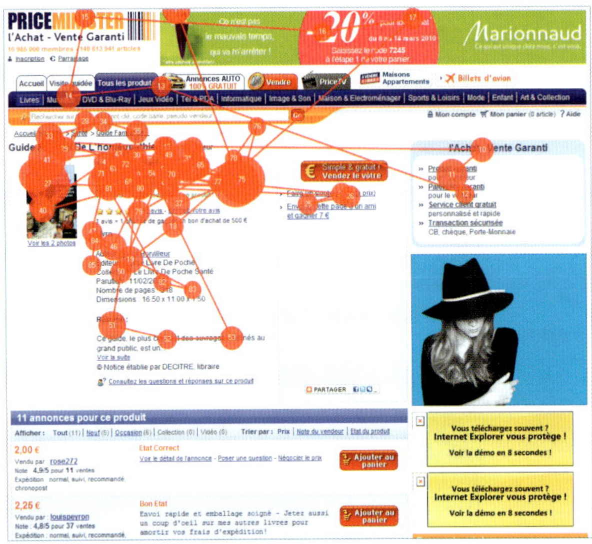

Florence, 28 ans

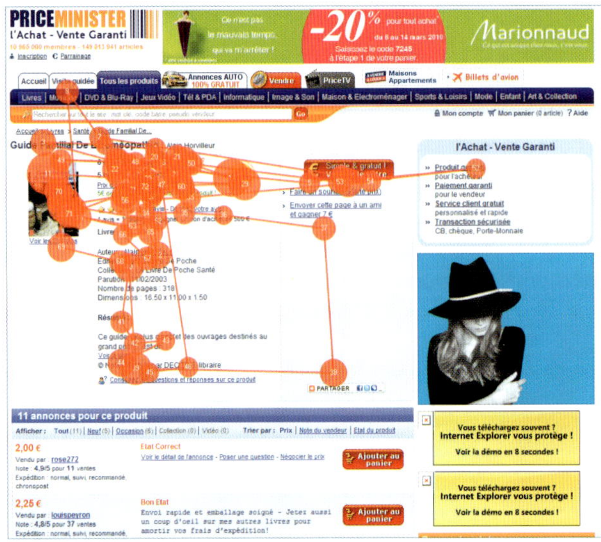

Bastien, 21 ans

Retrouvez ces images en grand sur www.ergonomie-web-illustree.com !

2 HIÉRARCHISATION ET CHOIX DES ÉLÉMENTS CLIQUABLES

- Le détail des annonces est présenté de manière très claire, et donne l'essentiel pour que la personne puisse faire son choix et décider de l'action à mener (voir le détail, poser une question, ajouter au panier...).
- Cependant, le deuxième élément cliquable le plus fort (après le bouton *Ajouter au panier*) est le nom du vendeur. Ce choix est assez risqué, car un clic sur ce lien mène à la boutique du vendeur en question, où on a alors de grandes chances de perdre la visibilité sur le produit visité précédemment. Cela provoque des incompréhensions chez tous les participants qui ont effectué cette action.

  Florence, 28 ans, a exprimé la crainte de cliquer sur le nom du vendeur et de se retrouver ailleurs, mais a tout de même cliqué : *« Ha ha ha... et bien voilà.... donc là, je suis sur la boutique d'un annonceur, qui me propose ses différents produits, qui en plus n'ont rien à voir avec ma recherche ; il n'y a même pas de lien... [elle clique sur Précédent]. »*
- Les informations les plus importantes sur le vendeur (ses temps de réponse, taux d'acceptation, date de création de la boutique, derniers commentaires, etc.), largement utilisées et commentées par les participants, pourraient être fournies de manière contextuelle, directement dans la page d'annonces, suite à un clic de l'utilisateur. Certaines sont d'ailleurs déjà affichées directement dans la ligne annonce (note moyenne et nombre de ventes). On éviterait ainsi que certains se perdent en s'étant retrouvés sur la boutique du vendeur sans vraiment l'avoir souhaité, et ne savent donc plus bien comment retrouver leur produit.

Afficher les produits neufs dans une couleur et les occasions dans une autre est une bonne idée, que les participants comprennent plutôt bien dans l'ensemble. Elle serait encore plus efficace si les filtres en haut de liste reprenaient le même code de manière discrète, et agissaient ainsi comme une légende.

3 LIENS INTRAPAGE ET DÉCOUVERTE DES CONTENUS

Prévoir de la fluidité dans la navigation à l'intérieur de la page

Un clic sur les filtres *neuf*, *occasion*, etc., provoque un rechargement de l'ensemble de la page. L'internaute se retrouve alors tout en haut de cette page, et donc forcé à descendre de nouveau pour retrouver son contexte d'avant le clic. Cet effet disruptif fort nécessite un travail mental et moteur supplémentaire de sa part, alors qu'on pourrait recharger uniquement la liste des articles.

Une pagination trop opaque

Seules dix annonces sont affichées sur cette page. Les autres sont accessibles en cliquant sur le lien *Afficher la totalité des 11 annonces*, peu clair sur ce qu'il permet d'obtenir. Pourtant, en raison du nombre d'annonces indiqué au début de la liste et du fait qu'ils essaient de comparer l'ensemble des annonces, les participants ne remarquent pas du tout ce lien.

L'indication de l'existence d'autres annonces que celles visibles par défaut serait plus efficace avec un lien de type *5 annonces de plus*, éventuellement complété par un *Voir la suite* ou un système de pagination plus classique. La désignation du nombre d'annonces non visibles sera en effet plus porteuse de sens pour l'utilisateur que le nombre complet, qui supposerait qu'il ait compté les annonces déjà affichées.

Emplacement et visibilité des avis de clients

Les avis de clients, qui contribuent souvent à la prise de décision de l'internaute, sont situés assez bas dans la page, encore après la liste des annonces. Un bon procédé vient compenser cette localisation : une ancre *3 avis* est placée très haut dans la page, juste à côté de la note moyenne représentée sous forme d'étoiles. En cliquant sur ce lien, on descend automatiquement vers la zone correspondante en bas de page.

Supprimer ces éléments, c'est faire un effort de concision permettant de libérer de l'espace à l'écran. Ce faisant, on simplifiera aussi naturellement le travail d'appréhension mentale de la page. Vérifiez toujours si tous les objets sur vos pages web sont réellement indispensables.

Supprimer les objets inutiles ou inactifs

Il est dommage de proposer des options d'affichage lorsqu'elles ne sont pas utiles ou cliquables. C'est le cas dans cette page de *Collection* ou *Vidéo*. On en informe l'internaute grâce au *0* entre parenthèses et au format grisé, mais on pourrait aller encore plus loin en supprimant ces éléments. De même pour *avis précédents, avis suivants* et *Page 1/1*.

Hiérarchiser visuellement les fonctionnalités

Sur chaque avis, l'importance respective des liens disponibles est représentée par leur format : déclarer *Oui* ou *Non* est bien visible, alors que *Signaler un abus* est d'abord présenté en gris, et ne s'allume qu'au survol, prenant alors un format comparable aux autres liens. C'est un très bon exemple de simplification par le format : à quantité de liens égale, cette interface est plus facile à appréhender que si les liens étaient tous identiques. Elle suppose de s'être questionné sur l'importance et la fréquence d'utilisation supposée de chacun des liens.

Pour aller encore plus loin dans la hiérarchisation, on pourrait même enlever l'icône de sens interdit pour renforcer la différence entre les actions classiques (se prononcer sur l'utilité d'un avis utilisateur) et la fonction de signalement, plus rarement utilisée.

4 LA FICHE PRODUIT DOIT AUSSI ÊTRE UN VECTEUR DE NAVIGATION

- Une fiche produit est le lieu où s'effectue la décision d'achat ou de non-achat pour l'internaute. Dans le cas où l'article ne lui plaît pas suffisamment pour le commander, il faut donc pouvoir lui proposer d'autres choses susceptibles de l'intéresser. C'est d'autant plus important lorsque la fiche produit est la page d'atterrissage de l'internaute (par exemple, lorsqu'il vient d'un moteur de recherche). Il ne faut pas faire de cette page une impasse dans le cas où il hésiterait sur le produit.

La fonction de navigation vers d'autres produits est partiellement assurée par le fil d'Ariane, mais ce dernier reste trop large pour correspondre à la recherche de l'internaute.

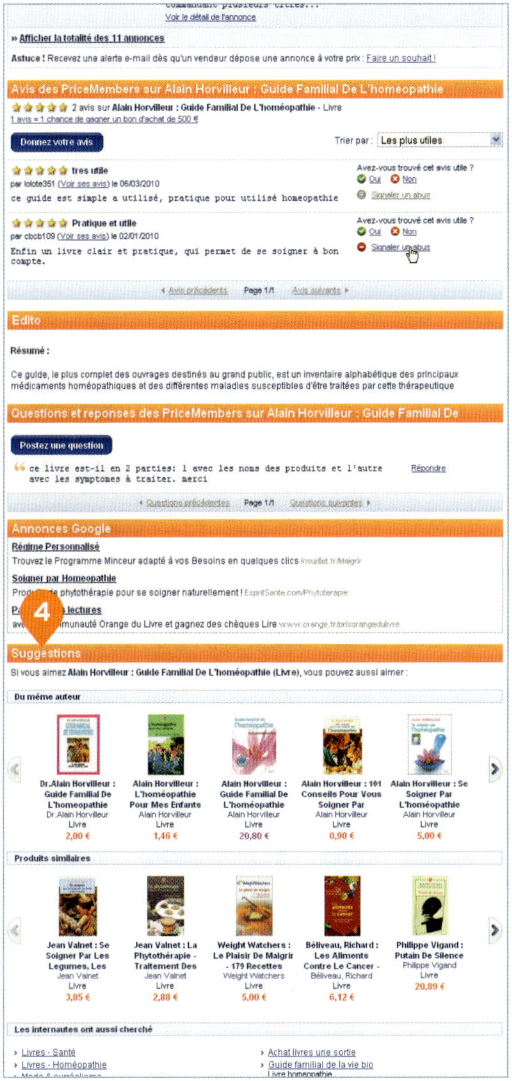

Fig. 21-4
Partie basse de la fiche produit

Sur cette page, la visibilité des suggestions est desservie par le fait qu'une fois que l'internaute aura vu les annonces Google, il y a fort à parier qu'il considérera que la page n'a plus rien à lui offrir, et donc qu'il ne descendra pas plus bas. Attention à la publicité lorsqu'elle agit comme une barrière !

- Dans ce cadre, les suggestions proposées en bas de page sont très intéressantes. Elles proposent à l'internaute des produits du même auteur, ou sur la même thématique. Cependant, elles sont placées si bas dans la page qu'elles risquent de ne pas être très efficaces.

22 BEAUTÉ-TEST

http://www.beaute-test.com

Site de conseils et d'avis de consommateurs sur les produits de beauté, de santé et de bien-être, le site Beauté-Test.com recense plus de 700 000 commentaires indépendants. Référençant l'ensemble des produits du marché, le site se positionne très bien sur des requêtes produits, et les internautes arrivent donc souvent sur le site via les fiches de détails des produits.

570 pixels

820 pixels

Fig. 22-1

En mars 2010, dix participants ont été confrontés à cette page avec pour consigne de montrer et dire ce qu'ils feraient s'ils étaient chez eux. Les données de ce test utilisateur sont utilisées ici pour compléter l'analyse experte.

SCÉNARIO : « Imaginons que vous cherchiez un complément alimentaire énergisant pour vous remettre d'aplomb, vous avez cherché sur Internet et êtes arrivés sur cette page. Vous allez regarder la page et me dire si vous pensez que cela convient bien à ce que vous cherchiez. »

1 UNE PAGE IMPASSE QUI N'EXPLOITE PAS LA TRANSVERSALITÉ

- Lorsqu'ils lisent la description du produit, que ce dernier les intéresse ou non, les participants citent presque tous leur envie d'aller en voir d'autres pour avoir un point de comparaison, ne pas se satisfaire d'une seule fiche produit.

On leur demande explicitement : *« Justement, si vous voyez que celui-là a des effets secondaires indésirables, comment feriez-vous pour voir les autres articles du même genre sur ce site ? »*

- Le lien le plus approprié pour atteindre cet objectif, *Soins à avaler*, se trouve souvent juste sous leurs yeux, mais seule une participante sur dix l'utilise. Les fixations visuelles individuelles nous apprennent pourtant que huit d'entre eux l'ont fixé dans les 10 premières secondes (et le fixent en général de nouveau juste après la soumission du second scénario). On peut faire l'hypothèse que c'est son intégration au cœur de la fiche descriptive qui fait que ce lien est ignoré. En le proposant, on autorise la navigation transversale, mais ce lien est si important qu'il faut à la fois le mettre plus en avant et rendre son libellé plus explicite.

Le libellé *Soins à avaler*, peu conventionnel et dont la signification peut rester floue après la lecture, joue sans doute aussi un rôle dans les résultats observés. *Tous les produits Soins à avaler* serait plus explicite.

Fig. 22-2

- Une stratégie fréquente des participants consiste à se reporter à la barre de navigation principale : ils semblent souvent certains d'y trouver une réponse, et ce n'est qu'après l'analyse de son contenu qu'ils se rendent compte qu'elle ne répond pas bien à leur besoin. En effet, elle ne leur indique pas où ils se trouvent : les seules rubriques disponibles sont celles de très haut niveau.

Fig. 22-3

Carte de chaleur des fixations visuelles des dix participants confondus – 40 premières secondes (durée absolue).

Retrouvez cette image en grand sur www.ergonomie-web-illustree.com !

Didier, 44 ans : *« Eh bien, on va essayer de trouver…* [il remonte dans la page pour se situer dans la barre de navigation.] *Là, je suis… ha ha… je ne sais pas trop, puisque je suis directement dans le produit, et il n'y a pas un chemin d'indiqué quelque part pour éventuellement m'orienter, donc il faut que je… que je remonte dans les catégories, là ? »*
Bastien, 21 ans, descend tout en bas de la page pour chercher un lien qui pourrait l'aider et, n'en voyant pas, remonte tout en haut : *« Alors, c'est une bonne question, comment revenir en arrière…* [Il regarde la barre de navigation.] *Euh ben, Produits ?* […] *En fait, il manque en bas, genre "vous trouverez…", enfin "ces produits là peuvent aussi vous plaire", parce que mettons, là, on a d'autres produits, mais ça n'est vraiment pas du même type… donc si on vient de Google et qu'on arrive directement sur cette page, eh bien soit il faut relancer une recherche, donc on perd du temps, soit on va sur Produits peut-être ? »*

Alors qu'ils vont pour partie vérifier si le lien ne se trouve pas en bas de page, aucun participant n'utilise le menu situé dans la colonne de droite, et une seule participante le remarque.

- Donner une visibilité directe sur le niveau des catégories faciliterait ce repérage et la navigation dans le site, tout en ayant aussi une valeur symbolique forte : c'est en voyant les catégories qu'on peut comprendre l'offre du site. Elles sont plus importantes que les liens actuellement proposés dans le menu *Produits*. L'ajout d'un fil d'Ariane serait par ailleurs appréciable pour offrir un indicateur de situation dans le site et un moyen de parcourir l'arborescence à rebours. Des mises en avant d'autres produits comparables compléteraient bien l'ensemble du dispositif, pour éviter que l'internaute soit bloqué au fond du site.

Les onglets sont très peu fixés, alors que les sessions de consultation sont longues, et que les participants ont l'impression d'avoir regardé la page de manière exhaustive. Un indice pour inclure des liens hypertextes transversaux vers ces onglets directement dans le contenu du premier onglet ?

Donner son prix *par pièce* est très utile et valorisant pour le produit. Cependant, mieux le formuler permettrait d'augmenter son efficacité : on ne peut d'abord pas parler de prix *au kg/litre* pour des comprimés, et un libellé par pièce est d'ailleurs ajouté. Enfin, la manière dont on présente le chiffre a un impact sur la manière dont les gens peuvent se l'approprier. Ici, dire que le produit vaut moins de 1 centime par pièce est plus parlant que dire qu'il vaut 0,0096 € par pièce.

2 ON ENTRETIENT L'AMBIGUÏTÉ AVEC UN SITE MARCHAND

- La particularité de ce site est de proposer un catalogue de produits qui n'a pas pour vocation de vendre, mais d'aider au choix. Difficile de faire passer ce côté non-marchand aux internautes qui, voyant des produits et des prix, partent du principe (à raison) qu'ils se trouvent sur un site d'e-commerce.

- Ce point d'accroche connu, il faut tout faire pour limiter son impact. Ici, l'impression qu'on peut acheter le produit en ligne sur le site est renforcée par deux éléments : l'icône panier, juste à côté de la photo, est considérée par les utilisateurs comme une fonction d'ajout au panier (Marianne, 44 ans : *« Et si ça me plaît, j'irai ajouter à mon panier. »*) ; l'onglet *Shopping*, dont le libellé entretient l'ambiguïté, est utilisé, quant à lui, par une participante qui souhaite voir d'autres produits du même type, comme sur un site marchand.

3 OPTIMISER LES AVIS DE CONSOMMATEURS

Les avis de consommateurs étant une des forces du site, on peut les optimiser pour qu'ils aient plus de puissance.

- S'ils sont regardés par les participants, cela arrive souvent tard dans l'exploration visuelle. Une participante se surprend elle-même à les découvrir là où elle ne les attendait pas, et souligne leur proximité avec la publicité. Cette localisation en colonne de droite est compensée par la reprise de la notation dans le titre de page, et l'onglet *Avis conso.* Le design graphique pourrait tout de même être optimisé pour que le module *Les avis des consommateurs* soit vraiment considéré comme faisant partie de la fiche descriptive.
  Myrtille, 28 ans, après avoir lu toute la page : *« J'ai l'impression que c'est complet, bon après, je me serais attendue à avoir un avis… ah ben il est là ! C'est-à-dire que, une fois que j'ai fini, comme je ne vois pas l'avis tout en bas, je me dis "ben merde, il est où ?"… Donc après, c'est vrai que c'est peut-être risqué de le mettre sur le même côté que toutes les pubs, parce que ça se fond un peu. Enfin, je ne l'avais pas remarqué, en fait, tu vois des étoiles, mais tu ne sais pas forcément si c'est ce produit là ou quoi. »*
- Le contenu rapatrié dans ce module joue aussi dans l'intérêt que les utilisateurs lui accordent. Les notations par échelle sont intéressantes, mais peu exactes lorsque trop peu d'internautes ont donné leur avis. C'est ici le cas, et un des participants le relève : *« 4, 5… ça va, si c'est pas bidon…* [Animateur : *Vous avez l'habitude que ça puisse être bidon ?*] *Euh, je me méfie un peu quand même, oui, je n'y accorde pas une… surtout que là ils ne sont que deux à avoir donné un avis, euh, bof ! Quand j'ai un site avec 80 ou 300 avis de consommateurs, j'y accorde plus d'intérêt. »* (Didier, 44 ans)
- Alors qu'ils les regardent très souvent, les internautes sont assez méfiants envers les avis des utilisateurs. Ici, représenter les avis sous forme de simples étoiles participe de cette méfiance, ce qui est dommage, car de véritables textes sont écrits par les consommateurs en complément des notes. On pourrait faire remonter un ou deux de ces commentaires, qui ancreraient le module des avis dans une réalité plus humanisée, et donc plus crédible.

Sur le nombre d'avis recueillis, l'App Store d'Apple joue la rigueur, en indiquant *Nous n'avons pas reçu suffisamment d'avis pour pouvoir afficher la moyenne des classements.*

La note globale est déjà distincte des notes par critères (rapport qualité/prix, efficacité à long terme…), incluse dans un cadre blanc en bas du module. Sa présentation devrait pourtant l'accentuer encore davantage par rapport aux notes concernant les critères précis.

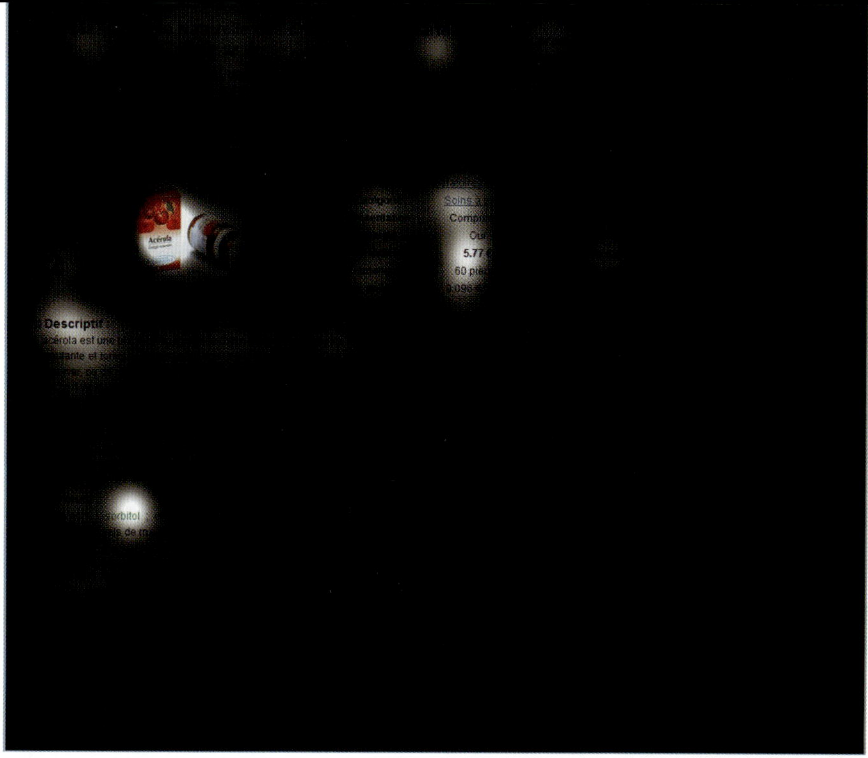

Fig. 22-4
Carte d'occultation des fixations visuelles des dix participants confondus – 40 premières secondes (durée absolue).

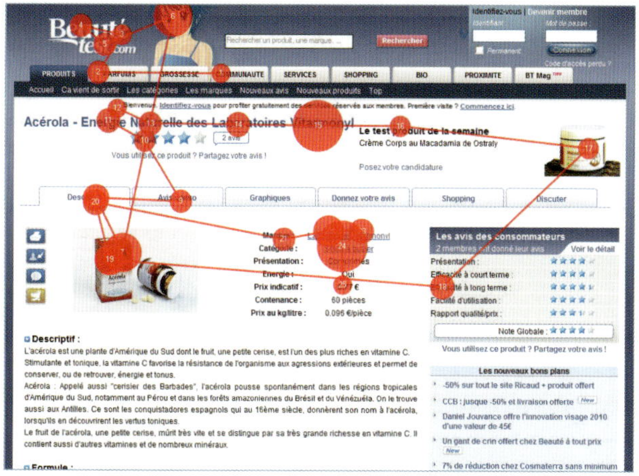

Charlotte, 34 ans

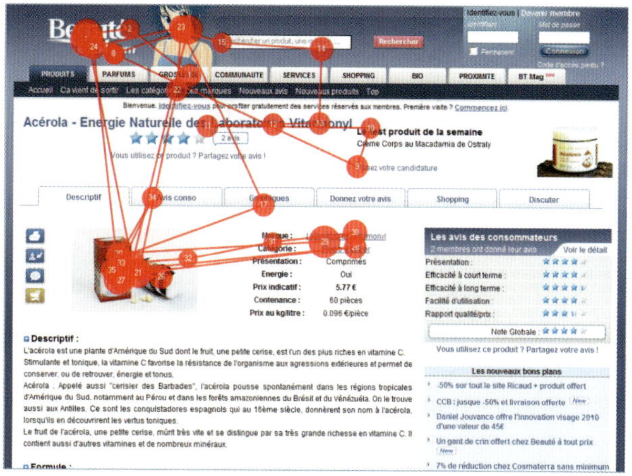

Annabelle, 27 ans

Fig. 22-5 *Parcours oculaires individuels – 10 premières secondes. Ce n'est pas parce qu'ils ont fixé le lien « Soins à avaler » que les internautes pensent à l'utiliser pour aller voir d'autres articles du même genre.*

23 SAVEUR BIÈRE

http://www.saveurbiere.fr

Saveur Bière est un site e-commerce spécialisé dans le domaine de la bière. On y trouve de nombreuses marques de bières, des fûts et tireuses, ainsi que des conseils. Le catalogue est conséquent, et mène à des fiches produits qui détaillent chacune des bières.

Fig. 23-1

En mars 2010, huit participants ont été confrontés à cette page avec pour consigne de montrer et dire ce qu'ils feraient s'ils étaient chez eux. Les données de ce test utilisateur sont utilisées ici pour compléter l'analyse experte.

SCÉNARIO : « Un ami vous a envoyé l'adresse d'un site spécialisé dans les bières qu'il aime beaucoup. Vous voudriez voir toutes les bières que ce site propose pour faire votre choix et éventuellement en commander. » On s'intéresse ici à ce qui se passe une fois que les participants arrivent sur la fiche produit (seules huit personnes sur onze ont vu cette page, les autres n'ayant pas compris son existence).

1 LA PRÉSENTATION ET LA QUALITÉ DES CONTENUS FAVORISENT LA LECTURE

On observe une vraie activité de lecture

Sur le temps total que les participants passent sur cette page (17 secondes à 1 minute), tous les éléments de description de l'article sont regardés (Fig. 23-2). Les premiers paragraphes de texte sont lus, ce qui n'est pas forcément facile à provoquer, et appréciés pour leur qualité et le conseil qu'ils apportent. Une attention particulière est portée au début du texte, avec un vrai bonus lié à la phrase en gras (accroche) quand il y en a une. Le gras apporte en effet un niveau de lecture bien repéré par les participants.

Une liste à puces efficace et appréciée

Les caractéristiques présentées sous forme de liste sont souvent citées comme étant très intéressantes ; ce sont souvent elles qui attirent l'œil en premier sur la page, et sur lesquelles on s'attarde, même si les utilisateurs parcourent ensuite les autres zones.

> Florence, 28 ans : *« Ah, par contre, là c'est bien fait… L'explication* [texte en haut de page] *et puis les caractéristiques, j'aime bien, voilà, et l'explication aussi, j'aime bien, parce que tu n'es pas censé tout connaître. Oui, j'aime bien ce petit paragraphe, là* [texte en haut de page]. *»*
> Myrtille, 28 ans : *« Là, je trouve ça sympa, parce que tu as tout, le degré, la contenance, la couleur, la force, exactement tout ce qu'ils proposaient tout à l'heure. »*

Listes à puces

La présentation des informations joue un grand rôle dans leur repérage et l'usage qu'en font les internautes. Les listes à puces sont ainsi plus souvent consultées, car présentent l'information de manière succincte et digeste, qui convient bien à la navigation sur le Web, activité où les gens aiment ne pas perdre de temps.

Des commentaires plus crédibles lorsqu'ils sont réalistes

Alors que les commentaires sont systématiquement regardés, deux participants soulèvent la question de leur crédibilité, comme cela ressort souvent lors de sessions de tests utilisateurs sur des sites présentant des avis ou témoignages.

> Samuel, 31 ans : *« Il y a des avis, et comme par hasard, ils sont bons* […] *Non, mais ils pourraient mettre aussi des gens qui ont moins aimé. Là, ça provoque tout de suite la suspicion. »*

Myrtille, 28 ans : « *Ça, c'est sympa, les commentaires* [Elle les lit, en voit un moins positif que les autres.] *Je trouve ça toujours sympa quand il y en a un qui est moins bien que les autres, c'est bête, mais ça fait toujours plus crédible.* »

De nombreuses études montrent que le nombre d'avis et la présence d'avis mitigés ou négatifs ajoutent à la crédibilité. Tout ce qui pourra contribuer au réalisme est à étudier, et mettre en avant la possibilité pour chacun d'envoyer son propre avis constitue un bon début. Le choix d'Amazon de proposer aux internautes d'afficher leur avis sous leur « vrai nom » est aussi intéressant. Ici, les internautes commentent souvent sous leur véritable identité, sans que cela soit valorisé.

Les avis d'utilisateurs améliorent la conversion

Il a souvent été montré que les avis d'utilisateurs optimisaient la conversion, et que les internautes ont tendance à privilégier les sites qui proposent cette fonction, aussi bien au niveau mondial que sur le marché français (voir par exemple *Merchant and customer perspectives on customer reviews and user-generated content, The e-tailing group*, 2008).

Retrouvez cette image en grand sur www.ergonomie-web-illustree.com !

Fig. 23-2

Carte de chaleur des fixations visuelles des huit participants confondus – 10 premières secondes (durée absolue). Note : les participants n'ayant pas tous vu la même page de détail, ce résultat représente la compilation de l'ensemble des fixations à travers différentes fiches produits.

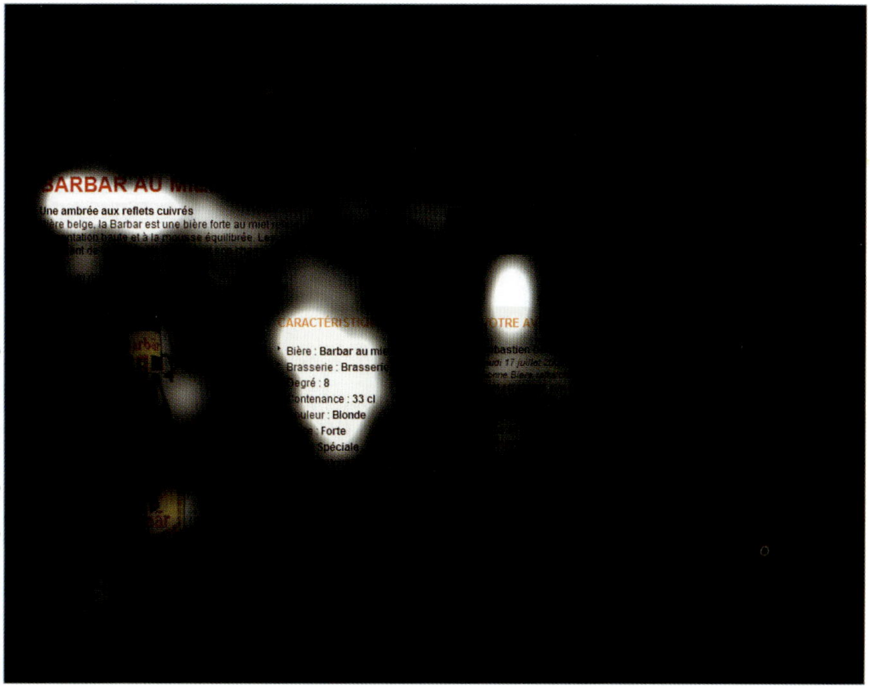

Fig. 23-3
Carte d'occultation des fixations visuelles des huit participants confondus – 10 premières secondes (durée absolue).

2 L'ORGANISATION VISUELLE EST TROP DÉPENDANTE DU VOLUME DE CONTENUS

- Le haut de page consacré au texte de présentation fait qu'on ne voit souvent que le haut de la bouteille en arrivant sur la page (voire uniquement son bouchon dans le cas de textes longs). Il semble dommage pour un site marchand de ne pas mettre le visuel du produit plus en valeur.
- Bien sûr, cela ne remet pas en question la présence du texte, car c'est un élément capital, qu'on doit toujours chercher à améliorer. Le volume du texte sur ce type de page fait aussi partie de la qualité de l'information donnée aux internautes.
- Dans l'optique d'une réorganisation structurelle de la page pour qu'elle puisse accueillir aussi bien les petits que les grands textes, on pourrait aussi remonter les éléments liés à l'achat, afin qu'ils ne soient pas trop poussés vers le bas et ainsi désolidarisés du prix lorsque le nombre de commentaires est important.

On ne peut pas cliquer sur *Agrandir l'image* ni sur la loupe qui l'accompagne, alors que ce sont les éléments les plus signifiants ! Il faut en fait cliquer sur l'image elle-même.

3 FACILITER LA CONSULTATION D'AUTRES PRODUITS

Soigner les éléments de navigation vers d'autres produits est d'autant plus important ici que les fiches produits s'abstiennent de tout contexte de navigation (ce qui est intéressant en soi, car cela laisse un maximum d'espace pour la description du produit).

La fiche produit a aussi pour vocation de permettre la navigation vers d'autres articles, dans le cas où l'internaute ne se déciderait pas pour celui consulté. Ici, cela vaut aussi pour ceux qui auraient choisi le produit en question, puisque l'ajout au panier se fait de manière contextuelle, sans que l'utilisateur quitte la page.

Une navigation transversale presque trop discrète

Des liens permettant de naviguer par critères (*ambrée*, *artisanale*…) sont insérés dans les textes de présentation des produits. C'est une très bonne idée (qui renforce par ailleurs la cohérence avec les filtres proposés dans les listes, voir l'étude n° 16), mais à pousser encore plus loin : l'interface doit notamment les mettre mieux en valeur pour qu'ils soient vus davantage, et donc davantage utilisés par les internautes.

Le cross-selling n'est pas assez vu, quel que soit son contenu

L'espace de mise en avant d'autres produits en bas de page offre, selon les articles, différentes clés d'accès (*Nous vous recommandons*, *produits associés* et *produits similaires*). Quelle que soit la nature de ces contenus, la zone n'est pas assez regardée : trois participants sur huit la fixent, et souvent peu de temps, alors que la plupart ne se décident pas forcément sur cette fiche produit, continuant leur navigation pour en regarder d'autres.

- Cela renforce encore l'intérêt d'une navigation transversale plus explicite, d'un lien *X bières similaires* ou *Dans la même gamme* plus haut dans la page, d'un *suivant/précédent*, voire de données liées au comportement des autres visiteurs.
- Par ailleurs, il est capital que ce cross-selling propose au moins les bières de la même marque. Un des participants qui le voient en fait la remarque : *« Par contre, ils ne donnent pas les autres Jenlain ! Moi, je voudrais une normale… »* (Didier, 44 ans, sur la fiche de la Jenlain Or.)

Fig. 23-4
Combien de participants voient la zone de cross-selling ?

Annabelle, 27 ans

Florence, 28 ans

Samuel, 31 ans

Myrtille, 28 ans

Retrouvez ces images en grand sur www.ergonomie-web-illustree.com !

Fig. 23-5a *Ci-dessus et page suivante : parcours oculaires individuels de six participants – 10 premières secondes.*

Thomas, 26 ans

Didier, 44 ans

Fig. 23-5b

L'internaute s'attend à retourner d'où il vient

Dans la mesure du possible, le fil d'Ariane doit s'adapter au parcours du visiteur pour ne pas le troubler. Myrtille, 28 ans, a cliqué sur *Bières* dans le fil d'Ariane de la fiche produit, sur laquelle elle était arrivée via les meilleures ventes, page qu'elle avait mis du temps à trouver, mais qui convenait parfaitement à son besoin : « *Donc je retourne sur Bières… et là, par contre, vous voyez, il m'a remis sur un truc qui ne correspond pas* […] *Je m'attendais à revenir à la page avec les meilleures ventes. Et là, du coup, c'est bête, mais ça va me soûler, en fait.* [Animateur : *Et ça veut dire que ?*] *Ça veut dire que je changerais de site. Je change de site, parce que si à chaque fois, il ne mémorise pas la recherche que je fais, à un moment donné, moi je vais être paumée.* »

4 UN MENU QUI GÊNE LES UTILISATEURS

Lorsqu'on arrive sur la fiche produit, mais aussi sur les autres pages, le menu se déclenche souvent de manière intempestive. Dix participants sur onze le voient s'afficher sans avoir rien demandé, souvent plusieurs fois, et certains en sont très gênés car ils ont du mal à s'en défaire : *« Rah, je ne veux pas ça, dégage !* [Essayant de s'en défaire.] *… et il n'y a même pas de truc Fermer ! »* (Samuel, 31 ans)

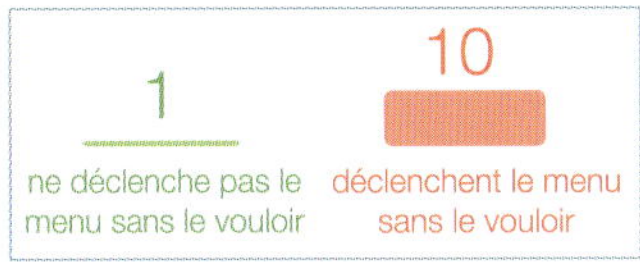

Fig. 23-6
Pour combien de participants le menu se déclenche-t-il ?

Pour limiter ce type de souci tout en conservant un menu s'affichant au survol, il faut prévoir un court temps de latence entre le moment où la souris survole la barre de navigation et celui où on affiche le menu. Un bon test consiste à passer rapidement par-dessus la barre de navigation pour aller atteindre le logo : si votre menu se déclenche, c'est qu'il est trop rapide. Bien sûr, il faut trouver le bon équilibre. Veillez à ne pas dégrader l'expérience pour ceux qui souhaiteraient réellement afficher le menu !

Le déclenchement intempestif du menu survient souvent lorsque les utilisateurs essaient d'aller cliquer sur page précédente du navigateur ou sur le logo pour revenir à la page d'accueil, car la barre de navigation principale se trouve alors sur le chemin de leur souris.

Fig. 23-7
Menu s'affichant au survol de l'item Bouteilles

24 JOBINTREE

http://www.jobintree.com

Jobintree est un site de recrutement généraliste qui valorise une approche par métier. L'espace dédié aux candidats s'articule autour des annonces d'emploi. Nous analysons ici une fiche offre d'emploi, et son adaptation aux besoins des utilisateurs.

Fig. 24-1

1 LA FONCTIONNALITÉ DE SÉLECTION EST INDISPENSABLE SUR UN SITE DE RECRUTEMENT

- L'objectif d'une fiche offre d'emploi est finalement qu'elle soit dépassée, c'est-à-dire que si elle intéresse l'utilisateur, il puisse en faire quelque chose. Ici, aucune fonction d'enregistrement de l'annonce n'est proposée pour permettre de la mettre de côté. C'est pourtant un essentiel sur un site où les visiteurs vont parcourir de nombreuses listes de résultats et détails d'offres. Ils ont besoin d'un outil pour faire le tri dans toutes ces offres.
- L'ambiguïté du lien *Ajouter aux favoris*, qui est en fait un simple ajout aux favoris du navigateur, risque fort de décevoir sur un site où on attend une fonctionnalité de *wishlist*. D'autant plus qu'aucune autre fonction de sélection n'est proposée sur la page.
- On peut alors imaginer que ce bouton n'apparaît que lorsqu'on est connecté à son profil, ce qui n'est pas non plus le cas. Il n'y a d'ailleurs aucune adaptation de la fiche lorsqu'on est connecté : pas de nouvelle fonctionnalité, ni de visibilité sur le fait que c'est une offre à laquelle on a déjà postulé ou qui correspond aux critères de recherche enregistrés dans son profil ou ses alertes (on pourrait ainsi afficher un degré d'affinité avec ces critères).
- Je recommande souvent de ne pas afficher les liens s'ils sont inactifs (page suivante s'il n'y en a pas, etc.), afin de ne pas générer de frustration, de libérer de l'espace à l'écran et d'être plus en accord avec la réalité. Ici, c'est l'inverse qui s'impose : si on disposait d'une fonction d'ajout à une sélection, il serait pertinent de l'afficher en permanence, même pour les internautes non inscrits, car sa présence peut être un facteur d'inscription et une des portes d'entrée vers la création de compte.

2 FACILITER LA CANDIDATURE

- Le formulaire de candidature est ouvert par défaut, ce qui est vraiment appréciable. Plus simple pour ceux qui souhaiteraient envoyer leur CV, il est aussi plus suggestif, et sa taille réduite y contribue largement : en le voyant, on a presque l'impression qu'il est simple de postuler à une offre.
- Cela permet par ailleurs de coupler une candidature avec une inscription simple, sur un minimum de critères. C'est une très bonne pratique, qui permet de faire s'enregistrer les gens sur la base d'un prétexte : ils le font sans même le savoir, dans la même étape que leur candidature, et auront donc moins de réticence que pour simplement « créer un compte ». Ici, on ne leur demande que leur e-mail, et un mot de passe leur sera automatiquement envoyé sur leur messagerie.

- C'est le fait de postuler qui crée le compte, et non « il faut se créer un compte pour pouvoir postuler ». Bien vu, et tout à fait adapté à l'objectif utilisateur : répondre à une offre d'emploi.
- Il semble tout de même manquer un gros call-to-action dans l'en-tête de la fiche offre (même si on a l'impression que l'acte de candidature ne peut se faire qu'après avoir lu l'ensemble de l'offre, donc forcément en bas de page). C'est d'autant plus important que, à l'arrivée sur la page, même en résolution 1 280 × 1 024 pixels, on ne voit rien concernant la possibilité de postuler.

3 FACILITER LA NAVIGATION VERS D'AUTRES ANNONCES

- Il est appréciable de voir un bouton *Retour* bien visible et de fournir la possibilité d'aller aux offres *Précédente* et *Suivante*, même si on pourrait afficher plus d'informations au survol sur ces liens. La liste d'*Annonces similaires* est aussi utile, mais risque d'être ignorée car trop éloignée du contenu de l'annonce, séparée par un filet vertical et sous la bannière d'autopromotion.

Emplacement du bouton Retour

Les internautes ont tendance à chercher le bouton *Retour* plutôt sur la gauche de l'écran. Ainsi, il se trouve aussi sur le parcours de leur souris lorsqu'ils se dirigent par réflexe vers le *Page précédente* du navigateur.

- Même si ce sont des liens publicitaires vers des partenaires, les liens connexes (comme les *Formations* liées au thèmes de l'annonce) sont intéressants et seront mieux acceptés que de la publicité classique, car plus utiles et peu intrusifs. Ils pourraient toutefois être présentés sous le formulaire de candidature ou dans la colonne de droite pour moins gêner l'internaute.

Fig. 24-2

Suite à l'envoi d'une candidature, le message de confirmation s'affiche directement dans la page.

25 CHALLENGES

http://www.challenges.fr

Challenges.fr est le site web du magazine *Challenges*. L'article est le lieu privilégié de la lecture, et souvent la destination du premier clic des internautes à partir de la page d'accueil.

Fig. 25-1

1 REDONNER DE LA PLACE À LA LECTURE

L'organisation visuelle de la page rend la lecture inconfortable, alors que c'est l'activité à privilégier sur un article en ligne. Trop d'éléments concurrencent le texte, essentiellement en raison de leur présentation. Au final, la page semble complexe, sans que ce soit dû à une surcharge d'éléments.

- Le début de page souffre tout particulièrement de ces choix d'interface. L'espace occupé par la photo et la palette d'outils ne laisse qu'une colonne de 165 pixels pour le début du texte. C'est trop peu : le changement fréquent de ligne demande un effort conséquent à l'internaute, sa lecture en ressort hachée.

L'interlignage trop peu important joue aussi un rôle dans le fait que la lecture sur cette page n'est pas agréable.

- Juste en dessous, les liens vers des *Articles liés* cannibalisent le contenu premier de la page. On renverse la hiérarchie des éléments : les zones complémentaires deviennent centrales, au détriment du texte.
- Tous les éléments hors texte sont mal intégrés, car aucun espace de respiration n'est fourni. Les gouttières sont bien trop réduites pour remplir correctement leur rôle : 5 pixels ne suffisent pas pour permettre à chaque espace d'exister sans concurrencer ses voisins. Cela produit un article étriqué, qui n'invite pas à la lecture.

Ni trop longues, ni trop courtes !
On dit souvent qu'il faut éviter les lignes de texte trop longues, mais il faut aussi éviter celles qui sont trop courtes !

Prenons l'exemple du cadre noir qui entoure l'article : sa simple présence produit une multiplication du nombre de gouttières, rendant difficile l'attribution d'une largeur acceptable pour ces dernières. Notons que sa couleur noire et sa largeur renforcent sa visibilité, alors que le rôle de de tels éléments est de tenir la structure d'un site, et non d'être vus.

2 DONNER UNE SUITE OU UNE ALTERNATIVE À LA LECTURE

De nombreuses possibilités sont offertes à l'internaute pour utiliser ou s'exprimer sur le contenu (avec la palette d'outils), ou en partir pour consulter d'autres articles, ce qui évite de faire de cette page une impasse.

- Les liens vers des *Articles liés* autorisent une navigation thématique et transversale qui fait toute la puissance du mode numérique. Ils parient sur l'intérêt de l'utilisateur pour des sujets connexes à celui qu'il est en train de consulter.
- De tels magazines peuvent aussi aisément parier sur un intérêt potentiel pour l'ensemble des sujets d'actualité. Dans cette optique, les raccourcis en bas de page vers les derniers articles de chaque rubrique sont eux aussi très utiles.
- Pourtant, la fin de la lecture de l'article, moment clé de l'interaction, est presque vide de propositions. Dans de nombreuses configurations d'écran, et selon la longueur de l'article, aucun des éléments cités n'apparaît directement à l'écran, si ce n'est la possibilité de réagir. Les liens vers les articles les *+ lus* en colonne de droite sont alors assez salvateurs, même si ce ne sont pas les plus pertinents pour la navigation transversale.

L'emplacement de la publicité séparant l'article du reste du bas de page est typique des sites de journaux en ligne, mais risque de faire butoir à une descente plus avancée de la page. Dommage, car sur le reste de la page, les espaces publicitaires sont bien cantonnés à des espaces dédiés, ce qui permet à l'internaute de les ignorer pendant l'activité de lecture.

26 PARUVENDU

http://www.paruvendu.fr

ParuVendu est le premier site français de petites annonces, proposant aussi bien des offres de particuliers que de professionnels dans des domaines diversifiés : auto-moto, immobilier, vacances, services, rencontres… Nous analysons ici une annonce « Animaux », qui présente une structure identique aux fiches des autres rubriques.

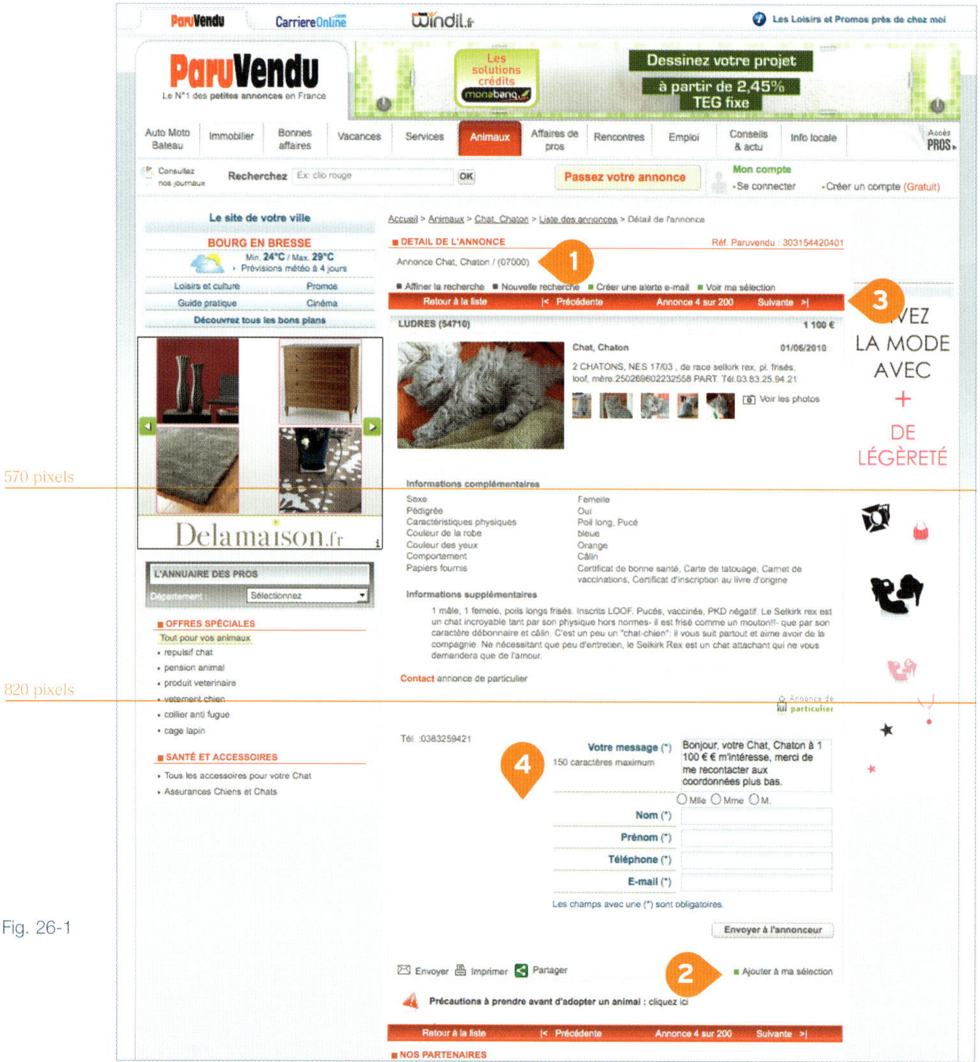

Fig. 26-1

1 LE CONTENU DOIT ÊTRE AFFECTÉ À UNE ZONE DÉDIÉE

- L'organisation de la page prête à confusion, car elle mélange des éléments hétérogènes fonctionnellement. On commence par des informations propres à l'annonce (titre, référence), suivies des outils de navigation, pour revenir au contenu de l'annonce plus bas dans la page.
  Effet possible, un repérage difficile de la référence de l'annonce, puisque la barre rouge de navigation semble signifier que la fiche annonce ne continue pas plus haut. Or on a souvent besoin de cette référence lorsqu'on est au téléphone avec l'annonceur, situation dans laquelle la rapidité de repérage de cette information est importante.
- Il faut donc regrouper d'un côté ce qui relève du détail de l'annonce, de l'autre, les outils de navigation vers d'autres annonces. Les affecter à des zones bien distinctes visuellement aura pour effet d'alléger la charge de travail liée au traitement mental de la page.

Sur cette page, le vrai contenu, dans la colonne centrale, a du mal à trouver sa place entre les colonnes de gauche et de droite. Même si le modèle économique peut nécessiter la présence d'espaces publicitaires, il est important qu'ils n'empiètent pas trop sur le contenu utile et laissent à ce dernier un espace suffisant pour exister. L'organisation et la distinction visuelle des différentes zones peut aussi aider à faire respirer ce contenu.

2 PRÉSENTER LA NAVIGATION ET LES ACTIONS EN FONCTION DE LEUR USAGE

- Avec la présentation actuelle, on risque de chercher les outils d'action sur une annonce (contacter, ajouter à ma sélection, imprimer…) dans le haut de page, pourtant réservé aux outils de navigation et de gestion de la recherche. C'est la localisation mais aussi le format affecté à cette zone qui incite à aller chercher les boutons d'action à cet endroit.
- Si l'annonce m'intéresse, je cherche à agir, alors que si elle ne m'intéresse pas, je cherche à en voir d'autres. Ces deux démarches sont complètement différentes, et doivent effectivement être localisées à des endroits distincts. La hiérarchie des actions doit être réfléchie en fonction des besoins de l'internaute. Par exemple, sur ce type de page, on a plus besoin d'*ajouter* que de *voir* sa sélection. Or, c'est ce dernier lien qui est le plus accessible, *Ajouter à ma sélection* étant situé à 1 130 pixels du haut de la page. D'ailleurs, *Voir ma sélection* est déjà disponible un peu plus haut dans la page, lorsque l'utilisateur est connecté à son compte, et cela suffit amplement.
- Proposer des liens *Précédente* et *Suivante* en plus du *Retour à la liste* est important, car cela facilite le parcours des annonces d'une même liste. Ici, cela manque un peu de substance : on pourrait afficher, au survol de ces liens, davantage d'informations sur l'annonce en question (titre, prix et éventuellement vignette de la photo principale).

Des pages vivantes

Dans cette configuration de page, *Ajouter à ma sélection* est situé à 1 130 pixels, mais il peut être plus ou moins bas en fonction de la hauteur du descriptif de l'annonce. Soyez toujours vigilant à la manière dont se comporteront vos pages en fonction de la variabilité des contenus, et placez les actions principales dans des endroits qui seront identiques quelle que soit la page.

Le titre *Détail de l'annonce* en haut de page pourrait être supprimé, car il est si générique qu'il n'apporte rien à l'internaute. Il faut privilégier pour les titres les éléments discriminants de la page, à savoir ici le véritable titre de l'annonce.

3 HIÉRARCHISER LES INFORMATIONS POUR OPTIMISER LA LISIBILITÉ DU CONTENU

L'affectation d'une couleur spécifique aux éléments de navigation dans la liste est un principe intéressant, puisqu'il permet de bien distinguer cette zone du reste de la page. Cependant, la couleur rouge fait qu'on ne voit plus que ça, au détriment des véritables contenus de l'annonce, notamment son titre et le prix, qui sont noyés dans la page. Or ce sont des éléments de référence, qui doivent sauter aux yeux et auraient donc plus de raisons d'être présentés en rouge.

4 RÉPONDRE À L'ANNONCE : TRÈS SIMPLE MAIS FOUILLIS

Un nombre d'actions réduit qui facilite la tâche de l'internaute

Pour aller encore plus loin, le champ *Votre message* pourrait être rendu optionnel, permettant une prise de contact de type « je déclare mon intérêt » ou « demander à être rappelé ».

- Le site facilite l'envoi d'une réponse à l'annonceur, en plaçant le formulaire de réponse directement en dessous de l'annonce. C'est une bonne idée, qui permet de simplifier la tâche, mais a aussi un grand pouvoir suggestif qui optimise le taux de réponse aux annonces.
- Préremplir le champ *Votre message* optimise encore le nombre d'actions à réaliser pour répondre rapidement à l'annonce. Malgré une expression qui peut sembler bancale, son contenu correspond à ce que la plupart des internautes entreraient dans le champ. Cependant, il faudrait accentuer le fait que ce champ est toujours éditable, en le laissant en blanc plutôt que légèrement grisé.

Fig. 26-2

- L'internaute disposant d'un compte et connecté n'a qu'un effort minimal à fournir pour répondre : s'il ne souhaite rien corriger, il a simplement à cliquer sur *Envoyer à l'annonceur* pour envoyer le message par défaut et ses coordonnées, récupérées des informations de son profil (Fig. 26-2).

Le formulaire doit être optimisé pour faciliter son appropriation

- Le titre *Contact annonce de particulier* pourrait être revu pour insister sur la zone qu'il définit. Le libellé peut ainsi devenir « Contacter l'annonceur », puisque la dimension *Annonce de particulier* est déjà présente juste en face, et le format agrandi pour mieux ressembler à un véritable titre de bloc. Cela soulève d'ailleurs le manque de hiérarchie dans les éléments textuels, qui sont quasi tous de taille identique.
- La zone du formulaire est chargée visuellement. Elle paraît désorganisée, notamment à cause de l'alignement des libellés de champs sur la droite. L'indication du numéro de téléphone est intéressante, mais flotte dans un espace vide, alors que ce numéro a déjà été fourni dans l'annonce, et qu'une mise en valeur plus forte suffirait à ne pas le répéter. Alléger la présentation du formulaire permettrait de mettre l'accent sur son titre et son bouton d'action.

Les parenthèses autour de l'astérisque sont inutiles et gênent la lecture.

- La zone de message est limitée à 150 caractères, mais on ne propose pas de décompte en temps réel afin que l'utilisateur sache où il en est. C'est un critère assez difficile à évaluer, qui demande beaucoup de ressources mentales. Le minimum serait d'afficher une zone par défaut correspondant effectivement à 150 caractères, car actuellement, la saisie du nombre maximal provoque l'affichage d'un ascenseur dans le champ (Fig. 26-2).

5 AJOUTER À MA SÉLECTION : UNE FONCTION À VALORISER

L'ajout à une sélection est essentiel sur un site d'annonces, mais n'est pas exploité à son maximum ici. Nous avons déjà vu que le bouton correspondant devrait être plus visible. De plus, si cette fonctionnalité a bien pour utilité d'obtenir un endroit de référence où retrouver toutes nos annonces favorites, elle doit aussi faciliter la navigation, et notamment le repérage des annonces déjà présentes dans la sélection.

Que ce soit dans la liste d'annonces ou dans les fiches de détail, rien n'indique à l'internaute qu'il a déjà une annonce dans sa sélection. On lui propose même encore, pour une annonce déjà sélectionnée, le bouton *Ajouter à ma sélection*, qui suite au clic, lance un message confirmant que l'annonce a bien été ajoutée !

27 VIAPRESSE

http://www.viapresse.com

Viapresse.com est un site d'achat de magazines et d'abonnements presse. Son catalogue étendu en fait le premier site sur le marché français, sur lequel les internautes peuvent consulter les fiches de plus de 4 000 magazines. Voici une de ces fiches.

> **Bien décrire son produit**
>
> Mieux décrire le produit optimisera votre taux de conversion, car cela permet de compenser le fait que sur Internet, il est difficile de se représenter l'article consulté : on ne peut pas toucher, sentir, apprécier le volume... Pour un magazine, les derniers numéros et leur sommaire sont à cet effet très efficaces !

Fig. 27-1

1 UNE FONCTION DE FEUILLETAGE UTILE, MAIS À OPTIMISER

« Feuilleter » permet de se rapprocher de l'objet réel

Très intéressante pour qui souhaite se renseigner sur le contenu d'un magazine, cette fonction peut largement optimiser le taux de transformation sur ce type de produits. En effet, elle autorise une vision proche de la réalité – il ne reste plus qu'à soupeser et à toucher le papier… La mise en page des contenus papier, très attractive, projette l'internaute dans la vraie vie (l'interface est analysée dans l'étude n° 44).

Pour être vue et utilisée par les internautes, la fonction doit être mieux valorisée grâce au libellé (par exemple, associer le *Feuilleter à 10 pages d'extrait de ce magazine*).

Le contenu de l'extrait doit être séduisant !

Si les dix pages sont exclusivement de la publicité, on a peu de chances de convaincre ! On risque une forte déception entraînant un effet Tiramisu, en dissuadant l'internaute qui serait peut-être passé à l'acte si cette fonctionnalité de *Feuilleter* ne lui avait pas été proposée.

Exploiter cette fonction pour mener à l'abonnement

Le feuilletage reprend l'interface du magazine disponible via l'abonnement numérique. Pourquoi pas, mais sur la fiche produit, l'internaute est encore en phase d'hésitation. Il faut donc favoriser la prise de décision au moment où il est séduit par ce qu'il voit en réinjectant des éléments persuasifs et des call-to-action orientés abonnement. On déconseille aussi l'ouverture en plein écran dans ce contexte.

Mettre en regard du nombre de pages d'extrait le nombre total de pages du magazine (et le rappeler suite à la dernière page) permettrait de limiter le sentiment de rupture après avoir feuilleté les dix pages : c'est très rapide à faire, et on se trouve un peu interdit à la fin, avec une impression de « ...et c'est tout ? ». Dans l'idéal, on recommande aussi de proposer davantage de pages d'extrait.

2 UNE NAVIGATION À CONTEXTUALISER DAVANTAGE

L'encart *Ils ont aimé* est intéressant, mais on devrait élargir ces possibilités de navigation thématiques en facilitant l'accès aux autres produits de la même rubrique ou en partageant des caractéristiques communes, plutôt que du catalogue entier, comme le fait aujourd'hui la colonne de gauche, identique sur toutes les pages.

3 LAISSER DE LA PLACE AU PRODUIT ET REVOIR LA PRÉSENTATION DES FORMULES

- La colonne centrale est étriquée, au détriment de la présentation du produit, qui mériterait d'être plus affirmée et aérée – en reportant les éléments de navigation génériques dans l'en-tête et/ou en exploitant davantage la colonne de droite –, ainsi qu'une plus grande photo (de la taille du zoom actuel qui s'affiche au survol de la couverture, par exemple).
- L'affichage des formules, prix et boutons d'action est peu attrayant, et paraît complexe avant même d'avoir essayé de le comprendre. Aucun prix principal ne se dégage, ce qui n'aide pas à comprendre rapidement l'offre, ni à optimiser le taux de transformation.

28 JOLIDRAGON

http://www.jolidragon.com

Jolidragon.com propose sur son site e-commerce des produits Eco-Design pour le quotidien et la famille. Les fiches produits du site font la part belle à ces gammes sans Bisphénol-A, écologiques, bio, en bois ou en matières recyclées, bref respectueuses de l'environnement et de notre santé.

Fig. 28-1

1 AIDER À LA DÉCISION D'ACHAT

Stock, expédition, livraison, délai : tout en un

L'information sur le stock est surtout intéressante dans l'encadré, notamment grâce aux informations qui l'accompagnent : *En stock chez Jolidragon. Commandé avant 12 h, expédié le jour même et chez vous en 48 h avec Colissimo* est une phrase choc, qui contient sans en avoir l'air de nombreuses clés de rassurance.

Les points forts analysés ici ne sont pas les services proposés, mais le fait que ces informations soient injectées pile au bon endroit pour faire mouche. La bonne information au bon moment !

Des points fidélité calculés en contexte

Ces informations précises sur ce que rapportera le programme de fidélisation en cas d'achat du produit pèseront dans la balance décisionnelle de l'internaute.

Des informations détaillées sur la marque

Fournir ces données suite au clic sur *Plus de détails* sans sortir de la fiche permet à l'internaute, s'il est convaincu par ce qu'il lit, de passer directement à l'acte. Les marques sur Jolidragon étant très qualitatives, on peut parier que la conversion suit !

2 FACILITER LES ACTIONS UTILISATEUR

Remonter le bouton Ajouter au panier au-dessus de 570 pixels

On peut aisément réorganiser la fiche pour le faire apparaître plus haut, car il se situe juste en dessous du seuil de scroll (ou ligne de flottaison). Cela peut d'ailleurs avoir pour effet qu'on essaye de cliquer sur le prix pour acheter.

Gestion des couleurs

Les couleurs sont présentées dans une liste déroulante, ce qui nécessite un clic pour les afficher (voir Fig. 28-2). Ce n'est pas tant l'effort nécessaire qui est dommageable que la perte d'effet suggestif : en voyant les différentes couleurs de manière nominale, l'une d'entre elles peut m'attirer alors que je n'aurais pas forcément cliqué sur la liste déroulante. En outre, il serait plus séduisant et juste de représenter la couleur elle-même en plus de son nom.

Ne pas afficher la liste si une seule couleur est disponible, car cela ressemble à une fausse promesse.

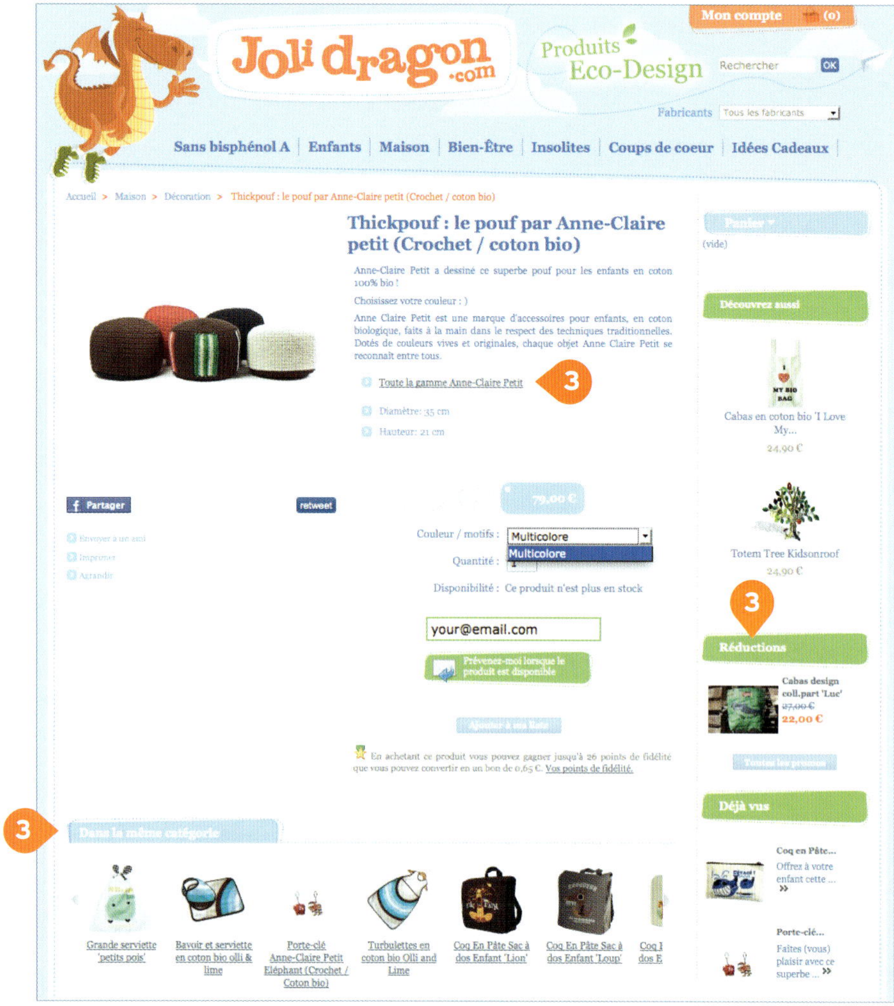

Fig. 28-2

Fiche produit avec un seul coloris et non disponible en stock

3 VOIR D'AUTRES PRODUITS

Cross-selling : dans la même catégorie

Des produits comparables sont placés en bas de page, proposant un relais intéressant si le visiteur n'est pas convaincu. En termes de format, il est appréciable que le dernier produit visible soit coupé, signe implicite que la liste continue. Par contre, on devrait éviter d'afficher le même produit que celui de la page courante (Fig. 28-1).

Toute la gamme : une très bonne navigation transversale

Toujours dans l'objectif de fournir d'autres idées à l'internaute, le diriger vers l'ensemble des produits de la marque est très intéressant, surtout sur un site qui propose des marques rares.

> Évitez de désouligner un lien au survol (comme sur le lien *toute la gamme Anne-Claire petit*), car l'effet produit semble contre-intuitif.

Une zone dédiée aux promotions pertinente sur *ce* site

Afficher des promotions transversales à tout le site n'est pas possible sur tous les sites. Il faut en effet parier sur le fait que l'ensemble de votre catalogue intéresse potentiellement vos internautes, au risque de les gêner avec des articles dont ils n'ont que faire.

Un historique des articles visités qui facilite la comparaison

La dernière façon de voir d'autres produits consiste à afficher les autres articles déjà vus, favorisant ainsi les actions de comparaison que les visiteurs d'un site e-commerce effectueront de toutes façons naturellement.

> Lorsqu'un produit n'est plus disponible, une alerte par e-mail est proposée. Une très bonne fonctionnalité, dont la pédagogie pourrait être optimisée, par exemple en écrivant en gris dans le champ de saisie : *Indiquez ici votre adresse e-mail.*

Partie 4
FORMULAIRES

CHALLENGES

FICHES DE LECTURE

LINVOSGES

SELOGER

THÉÂTRE DE L'ODÉON

EYROLLES

ALLOCINÉ

JOBINTREE

PRICEMINISTER

POTIRON

Le formulaire est un lieu d'action pour l'utilisateur, lui permettant de prendre la parole par comparaison avec les moments plus passifs de consommation d'informations. Sorti de ce constat, il s'avère que le formulaire est souvent vécu comme quelque chose de rébarbatif et laisse de ce fait beaucoup d'internautes sur le bas-côté. C'est qu'il est souvent un passage obligé, d'ordre logistique, qui n'est pas le moment le plus agréable dans la relation avec un site web.

Pour l'éditeur d'un site, il est pourtant souvent le nerf de la guerre : recueillir des adresses e-mail, des commandes, des réactions sur le site, des critères de recherche… Autant de données qui sous-tendent la réalisation d'objectifs stratégiques. Reste à tout mettre en œuvre dans l'ergonomie du formulaire pour que l'internaute comprenne ce qu'on lui demande, l'accepte et aille jusqu'au bout du processus. En voici un guide par l'exemple.

29 CHALLENGES

http://www.challenges.fr

Challenges.fr est le site web du magazine du même nom. Plus qu'une vitrine de la version papier, le site propose de vrais contenus organisés selon les thématiques chères à la ligne éditoriale de la marque. Chaque article peut être commenté par les internautes via un lien *Réagir*.

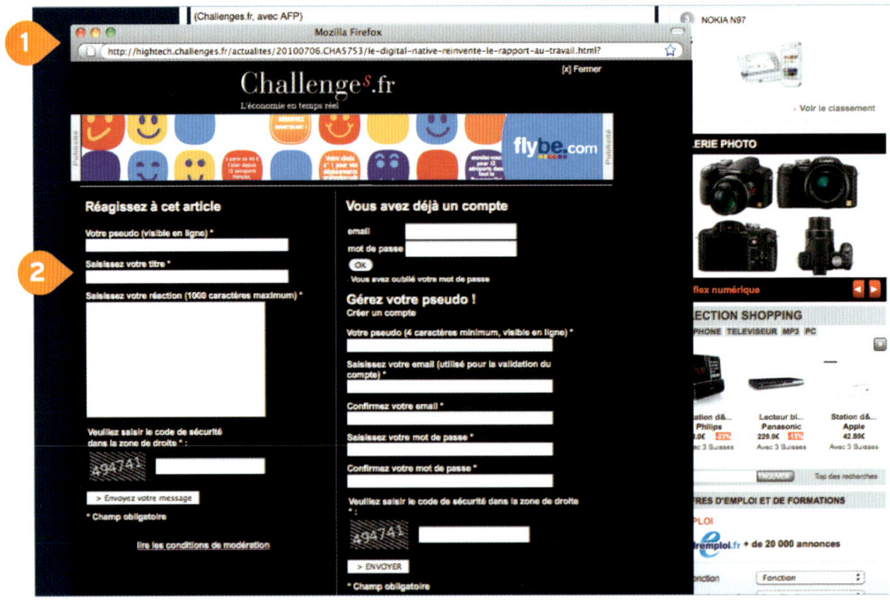

Fig. 29-1

1 UN FLUX D'INTERACTION QUI ROMPT LA SPONTANÉITÉ DE LA RÉACTION

Le parcours proposé n'est pas satisfaisant pour le scénario d'usage consistant à vouloir réagir sur un article du site.

- D'abord, au clic sur l'un des deux liens *Réagir* en haut de page article (voir étude n° 25), une ancre redirige l'internaute vers la zone de la page où se trouve le réel bouton d'action *Réagir à cet article*, le seul capable de lancer la fonction. Cela risque de faire penser à certains que le site ne fonctionne pas, et d'agacer les autres pour lesquels il peut paraître idiot de cliquer deux fois sur le même type de lien.

- Puis, si l'utilisateur comprend ce système, le formulaire de réaction s'affiche dans une nouvelle fenêtre. Au-delà de ce qui peut être ressenti comme étant un peu brutal, il est dommage de faire ainsi perdre à l'internaute son contexte de rédaction : pour réagir à un article, il est plus facile d'avoir ce dernier sous les yeux. Or le système de pop-up combiné avec le fait que l'internaute se situe dans la partie basse de page (puisqu'il a utilisé une ancre) ne facilite pas cette activité croisée de lecture et d'écriture.

2 LE CONTENU DE LA FENÊTRE RISQUE D'EFFRAYER L'INTERNAUTE

- Venant du site, la différence de présentation est brutale (voir le site dans l'étude n° 25), et ne peut être excusée par l'identité graphique de Challenges.fr, essentiellement basée sur le noir. Ici, le fond noir conjugué à des caractères blancs et gras et le nombre important de champs rendent l'ensemble peu agréable à visualiser.

Blanc sur noir : attention au contraste !

Le blanc sur fond noir n'est paradoxalement pas le contraste de couleurs le plus facile à lire ; bien que les deux couleurs soient effectivement très différentes, l'effet de vibration produit est peu agréable. Ici, il est quelque peu compensé par la graisse appliquée à la plupart des éléments textuels. Si on souhaite conserver un contraste négatif (caractères clairs sur fond foncé), il sera préférable d'opter pour un blanc très légèrement cassé et un fond gris très foncé plutôt que complètement noir.

- La quantité de champs a tendance à faire peur à l'ouverture de la fenêtre, même si l'analyse plus approfondie montre que l'ensemble n'est pas seulement destiné à l'envoi d'un message. Résultat, on dirait qu'on doit remplir les deux parties de la page ; or celle consacrée au compte utilisateur est susceptible de dissuader celui qui souhaitait simplement poster une réaction rapide. Dommage, car en réalité, il est très facile de poster un commentaire, même sans compte ! Du coup, on se demande même si cette colonne de droite est bien utile, car le formulaire pourrait simplement accueillir des liens permettant de déplier des champs complémentaires.

La ligne séparatrice des deux parties du formulaire ne suffit pas pour montrer à l'internaute que les deux espaces fonctionnent indépendamment.

- Second risque : pour un internaute disposant d'un compte, le sens de l'interaction n'est pas évident. S'il a déjà écrit son message, doit-il cliquer sur *Envoyez...* sans se connecter, ou entrer ses identifiants et cliquer sur *OK* au risque de perdre son message ?
- La publicité, acceptable sur le site, paraît illégitime ici, voire contraire à l'échange qui va se produire : l'internaute s'apprête à donner quelque chose au site, et peut donc revendiquer que, dans ce contexte, on puisse s'abstenir de le déranger avec des offres promotionnelles.

Fig. 29-2

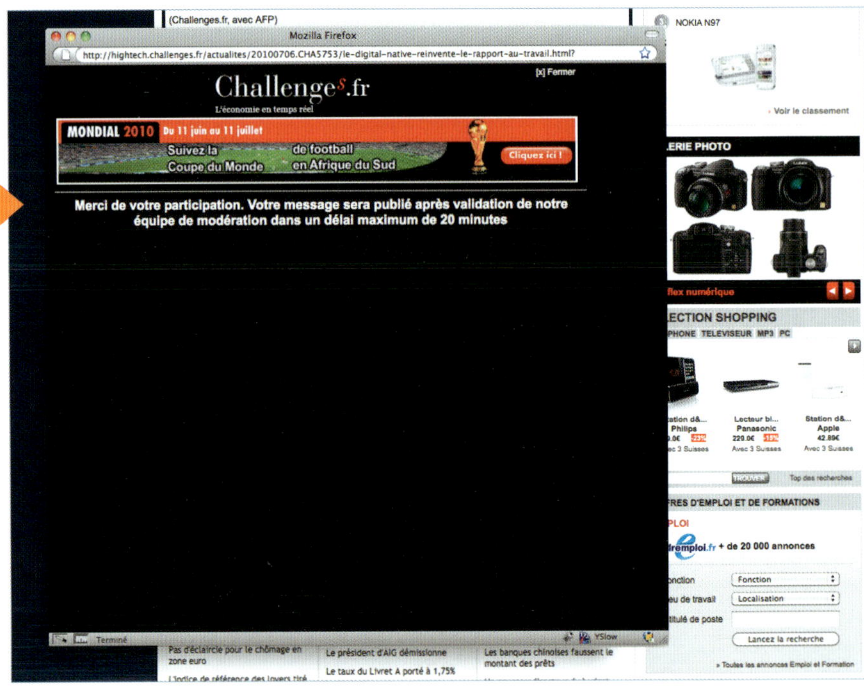

Fig. 29-3

3 AIDER L'INTERNAUTE À ÉCRIRE SON MESSAGE

- Le champ *Saisissez votre réaction* indique qu'il est limité à 1 000 caractères. Malgré un chiffre on ne peut plus précis, cette mention reste assez abstraite et il est difficile de savoir si on est au-dessus ou en dessous. Un feedback en temps réel est important pour que l'utilisateur puisse y adapter sa rédaction au fur et à mesure du décompte.
- Si on ne peut pas compter les caractères en temps réel, la taille du champ doit alors être adaptée à une saisie de 1 000 caractères sans ascenseur. Ici, un scroll apparaît dès qu'on entre plus de 300 caractères. Cela rend par ailleurs la tâche de relecture d'un message plus difficile pour l'utilisateur.
- Un test montre en fait que l'internaute peut envoyer un message de plus de 1 000 caractères et que ce dernier semble être pris en compte : on a le même message de confirmation que pour une saisie plus courte. Mais que se passe-t-il ensuite ? Il serait dommage que le message soit jeté par les modérateurs parce qu'il contient trop de caractères et que l'internaute ne s'en soit pas rendu compte, faute de message d'erreur.

L'une des raisons pour lesquelles il est difficile d'intégrer cette page sur le plan mental est le manque de visibilité des boutons d'action. Leur format n'est pas seul en cause : il faut aussi éviter de placer quelque chose en dessous, car ils n'apparaissent pas alors comme l'élément conclusif du formulaire.

4 SOIGNER LA FIN DE L'INTERACTION

Suite au clic sur *Envoyez votre message*, un écran de confirmation d'envoi apparaît dans la même fenêtre. Son contenu est intéressant, puisqu'il renseigne l'internaute sur le devenir de son message. Toutefois, c'est la seule utilité de cette fenêtre et, après l'avoir lue, l'utilisateur n'a pas d'autre choix que de la fermer. Cette étape semble donc inutile et alourdit le parcours sans réelle justification.

- Cet écran aurait plus d'utilité enrichi d'un bouton d'action *Retour à l'article* et/ou de liens vers les rubriques (notamment celle d'appartenance de l'article d'origine), la page d'accueil ou les articles les plus lus.
- Son existence même peut être remise en question : un simple bandeau informatif s'affichant dans la page article initiale suffirait, la fenêtre se fermant alors automatiquement, signifiant la fin de l'interaction.

30 FICHES DE LECTURE

http://www.fichesdelecture.com

Fichesdelecture.com propose une offre d'analyses littéraires rédigées par des professeurs de français ou rédacteurs diplômés en Littérature et Lettres modernes. Des résumés, fiches de lecture, commentaires composés et autres documents particulièrement utiles pour les élèves qui préparent le bac de français. Nous sommes ici sur le formulaire de commande.

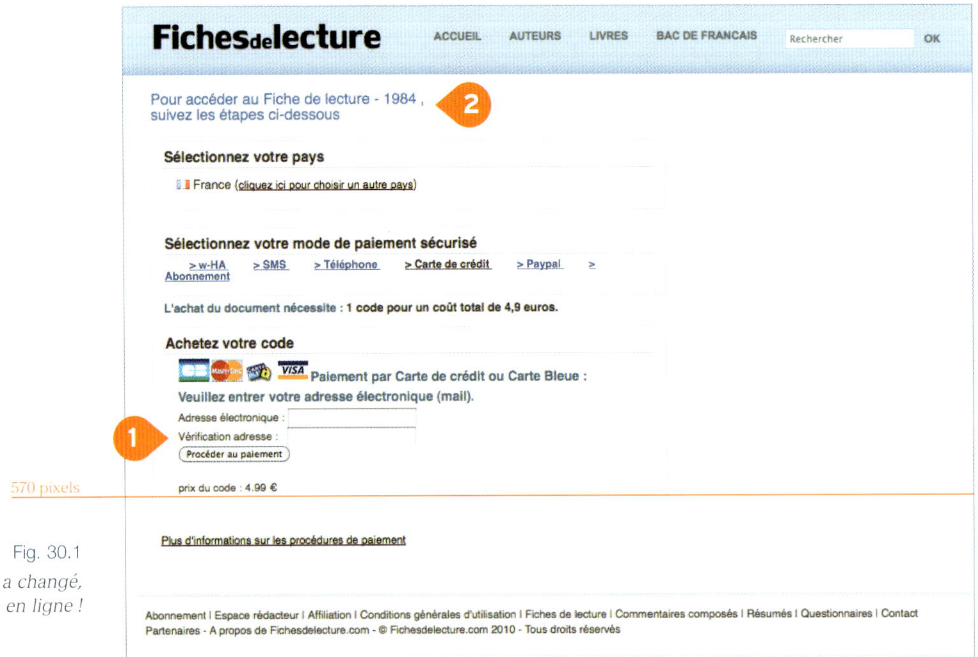

Fig. 30.1

Cette page web a changé, allez voir la différence en ligne !

@ www.fichedelecture.com

1 UN PROCESSUS D'ACHAT SIMPLE

Un achat à l'unité qui supprime la nécessité d'un panier

Le parcours client est allégé de l'étape du panier, de manière très pertinente pour ce type de site, dont les commandes sont très typées mono-produit.

Pas besoin de créer un compte client

Cela donne une page transactionnelle assez simple, où l'on demande uniquement l'adresse e-mail de l'acheteur et ses coordonnées bancaires (dans le cas où il règle par CB). La tâche de l'utilisateur est facilitée car les options les plus fréquentes sont sélectionnées par défaut : les seules actions nécessaires sont la saisie de l'e-mail, puis un clic sur le bouton.

On recommanderait cependant d'afficher l'option la plus fréquente (ici, le paiement par CB) en premier dans la liste, afin de faciliter son repérage en tant qu'élément coché par défaut.

La saisie de l'adresse e-mail peut être optimisée par des micro-modifications

- S'assurer que l'internaute comprenne bien pourquoi on lui demande son adresse e-mail évite qu'il refuse de la donner ou en saisisse une fausse. Il doit donc être rendu plus clair que c'est un des moyens par lequel il recevra son analyse littéraire.
- *Adresse électronique* est juste, mais n'est pas le terme conventionnel. L'intitulé *E-mail* permettrait d'éviter d'ajouter la précision (*mail*) et simplifierait le travail mental pour l'utilisateur. La phrase *Veuillez entrer*... a le même rôle que le label du champ correspondant. Elle peut être supprimée sans nuire à la compréhension de la page. On a tendance à vouloir expliquer aux internautes qu'ils doivent remplir les champs, alors que l'objet formulaire donne déjà implicitement cette consigne.
- Le terme *Vérification adresse* risque de ne pas être compris par tous. On pourrait le remplacer par « Saisir à nouveau votre e-mail ».

Expliquer la nécessité de la double saisie

Tous les internautes ne connaissent pas le procédé de la double saisie de l'e-mail ou du mot de passe, ou n'en comprennent pas l'intérêt. L'interface doit être explicite sur le comportement attendu, et fournir une explication à ceux qui en auraient besoin.

2 RASSURER L'INTERNAUTE QUI ENTAME UNE DÉMARCHE D'ACHAT

L'achat direct amène l'internaute sur cette page de manière brutale, juste après avoir cliqué sur *Accéder au document*. Il a besoin d'être rassuré : ce qu'il s'apprête à acheter correspond-il bien à ce qu'il a demandé ? Quelles étapes lui reste-t-il à effectuer avant de pouvoir télécharger le document ?

- Malheureusement, le document demandé est noyé dans le titre de la page et semble trop peu détaillé. De plus, le terme *Accéder* n'insiste pas assez sur la notion d'achat, et par conséquent de possession, qui justifierait pourtant mentalement l'intérêt de payer pour télécharger l'analyse littéraire.
- Les deux étapes devraient être plus clairement réparties en termes de zones à l'écran : d'abord l'e-mail, puis tout ce qui concerne le paiement (choix du mode, pictos de cartes bancaires et bouton d'action).
- Cette page est le premier endroit où l'utilisateur est informé du prix du produit. Or ce prix change selon le mode de paiement coché. De plus, ce prix est répété sous deux formes (avec ou sans centièmes), ce qui risque de décrédibiliser le site.

La notion de *code* complique la compréhension du processus et risque de faire fuir l'internaute qui souhaiterait simplement payer par CB. Elle est donc à réserver aux modes de paiement qui nécessitent réellement la saisie d'un code.

Par souci de transparence, les différents prix pourraient être affichés en permanence. Réorganiser l'interface permettrait en outre de n'afficher qu'une seule fois le prix.

31 LINVOSGES

http://www.linvosges.fr

Linvosges est un spécialiste de la vente à distance de linge de maison. Une des pages du site e-commerce permet aux internautes de commander le catalogue papier afin de pouvoir choisir leurs articles sur un média souvent considéré comme plus séduisant que le Web, même si ces deux supports présentent la même gamme.

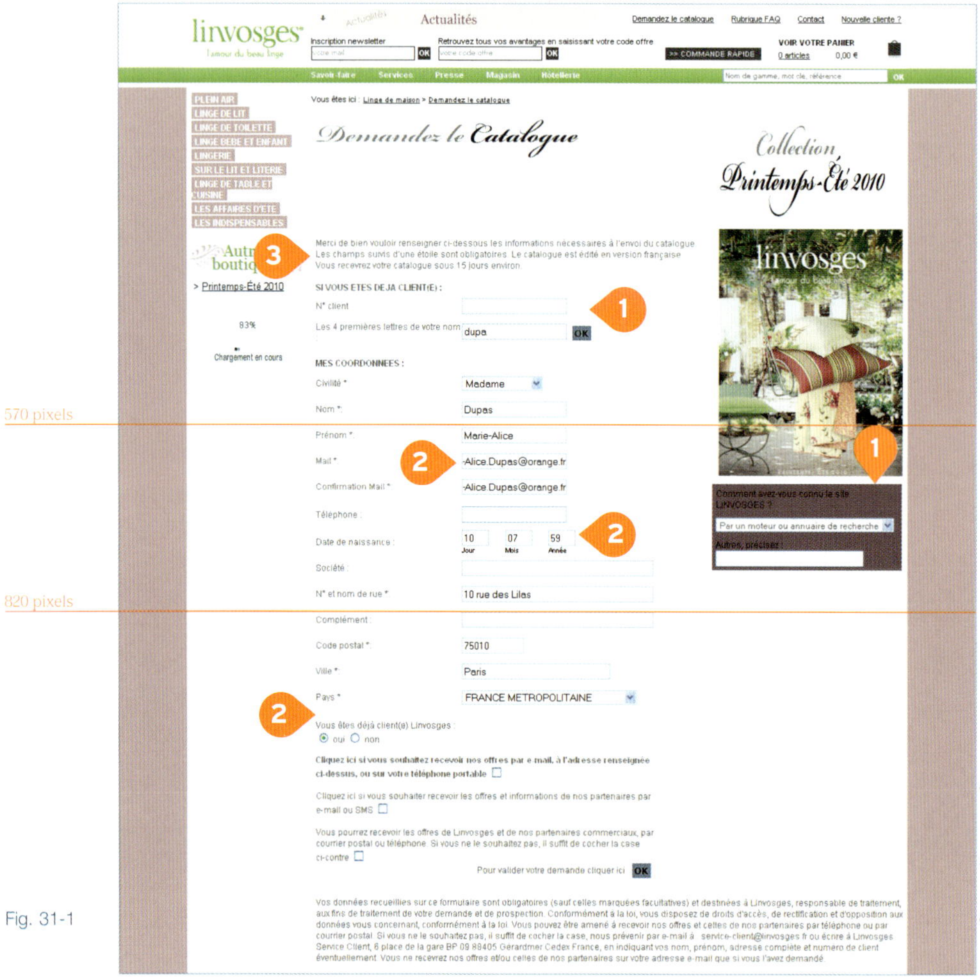

Fig. 31-1

© www.linvosges.fr

1 ORGANISATION GÉNÉRALE DU FORMULAIRE

Déjà client ou non : une question clé à optimiser

Une grande zone vide sépare le titre et l'introduction du formulaire. Il est dommage de ne pas profiter de cet espace, qui donne aussi l'impression que la page n'est pas tout à fait chargée.

- Le formulaire devrait être présenté de telle manière que, s'il est déjà client, l'internaute ne pense pas devoir remplir les champs du dessous. Ici, le fait que les deux groupes *Déjà client(e)* et *Mes coordonnées* soient directement l'un en dessous de l'autre provoque un réflexe de renseignement de l'ensemble du formulaire.
- On retrouve en bas du formulaire une question *Vous êtes déjà client(e) Linvosges*. Ce doublon ne fait que renforcer l'ambiguïté entre les deux zones du formulaire, et semble inutile : on a déjà implicitement posé la question à l'utilisateur au tout début de la page.

À la question *Vous êtes déjà client(e) Linvosges*, le bouton radio du milieu est aussi proche de *oui* que de *non*. Écarter les deux options selon la loi de proximité et les renommer de manière plus explicite clarifierait l'interface. En effet, dans l'absolu, *oui* et *non* ne veulent rien dire.

Alignement des éléments

- L'alignement à gauche des libellés de champ produit un espacement trop important entre le libellé et le champ, qui fait qu'il est difficile pour l'utilisateur de faire le lien entre les deux. Cette difficulté, si elle ne passe pas forcément le seuil de la conscience, contribue au sentiment d'inconfort pendant la tâche, à plus forte raison qu'elle se répète autant de fois qu'il y a de champs.
- Pourtant, c'est en général le type d'alignement que l'on recommande. Ici, l'espacement est produit par un seul libellé long, *Les 4 premières lettres de votre nom*, qui pousse tous les autres champs vers la droite. La première action serait donc de raccourcir ce titre et/ou d'effectuer un saut de ligne après le mot *lettres*.
- On pourrait aussi repenser la question en elle-même : écrire les quatre premières lettres de son nom nécessite en réalité plus de réflexion que simplement l'écrire en entier. Le système pourrait donc lui-même extraire ces lettres.

Les deux points qui suivent chaque label sont inutiles.

Alors que les recommandations précédentes ne traitent que l'ergonomie de surface, celle-ci commence à toucher l'ergonomie de fond.

Colonne de droite : quel est son rôle ?

Sous l'image du catalogue, une question vise à recueillir la provenance du visiteur. Son emplacement, complètement excentré du reste du formulaire et occulté par la photo du dessus, fait qu'elle risque d'être ignorée la plupart du temps ou, a minima, de susciter des interrogations sur son utilité.

La question est d'autant moins visible que les libellés sont illisibles. Noirs sur fond foncé, ils ont une différence de brillance avec le fond de 94 (alors que le minimum recommandé est de 125) et une différence de couleur de 290 (le minimum recommandé étant de 400, voire 500, selon les règles d'acceptabilité des contrastes de couleurs fond-caractère).

2 CHAQUE CHAMP COMPTE !

La taille des champs influence la saisie

Ici, la taille du champ est la plupart du temps adaptée à la longueur des données attendues, permettant à l'utilisateur de deviner le type de saisie qu'il doit effectuer. La perception de cette taille de champ aide inconsciemment à comprendre plus rapidement l'information demandée. Par exemple, le fait que le champ *Année* soit de la même taille que les champs *Jour* et *Mois* donne un indice du fait qu'on attend deux chiffres. Dans l'absolu, l'année devrait pouvoir être écrite en quatre chiffres, ou la légende être plus claire sur le format attendu (exemple : indiquer *Ex. 05/05/45*), même si dans tous les cas, le système n'accepte pas de saisie supérieure à deux caractères.

Faciliter les choix les plus fréquents

- Trois champs sont préremplis par défaut dans ce formulaire. Si cocher à l'avance *oui* à *Vous êtes déjà client(e) Linvosges* paraît peu pertinent, présélectionner *France Métropolitaine* a du sens, puisque cela évite à la plupart des internautes de modifier ce champ.
- Dans le cas de la civilité, afficher les autres choix que *Madame* sous forme de boutons radio faciliterait leur sélection. En outre, c'est un format qui se rapproche plus de celui rencontré en général sur papier.

On peut expliquer la taille trop petite du champ e-mail par la volonté d'obtenir un formulaire à l'allure organisée, les champs 2 à 5 ayant tous la même taille. Toutefois, on peut s'approcher du même effet en allongeant les champs *Nom* et *Prénom*.

E-mail, le nerf de la guerre

- Au vu de l'importance de recueillir des adresses e-mail correctes, il est important de veiller tout particulièrement à faciliter leur saisie. Ici, le champ e-mail est trop court. Bien sûr, le système accepte des saisies plus longues que la taille du champ affichée, mais cela obligera les utilisateurs à revenir au début du champ s'ils souhaitent vérifier leur saisie (voir Fig. 31-1).

- Il n'est pas évident que tout le monde comprenne le champ *Confirmation mail*. Ce dernier gagnerait donc à être réécrit (*Saisir à nouveau votre adresse e-mail* ou même simplement *Confirmer votre adresse e-mail*, le verbe ayant une valeur signifiante plus forte), mais aussi à bénéficier d'une légende (affichée soit de manière nominale, soit au survol ou au clic sur une icône, selon le niveau d'expertise de la cible). De plus, on préférera le label *Votre adresse e-mail* plutôt que simplement *Mail*.

Champs d'inscription

Trois inscriptions différentes sont proposées à l'internaute en bas de formulaire. Il faut lire attentivement pour saisir la différence entre les trois. On peut se sentir manipulé lorsqu'on comprend que si on ne souhaite recevoir aucune offre, il ne faut pas cocher les deux premières cases et cocher la dernière, contrairement à ce que laisse entendre le début de son intitulé.

Il est préférable d'être le plus clair et transparent possible, et de valoriser ses avantages pour convaincre l'utilisateur de s'inscrire (exemple : Qu'est-ce que sont ces offres ? Vais-je pouvoir recevoir des promotions exclusives, des bons de réduction, des accès privilégiés aux nouvelles collections ?).

3 GESTION DES CHAMPS OBLIGATOIRES

Dans un formulaire, il est primordial d'indiquer quels sont les champs obligatoires, de légender le code utilisé si besoin, et de rendre cette légende suffisamment visible.

- L'astérisque utilisé derrière chaque libellé correspondant à un champ obligatoire est la forme la plus utilisée, une convention que la plupart des internautes comprennent sans lire la légende. L'astérisque pourrait toutefois être affiché en couleur pour être repéré plus rapidement.
- La légende est affichée, mais quasi invisible, cachée dans le paragraphe d'introduction. Pour la voir, il faut donc lire attentivement ce texte, ce qui sera rarement le cas, les utilisateurs ayant tendance à se précipiter sur les champs pour remplir le formulaire. On doit donc lui réserver un emplacement spécifique.

Le bouton d'action du formulaire pourrait être revu : surface cliquable plus grande, libellé plus lisible et explicite (*Envoyer, Demander le catalogue...*), format de bouton plus clairement identifiable. Cela permettrait aussi de supprimer la phrase *Pour valider votre demande cliquer ici*.

Regrouper les champs obligatoires

Lorsque c'est possible, on essaie de rassembler les champs obligatoires dans le même groupe. Ainsi, le travail de l'utilisateur est facilité.

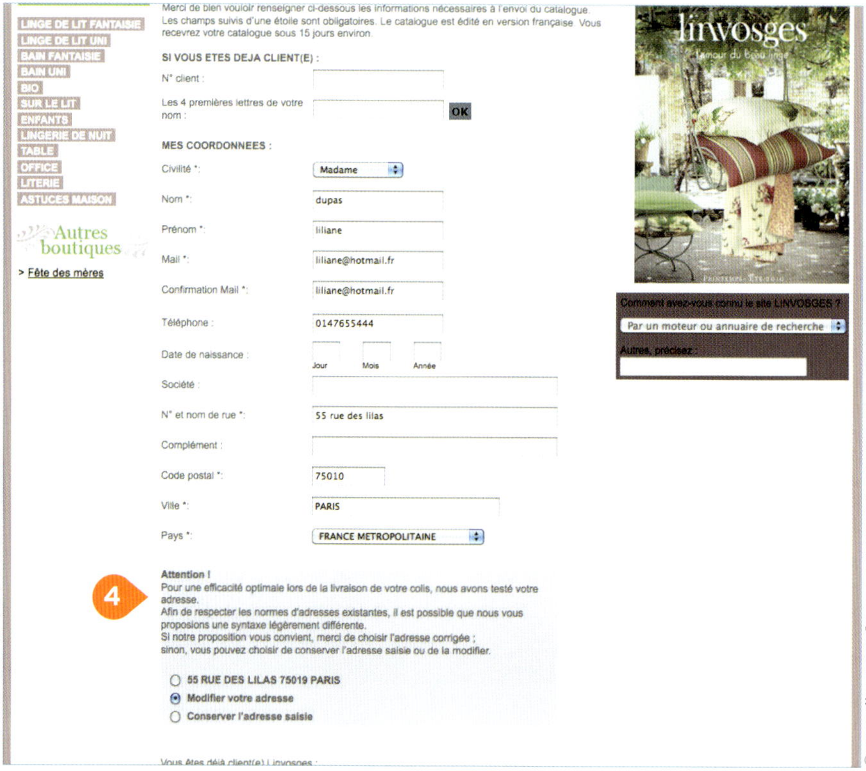

Fig. 31-2

4 FORMATAGE DES ADRESSES

Pour s'assurer que les envois arrivent à bon port, le système valide les adresses postales selon les normes du transporteur. Lorsqu'il ne reconnaît pas une adresse, un message s'affiche. Si l'adresse proposée et *Conserver l'adresse saisie* sont assez clairs, la procédure à suivre pour *Modifier votre adresse* n'est pas évidente.

Le premier réflexe consiste à cocher le bouton radio, et à attendre l'affichage d'un champ supplémentaire pour modifier. Quand rien ne se passe, on a alors tendance à valider le formulaire, en espérant une étape ultérieure. En fait, il faut cocher le bouton radio, modifier le champ initial, puis cliquer sur *OK*. Pour faciliter la compréhension de cette étape, il faudrait proposer un nouveau champ en correspondance avec le message.

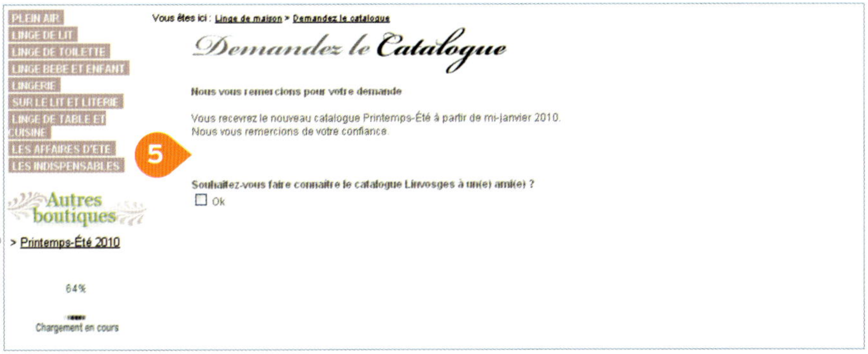

Fig. 31-3

5 PAGE DE CONFIRMATION : À NE PAS NÉGLIGER

- L'écran de confirmation suite à l'envoi d'un formulaire contribue aussi à la satisfaction utilisateur. Ici, on informe l'internaute qu'il recevra son catalogue à partir de mi-janvier, alors que le formulaire évoquait un envoi sous quinze jours. Pour une demande faite en juin, cela décrédibilise le site.
- Un procédé intéressant sur de telles pages consiste à proposer quelque chose d'autre à l'internaute. Ici, on lui demande s'il souhaite faire connaître le catalogue à quelqu'un d'autre. En termes fonctionnels, c'est une bonne idée. Choisir une case à cocher semble cependant incongru, et l'interface qui en résulte est peu incitative.

On pourrait aussi proposer de naviguer dans le site : lien vers l'accueil, accès direct aux rubriques, mise en avant de promotions... Les afficher directement dans la page suite au message de confirmation peut leur donner un pouvoir suggestif plus fort que s'ils sont simplement proposés dans les espaces de navigation conventionnels.

32 SELOGER

http://www.seloger.com

Premier site français d'annonces immobilières, SeLoger.com propose une page d'accueil centrée autour de son outil principal : le formulaire de recherche dans l'ensemble de ses annonces.

Fig. 32-1

En mars 2010, dix participants ont été confrontés à cette page avec pour consigne de montrer et dire ce qu'ils feraient s'ils étaient chez eux. Les données de ce test utilisateur sont utilisées ici pour compléter l'analyse experte.

SCÉNARIO : « Imaginons que vous cherchez un appartement avec votre conjoint à Paris. Votre budget maximal est de 950 €. Vous décidez d'aller sur SeLoger.com parce que, par exemple, vous avez vu une pub dans le métro. On va faire comme si vous étiez chez vous et que vous regardiez si vous trouvez quelque chose qui correspondrait à vos besoins. »

1 UNE BONNE ORGANISATION VISUELLE, MAIS À PARFAIRE

Un petit nombre de champs rend le formulaire intelligible

Seuls les quatre critères les plus importants dans une recherche de bien immobilier apparaissent ici, la plupart des autres critères étant présentés dans une page de recherche avancée et dans la page de résultats. Le petit nombre de champs et leur bonne organisation permettent dès les premières secondes des comportements oculaires bien cadrés et une découverte progressive de la stricte zone du formulaire (Fig. 32-2).

> **Moins on en met, plus c'est facile**
>
> De manière arithmétique, moins on met d'éléments sur une page web, moins cette dernière est difficile à appréhender mentalement. Lorsque l'on s'efforce de simplifier l'ergonomie des pages, un travail de concision et de sélection est souvent nécessaire pour supprimer certains éléments. Le plus difficile reste bien sûr d'obtenir un bon équilibre...

Des aides pour guider l'utilisateur dans sa saisie

- Les aides à la saisie placées directement dans les champs permettent d'économiser de l'espace à l'écran. Ces légendes (*en m²* et *en €*) étant de taille réduite, on voit toujours bien se dessiner la forme du champ. Attention, cela ne peut fonctionner que si la légende disparaît au clic dans le champ et s'il y a peu de risques que l'internaute en ait de nouveau besoin.
- Une bonne hiérarchie visuelle permet de guider l'utilisateur dans sa saisie : le champ *Localisation* est plus gras avec une zone de saisie plus grande que pour les champs *Budget* et *Superficie*. De manière complémentaire, *Affiner* permet de supposer que les champs correspondants sont optionnels. Suivi d'un point d'interrogation, il serait encore plus efficace.

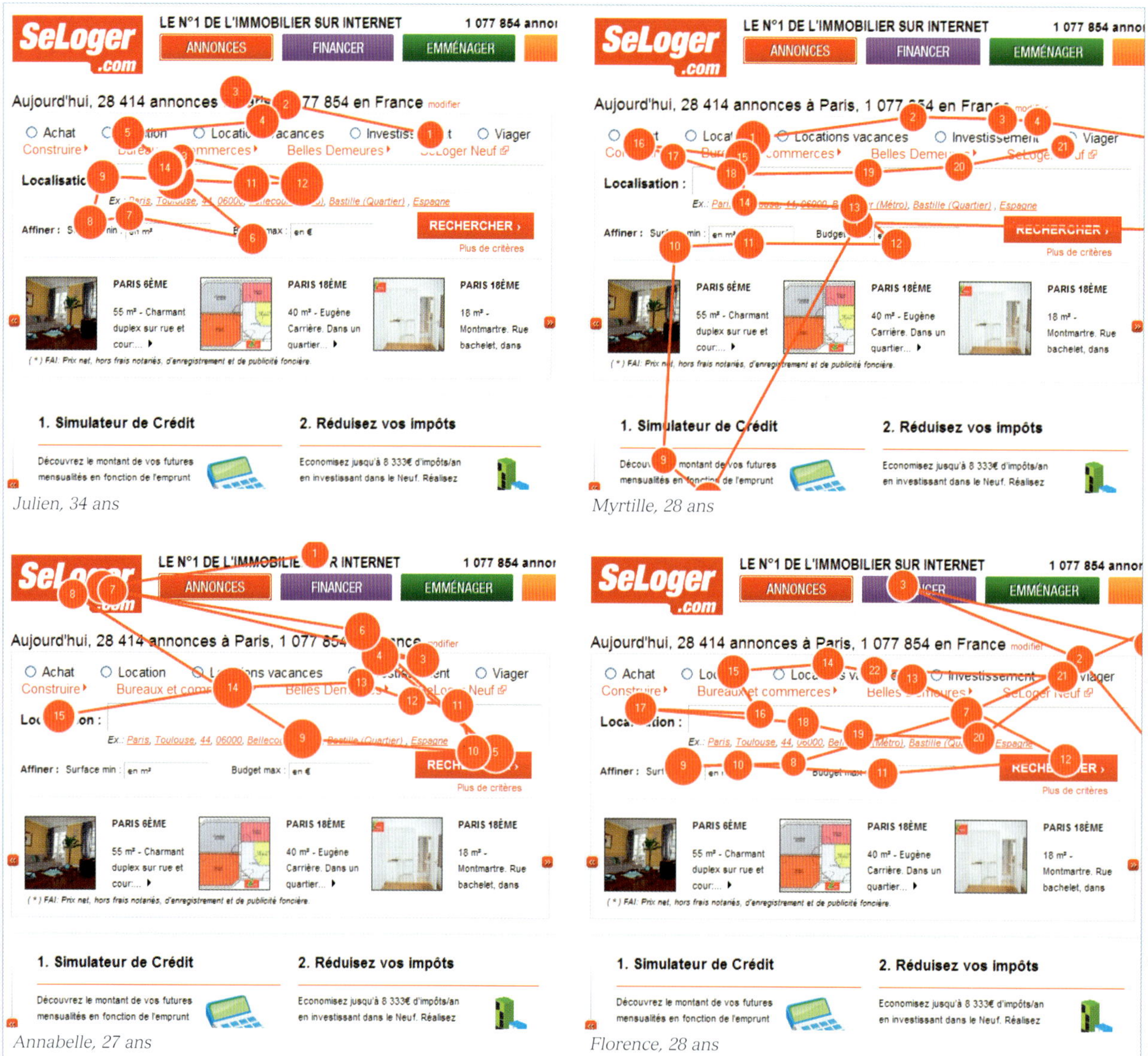

Retrouvez ces images en grand sur www.ergonomie-web-illustree.com !

Fig. 32-2

Parcours oculaires individuels de 4 participants, 5 premières secondes

Un ordonnancement des champs contre-intuitif

Les lignes *Achat, Location...* et *Construire, Bureaux et Commerces*... devraient être interchangées. En effet, la deuxième ligne, dont les liens renvoient vers une autre page, vient se positionner comme un intrus entre deux éléments qui entretiennent, eux, un rapport fonctionnel (la ligne de boutons radio et le champ *Localisation*).
Cela a pour effet que 4 participants sur 10 ne se rendent compte qu'après avoir effectué une autre action (clic dans le champ de localisation, saisie de la localisation ou saisie de tous les autres champs) qu'il faut sélectionner un type d'annonces.

Des mises en avant qui doivent être différenciées du formulaire

Les exemples d'annonces situés directement sous le formulaire sont intéressants car ils réaffirment la vocation « immobilier » du site. Ils sont très peu regardés par les utilisateurs, qui se concentrent sur leur tâche de recherche. Ils pourraient donc être séparés du formulaire de manière plus marquée afin de bien faire la différence entre la zone transactionnelle et la zone de contenu.

2 UNE COULEUR ROUGE TRÈS VOYANTE, À RÉSERVER AUX ÉLÉMENTS PRIMAIRES

- Le bouton *Rechercher*, très saillant visuellement, structure la zone du formulaire autour de l'action finale à effectuer. On voit une fixation nette des internautes sur cet élément dans les premières secondes d'appropriation de la page (Fig. 32-3).
- Ce bouton est rouge, et cette couleur est reprise pour tous les liens cliquables de cette zone.

Cette cohérence est normalement recommandée, puisqu'elle permet à l'utilisateur de repérer rapidement ce qui est cliquable et ce qui ne l'est pas.

- Mais si la couleur rouge est très adaptée au bouton d'action principal, elle est ici plus discutable sur les autres liens, car elle met naturellement en avant des éléments qui sont secondaires dans le modèle d'interaction le plus fréquent (exemples de renseignement du champ localisation, noms des autres rubriques ou sites du groupe).

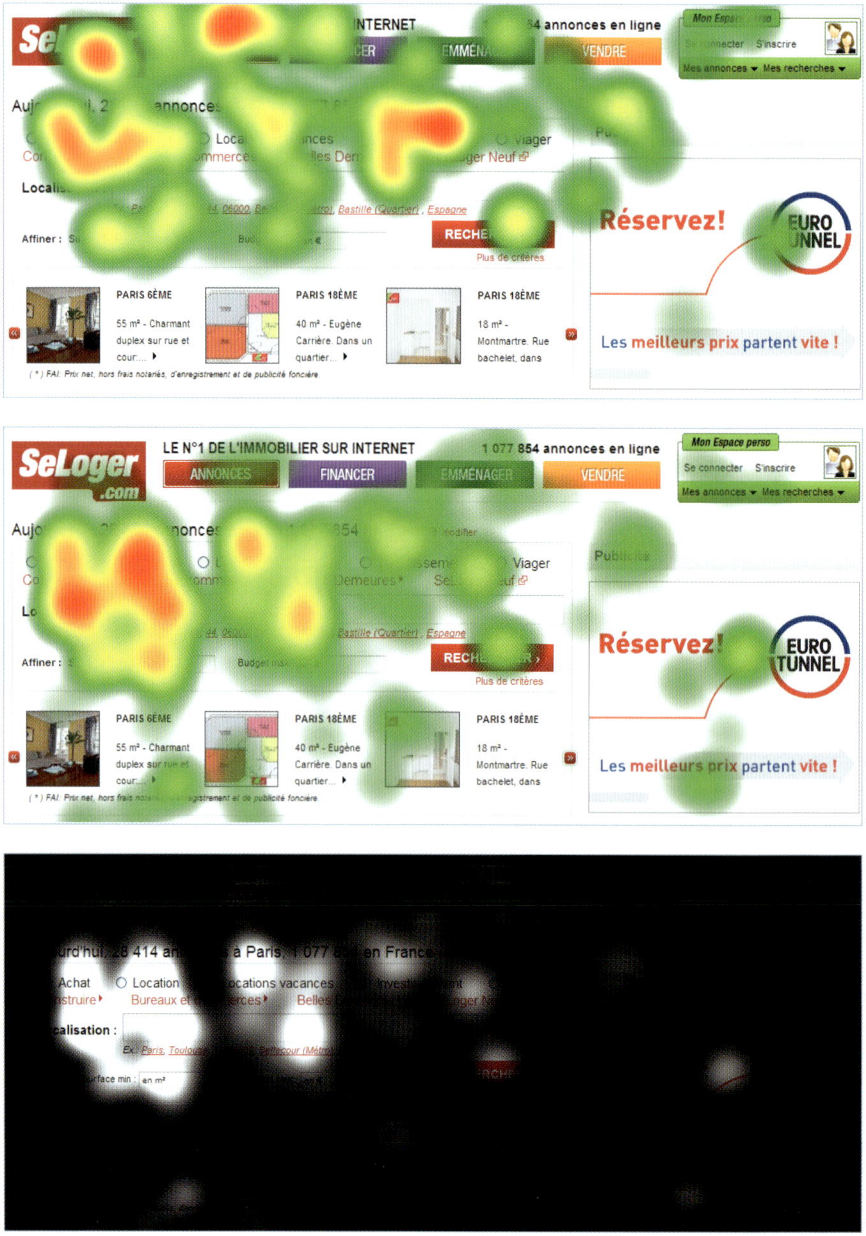

Fig. 32-3

Carte de chaleur des 10 participants confondus, 2 premières secondes (durée absolue) ; carte de chaleur et carte d'occultation des 10 participants confondus, de la première seconde aux 5 premières secondes (durée absolue). (Éliminer la première seconde permet d'observer plus attentivement la zone du formulaire en tant que telle.)

Retrouvez ces images en grand sur sur www.ergonomie-web-illustree.com !

3 UNE SAISIE PRÉDICTIVE À AMÉLIORER

Fig. 32-4
Système de saisie prédictive suite aux premiers caractères saisis par l'internaute

Un système de saisie prédictive est prévu pour le champ *Localisation*. Il a deux avantages principaux : simplifier la tâche de saisie au clavier pour l'utilisateur, et éviter toute erreur de saisie menant à des résultats erronés. Cependant, son fonctionnement actuel pose souvent des soucis aux utilisateurs.

- Le système ne propose pas toujours un résultat qui corresponde à la saisie de l'internaute, surtout pour ceux qui saisissent plusieurs choix (par exemple, aucune proposition n'est fournie pour 75002 en second choix). Cette défaillance technique est à même de décevoir l'internaute.
- 3 participants sur 10 ont été bloqués car, aucune réponse ne leur convenant dans la liste, les champs *Surface* et *Budget* restaient cachés et inaccessibles, même après de nombreux clics d'essai. Paradoxalement, ce ne sont pas forcément les moins experts qui se retrouvent coincés, puisque ceux-là ont été jusqu'à saisir plusieurs choix en les séparant par des virgules.

  Myrtille, 28 ans, a saisi *Paris 75009, 75007*, puis veut saisir la surface, mais est coincée par le menu qui ne s'est pas replié car elle n'a cliqué sur rien : *« Ah ! Il n'existe que Paris, enfin que… A priori, de ce que je comprends là, ça veut dire qu'il n'accepte qu'un… Bon ben je verrai si je peux affiner après. »* Elle clique sur le choix *Paris (75)*.
  Didier, 44 ans, sélectionne *Paris 1er (75001)*, puis saisit 75002 avec une virgule devant, essaie de sélectionner parmi les propositions, mais aucune ne correspond (le menu reste affiché…) : *« Je vais lui dire que je veux une location, et puis que…* [Il essaie d'atteindre les champs cachés, mais n'arrive pas à désafficher le menu.] *Je l'ai coincé, là.* [Il presse Echap sur le clavier.] *Le menu est resté bloqué devant donc… je vais quand même essayer de passer outre, mais j'aimerais bien lui donner… Il doit y avoir le prix…* [Il n'arrive pas à désafficher le menu.] *Bon, je vais aller chercher plus de critères alors. »*

33 THÉÂTRE DE L'ODÉON

http://www.theatre-odeon.fr

La réservation en ligne des spectacles de l'Odéon se déroule en dehors du contexte du site du théâtre, car elle est conçue sur la base du système Satori Online. Suite au clic sur *Réserver*, une nouvelle fenêtre s'ouvre, et un en-tête de page personnalisé nous rappelle que l'on est bien à l'Odéon.

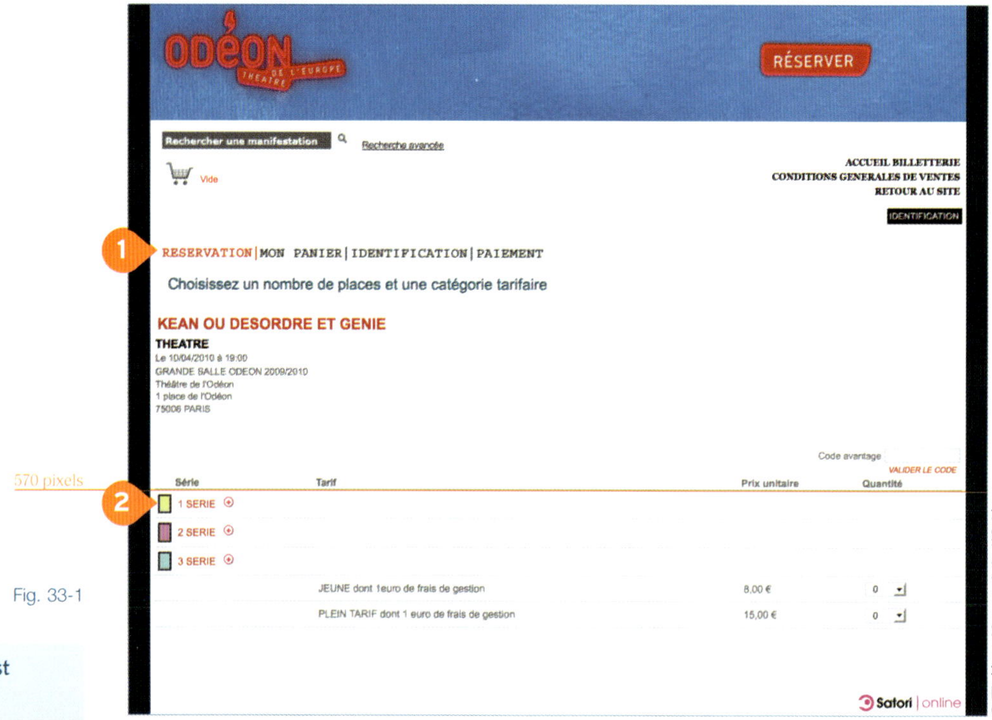

Fig. 33-1

Un lien *retour au site* est présent avec 3 autres items sur la droite de l'écran. Il gagnerait à être déplacé dans l'en-tête et traité de manière plus forte visuellement, afin de réaffirmer le rôle de chacun des deux espaces : site et système de réservation en ligne.

1 UN CHEMIN DE PROGRESSION QUI GUIDE L'INTERNAUTE

- Une fois que le visiteur a choisi une pièce et une date, il arrive sur cet écran, où un chemin de progression lui indique où il se trouve et les étapes restantes. Cet élément est utile et remplit son rôle, mais pourrait être amélioré.

- Du fait de l'absence de lien *Retour*, le chemin pourrait intégrer les étapes précédentes. Autrement dit, l'étape *Réservation* pourrait être scindée en : *Manifestation*, *Dates* et *Places*. Cette recommandation permet de prendre en compte les comportements d'allers-retours entre ces pages, fréquemment observés sur les sites de réservation en ligne. Cela n'empêche toutefois pas d'ajouter un lien pour revenir à l'étape précédente.

Les éléments de ce chemin sont trop proches les uns des autres pour être rapidement distingués. Ils semblent presque former une phrase. Pour optimiser sa présentation, on peut augmenter la distance entre les mots, voire remplacer les séparateurs verticaux par des éléments suggérant la progression (flèches, signe supérieur à…).

2 PRENDRE EN COMPTE LES COMPORTEMENTS TYPIQUES ET LES ATTENTES DES INTERNAUTES

L'organisation visuelle doit privilégier l'action principale

Les espaces fonctionnels utiles ne commencent pas avant 570 pixels. C'est dommage, car si l'internaute se trouve sur cette page, c'est qu'il souhaite forcément réserver. Proposer le choix des places plus haut, c'est aussi lui donner implicitement plus d'importance. Cela influera donc sur la perception de logique qu'on aura en arrivant sur la page.

Comment faciliter le choix d'une place ?

- L'internaute doit ouvrir les différentes séries pour voir les types de places disponibles. Cette étape pourrait être supprimée en ouvrant le détail des séries dès le chargement de la page. Cela faciliterait aussi le travail de comparaison de prix entre les séries.
- Il peut être difficile de choisir entre les trois séries proposées si on ne connaît pas le classement pratiqué dans la salle. La signification de la couleur reste aussi mystérieuse. Proposer un lien d'explicitation de chacune des séries (par exemple, en visualisant le plan de salle), permettrait d'y remédier. Certes, dans le panier, un bouton *Voir ma place* permet de situer la place attribuée dans le plan de salle. Or si cette fonctionnalité tient parfaitement compte des attentes des utilisateurs, elle arrive trop tard.

En termes de micro-utilité, rien n'aide à répondre à un cas d'utilisation fréquent de type « Je veux voir cette pièce, je suis disponible à toutes les dates proposées, mais je veux être en Série 1 ». Dans l'idéal, les étapes de dates et de places devraient être couplées afin de faciliter le travail du spectateur.

L'idéal serait de proposer un réel placement en ligne, ou de montrer les places attribuables dès cette page. À défaut, dire à l'internaute qu'il verra dans l'étape suivante la place attribuée dans la salle peut le convaincre de poursuivre.

Expliciter qu'une série est complète

Quand il ne reste plus de place disponible dans une série, rien ne se passe si on clique sur le pictogramme +. Après plusieurs clics infructueux, l'internaute risque de penser que le site ne fonctionne pas. C'est seulement en essayant une autre série disponible qu'il a une chance de comprendre ce qui se passe. Il faut donc absolument le prévenir en amont qu'il ne reste plus de place dans cette série (avec un format grisé et/ou une légende textuelle), évitant ainsi qu'il soit déçu après avoir espéré pouvoir y réserver une place en voyant le nom de la série affiché comme les autres.

34 EYROLLES

http://www.eyrolles.com

Eyrolles.com est le site de vente en ligne de la librairie Eyrolles, située boulevard Saint-Germain à Paris. Il propose un catalogue de livres qui ne se résume pas aux livres professionnels et techniques produits par les éditions du même nom. L'internaute arrive sur cette page après avoir cliqué sur le bouton *Ajouter au panier* d'une fiche produit.

Imaginons le scénario d'un internaute qui vient d'ajouter à son panier un livre sur le thème de l'aménagement d'une cuisine. Il peut alors terminer sa commande ou consulter d'autres articles susceptibles de l'intéresser (c'est d'autant plus vrai sur ce site qu'on arrive dans le panier à chaque nouvel ajout d'article). Dans les deux cas, cette page ne répond que partiellement au besoin de l'utilisateur.

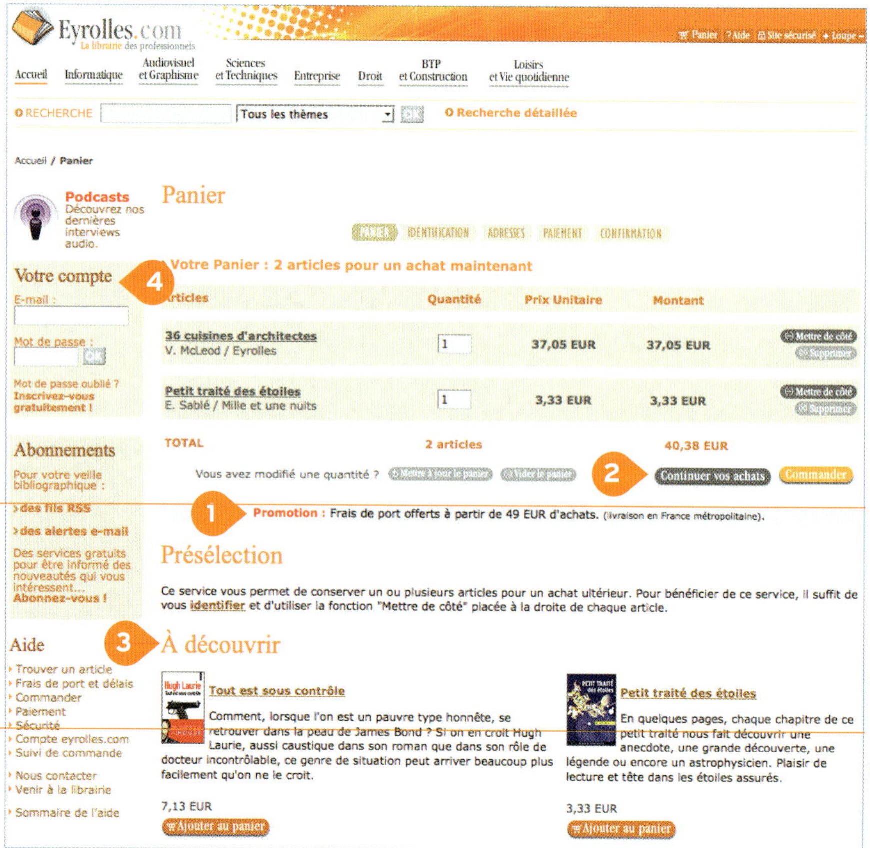

Fig. 34-1

Ce site a changé, allez voir la différence en ligne !

1 L'INFORMATION SUR LES FRAIS DE PORT EST INDISPENSABLE

- La première chose que souhaitera voir notre internaute avant de terminer sa commande est le montant total de cette dernière, c'est-à-dire incluant les frais de port. Ici, rien n'indique à combien ils vont s'élever.
- En dessous du panier, une phrase indique *Frais de port offerts à partir de 49 EUR d'achats*, mais elle ne fait finalement que soulever une autre question : que se passe-t-il dans mon cas où le montant est inférieur à 49 € ? C'est une information que la plupart des internautes chercheront de toutes façons. Si on ne l'indique pas directement ici, on aurait au moins pu prévoir que cette phrase soit cliquable et affiche les informations détaillées sur les frais de livraison.
- En explorant la page attentivement, on peut voir un lien *Frais de port et délais* dans la colonne de gauche. Cependant, un clic sur ce lien nous emmène sur une autre page. C'est un point de fuite important, et il faut éviter de faire sortir l'internaute de son parcours d'achat, de telles informations pouvant largement être présentées de manière contextuelle, par exemple dans une fenêtre flottante.

Grâce au chemin de navigation en haut de page, on indique bien à l'utilisateur où il se trouve dans le processus de commande : l'étape où il se trouve et celles qui lui restent à accomplir.

2 CONTINUER VOS ACHATS

Proposer d'autres destinations que le même produit

Le bouton *Continuer vos achats* est une des possibilités pour voir d'autres articles. Il est intéressant que, suite au clic sur ce bouton, on renvoie l'utilisateur sur la page d'accueil du site, et non sur la fiche produit, comme dans beaucoup de sites e-commerce français. On pourrait toutefois être plus attentif à ses intérêts en le renvoyant vers le rayon précédemment consulté, ou lui laisser le choix d'une de ces destinations à partir de la page *Panier*.

Pourquoi ne pas renvoyer sur la fiche produit avec *Continuer mes achats* ?
Parce que cela a vraiment très peu de sens. Mettons-nous en situation : vous venez de passer de longues minutes à lire une fiche produit dans tous les sens, pour finalement vous décider et l'ajouter au panier. En cliquant sur *Continuer vos achats*, le site vous renvoie sur... la même fiche produit. La belle affaire ! Vous la connaissez déjà par cœur, et tout cela ressemble presque à un cercle vicieux, qui ne vous guide en rien dans la découverte d'autres produits pouvant vous plaire.

Un libellé qui doit coller au sens de l'action

Le libellé de ce bouton peut être amélioré car il est ambigu : l'utilisateur se trouvant dans le panier peut tout à fait penser que *Continuer vos achats* va lui permettre de poursuivre sa commande. En effet, ce qu'on entend généralement par *Continuer*, c'est aller vers l'avant, vers une étape ultérieure, plutôt que retourner en arrière. La même confusion est attachée à *vos achats* : parle-t-on de ce qui est en passe d'être acheté, ou de ce qui pourrait être acheté mais qu'on n'a même pas encore vu ? Un libellé *Voir d'autres articles* ou décrivant directement les pages ou rubriques visées permettrait de limiter l'ambiguïté du lien.

« Commander » doit être le call-to-action primaire

- L'ambiguïté du libellé est renforcée par une hiérarchie des call-to-action qui fait de *Continuer vos achats* le bouton le plus visible et le plus lisible (l'idée de la couleur jaune pour *Commander* était bonne et fait ressortir la forme du bouton, mais le défaut de lisibilité en résultant va à l'encontre de l'emphase qui devrait être mise sur cette action).
- L'emplacement pourrait être un bon moyen de différencier ces deux boutons, *Continuer vos achats* étant plus justifié sur la gauche de l'écran.

3 OPTIMISER LES VENTES ADDITIONNELLES

Limiter le nombre ou donner plus d'importance à cet espace

Dans ce panier (tronqué sur la capture 34-1) on offre douze propositions d'achat complémentaire : c'est trop au vu de l'organisation de la page, déjà bien chargée. De toutes façons, en résolution 1024 × 768 pixels, l'internaute n'en voit pas une seule. Un tel nombre de propositions serait largement envisageable si la page s'affichant suite au clic sur *Ajouter au panier* n'était pas la page de panier classique, mais plutôt une page de confirmation d'ajout au panier, profitant de ce moment de l'interaction pour proposer d'autres choses à l'internaute. C'est de plus assez pertinent dans le contexte d'une librairie en ligne, où les paniers peuvent largement être multilignes.

Adapter le contenu à la personne

Il est bon de proposer dans le panier des achats de petits prix, qui peuvent être achetés facilement sans nécessiter un long processus de décision.

- Les produits proposés sur cette page sont les mêmes pour tout le monde. Même si on ne connaît pas l'internaute personnellement, on peut deviner ce qu'il apprécierait, en tout cas restreindre le champ des possibles en utilisant les pages qu'il a visitées et les articles qu'il a déjà mis au panier. Ici, par exemple, proposer le *38 salles de bains d'architecte* aura plus de chances de toucher notre internaute que *La prépa école de commerce.*

- L'historique des articles déjà vus par l'utilisateur, ou l'indication des articles achetés par les internautes ayant aussi acheté l'article qui vient d'être ajouté au panier, peuvent être des pistes de personnalisation partielle des offres mises en avant.

Bien sûr, certains articles sont susceptibles d'intéresser le plus grand nombre. C'est le cas notamment des meilleures ventes, des nouvelles parutions phares ou des livres d'actualité, et il ne faudrait pas supprimer ce type de mise en avant déjà pratiqué dans la page actuelle.

Des produits, mais aussi des catégories

On peut certes proposer des produits directement (même s'il y a fort à parier que la plupart des utilisateurs consulteront la fiche produit avant d'acheter un article mis en avant dans le panier), mais aussi des liens de navigation vers des catégories susceptibles de l'intéresser (par exemple, ici, un lien vers tous les livres de la rubrique *Aménagement - Salle de bains - Cuisine* ou, pour un roman, tous les livres du même auteur...).

4 ALLÉGER VISUELLEMENT LE PANIER

- Les doublons du nombre d'articles et du titre *Panier* chargent la page inutilement. On peut aisément conserver seulement le titre du haut, en le faisant suivre du nombre d'articles entre parenthèses, comme information complémentaire.
- Dans le même ordre d'idées, pour limiter la charge visuelle et mentale liée au traitement de la page, il n'est pas nécessaire d'expliquer aux internautes ce qu'est le panier par la phrase *pour un achat maintenant*, même si la volonté est de faire la différence avec la présélection. Ce sont les deux titres qui doivent faire passer ce message, sans avoir besoin de légendes.
- Il est presque dangereux de proposer la connexion au compte utilisateur à ce moment-là, et surtout à cet endroit, car cela distrait l'internaute de son parcours d'achat. Celui qui n'a pas de compte risque de se demander si la zone lui est adressée, même si une analyse rapide du formulaire lui apprendra que ce n'est pas le cas. Il sera bien temps de demander à l'utilisateur de se connecter lorsqu'il aura cliqué sur *Commander*.
- On aurait aimé voir une photo des produits présents dans le panier, même sous forme de vignettes, car ce type de contenu a une valeur de rassurance plus forte que le simple titre de l'ouvrage, plus partiel et éloigné du modèle mental que sa représentation visuelle.

Plutôt que de demander une action à l'internaute pour recalculer le montant du panier s'il a changé une quantité, on pourrait le faire automatiquement. Ce procédé est plus facile à mettre en place lorsque le changement de quantité se fait au clic plutôt que par saisie, mais peut être lancé lorsque l'internaute sort du champ.

L'organisation de la ligne de *Total* semble chaotique, et serait plus efficace si l'ensemble du contenu était aligné sur la droite.

35 ALLOCINÉ

http://www.allociné.com

AlloCiné est un site d'informations gratuit sur le cinéma, proposant un grand nombre de services et contenus. Pour profiter au maximum des fonctionnalités participatives (notes, commentaires, blogs…), communautaires et de personnalisation sur le site, les internautes sont invités à créer un compte. C'est ce parcours d'inscription que nous analysons ici.

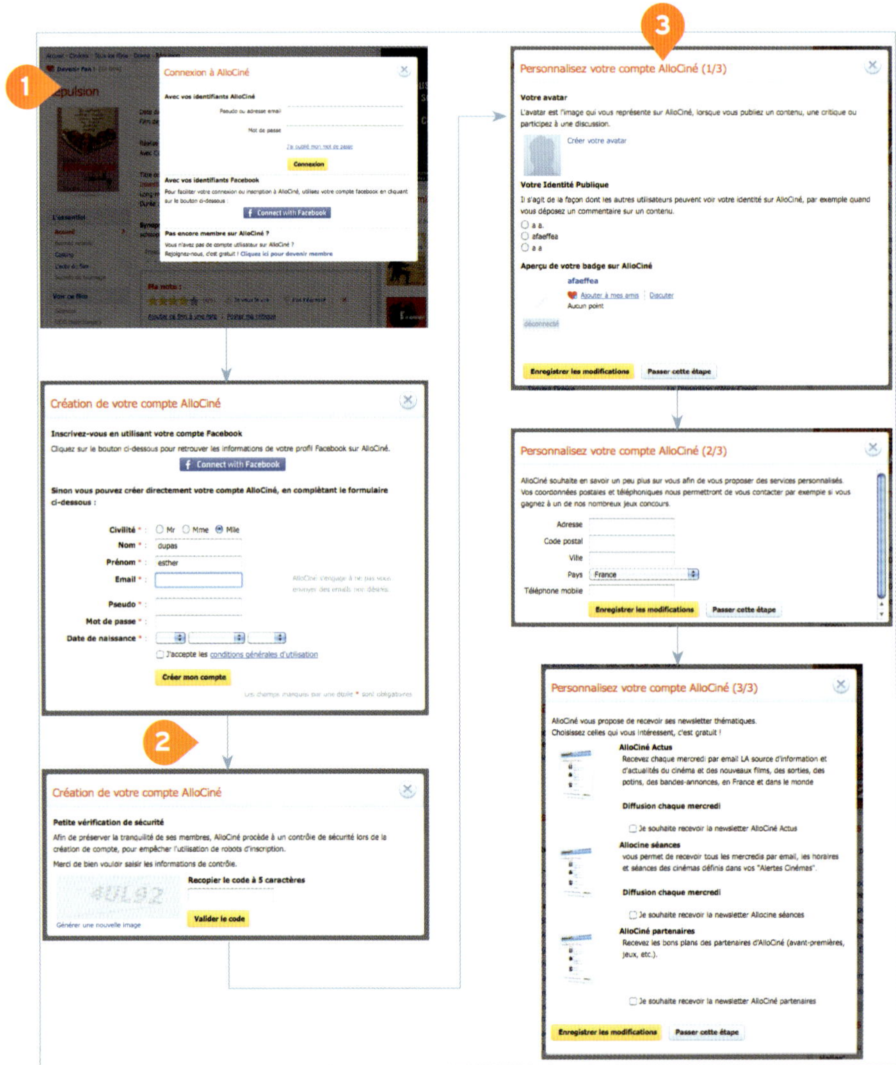

Fig. 35-1

1 UNE FENÊTRE FLOTTANTE QUI DÉDRAMATISE LE PROCESSUS

- Si l'internaute souhaite évaluer un film et clique sur l'étoile correspondant à sa note, un formulaire apparaît contextuellement par-dessus la page qu'il a appelée. Ce type de procédé est idéal pour des petits formulaires comme ici : la fluidité de l'interaction est moins rompue que si on passait à une toute autre page.

Si on cherche à dédramatiser le processus, c'est qu'il est compliqué du point de vue utilisateur. Ne pourrait-on pas prévoir un parcours de « note rapide », n'exigeant pas la création d'un compte complet ? (Ce dernier implique en effet le renseignement de huit champs, dont certains peuvent paraître peu légitimes pour simplement donner une note : nom, date de naissance, login.) Une sorte de *guest rating* (voir guest checkout), qui n'empêcherait bien sûr pas de créer un compte.

- Il manque toutefois une explication à cette nécessité de se connecter : en dépit de sa simplicité (souvent recommandée dans d'autres cas), le libellé *Connexion à Allociné* n'est pas suffisamment pédagogique pour optimiser le taux de conversion de cet écran, qui ne peut être ressenti que comme un frein. Les internautes doivent pouvoir se projeter dans l'utilité de cette inscription par rapport à leur objectif initial, à l'aide d'une phrase de type « Pour que votre note soit enregistrée, merci de vous connecter », par exemple.

Il n'est pas aisé pour celui qui n'aurait pas encore de compte de repérer l'emplacement du lien lui correspondant. Il est cependant vrai que cela permet de valoriser la connexion via Facebook, ce qui peut être pertinent, stratégiquement mais aussi pour l'utilisateur, puisque cela allège son travail de saisie.

2 DÉCOUPER LE FLUX D'INTERACTION POUR MIEUX CONVERTIR

- Si les internautes ne remplissent pas les formulaires d'inscription, c'est souvent qu'ils paraissent fastidieux en demandant trop d'informations. Ici, grâce à un découpage en plusieurs étapes qui, prises une par une, sont simples, on devrait facilement les convaincre de s'inscrire.
- L'internaute qui a déjà rempli le premier écran est engagé dans le processus, et aura donc moins tendance à partir si on lui demande encore une information, pour ne pas perdre le fruit de son travail de saisie. Mais le risque de générer de l'agacement à chaque nouvel écran apparaissant existe toujours (c'est comme si on lui avait menti), et l'effort de concision doit donc être maintenu (aussi bien à chaque écran que dans le nombre d'étapes).

3 FACILITER LA SORTIE ET LE RETOUR EN ARRIÈRE

- Il n'est pas assez clair qu'à partir de l'étape *Votre avatar*, tout est optionnel. La possibilité de passer les étapes est intéressante, mais pourrait être renforcée au moyen d'une phrase de type « Bravo, votre compte a été créé », et un affichage plus explicite du choix de personnaliser son profil ou de le faire plus tard.
- Des fonctions de navigation sont nécessaires entre les six étapes (notamment un *Page précédente*), car en raison du découpage, l'utilisateur pourra éprouver le besoin de revenir en arrière. Ici, s'il se rend compte lorsqu'il saisit le captcha qu'il n'a pas saisi son e-mail personnel mais professionnel, il n'a pas de moyen de le corriger. Pire, s'il clique sur *Page précédente* du navigateur, cela le fait revenir au tout premier écran ! Dommage, car il perd alors le fruit de tous ses efforts, au risque qu'il ne recommence pas le processus.

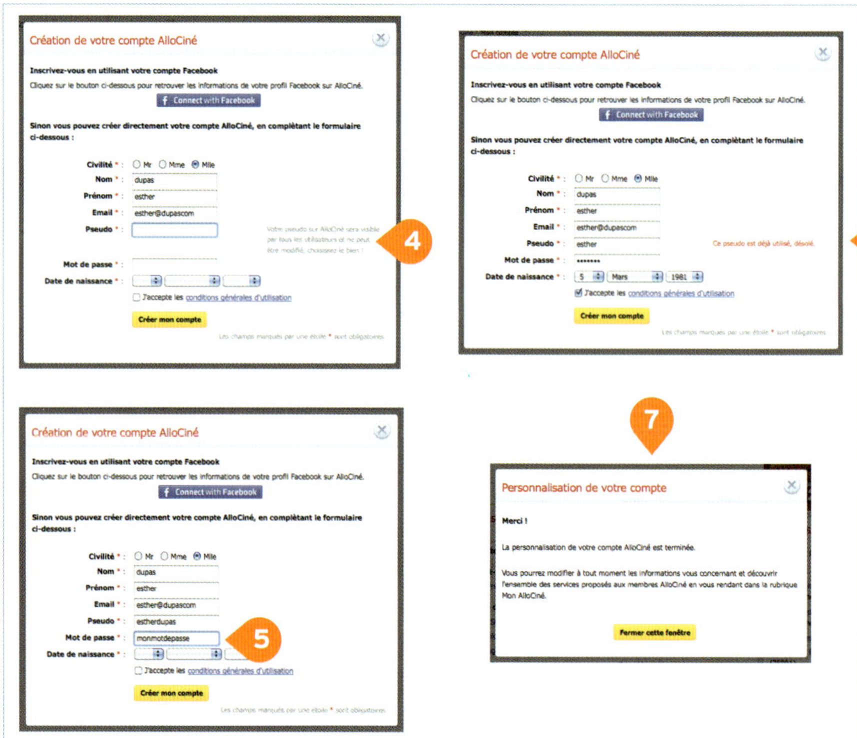

Fig. 35-2

4 LES AIDES CONTEXTUELLES SONT UNE BONNE PRATIQUE MAIS NE DOIVENT PAS GÊNER

À chaque clic dans un champ, des explications sur la droite complètent le libellé (Fig. 35-2 et 35-3). Le principe est intéressant, puisqu'il permet de fournir l'information précisément au moment où l'internaute en a besoin, sans charger l'écran en permanence. Cependant, il est peut-être surexploité, car chaque nouvelle phrase qui apparaît crée un phénomène d'attention partagée chez l'utilisateur, en risquant ainsi de dégrader la performance. À réserver donc aux informations clés (aides à la saisie, justifications de demandes d'informations sensibles...) pour ne pas distraire inutilement.

C'est d'autant plus perturbant ici que l'interface bouge à chaque champ cliqué pour libérer la place nécessaire à leur affichage. Il faut éviter à tout prix ce type d'affichage peu stable.

- Le format utilisé est intéressant : gris clair, ces phrases peuvent être facilement ignorées. Un utilisateur pourra alors lire la première, mais pas les autres, sauf s'il hésite à remplir le champ ou a besoin d'aide.
- Attention, ce système ne doit pas être utilisé pour des informations capitales, car cela suppose d'attendre que l'internaute clique dans le champ. Or c'est trop tard, puisque c'est à la lecture du libellé que se produit le point de fuite ! (*« De quel droit ils me demandent mon adresse ? Oh non, là ils exagèrent, je m'en vais. »*)

Dommage que ce type d'affichage dynamique ne soit pas utilisé pour la validation à la volée de la disponibilité du pseudo !

5 RÉFLÉCHIR POUR RIEN, C'EST DÉJÀ TROP : PRÉCÉDEZ LES INTERROGATIONS !

Il est étonnant que les aides contextuelles ne soient pas utilisées ici pour le plus important : rien n'indique aux internautes le format attendu du mot de passe, alors qu'ils en ont l'habitude. Il se trouve que le mot de passe ne nécessite pas plus d'un caractère, or l'important n'est pas tant cette réalité que de savoir anticiper les réactions de vos internautes, et de répondre aux questions qu'ils pourraient se poser.

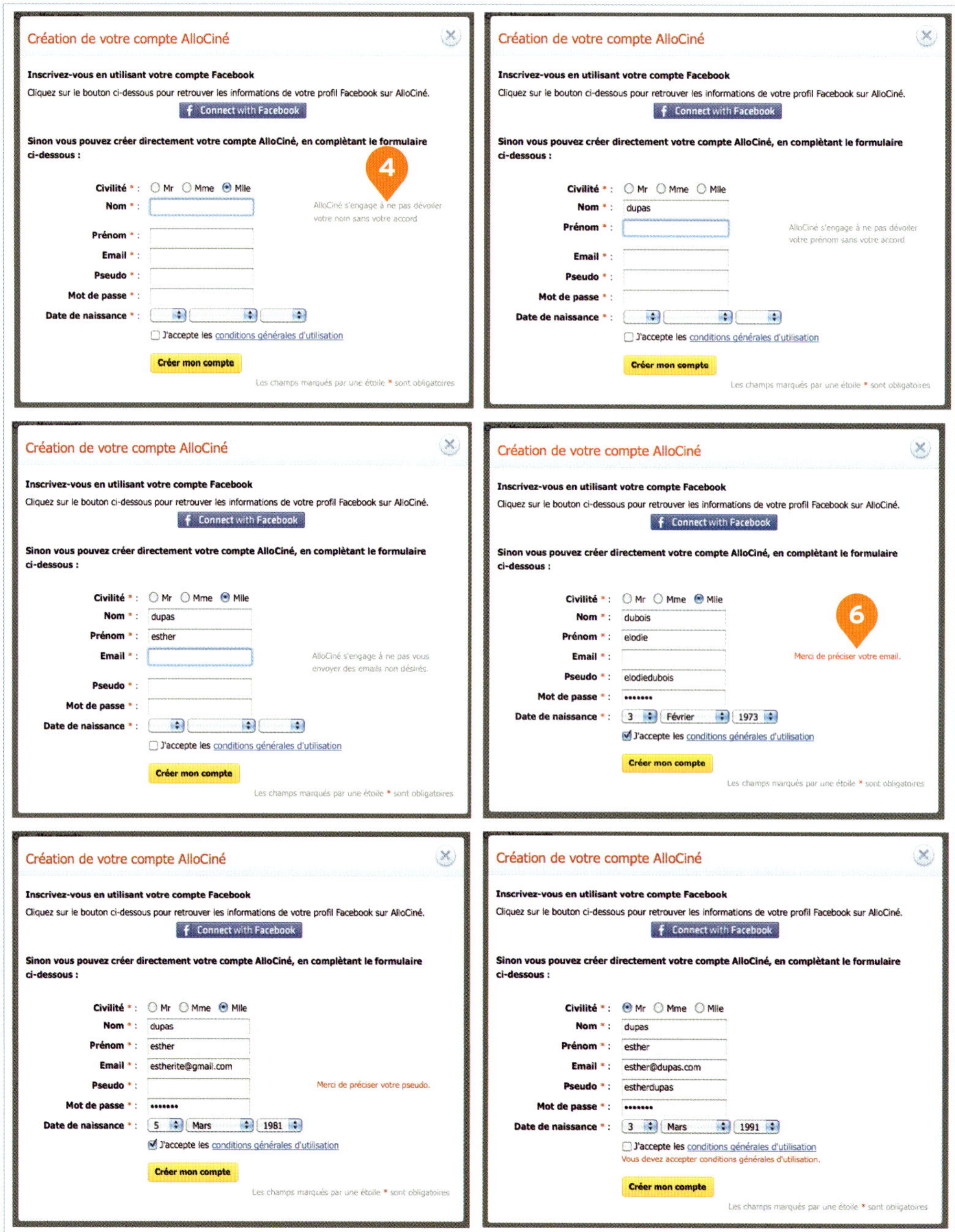

Fig. 35-3

Aides contextuelles et messages d'erreur

Faciliter la saisie du mot de passe

Un réel point positif ici est l'apparition du mot de passe en clair jusqu'au passage au champ suivant. Ce principe basique de **feedback** n'est souvent pas respecté pour des raisons de confidentialité, alors que cela s'avère peu efficace pour la sécurité, et catastrophique en termes d'expérience utilisateur.

C'est important, car la plupart des internautes tapent encore avec les yeux rivés sur le clavier. Il n'est pas rare de les voir recompter le nombre de caractères saisis, ou effacer leur saisie pour la recommencer car ils ont peur de s'être trompés et ne peuvent pas la contrôler. Quand on demande une double saisie, le problème est deux fois pire !

Si cela vous effraie, des solutions intermédiaires peuvent être employées : afficher chaque caractère d'abord en clair, puis le masquer (comme sur iPhone ou Android), proposer un lien *Voir* ou encore une case *Masquer/montrer* (qui peut être soit cochée soit décochée par défaut).

6 UNE CORRECTION DES ERREURS PLUTÔT BIEN PENSÉE

Presque toutes les erreurs sont traitées en une seule fois (sauf la validation du pseudo, dommage !), les messages sont présentés directement dans le formulaire, sont visibles et facilitent la correction. De plus, ils sont rédigés de manière très courtoise : on s'excuse (*Désolé...*), on est poli (*Merci de...*), on explique les choses (par exemple, pour le captcha). Ce type de détail est important dans la relation que vous construisez avec vos internautes.

7 NE PAS OUBLIER L'OBJECTIF UTILISATEUR INITIAL !

Dans notre scénario d'usage, l'écran de confirmation remercie l'internaute d'avoir personnalisé son compte, et pas d'avoir donné une note au film. Et pour cause ! On revient sur la page initiale, mais en fait, la note n'a pas été enregistrée ! L'utilisateur a été obligé de créer un compte, mais n'en a retiré aucun bénéfice, puisqu'on n'a même pas pris en compte sa première action (il risque de surcroît de ne pas s'en apercevoir, puisque l'information est seulement disponible dans son profil).

Malgré le fait qu'on semble alors connecté, il faut activer l'inscription via e-mail. Mais rien ne le dit dans l'écran de confirmation !

36 JOBINTREE

http://www.jobintree.com

Jobintree.com est un site de recrutement généraliste qui valorise une approche par métier. Lorsqu'un internaute qui découvre des offres d'emploi qui l'intéressent souhaite s'inscrire, il arrive sur une page de création de compte.

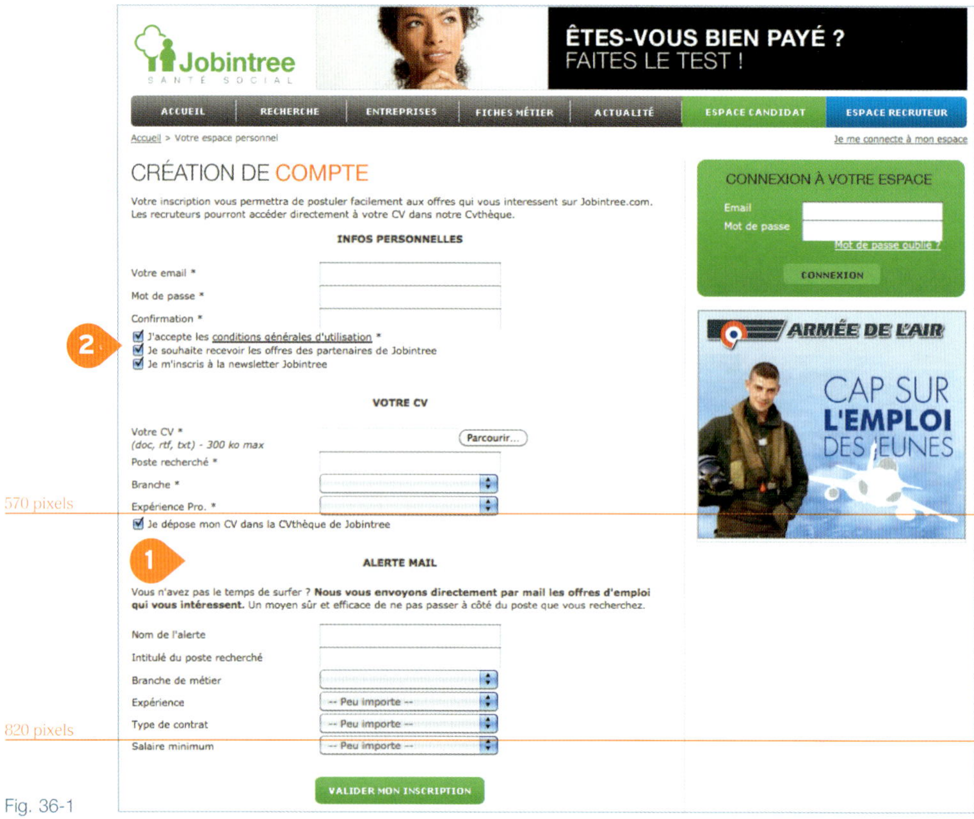

Fig. 36-1

1 UN RACCOURCI ALERTE PERTINENT, MAIS QUI DOIT ÊTRE PLUS FACILE À CONFIGURER

- Proposer dès la création de compte de créer une alerte est une bonne idée. Le contexte utilisateur est ainsi bien pris en compte : si ce dernier s'inscrit, c'est dans l'optique d'une recherche d'emploi. Il sera donc sûrement particulièrement sensible aux fonctionnalités orientées vers l'efficacité de cette recherche. On injecte dans un formulaire générique (la création de compte) des éléments spécifiques au domaine, au site (l'emploi), ce qui permet à l'internaute de sentir que cette page est importante et utile, et non juste une obligation d'ordre logistique.
- Cependant, l'internaute est obligé de ressaisir des données qu'il a l'impression d'avoir déjà données dans la partie *Votre CV* : *Poste recherché*, *Branche* et *Expérience*. Même s'il peut être intéressant de pouvoir les modifier, on devrait préremplir les champs avec les données déjà saisies.

Éviter la double saisie

Nombreux sont les contextes où moins on demande à l'internaute de remplir de champs, mieux c'est. Dans ce type de site, une partie des données saisies (expérience, salaire, type de contrat recherché...) fait partie de ce qui fait la richesse et la puissance du site. Mais il faut à tout prix éviter de demander plusieurs fois la même information !

De plus, le fait que les doublons aient des libellés un tout petit peu différents risque de faire penser que ce n'est pas la même donnée qu'on demande, et ainsi d'obliger à plus de réflexion que nécessaire pour finalement se rendre compte que c'est strictement le même champ.

- Si l'idée d'intégrer la fonction en raccourci est intéressante, par contre, le titre du champ *Nom de l'alerte* est intrigant : le titre des groupes de champs et les phrases d'explication ont tendance à être ignorés par l'internaute, qui n'aura pas forcément encore vu cette notion d'alerte. Il faut l'accompagner pour qu'il puisse comprendre ce qu'on attend de lui, en ajustant le libellé du champ. Un simple *Donnez un titre à cette alerte* ou *Titre de votre alerte mail* serait moins abrupt.

Nom de l'alerte est un bon exemple de label de champ qui peut être acceptable dans un contexte (après avoir cliqué sur un bouton *Créer une alerte*, par exemple), mais qui devient plus obscur dans un autre.

2 NE PAS FORCER LA MAIN DE L'INTERNAUTE

- Il est déconseillé de cocher à l'avance les cases nécessitant un réel accord de l'internaute, et touchant à la confidentialité de ses informations personnelles. Ici, *J'accepte les conditions générales d'utilisation*, *Je souhaite recevoir les offres des partenaires de*

Le champ *Je dépose mon CV dans la CVthèque de Jobintree* nécessite un petit peu d'explication, de pégagogie et de rassurance pour convaincre l'internaute de ne pas décocher la case.

Jobintree et *Je m'inscris à la newsletter Jobintree* sont toutes les trois cochées par défaut. On risque ainsi de générer de la suspicion et un manque de confiance de la part de ceux qui s'en rendront compte et souhaiteront décocher les champs, et du mécontentement pour ceux qui recevront des newsletters du site et de ses partenaires sans avoir eu l'impression de s'y abonner.

- L'emplacement de ces champs peut être revu pour éviter d'effrayer l'internaute. Plus ils seront bas dans le formulaire, plus l'utilisateur sera engagé dans la tâche (il aura déjà rempli tout le reste), et aura donc moins tendance à abandonner la page sans la valider.

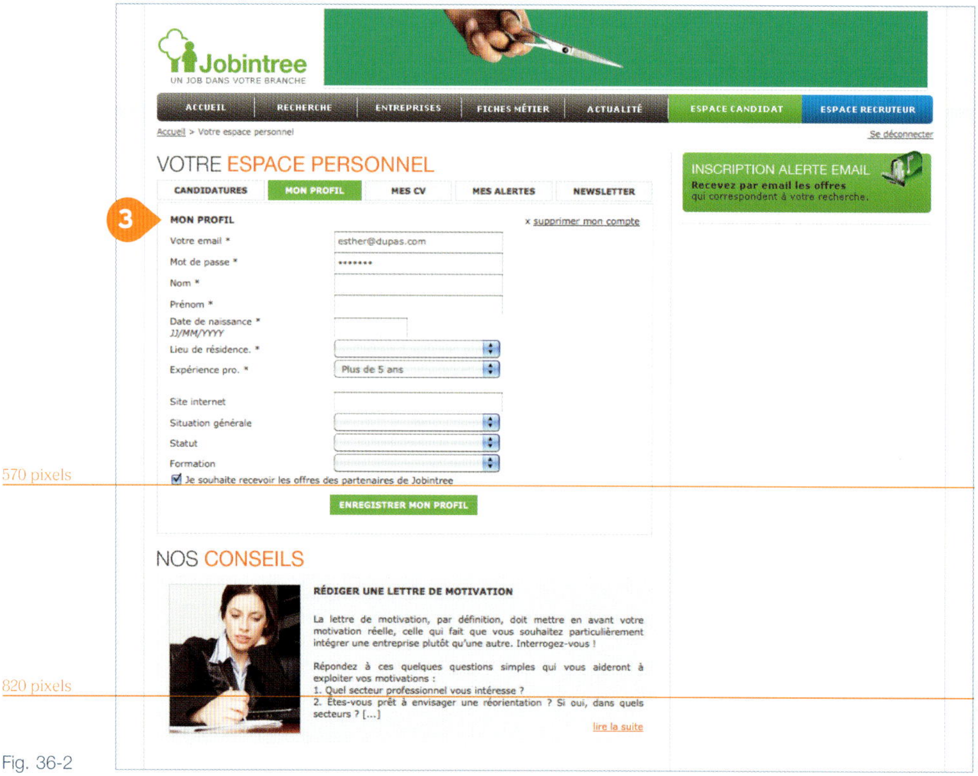

Fig. 36-2

© www.jobintree.com

3 LA PAGE DE CONFIRMATION DOIT NÉCESSAIREMENT ÊTRE ADAPTÉE

Une page qui ne correspond pas à ce qu'on attend

Après avoir validé le premier formulaire, l'internaute s'attend à arriver sur un message de confirmation. Or, l'écran sur lequel on le dirige est très surprenant, puisqu'il s'agit d'un autre formulaire à compléter !

- Aucun message ne lui indique si sa précédente saisie a bien été prise en compte, et si son profil a réellement été créé, ou s'il doit pour cela remplir aussi ce second formulaire. Le seul indice qu'il peut avoir sont les astérisques indiquant le caractère obligatoire des champs, qui semblent signifier que cette étape est effectivement obligatoire. Or, ce n'est pas le cas. Le compte utilisateur est déjà créé, l'internaute en a d'ailleurs reçu une confirmation dans sa boîte e-mail, et il peut commencer à utiliser les fonctionnalités d'alerte, de candidature ou de sélection d'offres.
- Si on souhaite conserver la possibilité pour l'internaute de compléter son profil après s'être inscrit, ce qui peut effectivement avoir du sens, il faudra nécessairement le présenter différemment et montrer que c'est uniquement une proposition, une option. L'accent doit être mis sur le feedback informant l'internaute que son compte a bien été créé.

C'est tout bête, mais l'objet de l'e-mail envoyé pour confirmer l'inscription au site est *Mail de confirmation de candidature sur Jobintree.* De quoi s'interroger avant d'ouvrir l'e-mail pour constater qu'on n'a pas postulé à une offre par erreur ! Ce genre de décalage entre le discours du site et sa compréhension par l'internaute peut entamer sa satisfaction et sa confiance envers vous.

On affiche à nouveau des champs qui viennent d'être renseignés

Cette page est d'autant plus difficile à comprendre que quatre des champs présentés ont déjà été renseignés dans l'écran précédent (*Votre e-mail*, *Mot de passe*, *Expérience pro.* et *Offres des partenaires*). Même s'ils sont préremplis avec les données déjà renseignées, leur simple présence pose question, et risque d'entretenir l'incompréhension sur cette page.

De la proximité entre les champs et leur titre

L'éloignement entre les champs et leurs titres fait qu'il peut être difficile pour l'utilisateur de mettre en relation le champ dans lequel il se trouve et le libellé décrivant l'information à saisir. Dans l'absolu, il faut les rapprocher au maximum pour limiter cette charge de travail mentale supplémentaire (même inconsciente).

Si ce n'est pas possible ou qu'il reste un écart important, on peut adopter un système de mise en valeur et de correspondance visuelle entre le libellé et le champ (flèche, couleur...) pour la zone dans laquelle l'utilisateur aura positionné son curseur.

37 PRICEMINISTER

http://www.priceminister.com

PriceMinister est le premier site d'achat-vente français, jouant un rôle de tiers de confiance pour près de douze millions de membres. Pour toute transaction sur le site, qu'il soit acheteur ou vendeur, l'internaute doit disposer d'un compte utilisateur. Analyse du formulaire d'identification pour un acheteur, suite au clic sur *Terminer ma commande*.

Fig. 37-1
Cette page web a changé, allez voir la différence en ligne !

En mars 2010, dix participants ont été confrontés à cette page avec pour consigne de montrer et dire ce qu'ils feraient s'ils étaient chez eux. Les données de ce test utilisateur sont utilisées ici pour compléter l'analyse experte.

SCÉNARIO – Suite du scénario abordé à l'étude n° 21 : « Imaginons que vous voulez vous soigner par l'homéopathie. Votre sœur vous recommande un très bon livre sur le sujet. Après l'avoir cherché sur Internet, vous arrivez sur cette page, et en voyant le livre vous le reconnaissez, c'est bien celui-là, donc vous voulez l'acheter. »

Ce type de page est on ne peut plus classique sur le Web, rencontrée quasi à chaque utilisation d'un site e-commerce. Elle est donc connue des internautes et, si on ne la parcourt que rapidement, elle ne devrait pas poser de souci particulier. Cependant, plusieurs éléments font que l'expérience utilisateur est dégradée et nécessiterait quelques optimisations.

1 LES PARTICIPANTS CONFONDENT LES DEUX ZONES

Pour réaliser notre scénario et passer commande pour la première fois sur ce site, trois participants sur dix pensent que c'est la première zone qui leur permettra de créer un compte. Ils vont tous trois jusqu'à faire l'effort de choisir un pseudo et un mot de passe. C'est seulement avant de cliquer sur le bouton Connexion qu'ils s'aperçoivent qu'ils n'ont pas utilisé la zone qui leur était destinée.

> Thomas, 26 ans : *« Si j'ai un compte, je le fais, mais je n'en ai pas. Je crée un compte ou… ?* [Animateur : *Vous faites vraiment comme si vous étiez chez vous.*] *Ah, d'accord. Mmm…* [Il regarde la zone Pseudo.] *Ok…* [Il choisit très rapidement un pseudo, le saisit, idem pour le mot de passe, puis s'apprête à cliquer sur Connexion.] *Ah non ! Ça, c'est "j'ai déjà un compte", ce n'est pas moi. »*

> Samuel, 31 ans : *« Ben, je m'identifie… donc je m'inventerais un compte, je créerais un compte.* [Il saisit ce qu'il a l'habitude d'utiliser pour pseudo dans les zones réservées aux inscrits, et s'apprête à saisir un mot de passe.] *Alors déjà… ils ne me disent pas combien de lettres, alors si c'est pour que je revienne parce que je n'ai pas mis assez de lettres, ça n'est pas très bien.* [Il s'apprête à cliquer sur Connexion, puis descend dans la page.] *Ah, non, ouh, d'accord, ça n'est pas bon. J'ai mal lu. »*

> Marie-Christine, 58 ans : *« Donc là il faut que je m'identifie, ce que je n'ai pas encore fait, donc du coup, il faut que je trouve un pseudo, un mot de passe, et que je me connecte…* [Elle passe en revue les zones correspondantes à l'écran.] *Donc, euh, comme pseudo, qu'est-ce que je vais faire… je vais mettre "Chris", tiens, allez. Mot de passe, je vais mettre 123.* [On voit dans le suivi du regard qu'avant de cliquer sur le bouton, elle lit le titre juste en dessous.] *Ah oui, mais non, je n'ai pas de compte, déjà, donc ce n'est pas ce que je veux faire ; il faut que j'aille le créer, quoi, donc je vais ouvrir un compte. »*

Ce taux d'erreur est inacceptable pour une étape du formulaire finalement assez simple (dans ce scénario d'usage, les internautes avaient simplement à cliquer sur *Ouvrir un compte* pour passer à l'étape suivante).

Il est intéressant de noter que deux participants sur les trois ayant saisi des identifiants sur la page effacent cette saisie avant de cliquer sur *Ouvrir un compte*. Celui qui ne le fait pas aurait pu apprécier qu'on recopie automatiquement sa saisie dans le second formulaire, même si cette double charge de travail ne semble pas le déranger. Thomas, 26 ans, arrivé sur la page de création du compte : *« Je refais tout, hop ! »*

Rappelons à cet égard que ces trois participants pensent que c'est de leur faute s'ils ont fait une erreur. C'est un phénomène très souvent observé, qui explique d'ailleurs partiellement pourquoi les scores de confort perçu (c'est-à-dire déclarés par les utilisateurs) sont en général plus élevés que ce que permet d'observer l'analyse objective de la navigation de l'internaute sur le site web.

Plusieurs paramètres expliquent ce taux d'erreur, et peuvent donc être optimisés pour le limiter au maximum.

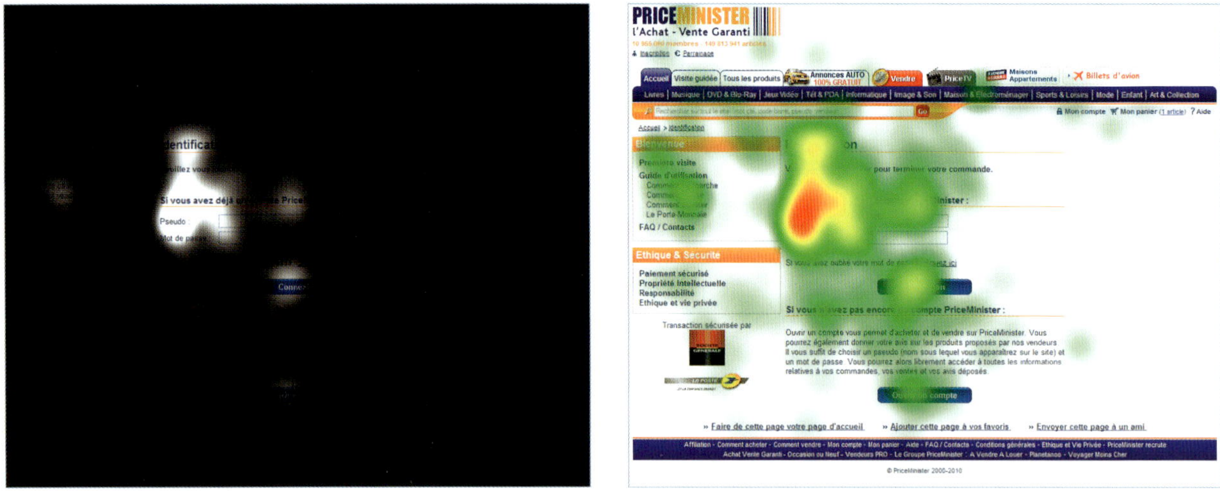

Retrouvez ces images en grand sur www_ergnomie-web-illustree.com !

Fig. 37-2 *Carte de chaleur et carte d'occultation des neuf participants confondus, 20 premières secondes (critère : durée absolue). Une participante n'apparaît pas, car elle a cliqué sur le bouton « Ouvrir un compte » avant les 20 secondes.*

2 UNE ORGANISATION QUI DESSERT LA VISIBILITÉ DU BOUTON « OUVRIR UN COMPTE »

19 secondes en moyenne pour fixer le bouton

L'objectif de cette page est que l'internaute se dirige vers l'une ou l'autre des zones selon qu'il a déjà un compte ou non. Cependant, la ligne de flottaison en résolution 1 024 x 768 pixels ne lui permet pas de voir les deux boutons, mais seulement le *Connexion*, avec pour résultat que la simple perception des formes à l'écran ne montre pas la dichotomie entre les deux parties de la page. D'ailleurs, les participants voient cette seconde zone très tardivement.

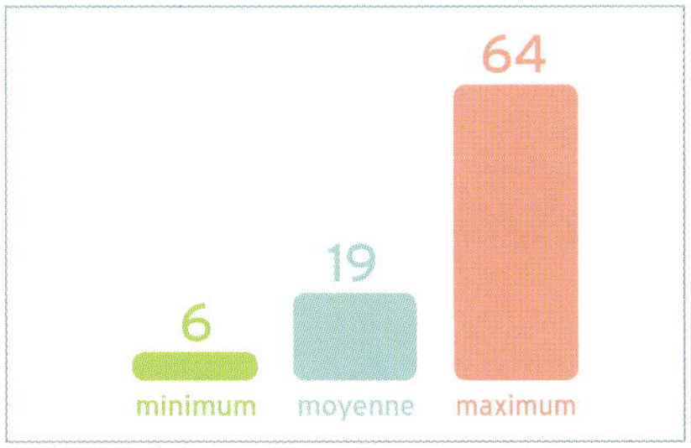

Fig. 37-3 *Temps s'écoulant jusqu'à la première fixation sur le bouton « Ouvrir un compte »*

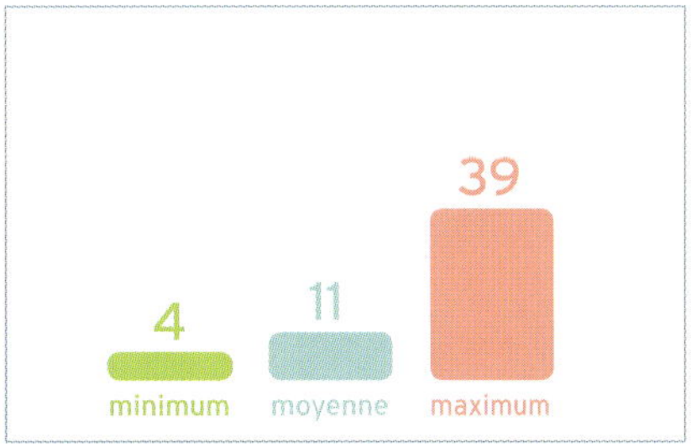

Fig. 37-4 *Temps s'écoulant jusqu'à la première fixation sur la zone de titre « Si vous n'avez pas… »*

- Le point le plus intéressant dans les cartes de chaleur et d'occultation (Fig. 37-2) n'est pas que la zone basse soit peu fixée : c'est même souhaitable dans l'absolu, puisqu'elle est très simple fonctionnellement, et que l'association du titre et du call-to-action devrait suffire à la compréhension.
- En revanche, il est inquiétant qu'autant d'attention soit portée dans les 20 premières secondes à la zone réservée aux inscrits. Une longue fixation peut signifier un intérêt marqué pour la zone, mais aussi une incompréhension ou une situation de réflexion pour décider si la zone est pertinente pour réaliser la tâche. Ici, aucun de ces cas n'est satisfaisant, puisque, dans ce scénario d'usage précis, l'intérêt pour la zone haute signifierait aussi que l'interface est mal comprise, ou nécessite trop de temps pour être comprise.

Dans l'absolu, rien que le fait qu'ils soient neuf sur dix à être encore sur cette page après 20 secondes est inquiétant.

- S'il est normal d'observer des fixations dans cette zone, puisqu'elles sont liées à l'analyse de la page et à sa découverte, ici, cette étape dure bien trop longtemps, au détriment de fixations sur la zone utile pour le scénario d'usage. C'est encore plus marqué sur la carte de chaleur avec seulement les participants ayant confondu les deux zones (Fig. 37-5).

Bonus vidéo !
Rendez-vous sur le site web du livre pour voir le film avec suivi du regard d'un des participants ayant saisi un pseudo et un mot de passe, l'effet est tel qu'on croit presque comprendre ce qui se passe dans sa tête.
www.ergonomie-web-illustree.com

Pour les sites avec des pages panier classique, on peut aussi limiter le risque d'erreurs en reportant la question clé que contient cette page d'identification (déjà client ou non) sous forme d'un simple choix dans le panier, avant le bouton *Commander*, ou remplaçant ce bouton.

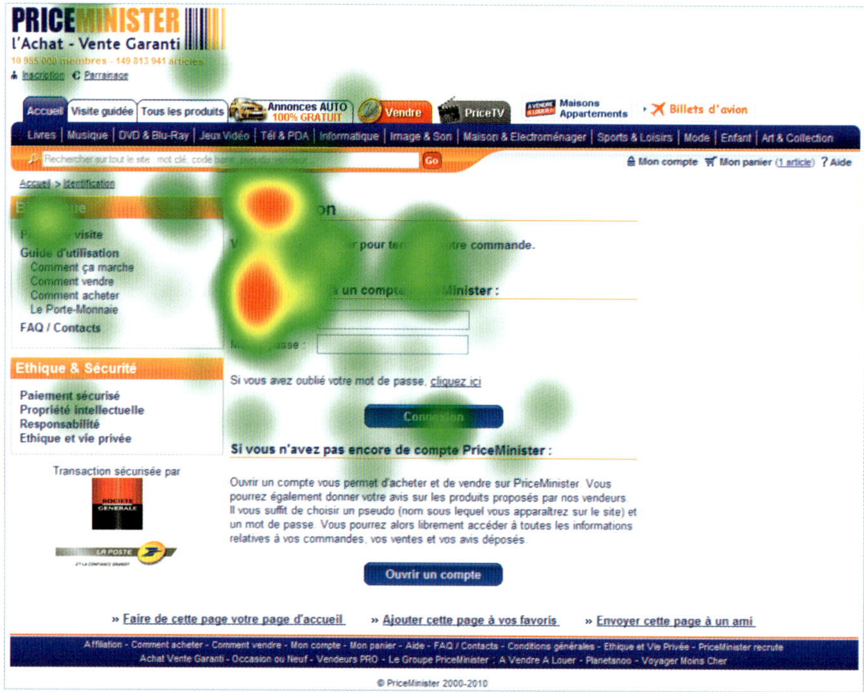

Fig. 37-5

Carte de chaleur des trois participants ayant confondu les deux zones, 20 premières secondes (durée absolue).

Retrouvez cette image en grand sur www_ergonomie-web-illustree.com !

Oubli du mot de passe

Avec la multiplication des comptes utilisateurs, des adresses e-mail et des mots de passe associés, l'internaute ne sait plus toujours si ce qui lui manque est son identifiant et/ou son mot de passe. Plutôt que de parler uniquement de perte de mot de passe, il pourrait être pertinent de parler de perte ou d'oubli d'identifiants.

Montrer le choix et hiérarchiser les deux options

- Pour optimiser cette page en conservant les mêmes éléments fonctionnels, on pourrait renverser l'interface à l'horizontale, en plaçant les zones inscrit et nouveau client l'une à côté de l'autre, plutôt que l'une sous l'autre. Les deux seraient alors visibles en permanence à l'écran.
- Le scénario d'usage présenté ici a un enjeu fort, puisqu'il s'agit de conquérir de nouveaux clients. L'interface actuelle, en commençant par la zone dédiée aux clients existants, privilégie ces derniers ; or ce sont ceux qui sont supposés connaître le site, apprenant inconsciemment, selon leur fréquence de visite, la manière dont est organisée la page, jusqu'à la localisation des champs à remplir. On peut donc sans risque échanger les deux zones, en commençant par celle réservée aux nouveaux visiteurs (à gauche dans une interface horizontale, en haut dans une interface verticale comme aujourd'hui).

3 UN FORMULAIRE AIMANTÉ

- Tout n'est pas dû au fait que le bouton *Ouvrir un compte* n'apparaît pas à l'écran au chargement de la page. En effet, deux participants sur trois ayant fait l'erreur sont descendus suffisamment dans la page, sans pour autant remarquer le bouton.
- On observe notamment une grande attractivité de la zone de formulaire, et plus particulièrement de ses libellés, qui agissent comme des capteurs de l'attention des internautes. Une fois qu'ils les ont repérés, ils ont tendance à penser que c'est ce qui va leur permettre d'avancer, et ont du mal à s'en détacher pour finalement utiliser une autre zone. L'exemple de Marie-Christine est à cet effet assez saisissant : malgré des fixations conséquentes sur le bas de page, elle décide tout de même de se choisir un pseudo, puis un mot de passe.
- Cela n'est pas incongru, puisque l'essentiel du parcours d'achat consiste effectivement à remplir des formulaires, et qu'on demande ici un pseudo et un mot de passe, également demandés lors de la création de compte. Pour trois participants, cette affordance à l'interaction est si forte qu'elle entretient la confusion jusqu'au moment de cliquer sur le bouton *Connexion*.
- Pour lutter contre cette attractivité du champ de saisie, il faudrait au moins placer le plus proche possible du champ les éléments permettant à l'internaute de repérer que ce n'est pas là qu'il doit agir. Si la partie destinée au nouveau client intégrait au moins un champ (exemple : adresse e-mail), cela pourrait aussi améliorer la compréhension, en forçant la comparaison entre les deux zones proposant des champs.

Jakob Nielsen et Kara Pernice, dans leur ouvrage consacré au suivi du regard sur le Web (*Eyetracking Web Usability*, New Riders, 2010), attribuent ces comportements à l'effet d'élan, parlant de momentum behaviour.

Difficile de dire qu'il faudrait attendre que l'internaute choisisse une des situations pour afficher un champ, car cela réduirait l'efficience des inscrits, mais cette présence des champs est pour beaucoup dans les erreurs que nous avons observées en situation de test utilisateur.

Les utilisateurs face aux champs

Les libellés des champs du formulaire sont ce qui est le plus assimilé à la « consigne » de la page. On observe souvent dans des situations de tests utilisateurs que les participants se ruent littéralement sur les champs, avec probablement l'idée d'aller droit au but, et de passer rapidement une étape qu'ils estiment ennuyeuse et peu utile pour la réalisation de leur véritable objectif.

4 RENDRE LES TITRES PLUS EFFICACES

On voit nettement des fixations sur le titre *Si vous avez déjà un compte Price Minister*, dès les 5 premières secondes d'exploration visuelle de la page, pour les trois participants s'étant trompés sur cette page. Bon indicateur du fait qu'il n'a pas été compris : trop long et trop compliqué, il n'a pas su faire passer son message.

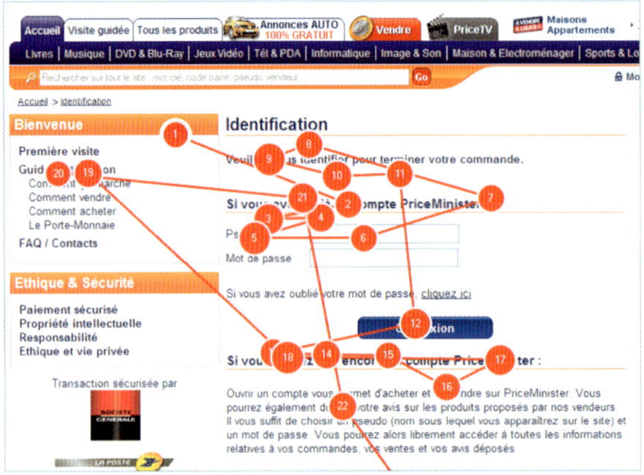

Marie-Christine, 58 ans

Samuel, 31 ans

Fig. 37-6

Parcours oculaires individuels des trois participants s'étant trompés de zones, 5 premières secondes

Thomas, 26 ans

Retrouvez ces images en grand sur www.ergonomie-web-illustree.com !

- Le libellé de ces titres n'insiste pas clairement sur la dichotomie entre « compte existant » ou « pas de compte ». On devrait voir très rapidement les mots discriminants, ceux qui permettent de faire la différence entre les deux titres, à savoir *déjà* ou *pas encore de compte*. Proposition : les faire ressortir visuellement grâce à un gras ou un autre enrichissement typographique, par exemple.
- Plus le titre sera court, plus ces mots ressortiront, et plus ils seront lus par les internautes. Il est donc capital de jouer la concision, quitte à prévoir une légende plus phrasée sous le titre.
- Un travail de réécriture pourrait aussi permettre d'accentuer le concept « nouveau », « première commande »… afin que l'internaute se reconnaisse mieux dans la description faite de sa situation.
- On remarque des fixations et une durée non négligeable passée sur le titre et la phrase *Veuillez vous identifier pour terminer votre commande*. Or cette dernière n'a pas réellement d'utilité pour l'internaute. Ce sont les éléments fonctionnels qui doivent faire passer ce message. Supprimer le maximum de choses permettra aussi de donner aux véritables éléments utiles leur juste valeur, et d'espérer qu'ils soient mieux compris par les utilisateurs.

Bon point : les boutons *Connexion* et *Ouvrir un compte* sont libellés de manière différente, ce qui permet d'insister sur la différence entre les deux zones. Ils peuvent ainsi constituer l'élément permettant à un internaute de repérer qu'il n'utilise pas la bonne zone.

Le syndrome du « Cliquez ici »

Le lien d'action en cas d'oubli du mot de passe est un exemple typique de lien *Cliquez ici*. Encore fréquemment utilisé, il est pourtant contraire à la logique voulant qu'on rende interactif l'élément signifiant ayant provoqué la compréhension de la page visée, et la décision de cliquer (ici, c'est la phrase *Si vous avez oublié votre mot de passe*). Le clic n'étant que le moyen d'arriver à son objectif, n'ayant aucune signification en soi, il n'y a aucune raison de l'écrire, et encore moins d'en faire un lien hypertexte au détriment des mots portant la signification.

5 CRÉER UN COMPTE : UNE ÉTAPE ILLÉGITIME ?

Au-delà des améliorations de surface qu'on peut apporter à cette page, élargissons la réflexion à l'utilité de cette étape dans le flux d'interaction, et à la manière dont elle est ressentie dans le parcours d'achat. Les internautes utilisent ce site dans un objectif particulier, avec un scénario d'usage centré sur l'objet qu'ils souhaitent acquérir. Lorsqu'ils cliquent sur *Terminer ma commande*, les seuls éléments qui paraissent nécessaires à recueillir sont les coordonnées bancaires et de livraison. Or on en demande bien davantage, en le renforçant de surcroît à coup d'étapes bien distinctes dans le parcours utilisateur.

Limiter la durée nécessaire pour commander

Toute la partie « utilitaire » de la commande n'a aucun intérêt, si ce n'est la perspective de recevoir l'objet en question. Il faut donc particulièrement en limiter la longueur et la difficulté perçue – voire la réelle complexité, en réduisant par exemple la quantité de données personnelles demandées.

Un rejet fréquent de la nécessité de créer un compte

Si évident que nous paraisse ce concept de compte, il ne faut pas nier l'impact psychologique qu'il a chez les internautes, non parce qu'ils ne le connaissent pas, mais parce qu'ils le récusent ou essaient de le contourner. Annabelle, 28 ans (exclue des résultats car déjà utilisatrice du site) nous a ainsi confié que, lorsqu'elle en avait besoin, elle utilisait le compte de son père. Quant à nos participants trois d'entre eux (sans compter Annabelle) ont clairement marqué leur réticence, voire leur refus de créer un compte à cette étape.

> Florence, 28 ans : « *Ah ouais, d'accord, là c'est le dernier truc qui m'achève, quoi… parce qu'il faut ouvrir un compte… Donc j'ai déjà passé du temps à comprendre le système pour trouver mon livre, tout à l'heure, j'avais déjà envie de changer de site, mais là en plus, ouvrir un compte, euh… Je me dis que je n'y retournerai pas sur ce site-là, donc ça ne sert pas à grand-chose que j'en ouvre un.* »
>
> Julien, 34 ans : « *OK, donc ça veut dire qu'il faut ouvrir un compte, donc c'est bien pour le suivi, mais c'est quand même assez… De toutes façons, pour le paiement, ouais… C'est embêtant de créer un compte, en fait, j'aime bien créer un compte pour une seule fois, pour un achat, vous voyez, pas que ce soit enregistré… donc ça n'est pas sûr que je continue.* »
>
> Charlotte, 34 ans : « *Je dois créer un compte si je n'en ai pas, déjà ça me fatigue…* »

Cette participante parle de « changer de site » et non de « quitter le site ». Ce type de remarque est de plus en plus fréquent : les utilisateurs n'abandonnent plus leur objectif, mais décident de le réaliser sur un autre site. La concurrence étant ancrée dans leur modèle mental du Web, ils n'acceptent plus de subir des expériences d'utilisation désagréables et vivent la possibilité de faire la même chose ailleurs comme une grande liberté de choix.

On voit comme le fait d'avoir un compte sur un site n'est pas si anodin, même pour des gens habitués à acheter sur le Web. Il est alors probable qu'une simple modification d'interface, de flux d'interaction et de libellés puisse les faire dépasser cette étape.

Les responsables de sites web ont l'impression de prévoir des comptes utilisateurs pour faciliter la vie de leurs clients, qui de leur point de vue, vont forcément passer plusieurs commandes. De l'autre côté du miroir, les utilisateurs rechignent à créer un compte, car ils ne pensent pas forcément revenir sur le site pour une seconde commande !

Le fait de consommer à nouveau sur un site est d'ailleurs plutôt une décision influencée par l'ensemble de l'expérience d'achat, voire d'usage de l'article acheté : processus de commande, e-mails, délai de livraison, qualité du paquet reçu pour une commande physique, concordance du produit avec ce qu'ils pensaient avoir acheté, qualité du service après-vente, etc.

Confronter ses idées à la réalité

Attention à ne pas attribuer les résultats observés à un manque d'expertise des participants. Rappelons que les participants rencontrés sont tous familiers du Web. D'ailleurs, ceux qui se sont trompés de zone à cette étape ne sont pas forcément ceux qui ont eu le plus de difficultés sur les autres tâches. Voir la réalité de ces usages est un bon moyen de se rendre compte à quel point, en tant que concepteur, nous sommes influencés par nos représentations mentales sur le Web, les utilisateurs ou leurs habitudes, et celles-ci ne correspondent pas à la réalité. Rien ne vaut d'aller s'y confronter pour s'en rendre compte !

Plan A : un parcours d'achat rapide, sans nécessité de créer un compte

- Un parcours « invité » (guest checkout) proposerait simplement aux internautes de « continuer », en les dirigeant automatiquement vers la première véritable étape du formulaire de commande (souvent, les coordonnées de livraison). On peut alors se permettre de seulement demander une adresse e-mail parmi les autres coordonnées, et de faire créer un mot de passe à la fin de la commande, comme une simple option, une suite envisageable (cela sera bien sûr plus efficace si on le récompense, par exemple, en offrant une réduction sur la prochaine commande).
- Proposer une commande sans compte a d'autant plus de sens que, même s'ils ont déjà créé un compte sur le site à l'occasion d'un précédent achat, les gens oublient souvent leurs identifiants. À savoir, 75 % des gens qui utilisent une fonctionnalité de récupération de mot de passe ne terminent finalement pas leur commande.

Si on met tout ensemble, les réfractaires à la création d'un compte et ceux qui pensent que le formulaire est le formulaire d'inscription, ce simple écran de connexion peut représenter un gros point de fuite, alors qu'on n'a même pas encore montré l'étape de création de compte en tant que telle.

Plan B : un parcours d'achat qui masquerait la nécessité de créer un compte

- Si on souhaite forcer la création d'un compte, il est tout de même possible de le présenter de telle manière que l'internaute ne prenne pas peur. Par exemple, en transformant le bouton *Créer un compte* (puisque ce n'est pas ce que l'utilisateur a demandé) en *Commander*, et en reportant les champs de création du compte directement dans le formulaire de coordonnées de livraison.
- On peut aussi envisager de coupler parcours invité et parcours classique, en proposant de créer un mot de passe pour les fois suivantes, en soulignant que c'est optionnel.
- Comme il est rare de pouvoir s'affranchir de demander une adresse e-mail, le seul champ matérialisant la création de compte est généralement le mot de passe. PriceMinister demande en plus de choisir un pseudo, ce qui est bien adapté pour les vendeurs, mais moins pour les acheteurs. Même si la stratégie est que chaque utilisateur soit les deux à la fois, ce peut être quelque chose qui se travaille dans la durée de la relation avec un internaute : pas besoin de demander un pseudo avant que l'utilisateur veuille vendre ou poster un commentaire sur un produit ; une fois que ce pseudo aura été choisi dans une de ces situations, il pourra être réutilisé pour de nouvelles occasions.

Statistiques d'abandon

En 2008, un rapport de Forrester Research révélait que 23 % des internautes avaient abandonné leur achat sur le dernier site e-commerce leur ayant demandé de créer un compte.

38 POTIRON

http://www.potiron.com

Site e-commerce de la marque, Potiron.com propose une gamme de produits de décoration et d'aménagement intérieur. Le processus de commande comprend une page *Livraison*, dont nous abordons certains points de la qualité ergonomique en tant que formulaire.

Fig. 38-1

1 SOIGNER L'ARRIVÉE SUR LA PAGE

Lorsque l'internaute arrive sur cette page en ayant créé un nouveau compte client, on lui affiche un message qui ressemble à une alerte, et peut donc l'inquiéter inutilement. Plus gênant, il représente un point de fuite important, puisque ce message peut être interprété comme une consigne d'aller sur sa boîte e-mail.

2 SITUER LA PAGE DE LIVRAISON DANS LA COMMANDE

Le formulaire pour indiquer les adresses de livraison et de facturation est une page parmi cinq étapes. Grâce au chemin de navigation numéroté en haut de page, on indique bien à l'utilisateur où il se trouve dans le processus de commande : l'étape qu'il a déjà passée, celle où il se trouve et celles qui lui restent à accomplir.

Il n'est pas dramatique que l'étape soit nommée *Livraison* alors qu'elle contient à la fois les adresses de livraison et de facturation. En effet, le nom de cette étape est important pour se situer dans le processus général, et non pour décider si l'on doit aller sur cette page ou non.

3 GESTION DES ADRESSES DE LIVRAISON ET DE FACTURATION

- La présentation en deux colonnes permet de distinguer rapidement les zones adresse de livraison et de facturation. Une case à cocher permet de dupliquer les informations de livraison dans la partie facturation, évitant à l'utilisateur de les saisir deux fois dans le cas où elles seraient identiques.
- On s'attendrait cependant à ce que cocher la case ait pour effet de masquer la partie facturation. En effet, si le procédé actuel fonctionne aussi, il a le désavantage de laisser à l'écran les deux formulaires. Lors de la vérification rapide des informations saisies, l'utilisateur aura donc l'impression d'avoir le double de travail.

Alignement des libellés : plutôt à gauche

Les libellés de champ alignés à droite (comme dans cet exemple) compliquent la lecture du formulaire et des informations demandées. En effet, l'œil est alors obligé d'effectuer un parcours en zigzag. Lorsque la taille des libellés le permet, il est donc préférable de les aligner sur la gauche. Si la différence entre le plus petit et le plus grand est trop importante, cette règle peut être remise en question, puisqu'on risque alors d'avoir des difficultés à mettre en relation le libellé et le champ correspondant. C'est peut-être le moment de repenser ses libellés pour éviter qu'ils soient trop longs !

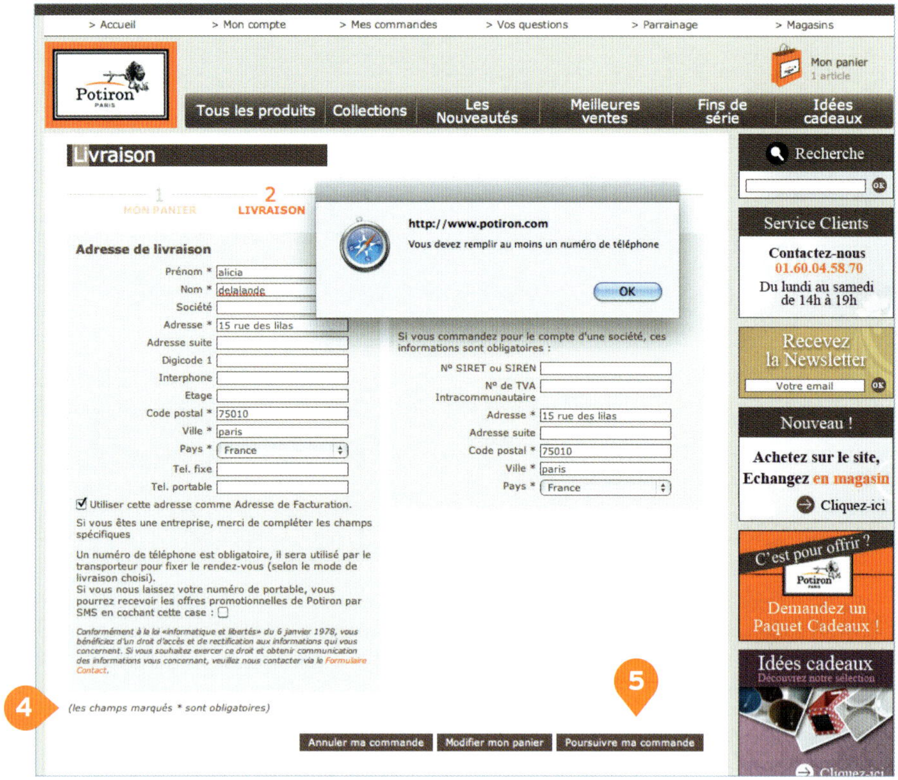

Fig. 38-2

4 CHAMPS OBLIGATOIRES ET ERREURS

Légender et indiquer les informations obligatoires à côté des champs concernés

L'indication des champs obligatoires par un astérisque est un signe conventionnel. Associé à la légende correspondante, il permet de réduire le risque que l'internaute oublie des informations indispensables.

Sans astérisque, on peut croire que les champs téléphone sont optionnels. Dans ce cas, peu d'internautes les rempliront, car le téléphone est une donnée très personnelle. Seule une phrase dans le bas de la page indique qu'au moins un des deux numéros est obligatoire. Le présenter si loin des champs correspondants est risqué, car une grande part des utilisateurs ne le verront pas. On peut donc proposer un champ téléphone obligatoire, et demander à la fois le type et le numéro.

La notification d'une erreur doit faciliter sa correction

Dans ce formulaire, les erreurs sont toutes traitées en un seul passage. Ainsi, l'internaute peut procéder à une correction de l'ensemble des oublis ou erreurs. Cependant, la liste des erreurs s'affiche dans une fenêtre JavaScript, par-dessus la page. Ce format peut couvrir les champs, compliquant la compréhension des erreurs et obligeant à les mémoriser. En effet, une fois la fenêtre fermée, aucune indication n'est disponible pour repérer les champs erronés.

5 BOUTONS D'ACTION : PRIVILÉGIER L'USAGE PRINCIPAL

Les trois boutons d'action en bas du formulaire ont tous le même format, les seuls éléments distinctifs étant leur ordre et le libellé. On doit absolument les hiérarchiser visuellement afin de faciliter la tâche de l'internaute. Le call-to-action primaire étant *Poursuivre ma commande*, c'est lui qui doit être mis en avant. Cette recommandation limitera les hésitations et facilitera l'appréhension globale du formulaire.

Dans l'idéal, on devrait pouvoir repérer quelle est l'action primaire sans lire le libellé du bouton. Ici, si on clique sur *Annuler ma commande*, on se retrouve sur la page d'accueil sans aucun message de confirmation. C'est dire l'importance de minimiser ce bouton, voire de questionner son utilité.

Partie 5
OUTILS EN LIGNE

KRYS

JE DESSINE

LE MOULIN ROTY

LE GRAND ROBERT

KING JOUET

VIAPRESSE

MARIE CLAIRE MAISON

VIADEO

À la faveur de l'évolution des technologies web, des outils apparaissent qui sont moins des endroits de passage, comme peuvent l'être nombre de sites Internet, que des lieux d'accomplissement d'un objectif à part entière. Remplaçant parfois des logiciels ou des outils non informatiques, ils ont pour vocation de dédier leur interface à rendre un service bien précis aux utilisateurs.

Qu'il s'agisse d'un dictionnaire en ligne, d'un profil sur un réseau social, d'un coloriage en ligne ou d'un magazine numérique, on y retrouve la notion de fréquence d'usage : la plupart des outils analysés dans cette partie sont des applications à forte récurrence, pour lesquelles on observe, en outre, des durées d'utilisation autrement plus élevées que sur un site web classique. La manière de concevoir leur ergonomie doit s'y adapter.

39 KRYS

http://www.krys.com

Sur le site des opticiens Krys, les internautes peuvent essayer toutes les paires de lunettes à partir de leur photo et demander une simulation de prix monture + verres correspondant à leur correction. Nous nous intéressons ici à quelques points marquants de l'ergonomie de cet outil de simulation.

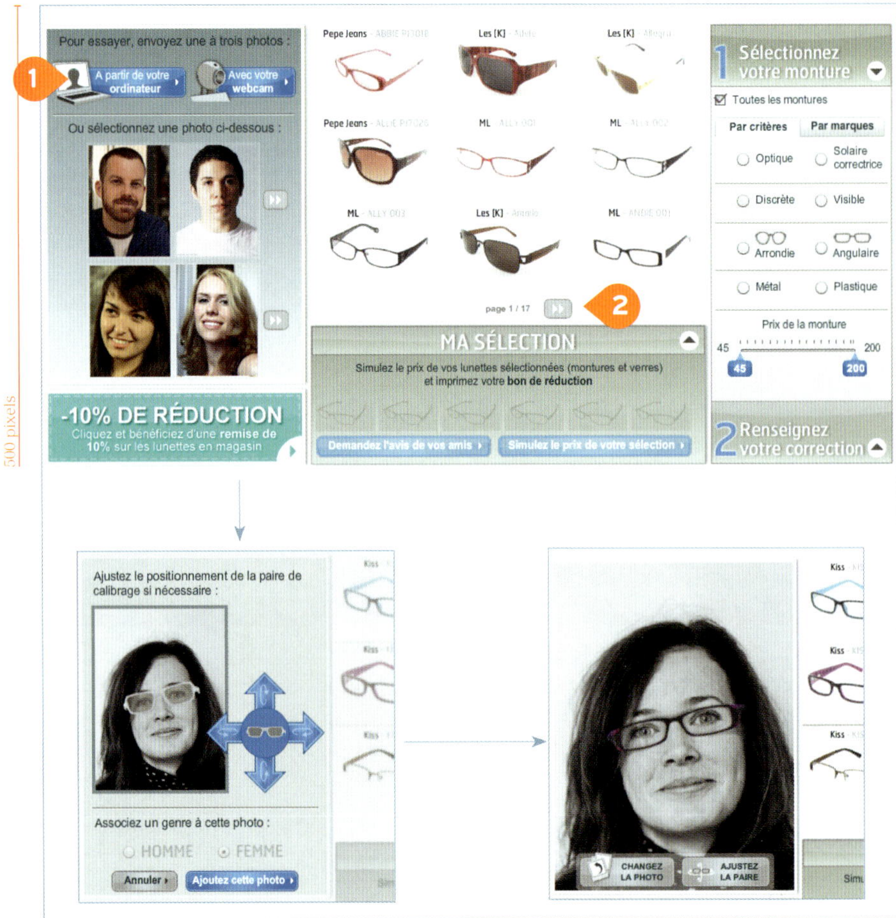

Fig. 39-1

1 UN OUTIL TRÈS UTILE ET PERSONNALISÉ

- Le simulateur est très utile, ce qui augmente naturellement son score d'ergonomie. Il a un fort pouvoir d'engagement puisqu'il permet à l'internaute d'importer sa propre photo. Ce premier degré d'utilité est renforcé par deux fonctions très bien adaptées à la tâche de choix d'une paire de lunettes : demander l'avis d'un pair et obtenir une simulation de prix monture + verres tenant compte de sa correction.
- Son utilité étant surtout perceptible après la première utilisation, son interface se devait d'être très soignée. L'ajout d'une photo est très facile, le moteur de traitement semble puissant et demande très peu de réglages pour ajuster la paire.

L'efficacité technique est un facteur d'optimisation de l'expérience utilisateur.

KRYS

2 DES CHOIX D'INTERACTION AU SERVICE DE L'ESSAYAGE

La fluidité de la pagination optimise le nombre de modèles vus

L'organisation des zones et la hauteur limitée à 500 pixels imposent de présenter seulement neuf montures à la fois. On doit souvent changer de page car on repère rapidement parmi les neuf modèles ceux qui pourraient nous plaire ou non. Le parcours de la liste aurait donc pu être fastidieux, mais les choix techniques compensent : seule la zone de liste se recharge, et les pages se succèdent de manière quasi instantanée suite au clic, avec un léger effet transitionnel de flou. Cela procure un ressenti de grande fluidité.

Les listes doivent s'afficher rapidement

Plus un système de parcours d'une liste est simple et agréable à utiliser, plus les internautes consultent de résultats. Pour les listes paginées, le temps de chargement de chaque page est donc un critère primordial. Pensez-y pour optimiser le nombre de pages de listes vues sur votre site !

L'essayage direct suite au clic renforce le côté ludique

- Trois choix sont proposés pour chaque monture : *Essayer*, *Voir la fiche produit* et *Ajouter à ma sélection*. Ils apparaissent au survol après un très bref délai (Fig. 39-2a). Dans l'intervalle, cliquer sur la monture a pour effet de l'essayer. On privilégie ainsi la fonction clé de l'outil, tout en offrant un côté ludique à l'outil, puisque je peux essayer très rapidement de nombreux modèles.
- Le raccourci implicite par simple clic est si puissant qu'on pourrait faire l'économie du libellé explicite au survol, et minorer les deux autres libellés afin de ne pas cacher la monture avec la liste des liens.

Ce procédé témoigne d'un vrai travail de hiérarchisation des fonctionnalités.

- L'essayage étant la fonction principale, on apprécie qu'il se fasse automatiquement à la consultation de la fiche.
- Le prix des montures n'est pas affiché en permanence, du fait de l'objectif de l'outil principalement centré sur l'essayage, de la présence du filtre prix et de la gamme de tarifs peu étendue. Cependant, on regarde souvent le prix d'un article avant de l'emmener en cabine d'essayage. L'internaute apprécierait donc de le voir s'afficher, ne serait-ce qu'au survol, plutôt que de devoir aller le chercher dans le détail du produit.

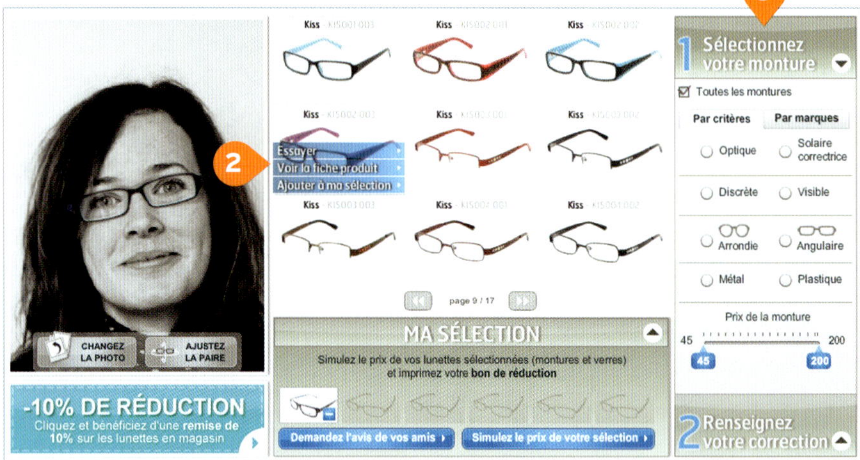

Fig. 39-2a
Survol d'une monture

Fig. 39-2b
Détail fiche produit d'une monture

3 UNE LOGIQUE VISUELLE QUI DOIT RESPECTER LA TÂCHE UTILISATEUR

- Pour que l'internaute comprenne encore mieux ce qu'on attend de lui, on pourrait réorganiser les zones de la page. Notamment, l'espace de filtre des montures par critères ou par marques pourrait être placé au-dessus ou à gauche de la liste, afin qu'on comprenne bien le rapport de dépendance de l'un à l'autre. Aujourd'hui, il n'est pas assez clair, avant d'essayer le simulateur, que *Sélectionnez votre monture* contient à la fois les filtres et la liste, cette dernière étant le résultat des préférences de l'utilisateur.
- De manière complémentaire, *Ma Sélection* trouverait tout à fait sa place sur la droite de l'écran. On figurerait ainsi le sens de progression des étapes jusqu'à la fin du parcours : la simulation du prix.

L'utilisateur peut voir le simulateur en entier sans avoir besoin de scroller.
Alors que ce n'est plus un critère pour la plupart des sites, c'est très pertinent ici car cela permet de voir en direct les dépendances qui s'opèrent entre les différentes zones : filtres, liste de montures, essayage sur la photo.

40 JE DESSINE

http://www.jedessine.com

Je dessine est un site web proposant diverses activités aux enfants : dessins, bricolage, lecture, jeux, personnalisation de personnages… et notamment un outil de coloriage en ligne. C'est le site français pour enfants le plus visité avec 1,3 million de visiteurs uniques mensuels.

Fig. 40-1

Une application de coloriage en ligne est typiquement un outil à grande récurrence : elle vise à être utilisée à de nombreuses reprises, avec des intervalles assez courts entre les sessions. Qui plus est, c'est un outil sur lequel les utilisateurs vont passer beaucoup de temps, comparé à une visite sur une page web classique. Enfin, le profil particulier de l'utilisateur, l'enfant, doit être pris en compte.

1 LA QUESTION DU PLEIN ÉCRAN

Afficher automatiquement une page en plein écran produit un fort effet intrusif : l'internaute peut avoir l'impression qu'on agit à sa place, et regretter de devoir sortir du contexte connu et rassurant du navigateur Internet. Cependant, le plein écran, même provoqué par défaut, trouve ici tout son intérêt, nous donnant un très bon exemple d'une recommandation qui peut être infléchie du fait du contexte d'utilisation et des profils des utilisateurs. En effet, il présente les avantages suivants.

- En ouvrant une interface dédiée à l'action souhaitée, on crée un environnement dans lequel les enfants vont pouvoir se concentrer sur l'activité de coloriage.
- En s'affranchissant du cadre du site web, les concepteurs réduisent le nombre d'éléments à présenter. Cette concision permet de produire plus facilement un bon confort d'utilisation.
- L'utilisation de Flash permet d'obtenir une interface qui s'adapte entièrement à la taille de l'écran de l'internaute. On s'assure ainsi que tous les éléments seront toujours visibles, et on maximise le potentiel d'affichage de la plate-forme de consultation.

Remarquons enfin que le procédé du plein écran n'est acceptable ici que grâce à la présence du bouton *Fermer*, très clair, bien visible et situé à l'endroit où on l'attend. Le message *Appuyez sur la touche Echap pour quitter le mode plein écran*, affiché au chargement de la page, ne saurait suffire.

Il n'existe pas de « bon » choix d'ergonomie

Pouvoir choisir d'afficher un outil en plein écran alors qu'on recommande la plupart du temps de ne pas le faire montre bien que les règles d'ergonomie ne sont pas figées. Cela vaut pour tous les choix de conception : tout dépend du contexte, et une bonne qualité d'utilisation dépend essentiellement d'une bonne adaptation du site à ce contexte.

2 GÉRER LE PARADOXE ENTRE LA PUBLICITÉ ET LA VOCATION DU SITE

Une publicité trop présente

- Occupant l'ensemble du fond de l'espace de travail, la publicité nécessite un effort mental constant pour l'ignorer. On peut faire l'hypothèse que cet effort sera plus difficile

Fig. 40-2

pour un enfant, qui risque de faire la confusion entre le dessin à colorier et les personnages de la publicité. On réservera donc plutôt la publicité à des zones spécifiques, bien distinctes du contenu du site.

La publicité et l'ergonomie

La présence de la publicité est souvent un inconvénient avec lequel il faut composer. Elle est rarement souhaitée par l'internaute, mais parfois nécessaire pour satisfaire le modèle économique du site. Les choix ergonomiques doivent donc faire en sorte que, malgré sa présence, elle dérange le moins possible l'atteinte de l'objectif initial de l'utilisateur.

- La publicité est entièrement cliquable. Ce choix, compréhensible si on souhaite que la publicité soit cliquée, a cependant des conséquences dommageables pour l'utilisateur. Du fait de sa présence en fond, il y a fort à parier qu'un enfant cliquera dessus par inadvertance, surtout dans l'intervalle entre la planche à dessin et les outils situés à gauche.
- Si le navigateur est équipé d'un bloqueur de pop-up, un clic sur la publicité a pour effet de fermer le plein écran et de revenir sur le site initial. L'internaute peut alors penser avoir perdu son coloriage.
- Enfin, il y a un risque de noyer les zones d'interaction utiles dans l'espace publicitaire. Si la feuille à colorier, les outils de coloriage et le bouton *Fermer* restent assez visibles grâce à leurs formats et à leurs emplacements conventionnels, ce n'est pas le cas des outils d'enregistrement et d'impression. Or, ce sont des fonctions très importantes, sans lesquelles tout le temps que l'enfant aura passé à colorier serait perdu.

Les concepteurs du site ont prévu que si l'utilisateur demande à nouveau à colorier en ligne le même dessin, il retrouvera l'interface dans l'état où il l'a laissé. C'est un bon choix, qu'il faut conserver, en y ajoutant un procédé de protection contre l'erreur, évitant qu'il ferme par mégarde un coloriage sans l'avoir enregistré.

Accentuer la distinction entre publicité et fonctionnalités

- On pourrait regrouper les espaces d'actions afin que les fonctions d'enregistrement et d'impression soient situées dans la même zone que les autres actions. En démultipliant les emplacements selon les outils, on risque en effet que certains ne soient pas vus.
- Ajouter un ou des libellés explicites aux icônes d'enregistrement et d'impression les rendrait plus visibles. En ajoutant du texte, la zone consacrée à la fonction sera plus grande et donc mécaniquement plus saillante.
- Dernière solution, accentuer l'effet graphique de distinction entre fond publicitaire et zone d'outils, la difficulté étant que l'effet doit fonctionner quel que soit le visuel de la publicité sous-jacente.

3 LE RÔLE DES ICÔNES

Les douze fonctions sont représentées par des pictogrammes, parmi lesquels seule la fonction *Fermer* bénéficie en plus d'un libellé permanent.

Une image ne vaut pas toujours mille mots…
Il est très difficile de créer des icônes sur la signification desquelles tout le monde s'accorde. Ajouter une légende à l'icône permettra donc de s'assurer qu'elle soit comprise. En outre, si elle est affichée en permanence, la visibilité de la fonction sera d'autant plus grande, puisque la zone dédiée à cette fonction sera plus étendue.

Expliciter les icônes par du texte

Il est rarement recommandé de concevoir une application basée uniquement sur l'utilisation d'icônes. Il reste alors deux solutions.

- Accompagner l'icône d'un libellé permanent présente l'avantage de couper court à toute ambiguïté, si le libellé est suffisamment clair. En agrandissant la zone consacrée à la fonction, on lui donne aussi un plus fort pouvoir suggestif. Cela nécessite cependant de la place à l'écran, et augmente la charge visuelle, d'autant plus que les fonctions sont nombreuses.
- Accompagner l'icône d'un libellé au survol : on obtient ainsi des zones d'outils peu chargées visuellement, tout en fournissant une explication claire lorsque l'utilisateur montre son intérêt pour l'une des fonctions. C'est un bon choix ici, d'autant plus que le libellé s'affiche immédiatement au survol de l'icône. De plus, ce procédé est bon pour une application utilisée fréquemment, car ses utilisateurs développent une expertise et des habitudes sur l'outil. On peut alors accepter un temps d'adaptation lors de la découverte de l'outil, pour privilégier l'ensemble des utilisations futures.

La plupart du temps, ce libellé est inclus dans une balise *alt*. Or, le contenu de cette balise ne s'affiche pas immédiatement après le survol de l'élément. Il est donc souvent manqué par les utilisateurs.

S'assurer de la bonne compréhension de l'icône et de sa légende

Fig. 40-3

Associer un libellé à une icône ne protège pas contre le fait qu'elle puisse être mal comprise, surtout lorsque l'on s'adresse à des enfants qui peuvent ne pas encore maîtriser la lecture. Si *Reprendre mon dessin à zéro* est compréhensible, la fonction est dangereuse : elle pourrait nécessiter une confirmation, d'autant que l'icône peut être attrayante pour un enfant. Quant à *Faire pivoter mon coloriage de 90°*, c'est peu compréhensible pour un enfant.

Rien n'est ergonomique dans l'absolu. Ce qui pourrait fonctionner pour un adulte devient moins utilisable par un enfant, qui n'a pas le même bagage cognitif.

4 ALLER PLUS LOIN DANS L'ADAPTATION AUX BESOINS UTILISATEURS

L'interface d'un outil doit être adaptée au plus près de la tâche qu'il permet de réaliser. Il faut donc s'interroger sur la définition de cette tâche dans notre outil de coloriage.

Privilégier le changement de couleur

L'action la plus fréquente est sans doute le changement de couleur. Or ce choix n'apparaît que suite au choix de l'outil. Pour les enfants, cela risque d'être encore plus difficile de savoir comment faire. Une solution consisterait à afficher les couleurs de manière permanente, comme une palette, et l'outil de manière adjacente (comme une option de la couleur). On doit voir le couple des deux pour mieux comprendre l'usage attendu.

Choisir l'outil par défaut le plus adapté au coloriage

L'outil sélectionné par défaut est le crayon, alors qu'il ne semble pas être l'outil le plus adéquat pour dessiner à la souris, contrairement au pinceau, par exemple, plus large et rond.

Penser à la situation où le coloriage est terminé

Une fois le coloriage terminé, aucune fonction ne permet de le déclarer. Si les outils d'enregistrement et d'impression y sont implicitement liés, compte tenu de la cible utilisateur, il serait appréciable d'ajouter un lien de type « j'ai terminé ». Cela viendrait en outre pallier le fait qu'avec l'interface dédiée, l'utilisateur est quelque peu coincé avec le coloriage qu'il a demandé : il ne peut pas en commencer un autre, par exemple, alors que cette fonction pourrait être appréciable pour les enfants.

41 MOULIN ROTY

http://www.laboutiqueabroder.fr

Le site de Moulin Roty propose dans sa Boutique à broder de composer un coffret de naissance de manière personnalisée, en choisissant les cadeaux qu'on souhaite y inclure, ainsi qu'une fonctionnalité de broderie du prénom de l'enfant.

Fig. 41-1

1 LA PRÉSENTATION DOIT TRADUIRE LA LOGIQUE D'INTERACTION

Le choix d'une option ne doit pas guider la présentation de toute la page

- En arrivant sur cette interface, l'utilisateur est d'abord attiré par les produits, plutôt que par les titres qui les surplombent. Il risque donc de ne pas comprendre suffisamment rapidement que les articles sont répartis en deux colonnes, avec ou sans broderie.
- Le fait d'ajouter une broderie pouvant s'appliquer à tous les produits, l'organisation visuelle actuelle nécessite de répéter chaque produit deux fois. Or, la seule différence

d'un article avec ou sans broderie, c'est le prix. Proposer l'option et les prix correspondants à côté de chaque produit serait donc moins coûteux en termes d'espace et allégerait la présentation.

> **Différencier actions et informations**
> L'icône *Avec broderie* semble être un bouton d'action, comparable à *Supprimer*. En fait, il s'agit d'une légende. Différenciez bien les simples informations des éléments cliquables sur votre site, ou vos visiteurs risquent de ne pas vous comprendre.

> **Préremplir les zones avec un texte incitatif a l'avantage de décrire ce qu'on attend de l'utilisateur, tout en supprimant cette information lorsqu'il clique pour écrire. Attention, cependant : ici, si l'internaute clique à nouveau dans une zone où il a déjà rempli du texte (par exemple pour le corriger), celui-ci disparaît de la même manière que le texte d'incitation. Ce procédé ne doit être employé que pour la première saisie !**

Personnalisation des messages

S'il choisit des articles avec broderie, l'utilisateur doit saisir le nom de l'enfant dans la zone affichant la phrase *Saisir le prénom de bébé ici*, qui incite à la saisie. C'est un bon procédé, mais qui ne suffit pas pour rendre la zone affordante à la saisie. Il faudrait l'accompagner d'une forme plus marquée de champ de saisie (en ajoutant un contour, notamment, pour bien voir se dessiner la zone blanche vide). En outre, la déplacer à côté de l'autre option de personnalisation renforcera sa visibilité.

2 CHOIX DES ARTICLES PAR GLISSER-DÉPOSER

L'utilisateur ne peut ajouter un article à sa commande qu'en le glissant-déposant dans la zone correspondante (*Ma commande*). Or, ce procédé ne devrait être utilisé qu'en complément d'une fonction plus classique d'ajout au panier, car il présente plusieurs défauts.

Le glisser-déposer n'est pas le procédé idéal pour l'ajout au panier

Dans le cas d'un ajout au panier, ce mode d'interaction complique le travail de l'utilisateur, qui doit cliquer pour saisir le produit, le déplacer sur la distance qui le sépare du panier, puis relâcher le bouton de la souris pour lâcher le produit. Un simple bouton d'ajout au panier serait plus adapté.

La possibilité de glisser-déposer est par définition invisible

- Classiquement, cette opacité est contournée par des messages incitatifs, ici au nombre de trois : dans la zone *Ma commande*, en haut de page (en rouge et clignotant pour attirer l'attention, Fig. 41-2) et dans une fenêtre s'affichant au double-clic sur un produit. Or si ces indications permettent effectivement que l'internaute comprenne ce qu'on attend de lui, leur nombre et leur format montrent que sans elles, l'interface est défaillante. Elle peut être optimisée pour avoir besoin de moins d'aides textuelles.

> **Ne pas compter sur le double-clic**
> Les internautes n'ont pas forcément le réflexe de double-cliquer sur Internet. Ici, on a encore moins de chances qu'ils essaient ce comportement, car le pointeur n'indique pas que l'item est cliquable : même au survol, il reste en forme de flèche. Le double-clic peut par contre être intégré dans des outils ou applications, et fournir des raccourcis aux utilisateurs expérimentés.

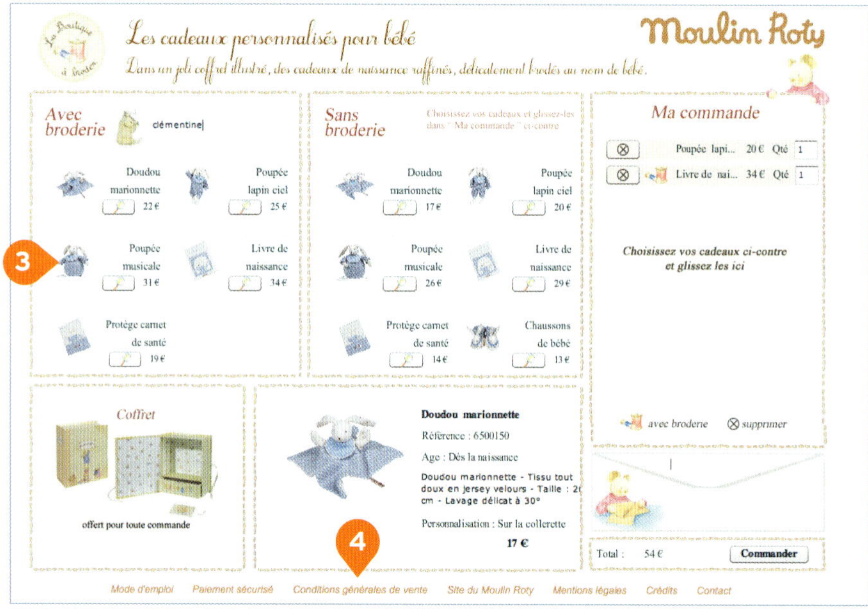

Fig. 41-2

- La possibilité de glisser-déposer peut aussi être soulignée au moyen d'un pointeur spécifique au survol de l'objet déplaçable. Aujourd'hui, la convention la plus utilisée consiste à afficher un curseur en forme de croix.

> **Je peux cliquer, car il y a la petite main**
> Il ne faut pas sous-estimer le pouvoir du changement de forme du pointeur de la souris. C'est une connaissance préalable des internautes qu'il faut prendre en compte et appliquer aux éléments actifs. Ici, aucune des zones cliquables n'en bénéficie.

La possibilité de glisser-déposer doit être cohérente

- Le glisser-déposer ne fonctionne pas à partir du détail du produit, alors que c'est souvent à partir de cet endroit que l'internaute va prendre sa décision d'achat.
- En revanche, lorsqu'on ajoute un produit qui est déjà dans le panier, de manière à ce que la quantité soit actualisée, la ligne en question rebondit. Un bon moyen de donner du feedback à l'utilisateur !

3 PROFITER DE LA QUALITÉ DES PRODUITS POUR CONVAINCRE

- Réorganiser l'espace à l'écran permettrait par ailleurs de magnifier les photos des produits, qui, du fait de la perte de place, sont ici très réduites. Elles mériteraient d'être plus grandes, même en mode liste.
- Au clic sur une photo dans la zone de détail, elle s'ouvre en plus grand. Les photos sont alors de très bonne qualité et ont un grand pouvoir de séduction. Malheureusement, cette fonction de zoom a très peu de chances d'être découverte par l'internaute. En effet, s'il a déjà cliqué sur la photo dans la liste, sans effet, il ne renouvellera pas son essai dans la fiche. En cliquant sur une icône de loupe, on peut aussi avoir l'impression d'avoir déjà demandé un zoom (alors qu'on affiche en fait le détail du produit). Le zoom donc s'activer quelle que soit la photo sur laquelle on clique (c'est aussi valable pour le coffret cadeau). Dans la fiche, il pourrait être accompagné d'un libellé *Zoom* ou *Agrandir*.

Réserver une zone au coffret et indiquer qu'il est offert pour toute commande est un très bon moyen d'inciter à l'achat, surtout compte tenu de la qualité perceptible du coffret en question.

4 FRAIS DE PORT OFFERTS À PARTIR DE 60 € : DITES-LE HAUT ET FORT !

- Cette information importante, visible uniquement dans les conditions générales de vente, pourrait être indiquée ou affichable dès cette page, car elle aura un effet certain sur la conversion et le contenu des commandes.
- De plus, avant de cliquer sur *Commander*, les internautes se posent en général la question des frais de port. Une partie des internautes ne se risquera pas à cliquer sur le bouton *Valider ma commande* si elle ne connaît pas le montant total réel de sa commande (et ceci même avant d'avoir saisi ses coordonnées bancaires). Or ce montant n'apparaît pas ici, pas plus que sur la page suivante de saisie des coordonnées de livraison.

42 LE GRAND ROBERT

http://gr.bvdep.com

Les Dictionnaires Le Robert (*www.lerobert.com*) proposent à leurs clients, outre leurs offres papier traditionnelles, plusieurs dictionnaires en ligne : le Petit Robert, Dixel, le Robert Junior, le Grand Robert & Collins… Nous analysons ici l'expérience utilisateur de la version numérique du Grand Robert de la langue française en ligne, véritable outil interactif au service du contenu du dictionnaire.

Fig. 42-1

1 UNE OUVERTURE EN PLEIN ÉCRAN TROP INTRUSIVE

Si l'internaute se connecte à partir du site du Robert, le Grand Robert en ligne s'ouvre dans une pop-up en plein écran, sans les fonctions du navigateur. Ce faisant, on nie le contexte d'utilisation d'un dictionnaire en ligne par un internaute, qui peut souhaiter utiliser cet outil parallèlement à d'autres sites, et qui a donc besoin de pouvoir les visualiser dans différents onglets. On l'empêche aussi d'utiliser les fonctions natives du navigateur, qu'il connaît pourtant et va chercher à retrouver.

Le seul élément positif du plein écran est que, comme la fonction *Page précédente* du navigateur ne fonctionne pas sur cet outil (ou plutôt qu'elle redirige vers l'écran de chargement), on limite le risque que l'internaute se trompe en cliquant par réflexe sur ce bouton pour revenir à l'étape précédente de sa navigation. Cependant, cette fonction de base, extrêmement utilisée et ayant valeur de repère rassurant pour les utilisateurs, devrait être utilisable dans tous les contextes.

2 L'ACCUEIL EST L'ARTICLE « DICTIONNAIRE »

Le Grand Robert s'ouvre toujours par défaut sur l'entrée *dictionnaire*. Ce qui peut constituer un clin d'œil la première fois devient rapidement lourd à mesure des utilisations ; l'outil pourrait très bien s'ouvrir sur une page blanche, sorte d'espace de travail dédié à la recherche, qui mimerait alors l'ouverture du dictionnaire papier, voire sur la dernière entrée consultée.

3 UNE UTILITÉ GÉNÉRALE INCONTESTABLE, MAIS UN MANQUE DE MICRO-UTILITÉS

- La vraie grande qualité de ce dictionnaire du point de vue de l'ergonomie est son contenu : riche, professionnel et très bien maillé, il offre à l'utilisateur un outil indéniablement utile et satisfaisant par ce qu'il lui apporte.
- Au-delà de ce service général, un dictionnaire en ligne doit proposer des micro-utilités adaptées aux attentes de ses utilisateurs. Ici, on peut s'étonner que le site ne permette pas de mettre de côté un article, ou de l'ouvrir dans une nouvelle fenêtre. On pourrait aussi proposer à l'utilisateur la possibilité de déclarer ses préférences (contenu de l'écran d'accueil, onglet ouvert par défaut dans les articles, etc.).
- De manière élargie, une fonction d'hyperappel permettant de consulter l'entrée pour un mot à partir d'un clic droit ou d'un outil complémentaire au navigateur permettrait de faciliter les utilisations du dictionnaire liées à la consultation d'autres sites web, tenant ainsi compte de l'ensemble du système écologique autour de l'outil. Cette fonctionnalité est d'ailleurs déjà implémentée pour les autres dictionnaires Le Robert en ligne.

Cette composante d'utilité ne doit jamais être oubliée dans le score d'ergonomie de vos sites web.

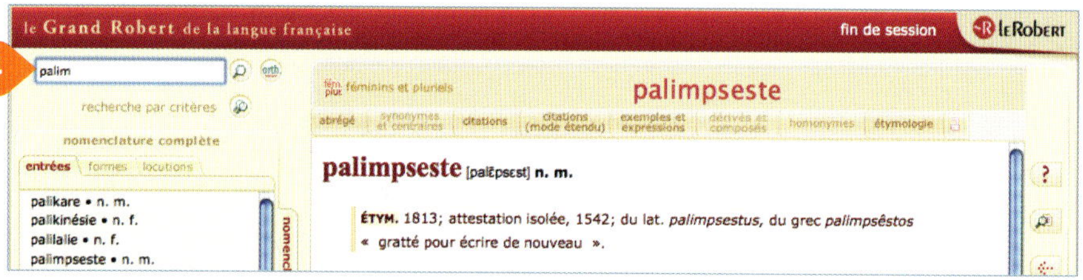

Fig. 42-2

Il suffit de saisir « palim » pour que l'article « palimpseste » s'affiche.

Fig. 42-3

La recherche par critères s'ouvre dans une pop-up.

4 UNE RECHERCHE À LA VOLÉE, PUISSANTE ET PRÉDICTIVE

L'utilisateur n'a pas besoin de valider sa saisie pour afficher l'entrée du dictionnaire correspondante. Cela semble relever du détail, mais contribue beaucoup au confort d'expérience ressenti lors de la consultation. En tant qu'outil susceptible d'être utilisé fréquemment, il bénéficiera d'autant plus de ce type d'avantages.

- Conséquence de ce procédé, si l'utilisateur n'est pas assez rapide dans sa saisie, le système commence à afficher des articles du dictionnaire dès le premier caractère saisi dans le champ de recherche. On peut ainsi se voir proposer un article bien avant d'avoir terminé de saisir le mot en entier (par exemple, *valet* avant d'avoir saisi *valétudinaire*, *nyctage* au lieu de *nyctalope*). Si ce procédé peut étonner la première fois ceux qui saisissent sans regarder le clavier, il a tout de même pour bénéfice de montrer clairement le fonctionnement de la recherche. Il s'apprécie aussi à l'usage, car il permet de voir des termes qu'on n'aurait peut-être pas cherchés, rappelant là l'imprécision du feuilletage papier, important pour la cible d'amoureux de la langue que sont les lecteurs du Grand Robert.
- Dans le même ordre d'idée, l'ensemble des entrées correspondantes ou adjacentes à celle recherchée sont affichées dans la nomenclature en colonne de gauche, mimant presque ce qu'on peut expérimenter dans le dictionnaire papier lorsqu'on cherche la bonne page en progressant lettre par lettre.

- Grand avantage d'un dictionnaire, au bout d'un certain nombre de caractères saisis, il n'y a plus qu'une seule entrée qui correspond. Ici, on exploite très bien cet atout puisque dès que l'utilisateur a saisi *palim*, on affiche l'article *palimpseste* (Fig. 42-2). La recherche à la volée diminue donc aussi la charge de travail liée à la saisie.
- Cette recherche à la volée est un bon exemple de compromis où l'avantage prime sur l'inconvénient, ce dernier ayant d'ailleurs tendance à être « appris » par les utilisateurs : cela va devenir quelque chose qui ne les gêne plus, faisant partie de leur modèle mental du fonctionnement du dictionnaire. La plupart des choix d'ergonomie relèvent d'un tel compromis entre les avantages et les inconvénients d'une solution pour l'utilisateur final. Le choix idéal qui n'a que des bénéfices d'un point de vue ergonomique est rare !
- Seul travers de ce procédé, lorsqu'on saisit un mot qui n'a pas d'entrée dans le dictionnaire, la recherche à la volée affiche forcément un article (le plus proche de la saisie). Or, l'utilisateur a besoin de voir plus clairement qu'aucun résultat ne correspond exactement à sa recherche. Il faudrait donc prévoir de l'en informer.

Fig. 42-4 *Pop-up des féminins et pluriels*

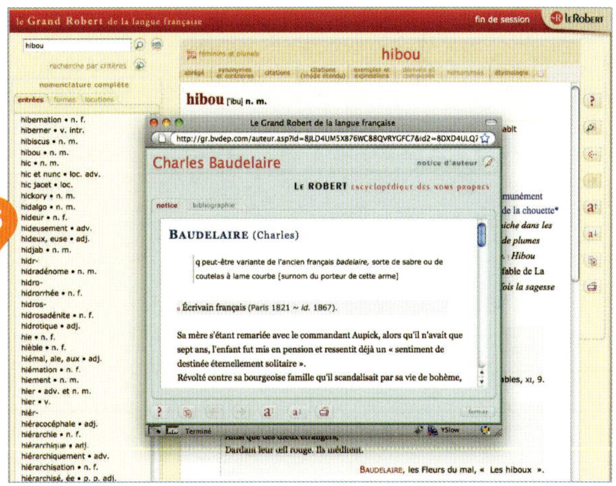

Fig. 42-5 *Notice d'auteurs*

Il faut toujours s'adapter à la tâche, et particulièrement soigner la correction des erreurs si l'utilisateur est susceptible de fonctionner par essais-erreurs. Ici, on ne propose pas de bouton spécifique pour ajuster ou corriger la saisie de critères avancés afin d'obtenir un nouveau jeu de résultats. S'il clique à nouveau sur *Recherche par critères*, l'utilisateur arrive sur une interface vierge, où il est obligé de recommencer sa saisie, même s'il ne souhaitait en corriger qu'un paramètre.

5 DES OUVERTURES EN POP-UP QUI ROMPENT LA FLUIDITÉ DE L'INTERACTION

- La recherche par critères (Fig. 42-3) s'ouvre dans une pop-up, de même que *féminins et pluriels* (qui pourrait constituer un onglet au même titre que les autres, voir Fig. 42-4) ou les notices d'auteurs (Fig. 42-5). Ces dernières sont issues du Robert encyclopédique des noms propres, mais si ces ouvrages sont distincts chez l'éditeur, il paraît dommage de le marquer si fortement pour l'utilisateur de la version en ligne, qui a de toutes façons accès aux contenus. Si on souhaite vraiment faire une différence, on pourrait conserver la couleur de fond, mais intégrer les articles dans la même fenêtre que les articles courants.
- Attention, le même système d'affichage en pop-up utilisé pour l'aide est alors un bon point. En effet, ce contenu est typique d'une information contextuelle dont on peut avoir besoin en même temps que l'interface principale du dictionnaire, et qu'on peut donc souhaiter garder de côté pendant un moment de la session.

6 LA NOMENCLATURE DOIT S'ADAPTER À LA LECTURE

C'est dommage, car ce qui est intéressant dans cette nomenclature, c'est la vision périphérique des articles à côté de celui que je consulte, avec pour métaphore la lecture d'un dictionnaire papier et la vision élargie sur la double page.

Par défaut, l'onglet ouvert dans la colonne de gauche est la nomenclature. Fixée sur le tout début du dictionnaire à l'ouverture de l'outil, elle s'adapte en fonction des caractères saisis dans le moteur de recherche, comme si on feuilletait le dictionnaire (voir point 4). Ce choix d'affichage est intéressant, mais n'indique pas toujours clairement l'entrée consultée dans la liste (ici, *dictionnaire*). De même, le système ne fonctionne plus dès qu'on navigue par hypertexte plutôt que par saisie de caractères (voir Fig. 42-6).

Fig. 42-6

L'article affiché ne correspond pas à la nomenclature.

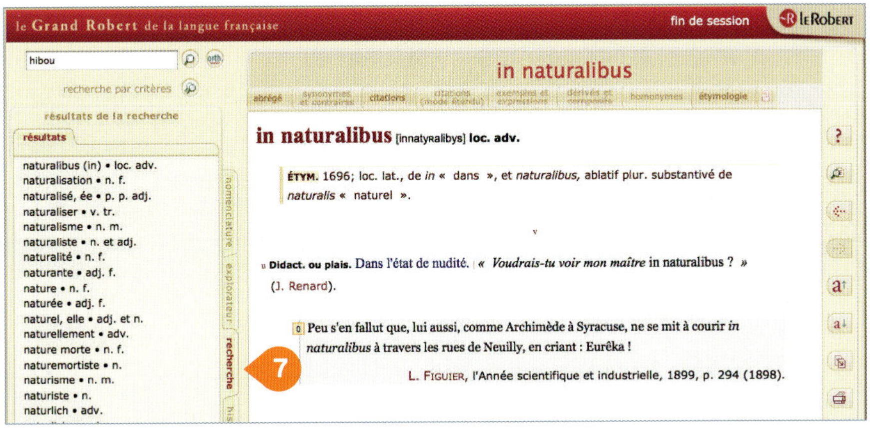

Fig. 42-7

Les résultats d'une recherche par critères s'ouvrent dans l'onglet recherche.

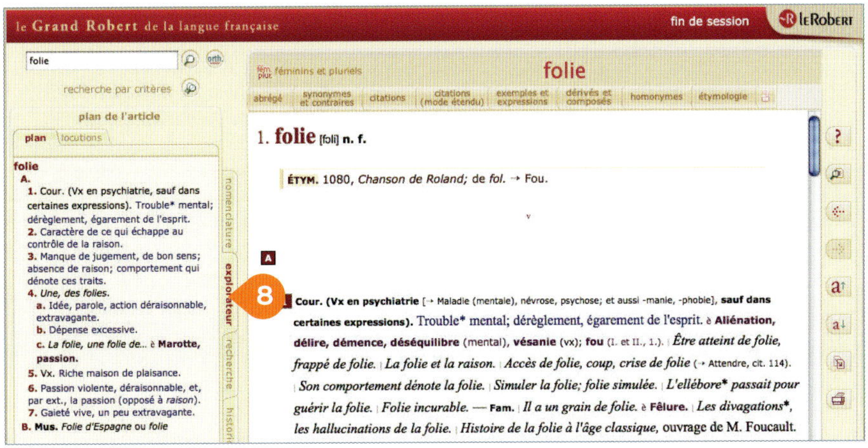

Fig. 42-8

Mode article complet, avec ouverture de l'explorateur dans la colonne de gauche

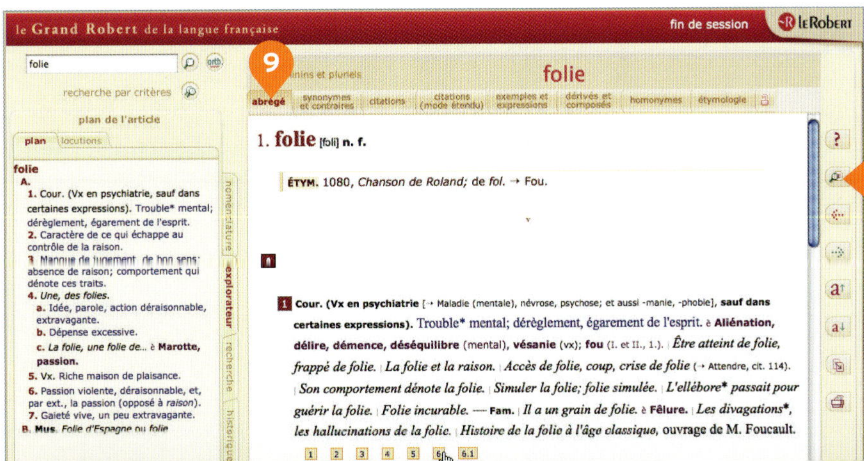

Fig. 42-9

Mode article abrégé, avec ouverture de l'explorateur dans la colonne de gauche

Le design élastique de la colonne centrale fait qu'elle s'étire à l'infini et donne de trop grandes lignes de texte si l'internaute a maximisé sa fenêtre et dispose d'une résolution supérieure à 1024 pixels en largeur.

7 LIMITER L'ONGLET DE RECHERCHE À LA PRÉSENTATION DES RÉSULTATS

Dans la colonne de gauche, l'onglet *recherche* est utile pour accueillir les résultats d'une recherche par critères et naviguer parmi eux. Cependant, il pourrait tout à fait n'apparaître que dans le cas où une telle recherche a été lancée (et non pour la lancer). On éviterait ainsi toute confusion entre la simple recherche par mots-clés et la recherche par critères. En effet, si l'utilisateur clique sur l'onglet *recherche*, c'est en fait la pop-up de recherche par critères qui s'ouvre.

Par défaut, la taille du texte est très confortable. Même si on offre par ailleurs un outil à l'utilisateur pour augmenter ou diminuer cette taille, cela permet d'offrir de manière nominale une expérience de lecture qui prend en compte les limites de cette activité sur écran, plus difficile et 20 % moins rapide que la lecture sur papier.

8 OPTIMISER LA LISIBILITÉ DES ARTICLES

- La richesse des contenus proposés pour une entrée est impressionnante et très utile pour le lecteur, à tel point qu'on n'arrive presque plus à distinguer les définitions en tant que telles, noyées dans le reste de l'article. Des formats de présentation différents sont bien affectés aux divers types de contenus, mais ne suffisent pas pour marquer une véritable hiérarchie et faciliter la lecture de l'article. Par exemple, les citations en rapport avec le mot recherché sont intéressantes, mais prennent trop d'importance visuelle par rapport au reste.
- L'onglet *explorateur* répond en partie à cette problématique, puisqu'il permet d'afficher le *plan* de l'article, cliquable et permettant d'aller directement à la section qui nous intéresse. Malheureusement, il ne s'ouvre pas par défaut, et sans cette vision du plan de l'article, rien n'indique au début d'un article le nombre d'acceptions que le mot recouvre, ce qui est dommage pour l'utilisateur.

Il ne paraît pas très logique que la même zone de gauche accueille à la fois des fonctions génériques (position du mot dans la nomenclature, recherche, historique), et une fonction de navigation à l'intérieur d'un article.

- La typographie choisie pour les renvois cannibalise la définition alors qu'elle devrait simplement l'accompagner en proposant une navigation transversale. Le travail sur les différentes classes de textes et de liens est presque le plus important ici, tant cet outil repose sur du contenu purement textuel.

Le mot consulté est répété deux fois, au-dessus des onglets et au début de l'article. Même si ce choix est compréhensible (pour voir le titre en permanence quelle que soit la position verticale dans la page, mais aussi pour que le début du contenu soit directement surplombé par son titre), ce doublon charge l'écran inutilement.
Or, la concision libère de l'espace visuel et mental. Par compromis, on donnerait l'avantage à un positionnement en haut de page, dans la partie statique.

9 RUBRIQUES D'UN ARTICLE

Il est pertinent de découper les articles en différents chapitres, afin que l'utilisateur puisse consulter plus facilement le thème qui l'intéresse en particulier (citations, étymologie, etc.), sans que ces contenus concurrencent trop l'article nominal. Certains points de cette navigation en onglets gagneraient à être améliorés d'un point de vue ergonomique.

Article complet ou abrégé : on risque de perdre l'internaute

Le mode article complet est celui affiché par défaut, mais aucun des onglets n'y fait référence. En arrivant sur la page, aucun onglet n'est donc représenté comme actif. Si on clique sur un des onglets, il s'allume, mais aucun moyen n'est proposé pour revenir à l'article complet. On peut en fait y revenir en cliquant sur l'onglet *abrégé* (qui sert donc à la fois à afficher l'abrégé ou l'article complet), mais cet accès est si improbable qu'il a peu de chances d'être découvert par les usagers.

Verrouiller le mode de visualisation

- Une icône de cadenas suit les onglets. Si l'utilisateur la survole par curiosité suffisamment longtemps, il voit s'afficher *Verrouillage ou déverrouillage du mode de visualisation* (Fig. 42-10). Cette légende est trop obscure pour comprendre l'utilité de la fonction. Si on clique sur l'icône, le bouton s'enfonce (et inversement si on clique de nouveau), mais sans autre conséquence. Il est donc extrêmement difficile, voire impossible de comprendre la fonction, alors qu'elle est très intéressante !

Ce paramétrage devrait pourtant être inscrit dans le compte utilisateur pour prendre tout son sens et son utilité. Ici, il n'est pas conservé à travers les sessions. Dans même, il ne fonctionne plus une fois qu'on est passé sur un autre onglet (c'est alors celui-ci qui devient l'onglet par défaut).

Fig. 42-10
Verrouiller ou déverrouiller le mode de visualisation

- Le cadenas permet en fait de déclarer l'onglet qu'on souhaite ouvrir par défaut sur l'ensemble des articles consultés. C'est vraiment un outil très puissant, qui prend en considération l'exigence de personnalisation nécessaire à l'utilisation d'un dictionnaire en ligne par un internaute : chacun a ses propres objectifs et préférences, et pouvoir y adapter son outil est précieux.

- Deux onglets distinguent *citations* et *citations (mode étendu)*, le second donnant à voir aussi les renvois de citation, provenant d'autres articles. Plutôt qu'une rubrique à part entière, cela devrait être plutôt une option à régler directement dans l'onglet, une sorte de configuration de l'affichage.

Les rubriques vides peuvent ne pas être affichées

Lorsque certains onglets sont vides, ils sont tout de même affichés, en mode inactif. Or, voir le titre *synonymes* ou *citations*, c'est déjà se projeter dans le fait qu'il pourrait y avoir un contenu derrière, quel que soit l'état visuel de l'onglet. On demande donc un travail mental inutile à l'internaute, alors qu'on pourrait marquer visuellement qu'un mot n'a pas de synonyme, sans laisser aucun doute à l'utilisateur, en n'affichant pas l'onglet correspondant. Cette recommandation devient indispensable dans le cas d'articles sans aucun onglet pertinent (par exemple, le tableau des interjections).

Ce point est renforcé par le design, qui ne facilite pas la distinction entre onglet accessible et onglet inactif.

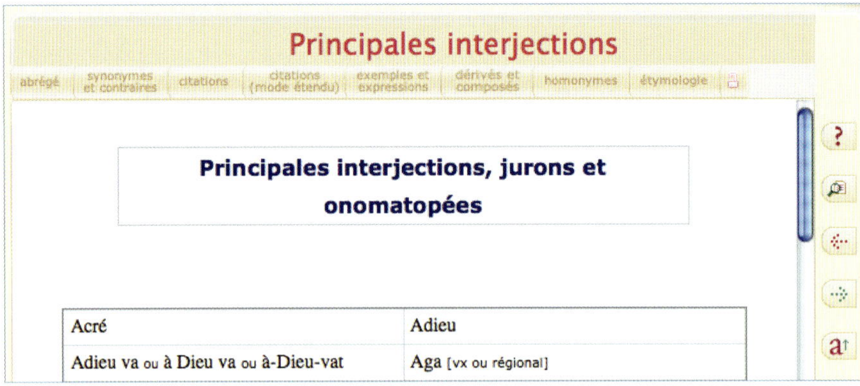

Fig. 42-11
Les onglets sont inutiles dans ce tableau des interjections.

10 NAVIGUER DANS LE DICTIONNAIRE : TOUT EST LÀ MAIS N'EST PAS FORCÉMENT INTUITIF

Soigner la consultation des articles déjà vus

- Concernant la nouvelle consultation d'articles déjà lus, l'action la plus fréquente que l'utilisateur peut souhaiter effectuer sera de revenir d'un ou quelques pas en arrière. Il va alors chercher un bouton *Précédent*, et ira pour ce faire de manière complètement réflexe en haut à gauche de l'écran. Il faut donc exploiter cette habitude acquise sur d'autres outils (sites web, mobiles ou logiciels).

Capitaliser sur les habitudes

Profiter des habitudes des internautes pour leur faciliter l'usage de votre site, c'est capitaliser sur ce que l'on peut appeler l'**apprentissage externe**.

L'*historique* est une fonction très intéressante, mais elle devrait être combinée avec les fonctions de navigation *Précédent* et *Suivant*.

- Accompagnée d'un libellé, l'icône de flèche gagnerait en explicitation et en visibilité, sans compter que cela rendrait la fonction plus facilement cliquable (souvenez-vous de la loi de Fitts !). Attention, il ne faudrait pas reprendre le contenu de l'infobulle s'affichant au survol, *Retour à l'article précédent dans la consultation* (qui est bien trop compliqué et ne donne pas plus d'informations à l'utilisateur), mais ajouter un simple « Précédent ». On peut toutefois très bien se passer de ce libellé si le bouton est suffisamment large, et si le dictionnaire est réintégré dans le contexte du navigateur.

L'ascenseur présent à l'intérieur de la page est rarement recommandé, mais s'avère intéressant puisqu'il permet de faire défiler uniquement le contenu, et de conserver en permanence à l'écran les éléments de titre et de navigation (onglets, barre d'outils, recherche, colonne de gauche...). On peut toutefois obtenir le même effet en utilisant l'ascenseur du navigateur.

Les couleurs rouge et verte affectées aux pictogrammes *Précédent* et *Suivant* sont inutiles, et compliquent au lieu de simplifier. En effet, c'est le sens de la flèche et les termes « suivant » ou « précédent » qui sont discriminants, et non la couleur. De plus, ce choix ne renvoie à aucune convention connue des internautes.

Une navigation par hypertexte très suggestive

- Certains mots sont représentés comme cliquables : ce sont les liens « officiels » permettant de faciliter la consultation des renvois (ce qui est plus difficile sur papier). Cette possibilité de navigation s'impose à l'internaute par le format visuel des liens, avec un pouvoir suggestif assez fort.
- De manière complémentaire, un système d'hypertexte généralisé permet de naviguer vers une entrée du dictionnaire par double-clic sur n'importe lequel des mots à l'écran. Cette fonctionnalité très puissante permet d'exploiter à son maximum le potentiel d'interactivité du dictionnaire en ligne. Cependant, elle est par nature opaque : l'internaute peut difficilement la deviner, sauf à la découvrir par erreur ou à lire l'aide. On pourrait imaginer un guidage progressif au fur et à mesure des utilisations, pointant de manière non intrusive les fonctions clés du dictionnaire, afin d'optimiser la courbe d'apprentissage de l'outil par ses utilisateurs.

Rapidité : un gage de satisfaction

Le Grand Robert en ligne souffre d'un fonctionnement un peu lent, qui est plus acceptable à certains moments de l'interaction (écran de chargement au lancement de l'outil, recherche ou navigation par hypertexte...) qu'à d'autres (la consultation des rubriques d'un article, par exemple, alors que le contenu des onglets pourrait être préchargé juste après le chargement du premier onglet). Cette lenteur dégrade malheureusement le niveau de satisfaction de l'utilisateur envers l'outil, et la marque par extension.

43 KING JOUET

http://www.king-jouet.com

King Jouet propose sur son site des jeux et jouets destinés aux enfants. Un lien *Choisir un cadeau* permet aux internautes d'être accompagnés dans leur parcours de sélection.

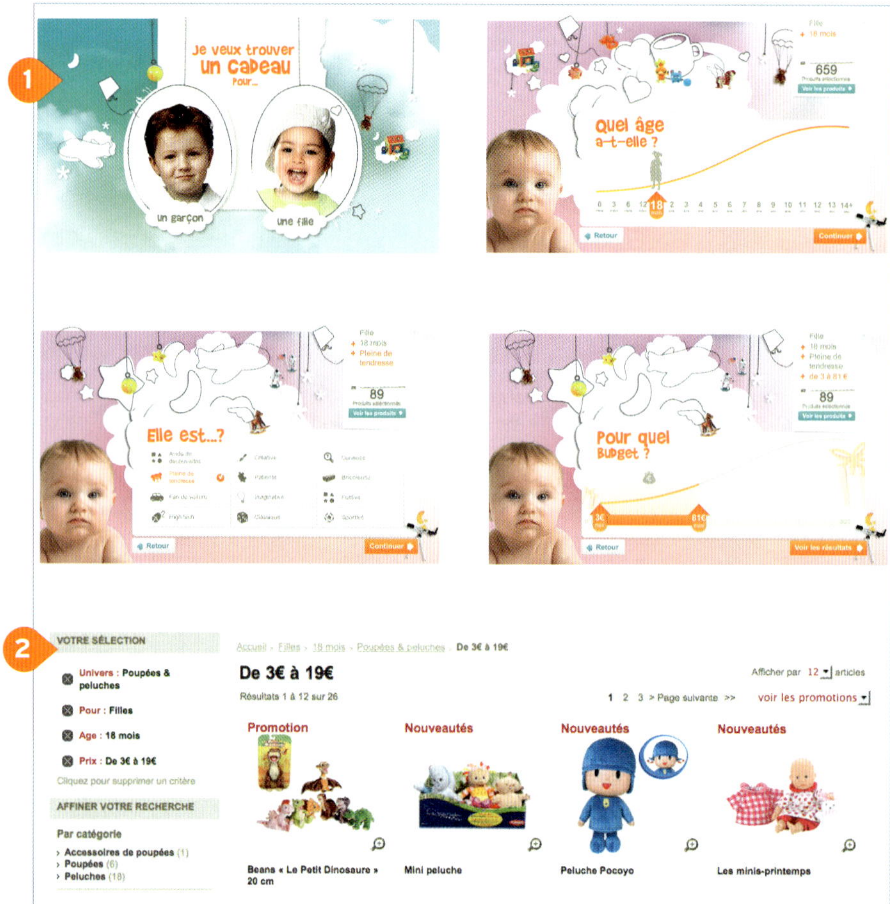

L'outil s'adapte aux choix de l'utilisateur : les pronoms et adjectifs utilisés sont accordés selon que l'on a cliqué sur un *garçon* ou une *fille*, et les enfants modèles des photos grandissent avec l'âge spécifié. L'air de rien, cela participe de l'expérience utilisateur et de l'impression que le site prend vraiment en compte nos choix.

Fig. 43-1

1 UN OUTIL QUI SUBIT LES MÊMES CONTRAINTES QUE LE CATALOGUE

L'interface ludique sublime la rationalité du site

- Un écran par question, une approche volontairement naïve et des propositions d'articles dès le premier clic : voilà une interface qui rend plus agréable le choix d'un cadeau que le simple parcours d'un catalogue en ligne.
- L'addition qui se compose au fur et à mesure des données fournies par l'internaute donne un côté ludique à l'outil. Reste qu'on apprécierait de voir quelques exemples des résultats obtenus plutôt que simplement le nombre des cadeaux sélectionnés.

Pouvoir s'arrêter à n'importe quel moment de l'interaction pour consulter les articles proposés est intéressant, mais l'éloignement des deux call-to-action *Voir les produits* et *Continuer* provoque une ambiguïté qui devrait être résolue pour optimiser l'ergonomie.

Difficile de décrire un enfant avec un seul critère

À l'étape *Elle est ?*, l'utilisateur peut avoir le réflexe de sélectionner plusieurs choix, ces derniers n'étant pas exclusifs. Il risque de s'apercevoir trop tard qu'ils ne sont pas combinables. L'outil ne fait en réalité que mimer l'architecture existante du site, dans laquelle un article n'appartient qu'à une seule gamme. Dans l'absolu, pouvoir combiner les critères fait partie de ce que l'utilisateur peut attendre d'un sélecteur de cadeaux.

- Pour éviter une déception, l'interface doit prévenir l'utilisateur en amont qu'il ne peut choisir qu'une option.
- En aval, on peut faire comprendre cela de manière implicite en passant directement à l'étape suivante après le clic sur un critère. Cela va d'ailleurs de pair avec le fait que le bouton *Continuer* a peu d'utilité. Car si un tel bouton vise à protéger l'utilisateur contre une erreur en lui laissant vérifier ses choix avant de poursuivre, ici, il y a peu de risques qu'il se trompe, et le retour en arrière est facile.

Autre solution, modifier la question : décrire le cadeau qu'on souhaite offrir (la sélection d'un seul critère serait alors plus acceptable) plutôt que l'enfant.

2 GÉRER LA RUPTURE ENTRE LE SÉLECTEUR ET SES RÉSULTATS

La page de résultats projette brutalement l'utilisateur dans un contexte visuel différent, ce qui peut le désarçonner. Idéalement, les résultats devraient être encapsulés dans le contexte du sélecteur de cadeaux, pour déguiser le fait que finalement, on ne fait que pointer vers un rayon du site. A minima, on contextualisera la page d'arrivée avec un message expliquant que c'est là qu'on trouvera les cadeaux correspondant à ses choix.

On aimerait retrouver ici les critères pour en changer. Or s'ils sont bien affichables en supprimant le critère en cours (à gauche), comme l'utilisateur n'a pas fait son choix dans le même contexte, il risque de ne pas le voir, et de retourner en arrière pour modifier. Un risque dommageable, car l'outil revient alors à son point de départ.

44 VIAPRESSE

http://www.viapresse.com

Viapresse est un site d'achat de presse, qui propose, outre des abonnements aux journaux et magazines papier sur des durées fixes ou libres, une offre d'abonnement numérique, permettant de feuilleter une version numérique du titre. Notons que le même outil est utilisé pour feuilleter des extraits dans les fiches produits (voir l'étude n° 27).

Fig. 44-1

1 UN MAGAZINE ÉLECTRONIQUE QUI NE FAIT QU'IMITER LE PAPIER

Ce type d'outil est aussi utilisé pour les catalogues virtuels, qui souffrent souvent des mêmes travers que ceux cités ici, mais avec un contenu moins sensible et un utilisateur qui n'a pas payé.

Pour l'instant, pas grand-chose de plus qu'un fichier PDF affiché à l'écran, dans lequel on peut passer de page en page et zoomer… La seule fonction exploitant le potentiel du support interactif pour obtenir une autre expérience utilisateur que celle du papier est la recherche, mais cette fonctionnalité ne se prête pas très bien au type de contenu, et on ne peut en attendre un fort taux d'utilisation.

La dette utilisateur nécessiterait de prévoir au moins des fonctions de base telles qu'un sommaire cliquable, une interactivité des URL citées dans le magazine et la possibilité de marquer une page. Dans l'idéal, et parce que le contrat de lecture est différent de celui du papier, l'éditeur devrait prévoir une véritable version numérique : nouveaux contenus et services interactifs, enrichis (textes, mais aussi liens, images haute qualité, vidéos…), personnalisés et intégrant la dimension sociale et participative qui peut être apportée par les lecteurs.

Lorsqu'on vend un abonnement numérique à un tarif quasi identique à celui du papier, les clients sont en droit d'attendre une interface puissante et au service du contenu, voire des services additionnels.

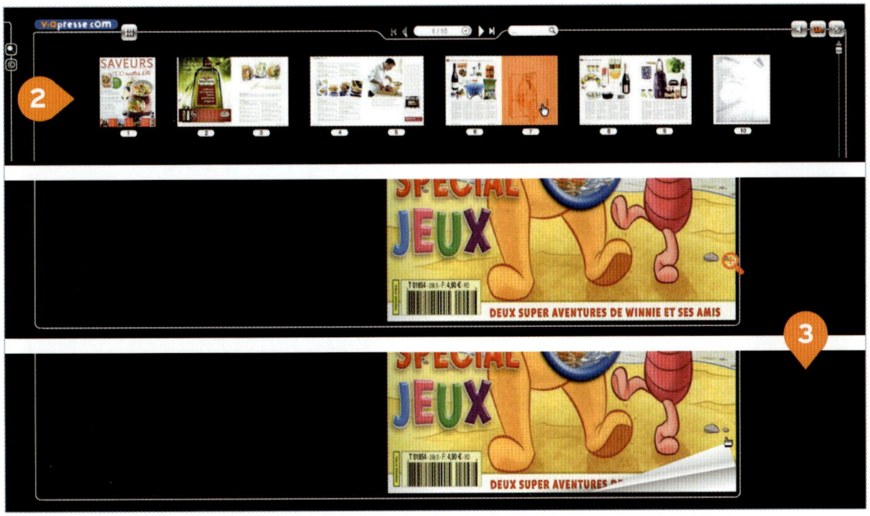

Fig. 44-2a
Sommaire visuel

Fig. 44-2b
Outil de zoom, par défaut

Fig. 44-2c
Passer à la page suivante

2 EXPLOITER LA PRÉSENCE DU SOMMAIRE VISUEL

La fonction *Choisir une page* permet d'obtenir une belle vue d'ensemble du magazine sous la forme de vignettes cliquables des pages. Elle est cependant presque cachée, car isolée à côté du logo et éloignée des outils de navigation dans les pages. Elle risque donc de ne pas être utilisée. Le premier écran serait un endroit idéal pour valoriser cette vue d'ensemble du contenu. On s'approcherait ainsi du comportement du lecteur d'un titre papier ouvrant son magazine pour la première fois, tout en lui offrant quelque chose de plus, puisqu'il pourrait ici naviguer en connaissance de cause grâce à l'aperçu visuel de la page (et non « au hasard », fonction qui serait amusante mais sans doute peu utilisée).

3 L'ACTION PHARE : PASSER À LA PAGE SUIVANTE

- L'outil par défaut, un zoom avant, n'est souvent pas le plus utilisé lors du premier clic. Cela génère dès les premiers instants de l'interaction une impression de manque de contrôle sur l'outil et des erreurs. La nécessité du zoom ne doit pas faire oublier que le passage de page en page est l'action la plus fréquente.
- Outre les outils de l'en-tête, on peut passer à la page suivante en cliquant tout en bas à droite de la page. La zone correspondante est cependant beaucoup trop réduite. On peut aussi tirer le côté droit de la page vers l'intérieur, comme on feuilletterait un magazine. Ici cependant, la difficulté motrice est forte puisqu'il faut dépasser la pliure du milieu, c'est-à-dire faire glisser son curseur sur une grande distance. Un clic sur la droite de la page aurait pu suffire pour passer à la page suivante, tout en conservant la métaphore d'une page qui se tourne. Un bon exemple de fantasme de concepteur : c'est fluide et joli, mais difficile à découvrir et à utiliser dans la pratique.
- Un feuilletage au clavier ou à la molette semble indispensable, et pourrait être complété par une fonction de défilement permettant de naviguer très rapidement dans le magazine (sous la forme d'un slider, par exemple).

Attention au tout icône !

Comme vu dans le cas de Je dessine (étude n° 40), il faut être très vigilant... Ici, voir le libellé *Choisir une page* (qui ne s'affiche aujourd'hui qu'au survol) aurait un effet **suggestif** beaucoup plus fort que la seule présence de l'icône. Et ce n'est pas qu'une histoire de pertinence de l'icône : si on demande à un internaute de chercher ce qu'elle signifie, il pourra le deviner, mais cela n'implique pas que l'icône seule aurait pu jouer un rôle de capteur d'attention.

Fig. 44-3a

Contenu d'une double page et survol du bouton Sommaire

Fig. 44-3b

Page zoomée

VIAPRESSE

45 MARIE CLAIRE MAISON

http://www.marieclairemaison.com

Le site Marie Claire Maison est l'émanation web du magazine papier, qui propose bien plus qu'un simple site compagnon, avec notamment un explorateur du design pour visiter autrement le catalogue de plus de 6000 objets de décoration.

1 PENSER À SA CIBLE UTILISATEUR JUSQU'AU BOUT

Un outil très utile pour se laisser aller à découvrir

- L'explorateur design est une vraie valeur ajoutée au site, qui tire sa puissance d'avoir su utiliser un contenu existant (le catalogue d'objets déco) pour le présenter sous une forme plus propice à inspirer le visiteur. À ce titre, le plus important dans cet outil n'est sans doute pas le nombre de critères de recherche, mais plutôt la qualité de la sélection et

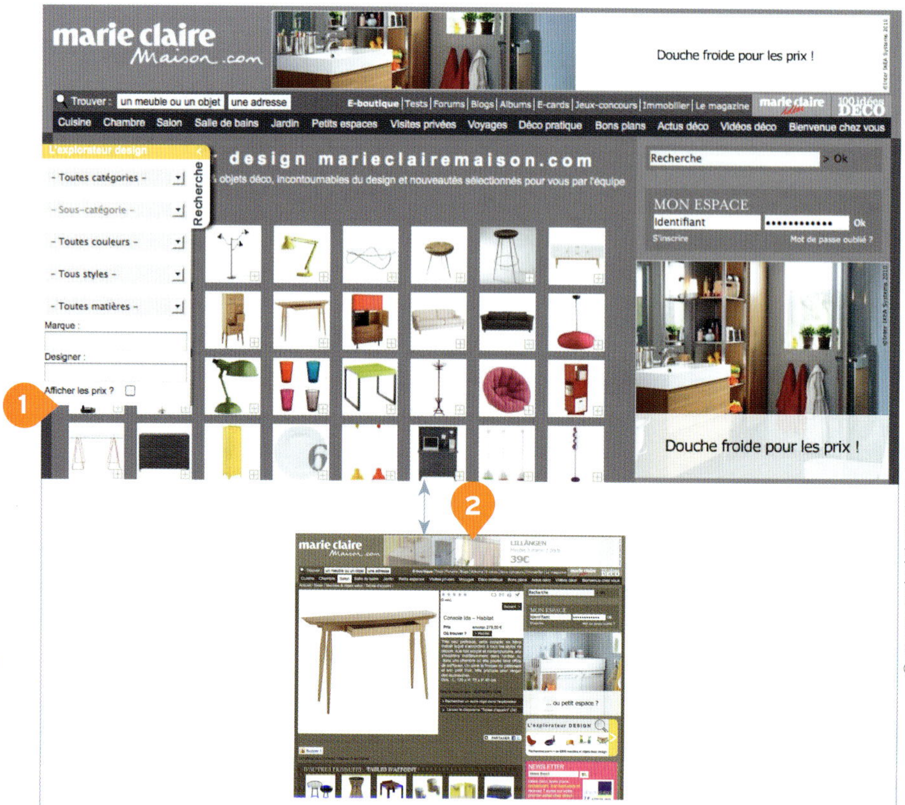

Fig. 45-1

les photos des produits : on n'est pas dans une démarche rationnelle comme sur un site e-commerce, mais plutôt dans un moment de plaisir à feuilleter de beaux objets.

- Arriver directement sur une sélection d'objets transversaux à toutes les catégories plonge immédiatement l'internaute dans l'univers. Il n'a encore saisi aucun critère, mais peut déjà se laisser séduire par quelque chose qu'il n'avait pas l'intention de regarder.

Tous les objets beige : un vrai besoin, une vraie réponse

Aucun critère n'a le dessus sur un autre, et cela répond particulièrement bien à une exploration d'objets de design : pouvoir regarder tous les objets *beige* ou de style *vintage* sans devoir entrer dans une arborescence de catégories et sous-catégories est très appréciable pour l'internaute.

Renforcer les points forts du concept en occupant plus de place

On pourrait cependant aller encore plus loin pour exploiter toute la force de l'outil. Pour y parvenir, il faut notamment disposer du maximum d'espace disponible à l'écran. Libérer la colonne de droite serait à cet égard indispensable. Reprise d'un gabarit appliqué aux autres pages du site, elle souffre en effet d'un manque d'adaptation à ce contexte particulier de l'explorateur design (notamment, on y promeut l'outil alors qu'on s'y trouve déjà).

Il est dommage que l'explorateur s'ouvre dans une nouvelle fenêtre, d'autant qu'elle reprend l'ensemble du squelette du site. On doit considérer l'outil comme faisant partie de l'offre de marieclairemaison.com : il appartient au site et doit se comporter comme tel, comme une autre page.

Créer des personas !

Pour travailler sur la définition et les besoins de votre cible utilisateur, vous pouvez recourir à la méthode des **personas** : incarner vos visiteurs dans ces personnages imaginés vous permettra d'être plus précis dans la manière de répondre à leurs attentes.

2 LE FLUX D'INTERACTION DOIT COLLER AUX CARACTÉRISTIQUES DE LA TÂCHE

- L'interface de départ n'est pas la seule à devoir être immersive et séduisante. Ici, lorsque l'internaute clique sur un objet, on le redirige vers une autre page du site, en perdant tout le contexte de l'explorateur. Cette rupture d'expérience risque fort de limiter le nombre d'objets vus, alors que ce devrait être un objectif du site et que l'activité de découverte d'objets implique d'en regarder plusieurs dans le détail. L'internaute peut vite se prendre au jeu, mais seulement si l'outil lui facilite la tâche.

- Plus embêtant, lorsqu'on revient à l'explorateur grâce au retour arrière du navigateur, les critères de recherche précédemment saisis ne sont pas conservés. C'est typiquement le genre de parcours utilisateur qui produira une déception chez vos internautes.

Veillez toujours à soigner non seulement le premier écran, mais aussi la manière dont se déroulent les étapes du parcours.

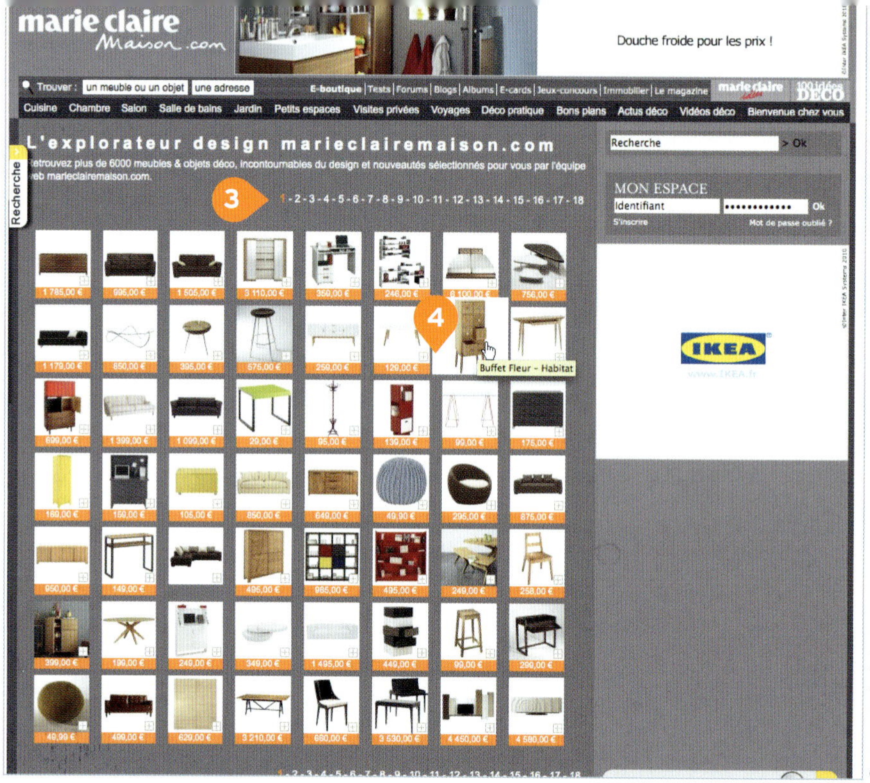

Fig. 45-2

3 FACILITER UNE EXPLORATION CONTINUE, DÈS LE DÉBUT

Remettre en question la pagination

- Lorsque l'utilisateur a sélectionné au moins un critère de recherche, la liste est actualisée pour afficher une pagination correspondant au nombre de résultats. Compte tenu du scénario de découverte, on pourrait imaginer un mode sans pagination, favorisant le parcours rapide via les visuels.
- En effet, il est plus facile de rester dans la même page que de passer de page en page, et c'est encore plus important dans un contexte où les utilisateurs ne cherchent pas à compulser la totalité du catalogue de manière rationnelle : ils auront tendance à ne pas utiliser la pagination, mais à faire défiler la page facilement si l'opportunité leur en était fournie. Voir la suite des images est en effet beaucoup plus engageant que voir le numéro de la page correspondante. Un intermédiaire peut être trouvé en offrant des options de pagination plus attrayantes et naturelles (en bout de liste, un bouton libellé, une flèche de défilement…).

Explorer sans sélectionner aucun critère

En outre, et toujours pour s'adapter à la tâche, on pourrait imaginer ne pas avoir besoin de sélectionner un critère, et pouvoir parcourir la liste entière dès le début.

Optimiser les temps de chargement

Dans l'ensemble du parcours dans l'explorateur et les fiches produits, les temps de chargement sont longs, jusqu'à provoquer de l'attente à voir arriver le contenu demandé. La rapidité fait partie de l'expérience utilisateur, et rend d'ailleurs tout le reste inutile dans le cas où elle n'est pas optimisée. De nombreuses études ont par ailleurs prouvé son impact sur la conversion (nombre de pages visitées, taux de transformation des sites e-commerce, paniers moyens...).

4 ENCORE PLUS DE PLACE AU VISUEL

- Compte tenu de la promesse liée au mot *explorateur*, la présentation des produits sous forme de listes doit vraiment privilégier les images. Ici, le premier pas est fait puisque par défaut, rien d'autre que la photo ne décrit le produit : le nom et la marque s'affichent au survol, les prix ne sont pas affichés dans la liste, et cela permet d'obtenir une interface plus immersive.

On pense tout de même à ceux qui vont utiliser le prix comme critère de choix, grâce à une case à cocher permettant d'afficher le prix sous la vignette de l'objet (Fig. 45-2). Il est important de hiérarchiser les objectifs utilisateurs pour privilégier ce qui sera important pour la plupart des visiteurs, mais sans oublier les autres si cela ne remet pas en question les principes fondamentaux de l'outil.

- En revanche, malgré sa discrétion, le pictogramme +, répété en bas à droite de chaque photo, charge fortement l'ensemble. Il pourrait aisément n'apparaître qu'au survol, voire pas du tout. L'effet de mini-zoom appliqué sur les photos survolées donne en effet assez d'indices de la cliquabilité des vignettes.
- Le module de recherche reste affiché en permanence au même endroit, la page glissant dessous. Ce faisant, il peut gêner la consultation et l'esthétique globale de la présentation lorsque la largeur de la page est de 1000 pixels ou moins. Il est repliable, mais de façon trop peu visible pour que l'internaute pense à le faire, même s'il est gêné par ce calque.

46 VIADEO

http://www.viadeo.com

Viadeo est la référence française du réseau social professionnel, site sur lequel les membres peuvent valoriser leur profil afin de profiter d'opportunités de recrutement et d'affaires. Chaque utilisateur peut éditer sa page publique grâce à une interface de gestion dont nous abordons quelques points d'ergonomie.

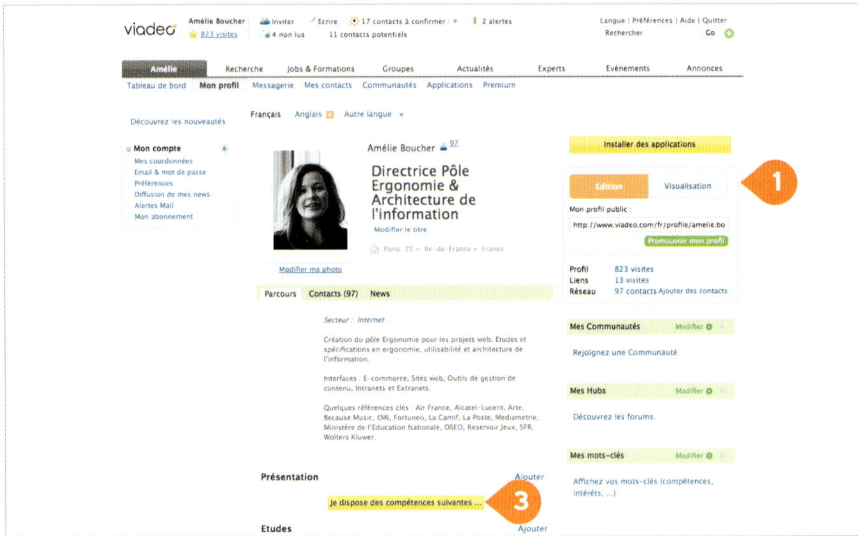

Fig. 46-1
Profil en mode Édition

1 AMÉLIORER LE RAPPORT ENTRE GESTION DU PROFIL ET PAGE PUBLIQUE

- Intégrer un mode *Édition/Visualisation* est essentiel dans les sites qui proposent à leurs internautes de remplir un profil. L'utilisateur arrive par défaut sur l'interface de modification, mais peut en un clic voir l'effet de ses modifications sur sa fiche publique, sans avoir besoin de se déconnecter. Mettre en avant cette fonctionnalité a un fort effet suggestif : c'est en voyant la fonction que l'internaute aura l'idée d'aller vérifier si son profil public correspond bien à ce qu'il a envie de montrer à ses visiteurs.

- Le bouton correspondant est d'une bonne taille, et son format attire l'œil sur la fonctionnalité. Il est mieux placé tout en haut (comme en *Visualisation*, Fig. 46-2) que sous

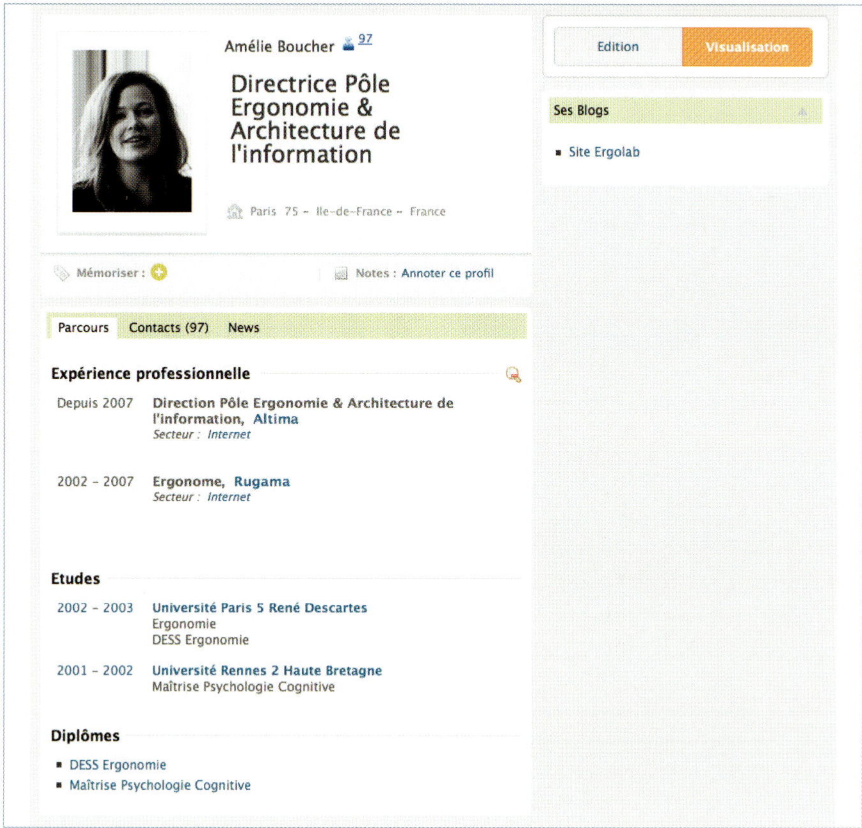

Fig. 46-2
Profil en mode Visualisation

le bouton *Installer des applications* (en *Édition*), car il est alors noyé dans les fonctions de pure édition du profil, sans pourtant en faire partie. Dans l'idéal, il devrait être placé dans une zone surplombant toute la largeur de la page, afin de symboliser le fait que c'est un critère qui affecte l'ensemble de la fiche profil.

La nécessité de déplacer certains éléments en dehors de la stricte zone de la fiche profil concerne aussi les statistiques de l'utilisateur. Elles sont très intéressantes, mais leur emplacement actuel gêne la perception d'une dichotomie claire entre « ce que je peux modifier », autrement dit mon profil à proprement parler, et le reste.

- Montrer à l'utilisateur l'URL de son profil public est une bonne idée. Au clic dans le champ, l'ensemble de l'adresse est déjà sélectionné, permettant de la copier directement. Toutefois, un lien *Copier l'adresse* simplifierait encore la tâche, et faciliterait la compréhension de l'utilité de la zone. Cette dernière pourrait enfin être étendue afin de permettre de lire l'adresse en entier sans devoir se déplacer dans le champ.

2 INCITER L'UTILISATEUR À REMPLIR SON PROFIL

Compléter pour atteindre un pourcentage de remplissage

- La complétion du profil étant capitale, aussi bien pour l'utilisateur que pour le site, il est important de guider l'internaute dans ce sens. Dans une des versions de la page, une jauge permet de symboliser le taux de renseignement du profil, aussi traduit sous forme de pourcentage. Le symbole visuel, repère objectif permettant de se situer par rapport à un profil tout à fait complet, est un très bon moyen d'inciter à renseigner davantage d'informations. Cette jauge aura plus ou moins d'efficacité selon la position de l'utilisateur sur l'échelle, mais ce dernier aura naturellement tendance à vouloir la faire évoluer.

Fig. 46-3

© www.viadeo.com

Tester différentes versions de page

Selon le moment et le lieu de la copie d'écran, on a pu observer des détails sensiblement différents sur cette page : *Modifier/Visualiser* à la place de *Édition/Visualisation*, affichage ou non de la jauge de remplissage du profil, contenu de la colonne de gauche, libellés de liens, etc., différences pouvant s'expliquer par une campagne de tests multivariés en cours, un bon moyen pour juger de l'efficacité objective de vos interfaces sur vos indicateurs de transformation.

- Une invitation à optimiser le taux par un call-to-action est un excellent moyen d'exploiter au maximum la puissance symbolique de la jauge. Citer le taux visé est important dans le dispositif persuasif. Choisir une seule action est aussi stratégique : en invitant l'internaute à agir de manière ciblée, on a plus de chances qu'il passe à l'acte. S'il a trop d'options, il risque de ne finalement en choisir aucune.

On pourrait associer à cette invitation une explication de l'utilité d'avoir un profil complet, autrement dit de la récompense poursuivie (être contacté plus souvent, être repéré, se différencier...).

3 METTRE EN AVANT CERTAINES ACTIONS

- Mettre en avant certaines actions est une très bonne idée. Ici, trois boutons se différencient des autres par leur format jaune, incitant l'utilisateur à compléter des chapitres de son profil.
- Les libellés de ces boutons sont intéressants : grâce à leur formulation à la première personne du singulier, et à la précision de leur utilité, ils attirent beaucoup mieux l'attention que le titre des sections correspondantes. La symbolique employée est forte, puisqu'elle fait appel aux classiques CV ou lettres de motivation.
- Attention, cependant : par leur format (différent de tout autre lien ou bouton d'action) et leur emplacement flottant dans les zones (au milieu, sans alignement avec un autre élément), ils contribuent à l'aspect désorganisé de la colonne centrale.

Pour conserver son efficacité, ce type de démarche doit être réservé à certains éléments seulement.

4 LES CHOIX DE PRÉSENTATION INFLUENCENT LE CONFORT RESSENTI

- L'organisation visuelle de la partie *Parcours* n'aide pas à avoir rapidement une vision claire du profil, surtout lorsque les détails ne sont pas renseignés : il est alors difficile de distinguer les groupes d'informations.

Les lois de la Gestalt

Ce sont les lois de la Gestalt qui vous aideront à bien organiser vos pages web : proximité, similarité, point focal, continuité visuelle... autant de principes à prendre en compte afin de s'adapter aux réflexes mentaux de vos internautes. Ici, poser des modules blancs sur un fond tramé permet d'obtenir un bon niveau de discrimination des blocs entre eux.

- Les lignes horizontales grises sont utilisées de manière diverse : signifiant la fin d'un groupe d'informations dans *Études*, on pourrait croire qu'elles ont le même rôle dans *Expérience professionnelle*. Or, dans cette partie, elles ne servent qu'à séparer le résumé et les boutons d'actions du détail de la ligne.
- La présentation des éléments cliquables manque de cohérence, et ne facilite pas la formation d'un modèle mental clair. Il faut savoir profiter des phénomènes d'apprentissage interne pour que l'internaute se sente plus à l'aise au fur et à mesure qu'il expérimente votre site.

Le bouton *Compléter - Modifier* semble désactivé du fait de sa couleur gris clair, impression renforcée par le fait que le bouton adjacent est de couleur vive.

Fig. 46-4

Profil sans détail des expériences professionnelles

Éléments cliquables

5 LIMITER LES RUPTURES DANS LA TÂCHE D'ÉDITION

À chaque fois qu'on clique sur des liens d'édition, on est redirigé vers une autre page, avec un fort effet disruptif. Dans l'idéal, on devrait pouvoir effectuer la modification directement dans la page pour les champs les plus simples (exemple : le titre).
Si ce n'est pas applicable pour les saisies plus complexes, elles peuvent être réalisées dans une fenêtre flottante par-dessus la page, le processus d'édition paraissant alors plus fluide. Cette expérience unifiée de l'édition du profil est importante pour que l'utilisateur remplisse un maximum d'informations.

6 SOIGNER LA LOGIQUE DU PARCOURS ET LA COHÉRENCE SÉMANTIQUE

- Les boutons *Je dispose des compétences suivantes* et *Je m'intéresse à*…, les liens *Ajouter*, les liens *Modifier le titre*, *Affichez vos mots-clés…* et *Modifier* (dans le même module) envoient tous sur la même page d'édition, sans que l'internaute puisse retrouver facilement le champ où il doit agir.

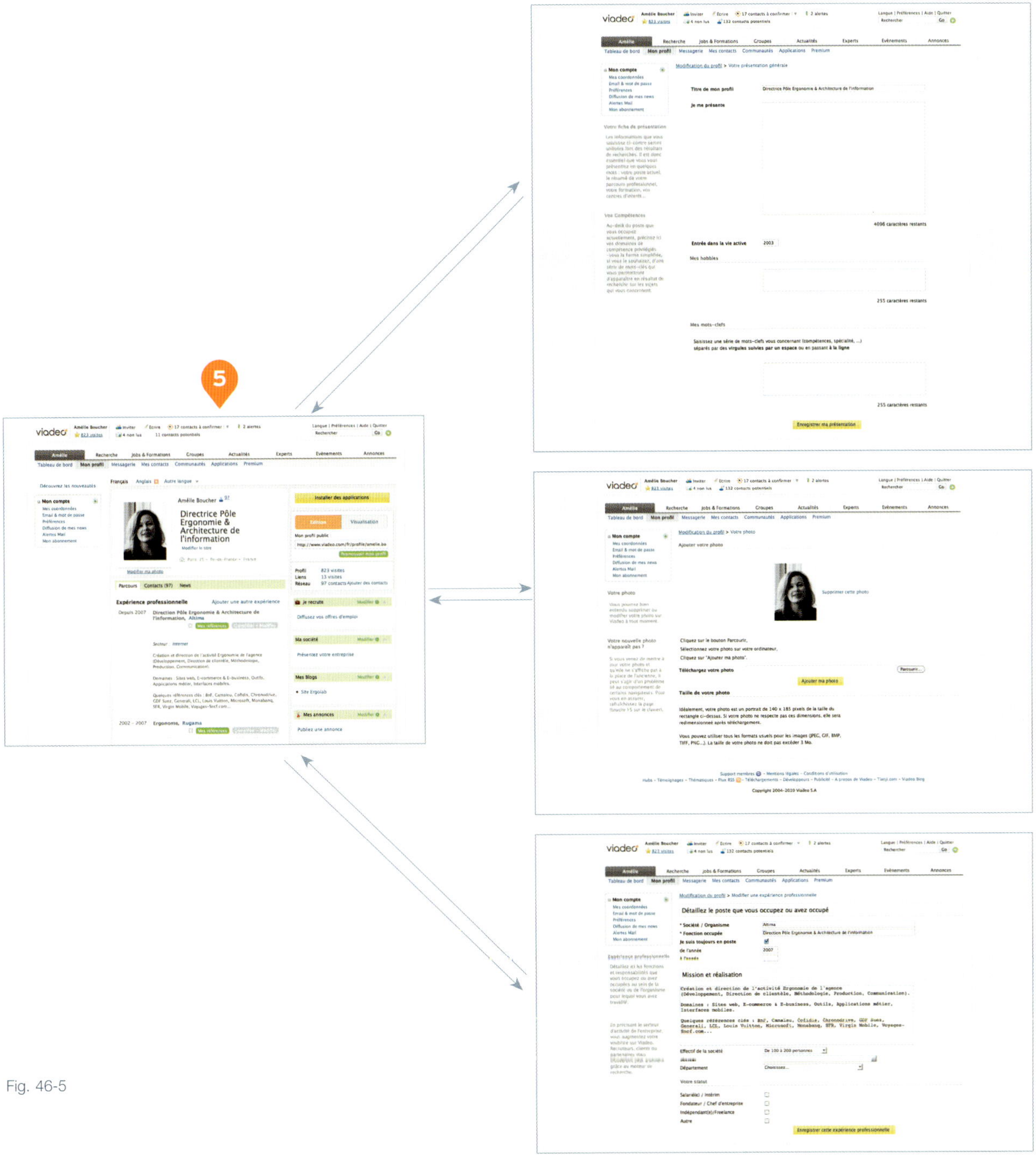
5
viadeo
Amélie Boucher
Directrice Pôle Ergonomie & Architecture de l'information
Installer des applications
Expérience professionnelle
Détaillez le poste que vous occupez ou avez occupé
Mission et réalisation
Enregistrer ma présentation
Ajouter ma photo
Enregistrer cette expérience professionnelle

Fig. 46-5

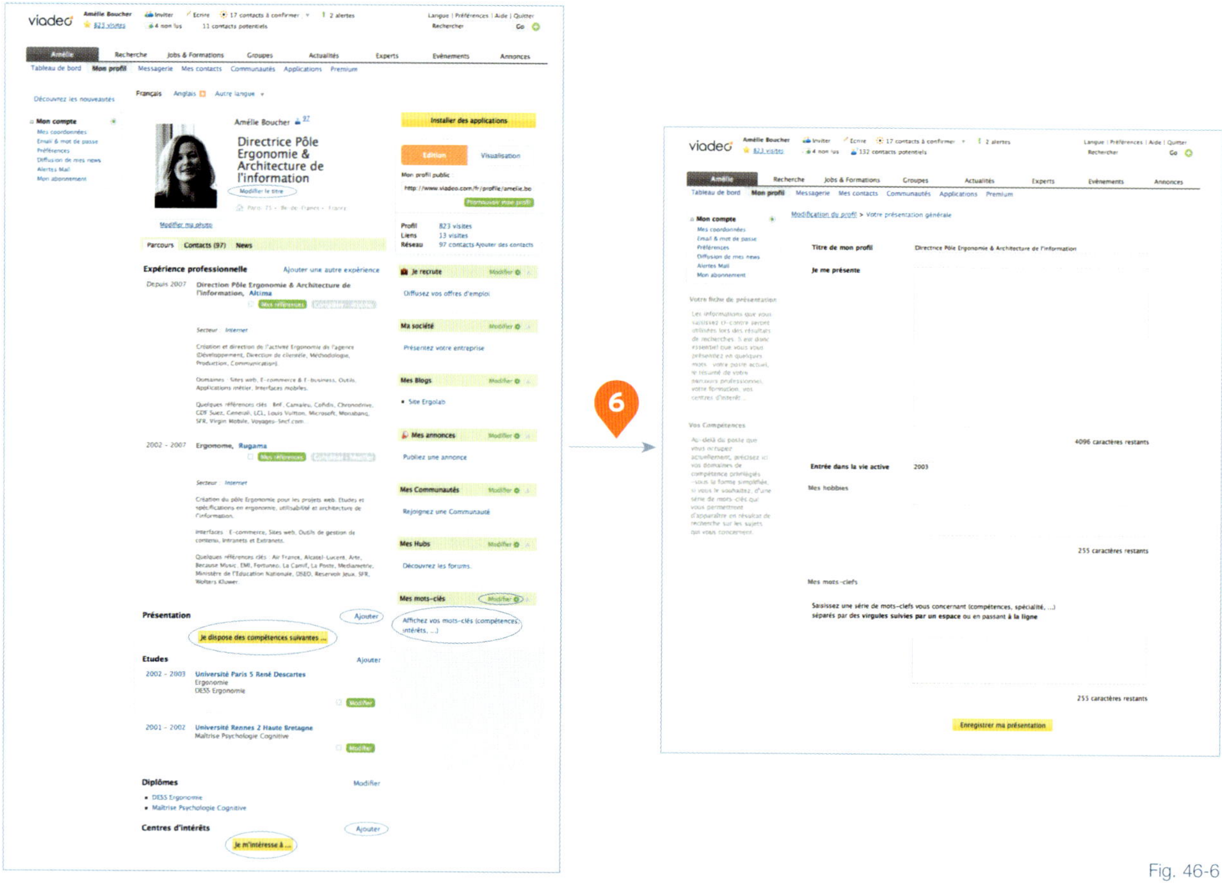

Fig. 46-6

S'il est sans doute évident pour les concepteurs que tous ces champs appartiennent à la même page, *Présentation*, ce n'est pas le cas de l'internaute, qui ne peut prendre en compte que le libellé du lien sur lequel il vient de cliquer, et ce d'autant plus lorsqu'il n'est pas évident que ce lien appartient à la rubrique *Présentation*.

- Après analyse de la page, on voit que le mot « compétences » n'est à peine plus cité qu'en bas de page, les « centres d'intérêt » se transforment en « hobbies », un champ mots-clés est présent mais si bas qu'on ne peut pas le voir sans descendre dans la page… Autant d'incohérences et de difficultés de repérage qui risquent de perdre l'internaute, avec un effet de déception par rapport aux libellés des boutons qui donnaient, à l'inverse, envie de compléter son profil.
- Un autre ajustement sémantique pourrait être effectué sur le bouton *Mes références*, qui semble servir à saisir une liste de références pour la ligne d'expérience professionnelle concernée. En fait, il permet de solliciter une recommandation de la part d'une personne avec laquelle l'utilisateur aurait travaillé pendant cette période. Un

libellé excluant la notion de propriété aura plus de chances d'être compris (exemples : *Demande de référence* ou *Solliciter une recommandation*).

Une infobulle s'affiche après une seconde et demi de survol du bouton *Mes références*, mais ce procédé ne suffit pas à compenser l'inadéquation du libellé. En effet, il suppose que l'utilisateur survole le bouton, et pendant suffisamment longtemps pour voir s'afficher le contenu de l'infobulle.

- La fonction de tag subit aussi des incohérences d'appellation et un manque de respect des conventions connues des internautes. En mode Visualisation, le tag n'est réellement signifié que par l'icône d'étiquettes qui précède un libellé *Mémoriser* et un bouton +. Au survol de ce bouton, on affiche une infobulle *Ajouter un tag*. Une fois le tag ajouté, *Mémoriser* disparaît pour être remplacé par le titre *Tags*. Dans les listes, on observe tout de suite ce libellé *Tags*, suivi du bouton +.

Malgré une sémantique peu contrôlée, le système d'ajout de tags est mis en place de manière très fluide et agréable à utiliser.

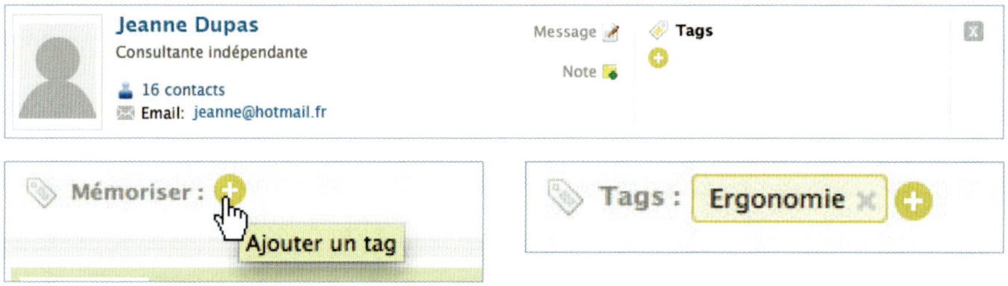

Fig. 46-7

Harmonisation des termes

Il est important d'utiliser toujours un même terme (ou une de ses déclinaisons) pour évoquer un objet ou une action, afin de ne pas risquer de perdre vos internautes. Cela peut nécessiter l'établissement d'une charte de nommage ou d'un vocabulaire contrôlé, et ce d'autant plus qu'il y a d'intervenants sur le site web.

Partie 6

E-MAILS & NEWSLETTERS

VIAPRESSE

LE GRAND ROBERT

SAVEUR BIÈRE

DELAMAISON

MARIE CLAIRE MAISON

VIAPRESSE

LA CHAÎNE MÉTÉO

ALLOCINÉ

Sur le Web, le rapport d'un utilisateur à une marque passe par la visite d'un site, mais aussi par l'ensemble du système écologique créé par cette marque sur Internet, notamment ses e-mails et newsletters. Hauts représentants d'une communication avec laquelle les internautes ont du mal à composer, ils sont marqués de dimensions marketing et technique qui laissent peu de place au chapitre ergonomie. On peut pourtant faire de ces messages, la plupart du temps vécus comme une infraction à la vie privée, des objets moins indésirables grâce à quelques règles simples.

Revenir à l'essentiel, aux objectifs des utilisateurs, à leurs seuils de tolérance, au contrat d'échange d'une communication par e-mail, qui reste, même si l'internaute s'inscrit de son plein gré, un lieu à haut risque. L'utilisateur ne décide pas du moment où il reçoit l'e-mail, et rien n'est encore gagné lorsqu'il prend la peine de l'ouvrir. Voyons comment ces newsletters, mais aussi leurs cousins (e-mails marketing, de confirmation, de relance ou d'alerte), peuvent prendre en compte les notions d'ergonomie pour être mieux acceptés par les internautes.

47 VIAPRESSE

http://www.viapresse.com

Viapresse est un site d'achat de magazines et d'abonnements presse. Son catalogue étendu en fait le premier site sur le marché français. Suite à une commande en ligne, les internautes reçoivent un e-mail de confirmation, dont nous étudions ici la qualité ergonomique.

Confirmation de votre commande VIAPRESSE

De : Service Client VIAPRESSE (no-reply@viapresse.com)
Envoyé : mer. 03/12/08 02:09
À : carole@dupas.com

si cet email ne s'affiche pas correctement merci de cliquer ici

viapresse.com
10 € de réduction pour 2 abonnements — 15 € de réduction pour 3 abonnements

Merci de votre commande !
N'oubliez pas de la confirmer pour recevoir votre abonnement !

Ma commande

- Référence : INT-201-5217486 • Montant : 39,20 €
- Titre : DIAPASON • Durée : 1 an - 11nº
- Coordonnées de livraison :
  Monsieur Dupas Georges
  270 RUE DES LILAS
  75010 PARIS FRANCE METROPOLITAINE

Chère carole dupas,

Pour valider votre commande, il vous suffit de cliquer sur la rubrique Mon compte puis sur Confirmer cette commande.

Cette validation est indispensable au bon enregistrement de votre abonnement afin que vous puissiez recevoir les prochains numéros du magazine
• DIAPASON.

En vous remerciant de votre confiance, toute l'équipe de Viapresse se joint à moi pour vous souhaiter de bonnes lectures.

Aurélie Vincent
Responsable des abonnements

Pour trouver à coup sûr le magazine de vos passions !

Note: cet e-mail vous a été envoyé a titre de confirmation. L'adresse d'expédition ne peut pas recevoir de messages: merci de ne pas répondre a ce message.
Pour nous contacter, cliquez-ici

Fig. 47-1

E-mails : soignez l'objet

Les titres donnés à vos e-mails sont capitaux, puisque c'est un des critères les plus importants qui va déterminer si l'internaute décide ou non d'ouvrir votre message. Il faut donc les rédiger avec le plus grand soin pour s'assurer que l'objet du message sera bien compris par vos destinataires.

1 UNE ÉTAPE RAREMENT DEMANDÉE, QUI ALOURDIT LE PROCESSUS DE COMMANDE

Dans cet e-mail, on demande à l'utilisateur de confirmer sa commande. C'est une étape rarement rencontrée dans le domaine de l'e-commerce, et qui devrait dans l'idéal ne pas exister. Si elle résulte d'une contrainte technique, logistique ou sécuritaire, il faut alors soigner particulièrement tous les détails de l'e-mail afin d'optimiser son efficacité.

2 L'OBJET DE L'E-MAIL RISQUE D'INDUIRE L'INTERNAUTE EN ERREUR

Le titre *Confirmation de votre commande* induit en erreur, à tel point que l'internaute risque de ne même pas ouvrir l'e-mail, ayant l'habitude qu'après un achat en ligne, le site envoie un e-mail récapitulant l'achat. Le deuxième e-mail que l'internaute reçoit pour récapituler sa commande une fois qu'il l'a validée porte d'ailleurs exactement le même titre. Pour lever l'ambiguïté sur le terme *Confirmation*, qui peut désigner à la fois l'action requise et le récapitulatif envoyé suite à l'action de confirmation, rédigez un libellé à l'impératif (exemple : *Validez votre commande*) ou signifiant une obligation (*Vous devez valider votre commande*).

Le fait d'indiquer le nom du site dans l'objet, surtout pour une confirmation de commande, est intéressant. Il devient indispensable lorsque l'expéditeur n'est pas clairement identifiable.

3 MONTRER QU'UNE ACTION EST REQUISE

- La bannière promotionnelle en haut de l'e-mail risque de jouer un rôle d'obstruction : puisqu'elle ressemble à un message commercial, l'internaute n'aura pas forcément envie d'aller plus loin, d'autant plus qu'il vient de passer une commande sur le site, et qu'il est donc sans doute peu enclin à s'abonner à d'autres magazines tout de suite.
- Dans le cadre d'un réel message de confirmation de commande, une offre promotionnelle pourrait avoir du sens si elle était proposée seulement à ceux qui viennent de conclure un achat sur le site. Une telle offre, faisant appel à la notion de récompense, sera toutefois plus efficace sur des produits marqués d'une récurrence d'achat plus forte (livres, musique, alimentation, vêtements…). Elle peut aussi jouer sur le côté social en proposant une réduction à utiliser pour soi ou son entourage.
- La première phrase de l'e-mail semble dire que la commande est finalisée, et qu'on en remercie l'internaute. Or c'est l'inverse, et c'est l'action restant à accomplir qu'il faut souligner. Le bouton *Ma commande* ne ressemble pas à un bouton cliquable.
- Le format lettre est sympathique, mais ne ressemble pas à quelque chose de fonctionnel, où on demande quelque chose à l'internaute. Ce type d'e-mail doit être présenté comme une étape de la commande, et non comme une newsletter classique. On doit réduire le volume de contenus et privilégier la visibilité d'un gros bouton *Valider ma commande*, accompagné d'éléments insistant sur l'aspect obligatoire de cette action.

Dans des présentations contrôlées comme les newsletters, où la largeur du contenu est fixe, évitez de faire passer vos liens sur deux lignes, car cela coupe la signification du lien en deux, et ce n'est pas du plus bel effet (c'est le cas de *Mon compte* ici). Excluons de cette recommandation les liens comprenant des codes de sécurité personnalisés par utilisateur, puisqu'ils sont alors naturellement très longs. Dans l'absolu, il est préférable de les cacher sous un lien court, en indiquant en dessous en petit l'adresse complète.

48 LE GRAND ROBERT

http://www.lerobert.com

Le Robert propose à ses clients, outre ses offres papier, plusieurs dictionnaires en ligne : le Petit Robert, Dixel, le Robert Junior, le Grand Robert & Collins… Des versions d'essai gratuites sont offertes pendant dix jours, permettant de tester le service complet. Deux jours avant la fin de cette période, un e-mail est envoyé aux inscrits. Nous analysons ici l'e-mail de relance pour le Grand Robert de la langue française.

Bonne pratique : donner le prix le plus parlant pour l'internaute

Ramener un prix au mois dans le cadre d'un abonnement annuel est une très bonne pratique : bien que le coût total soit identique, on facilite ainsi la réflexion de l'internaute sur le tarif de revient de l'utilisation qu'il pense en faire mensuellement. Il est en effet beaucoup plus facile de se projeter sur une période courte et signifiante (on paye énormément de choses au mois, et c'est aussi le cadre de référence pour la plupart des rémunérations) que sur une année entière.

Fig. 48-1

1 UNE RELANCE UTILE POUR PROFITER D'UN ACCÈS LIBRE À LA VERSION D'ESSAI

Le scénario d'usage ici est provoqué par Le Robert : l'internaute ne s'attendait pas à recevoir un tel e-mail, mais cela ne veut pas dire qu'il ne sera pas intéressé ! C'est là toute la qualité de cette communication : le site la présente comme une aide pour éviter que l'utilisateur laisse passer l'échéance et oublie d'essayer le dictionnaire alors qu'il en avait le droit. S'il reçoit cet e-mail, c'est parce qu'il a demandé des codes pour accéder à une version d'essai gratuite. Cette relance peut donc tout à fait lui être utile, ce qui est l'un des critères premiers de l'ergonomie.

Cet e-mail répond à un comportement répandu : ce n'est pas parce que les utilisateurs demandent des codes d'accès pour une version d'essai, un téléchargement gratuit ou l'envoi de leur mot de passe qu'ils les utiliseront finalement. Souvent, cela n'est pas dû au fait qu'ils ne s'y intéressent plus, mais est plutôt imputable à des phénomènes d'oubli et de dispersion (ils ont trouvé un autre produit qui les intéresse, ont finalement décidé de créer un nouveau compte, ou encore de se passer d'une démonstration).

2 UN E-MAIL QUI VALORISE LA DESCRIPTION DU PRODUIT...

Cet e-mail ne fait pas que relancer l'internaute pour qu'il utilise la version d'essai ; il lui rappelle aussi les caractéristiques du produit final : accroche rapide (*Le plus grand dictionnaire actuel de la langue française*), copie d'écran du dictionnaire en ligne, liste de ses avantages... Il est intéressant de fournir ces éléments dans l'e-mail de relance, car en donnant du corps, du contenu au message, on est aussi plus persuasif, et on réaffirme les raisons qui avaient fait que l'internaute demande des codes de connexion.

3 ... MAIS AU DÉTRIMENT DES CALL-TO-ACTION

Le véritable lien de cet e-mail, celui qui correspond au titre et permet d'accéder à la version d'essai, c'est *VOIR le dictionnaire*. Or, on le voit à peine dans l'ensemble du message. C'est dommage, car c'est le seul élément cliquable permettant d'accéder au site. Il faut donc plutôt le positionner en haut, et le renforcer graphiquement, voire le positionner en regard du *M'abonner* pour bien marquer la différence entre ces deux actions.

Le libellé *VOIR le dictionnaire* est intéressant, car il insiste sur le contenu visé. On peut le conserver, mais aussi prévoir un lien avec l'idée de *tester*, qui renforcera la notion d'offre d'essai.

4 UN FLUX D'INTERACTION QUI DESSERT L'OBJECTIF RECHERCHÉ

Si on clique sur *VOIR le dictionnaire*, on s'attend à... voir le dictionnaire ! Mais l'internaute est en fait redirigé vers la page d'accueil du site du Robert. Et s'il est aisé de comprendre la nécessité de se connecter avec des identifiants, devoir repérer cette zone sur la page est déjà plus compliqué. C'est sans compter qu'après cette étape, il arrive encore sur une autre page du site, où il doit cliquer sur un bouton *Connexion*. Un bien long parcours qui n'optimise pas le taux d'utilisation réelle de la version d'essai pendant dix jours.

49 SAVEUR BIÈRE

http://www.saveurbiere.fr

Saveur Bière est un site e-commerce spécialisé dans le domaine de la bière. On y trouve donc de nombreuses marques de bières, des fûts et tireuses, ainsi que des conseils. Le site propose à ses internautes de s'abonner à une newsletter, dont nous analysons ici une des parutions.

435 pixels

© www.saveurbiere.fr

Il est intéressant que la première zone de contenu soit dédiée à une promotion. En effet, on peut supposer que c'est un type d'information qui aura plus de chances de toucher l'internaute que celle concernant les meilleures ventes, par exemple.

Fig. 49-1

1 NE PAS COMPTER SUR UNE LECTURE INTÉGRALE

Un sommaire pour donner des indices sur le contenu

- Nombreux sont les internautes qui ne regardent que le début d'une newsletter, et décident ainsi si le reste vaut la peine ou non. Ici, le risque est qu'ils pensent que cette édition est dédiée aux vœux. En effet, ce message occupe les 435 premiers pixels.
- On peut résoudre ce point soit en restreignant le contenu de la newsletter à un seul message, soit en prévoyant un sommaire en haut de page qui peut être présenté sous forme de liste ou rédigé comme une phrase de type « Dans cette édition… ».

Exploiter la zone d'en-tête à son maximum

Le bandeau de présentation du site est presque aussi haut que sur le site lui-même, alors qu'il ne remplit ici qu'un seul objectif : rappeler l'identité de la marque. Il pourrait donc être réduit, ou accueillir des éléments fonctionnels afin de mieux exploiter cet espace critique qu'est la partie haute.

Donner un accès simple au site web

La newsletter doit aussi jouer le rôle d'un rappel à retourner sur le site. Ici, il manque un lien d'accès direct au site. Les seuls call-to-action sont affectés aux messages. Rien n'est proposé à qui ne serait pas intéressé par les mises en avant, mais pourrait vouloir visiter le site à partir de sa page d'accueil. Un tel lien trouverait sa place dans l'en-tête. De manière complémentaire, on le proposera a minima en fin de lecture pour récupérer les lecteurs qui n'auraient cliqué sur aucun lien, tout en ayant parcouru l'ensemble du contenu.

Espace écran
Ne pas oublier qu'une newsletter est toujours intégrée dans un contexte plus global (navigateur et interface du webmail ou logiciel de messagerie), qui limite encore la zone visible à l'écran.

2 UNE NEWSLETTER QUI DONNE DU CONTENU

Ici, on n'annonce pas seulement qu'il y a des nouveautés 2010, mais on donne des détails sur leur contenu. C'est en partie le fait de voir les noms, les photos et des détails sur les bières en question (*Élue meilleure bière de garde en 2009*, etc.) qui donnera envie aux internautes d'aller sur le site pour en savoir plus. Autrement dit, il faut éviter tout discours généraliste (comme ne parler que de nouveautés, vu que tout site web a des nouveautés) et être le plus contextuel possible selon le domaine du site web.

Conjuguer communication et contenu
Même si l'objectif stratégique prioritaire d'une newsletter pour un site e-commerce est de faire venir les inscrits sur le site, il est important de conserver la volonté d'y donner du contenu.

3 RENFORCER L'AFFORDANCE DE CLIQUABILITÉ DES LIENS

Pour la plupart des éditeurs de site, une newsletter démontre son efficacité si les internautes cliquent dessus. Il faut donc prêter une attention particulière aux formats des liens et boutons. Ici, les boutons pourraient être améliorés pour susciter le clic. Leur apparence les fait plus ressembler à des rectangles de couleur qu'à de réels éléments d'interaction. Ceux qui ne disposent pas d'un libellé orienté action sont encore plus pénalisés par cette forme peu explicite. Par exemple, *Voir les Nouveautés* est plus affordant au clic que *Fûts non pressurisés.*

50 DELAMAISON

http://www.delamaison.fr

Delamaison est un site e-commerce dédié à la décoration et à l'équipement de la maison, qui offre une gamme très étendue et très orientée sur les marques. Une rubrique *Ventes Flash* est présente sur le site et souvent valorisée dans les newsletters.

1 AVANT LE CONTENU DE L'E-MAIL, SES PARAMÈTRES !

Un expéditeur et un objet qui mettent en confiance et en appétit

Premiers éléments d'utilisabilité d'une newsletter, l'expéditeur et le titre décideront l'internaute à ouvrir ou non le message. Ici, ils sont très bien choisis : *Delamaison.fr* envoie un e-mail intitulé *Derniers jours, Vente flash Amadeus jusqu'à - 70 %*. Bon exemple d'un titre parfaitement rédigé, plutôt concis mais très informatif, sans termes génériques inutiles.

Delamaison joue la facilité et la transparence en affichant tout en haut du message un lien clair vers la page de gestion des abonnements aux newsletters. C'est un gage de qualité important d'une lettre d'information de faciliter les actions d'inscription, de gestion et de désinscription.

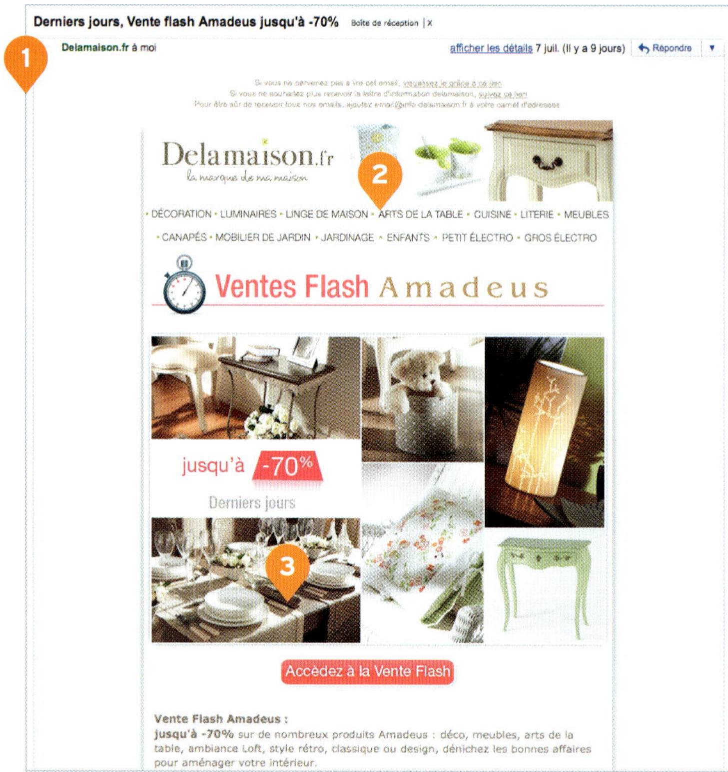

Fig. 50-1

Les newsletters Delamaison ont changé, vous pouvez voir la différence en vous inscrivant !

Bien doser le nombre d'envois pour ne pas faire fuir un inscrit

Il est si difficile d'obtenir des inscriptions à une newsletter que, lorsqu'un internaute a témoigné sa confiance, il faut veiller à ne pas le perdre à cause de mauvais choix de communication, tels le nombre d'envois. Cette newsletter est un exemplaire des 15 reçues en un mois d'inscription. C'est trop, et si chacune prise isolément est intéressante et attractive, cette surexposition risque de provoquer de nombreuses désinscriptions ou un désintérêt de l'internaute pour votre newsletter, qu'il ne prendra alors plus la peine d'ouvrir.

E-mails : attention à la surexposition

Pensez à croiser l'ensemble des e-mails envoyés pour obtenir le score véritable d'exposition pour chaque utilisateur, et limitez-le à un plafond fixé en amont. Il ne reste plus qu'à hiérarchiser vos messages pour savoir lesquels sont les plus intéressants pour vos inscrits selon leur profil, ou incontournables pour votre stratégie, et à cibler les envois sur cette base.

2 UN MESSAGE PARTICULIER QUI N'EMPÊCHE PAS DES ACCÈS GÉNÉRIQUES AU SITE

- La newsletter est dédiée à un seul sujet : savoir sélectionner un thème est une qualité, car le contenu en devient d'autant plus incitatif et le message moins dilué. Mais cela peut expliquer dans ce cas la trop grande fréquence des envois. Dosez bien pour atteindre un équilibre entre un message trop précis (qui nécessiterait de traiter les autres dans un nouvel e-mail) ou trop large.
- De façon très pertinente, la newsletter affiche dans sa partie haute les rubriques du site, à la manière d'une barre de navigation : en donnant une vue d'ensemble des rayons du site, cela potentialise le taux de transformation de la newsletter même si, après en avoir regardé le contenu, l'internaute n'a pas envie d'aller voir la vente flash. Encore mieux, un clic sur une catégorie renvoie bien vers la page correspondante sur le site (ce qui n'est pas le cas de tous les acteurs adoptant cette pratique !).

3 VOIR DES EXEMPLES DE PRODUITS AVEC DES PRIX PERMETTRAIT DE MIEUX SE PROJETER

Le contenu de la newsletter semble un peu trop abstrait pour un site d'e-commerce. Certes, il faut faire passer l'univers de marque puisqu'il s'agit d'une vente dédiée à une enseigne en particulier, mais cela doit pouvoir cohabiter avec quelques annonces de prix, permettant par exemple de formaliser ce que peut donner un 70 % de réduction. Attention toutefois à ne pas inclure trop de prix si vous les affichez en HTML, car un nombre important de signes € risque de vous faire passer pour un spammeur aux yeux du système antispam.

Présenter les titres des produits, leur prix et les éléments de description en texte permettrait que la version texte soit plus riche qu'actuellement. Rappelez-vous toujours qu'une bonne partie de vos destinataires voit d'abord vos newsletters sans images !

51 MARIE CLAIRE MAISON

http://www.marieclairemaison.com

Le site Marie Claire Maison propose l'abonnement à une newsletter, envoyée généralement chaque dimanche. Analyse de l'expérience utilisateur à sa réception.

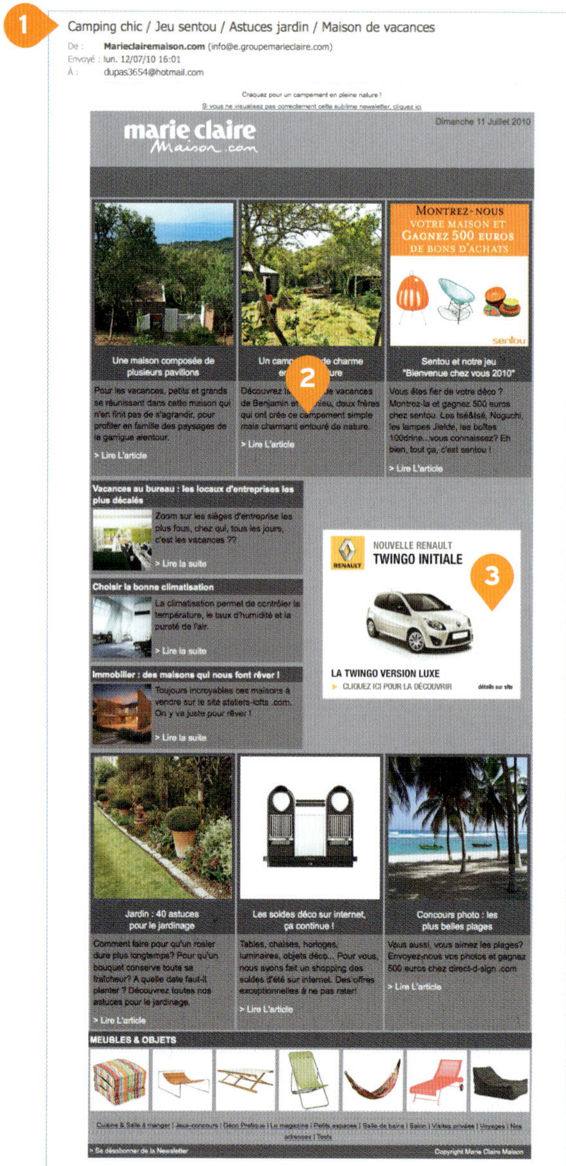

Fig. 51-1

1 UN TRÈS BON TITRE À TOUT FAIRE

L'objet de l'e-mail envoyé aux inscrits donne envie d'ouvrir la newsletter pour en voir le contenu. Présenté sous la forme d'une liste, il donne également un mini-sommaire à l'internaute, évitant d'en prévoir un à l'intérieur de la newsletter elle-même.

2 UN FORT ANCRAGE DANS LE CONTENU

La puissance de l'éditorial optimise le taux de lecture et de transformation

- On a ici affaire à une lettre d'information au sens strict : elle n'est pas promotionnelle, mais propose de réels contenus éditoriaux (en tout cas, les liens vers ces contenus), textuels mais aussi visuels. Le nombre de thématiques balayées est conséquent, et les propositions de lectures rythmées par la mise en avant d'un jeu, d'un concours, d'un encart consacré aux soldes, la newsletter se concluant sur un bandeau défilant de *Meubles & Objets*. Cette variété est importante pour répondre aux envies de chacun, et permet de traiter un nombre confortable de sujets sans tomber dans une interface monotone.
- L'emplacement des liens hypertextes en pied de page est très intéressant, puisqu'ils permettent de récupérer en fin de lecture l'internaute qui n'aurait rien trouvé de suffisamment attrayant dans le contenu. Leur format de présentation pourrait être renforcé (à la manière d'une barre de navigation, par exemple) pour avoir encore plus d'impact.

Optimiser la lisibilité

Pour une newsletter qui demande beaucoup de lecture, il est regrettable que le contraste de couleurs caractères-fond soit faible. La différence de brillance est de 120 (pour un minimum recommandé de 125) et la différence de couleur de 370 (pour un minimum recommandé de 400, voire 500, selon les règles d'acceptabilité des contrastes de couleurs).

De l'importance d'être cohérent dans les envois

Pour ce type de newsletter, la régularité pratiquée par Marie Claire Maison peut être importante : il s'agit presque d'instaurer un rendez-vous avec le lecteur qui, s'il n'attend pas la newsletter avec impatience, pourra apprécier de la recevoir chaque semaine.

3 DE LA PUBLICITÉ DANS UNE NEWSLETTER ?

Le pavé promotionnel en cœur de page est un GIF animé dont l'internaute se passerait bien. Il peut toutefois être toléré compte tenu du contexte : on m'envoie du bon contenu, donc je peux comprendre qu'en contrepartie, on me fasse subir un peu de publicité. Il sera d'autant moins gênant pour l'internaute s'il était statique plutôt que dynamique.

Cela ne gâche rien d'être sympathique avec les lecteurs qui reçoivent la newsletter chaque semaine. Ainsi, le clin d'œil *Si vous ne visualisez pas correctement cette superbe newsletter* sort des sentiers battus et donne le ton d'un échange malicieux, tout en fournissant le nécessaire d'un point de vue fonctionnel.

Il est presque étonnant que l'en-tête soit si dépouillé. La simplicité est toujours un bon point, mais dans le domaine des newsletters, le haut de l'e-mail est si capital qu'il doit soit adresser tout de même quelques sujets, soit prendre très peu de place à l'écran. Ici, le minimum serait d'inclure un lien direct vers le site, et de réduire un peu le bandeau en hauteur.

52 VIAPRESSE

http://www.viapresse.com

Suite à une commande en ligne sur le site Viapresse, les internautes reçoivent régulièrement des e-mails promotionnels visant à favoriser un nouvel achat.

Fréquence d'envoi

Attention aux envois trop fréquents, surtout pour des produits peu adaptés à un nouvel achat immédiat. Ici, le flux de communication sur un mois sur la même adresse montre sept sollicitations, ce qui est bien trop élevé. Envoyer plusieurs e-mails le même jour, ou plusieurs fois le même e-mail aggrave la perception d'agression, et risque de provoquer des demandes de désinscription et/ou une grande insatisfaction envers la marque. Peu importe le prétexte (la fin d'un abonnement offert, la fête des pères ou des promos), ce qui reste est le nombre réel d'e-mails reçus.

Fig. 52-1

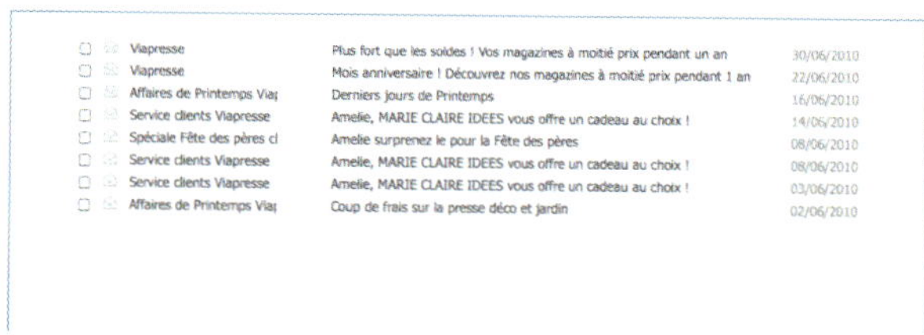

Viapresse	Plus fort que les soldes ! Vos magazines à moitié prix pendant un an	30/06/2010
Viapresse	Mois anniversaire ! Découvrez nos magazines à moitié prix pendant 1 an	22/06/2010
Affaires de Printemps Via[	Derniers jours de Printemps	16/06/2010
Service clients Viapresse	Amelie, MARIE CLAIRE IDEES vous offre un cadeau au choix !	14/06/2010
Spéciale Fête des pères cl	Amelie surprenez le pour la Fête des pères	08/06/2010
Service clients Viapresse	Amelie, MARIE CLAIRE IDEES vous offre un cadeau au choix !	08/06/2010
Service clients Viapresse	Amelie, MARIE CLAIRE IDEES vous offre un cadeau au choix !	03/06/2010
Affaires de Printemps Via[	Coup de frais sur la presse déco et jardin	02/06/2010

1 LE TITRE DOIT ÊTRE PRÉCIS POUR DONNER ENVIE D'OUVRIR LE MESSAGE

L'objet de l'e-mail est capital : c'est en partie ce qui décidera l'internaute à ouvrir ou non le message. Le titre *Derniers jours de printemps* n'est pas assez informatif, ne donnant aucune précision susceptible de générer de l'intérêt chez l'utilisateur. Cherchez toujours à décrire réellement ce que vous proposez : ici, on envoie l'e-mail pour informer de promotions allant jusqu'à – 85 %. C'est donc cela qu'il faut écrire, au même titre que l'urgence à profiter de l'offre.

Si le nom de l'expéditeur affiché semble normal, il peut être inquiétant ou intriguant pour un internaute de voir que l'e-mail provient d'une adresse nommée errors@viapresse.com. Surveillez bien tous les détails de votre e-mail pour ne prendre aucun risque !

2 LES MISES EN AVANT NE DOIVENT PAS CACHER LA VISIBILITÉ SUR L'OFFRE GLOBALE

Les internautes n'ouvrant pas souvent ce type de message, il est important d'exploiter au maximum la valeur ajoutée du site, à savoir sa largeur d'offre : avec 4 000 magazines disponibles à l'abonnement, on peut répondre aux besoins individuels de chacun, mais rien ne le dit ici. On ne voit que six couvertures et les réductions correspondantes. Or, il faut pouvoir récupérer un internaute qui ne s'intéresserait à aucun des titres présentés. Les onglets *Magazines FEMININS*, *Magazines SPORT*… commencent à jouer ce rôle, mais doivent être englobés par une information chiffrée sur le nombre de titres disponibles (et le nombre de ceux en promotion, exemple : *+ de 100 magazines en promotion, et toujours 4 000 titres à prix bas !*). De plus, il paraîtrait utile de citer l'ensemble des sept rubriques thématiques du site plutôt que seulement trois.

3 PRENDRE EN COMPTE LE CARACTÈRE SIGNIFIANT DES ÉLÉMENTS CLIQUABLES

- Les newsletters sont souvent composées uniquement d'une grosse image, dont l'ensemble est cliquable et renvoie vers une landing page. Cela peut poser souci pour la personne qui clique sur un produit précis dans l'e-mail – sur la couverture de *Elle*, par exemple, en s'attendant à voir l'offre spécifique à ce magazine. En effet, on arrive alors sur une page où on n'a plus aucune visibilité sur ce titre.
- Si ce flux d'interaction attendu par l'utilisateur n'est pas forcément applicable – car il ne répond pas à ceux qui cliqueraient pour voir l'ensemble de l'offre –, on doit au moins prévoir que le début de la landing page soit consacré aux sept produits de la newsletter, afin de limiter la charge de travail pour repérer le magazine dans cette nouvelle page. Certes l'utilisateur aura-t-il l'impression de devoir cliquer deux fois sur le titre, mais au moins, il le trouvera.

Le texte affiché avant l'image est trop long, alors qu'il pourrait jouer un rôle intéressant de sommaire (on verrait que le sujet de la fête des pères est abordé, même si c'est plus bas dans la page). Le côté rédigé pourrait cependant être utilisé dans la version texte de la newsletter. Attention, il contient des informations qui ne se voient pas dans la partie image ! (Exemple : *réductions jusqu'à - 85 %.*)

53 LA CHAÎNE MÉTÉO

http://www.lachainemeteo.com

La Chaîne Météo est une chaîne de télévision dédiée qui propose gratuitement sur le Web et le Web mobile des prévisions à douze jours. Un service d'information par e-mail, le météomail, permet de recevoir la météo tous les jours dans sa boîte de réception.

Fig. 53-1

Une application très utile, qui gagne donc déjà des points d'ergonomie simplement grâce au service qu'elle peut rendre aux internautes. Pensez toujours à ce fondement de l'utilité avant d'adresser les questions d'utilisabilité.

1 PRIVILÉGIER L'INFORMATION CLÉ

La météo est un service quotidien, consulté très fréquemment. On doit prendre un soin particulier à donner l'information critique le plus tôt et le plus haut possible. Ici, le météomail est envoyé tous les jours.

- L'information clé est la météo du jour. L'objet de l'e-mail, on ne peut plus générique aujourd'hui, pourrait être amélioré : donner la date avec le nom du jour contextualisera chaque e-mail, les dates affichées dans les boîtes de réception n'incluant en général pas cette notion. On peut aussi d'ores et déjà donner un aperçu des prévisions météorologiques (exemple : « Paris, mardi 3 juillet : averses ou pluies orageuses »).
- Toujours dans cette optique, il est dommage que les premières données météo n'apparaissent qu'au seuil de 310 pixels ! Cela est dû aux nombreuses informations inutiles ou moins importantes affichées au-dessus : c'est le cas du titre *FRANCE - PRÉVISIONS À 12 JOURS*, des coordonnées géographiques de la ville, de l'heure du bulletin et de sa prochaine mise à jour, mais surtout de la publicité.
- L'affichage d'une bannière publicitaire avant le contenu est regrettable, d'autant plus qu'elle ne représente ici aucun annonceur. Dans le cas d'une réelle publicité, elle serait plus acceptable si météo et publicité pouvaient cohabiter dans deux colonnes adjacentes. La verticalité de l'information est en effet à prendre tout particulièrement en compte dans une newsletter, l'espace visible étant extrêmement réduit en hauteur.

2 FACILITER LA GESTION DES PRÉFÉRENCES DE RÉCEPTION

- La flexibilité est un enjeu fort sur ce type de service, qui doit laisser une grande liberté de choix sur le moment de la réception. La Chaîne Météo fait seulement une partie du chemin : chacun peut choisir l'heure où il va recevoir les prévisions et suspendre son abonnement pendant une période donnée, mais on l'oblige à recevoir l'alerte quotidiennement. L'idéal serait de pouvoir demander une fréquence de réception personnalisée (le dimanche et le jeudi, ou une fois en début de semaine, par exemple).
- Un bon point pour les liens *Paramétrer* et *Se désabonner* disponibles tout en haut, car la modification d'un abonnement est un scénario d'usage potentiellement fréquent sur ce service. Leur présence ne doit toutefois pas augmenter l'espace de l'en-tête en hauteur. Ces deux éléments pourraient être placés sur la même ligne que le titre.

L'heure de réception par défaut est fixée à 8h30. Au-delà du fait que c'est une bonne heure au vu de nos habitudes culturelles, le site semble assez fiable dans le respect de cet horaire. C'est important, car cela témoigne du sérieux du service et de son respect de ses utilisateurs.

3 UN FORMAT SANS IMAGES PARFAITEMENT INFORMATIF

Les internautes qui reçoivent la version texte ont tout de même l'ensemble des informations météo. C'est un point très important, pourtant souvent mal géré dans les newsletters.

54 ALLOCINÉ

http://www.allocine.com

AlloCiné est un portail d'informations gratuit sur le cinéma, qui accueille un grand nombre de services et de contenus. Le site propose à ses membres de recevoir la newsletter *AlloCiné Actus* tous les mercredis.

Faut-il personnaliser l'e-mail ?

La personnalisation de l'e-mail avec l'inscription du nom de la personne est possible dans ce type de newsletters orientées contenus. Dans le cas d'e-mailings plus commerciaux, il y a plus de risques qu'il soit considéré comme une intrusion dans la sphère personnelle. Il est plus légitime de proposer une relation personnalisée à son lecteur lorsqu'on offre du contenu qui n'est pas assimilé à de la pure publicité. Ce peut être le cas d'AlloCiné avec ses contenus gratuits sur le cinéma, d'autant que la newsletter est envoyée à des gens qui l'ont demandée.

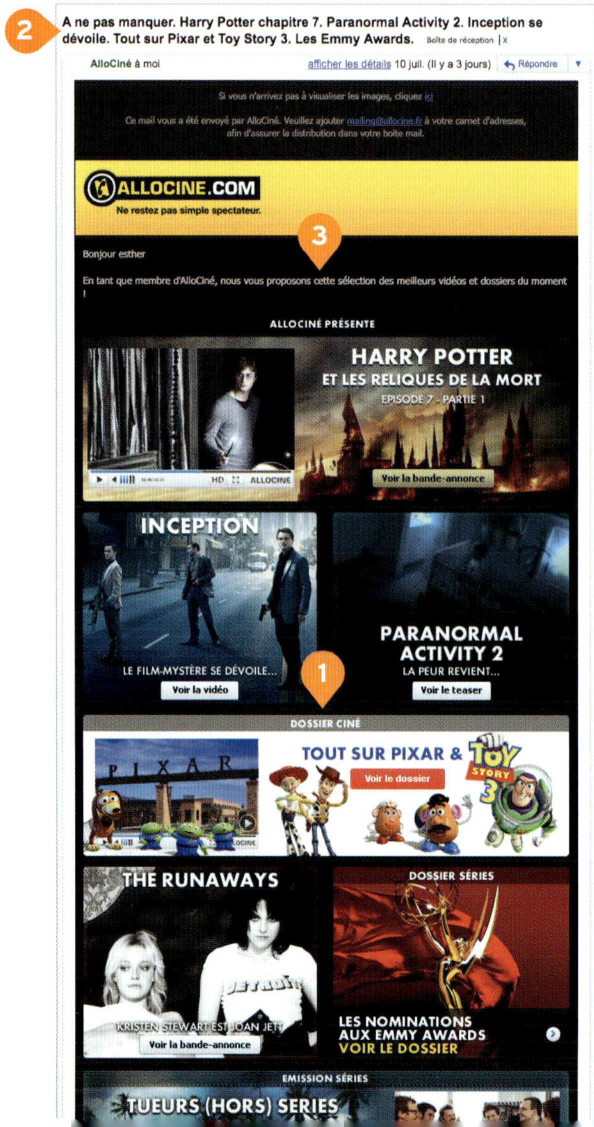

Fig. 54-1
Partie haute de la newsletter

1 LE TRAITEMENT VISUEL ET RÉDACTIONNEL FAVORISE LA LECTURE ET L'ACTION

- L'internaute qui ouvre cette newsletter découvre une présentation séduisante, qui fait la part belle aux contenus visuels, tout en étant incitative (image de lecteur vidéo directement dans la page, boutons aux libellés orientés action et précis : *Voir la bande annonce*, *Voir l'interview*, *Je note !*...). Cette présentation et l'intérêt des contenus font que cet e-mail, qui mesure pourtant 2 765 pixels de haut, se parcourt en entier très agréablement.

Suggérer une utilisation par les mots
On a souvent tendance à dévaloriser l'importance des libellés de liens et boutons, alors que c'est un élément capital dans la balance décisionnelle qui amène l'internaute à agir, surtout lorsqu'il s'agit de simples consultations de contenus gratuits.

Cette newsletter est la plupart du temps envoyée le soir. C'est intéressant compte tenu du type de contenus, auxquels les lecteurs seront plus sensibles et pour lesquels ils seront plus disponibles le soir que dans la journée, en général réservée aux activités professionnelles et aux tâches logistiques plutôt qu'aux purs loisirs.

2 UN TITRE QUI VEUT PRESQUE TROP BIEN FAIRE

- L'objet de l'e-mail cherche à donner le plus d'informations possible sur les contenus de la newsletter. C'est bien, mais ce titre est surtout utile dans la boîte de réception : une fois que l'e-mail a été ouvert, il n'a plus qu'un rôle très réduit. Or, la plupart des webmails et logiciels de messagerie ne pourront pas afficher un objet aussi long en mode liste.
- Dans ce titre, la mention *À ne pas manquer* n'a aucun intérêt. La place de chaque caractère étant précieuse, il vaut mieux la réserver à des informations substantielles. De plus, les internautes reçoivent cette newsletter régulièrement. Ce qui va former leur représentation de l'e-mail, c'est son expéditeur et les informations clés du titre, et non ces termes génériques qui pourraient s'appliquer à n'importe quelle newsletter.

3 LA VARIÉTÉ DES SUJETS ABORDÉS MÉRITERAIT UN SOMMAIRE

- Aujourd'hui, la quantité de contenus qui fait la force de cette newsletter a aussi pour inconvénient d'être peu visible si on ne parcourt pas la page en entier. Il serait appréciable que quelqu'un qui s'intéresse à *Medium* voit que ce film est abordé dans la newsletter : on aurait ainsi plus de chance qu'il descende dans la page.

Le logo AlloCiné.com dans l'en-tête de la newsletter n'est pas cliquable, alors qu'il pourrait tout à fait envoyer vers la page d'accueil du site.

- Il s'agirait donc de continuer dans l'en-tête de la newsletter ce qui est amorcé dans le titre, en prévoyant une sorte de sommaire (rédigé plutôt en concaténant les sujets qu'avec une liste à puces qui serait trop polluante visuellement, et non cliquable puisque c'est difficile dans une newsletter). Le sommaire peut être affiché dans la zone vide à droite du logo AlloCiné.com, ou être traité plutôt sur la largeur juste en dessous de l'en-tête.

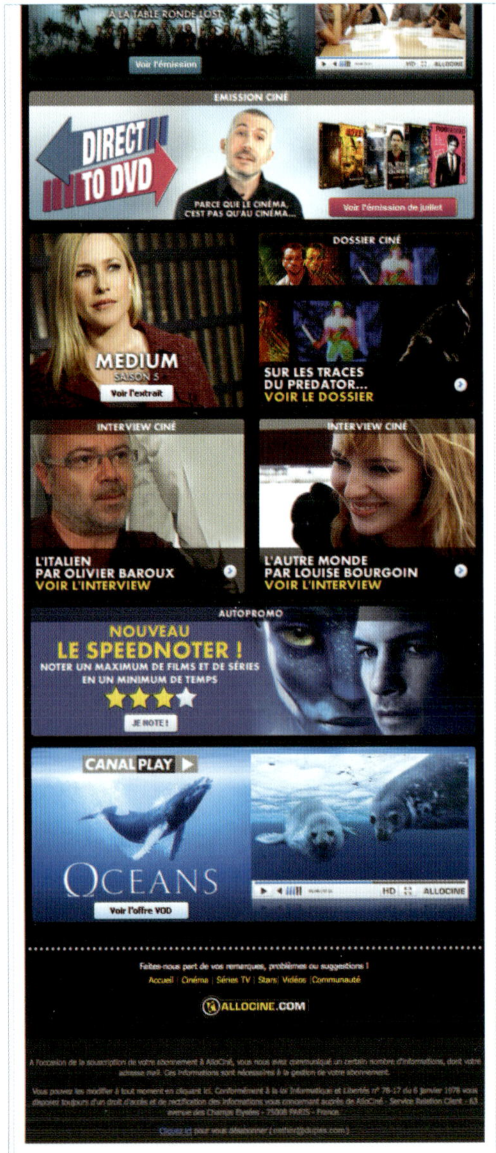

Fig. 54-2
Partie basse de la newsletter

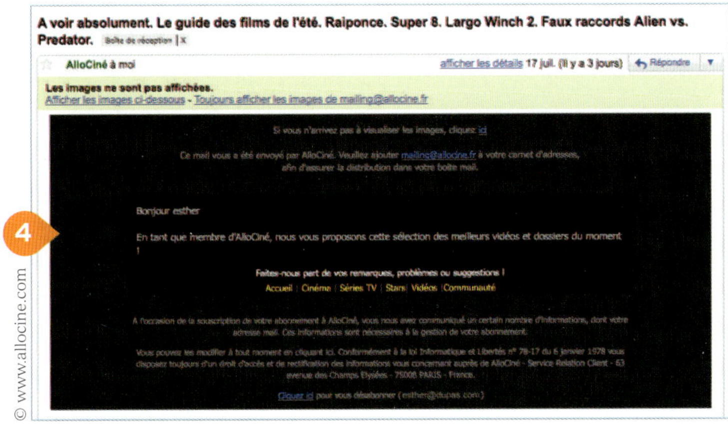

Fig. 54-3
Version sans images de la newsletter s'affichant dans Gmail

4 PENSER À LA VERSION TEXTE !

- L'inconvénient de cette présentation très travaillée reste que peu de personnes la verront. En effet, la plupart des boîtes de réception l'affichent par défaut sans images (voire sous forme de blocs vides de la même taille que les images), et un grand nombre d'internautes ne font pas l'effort de cliquer sur *Afficher les images*. Ce qui reste de la newsletter est alors trop réduit, et il en résulte une expérience de lecture vide, alors que des contenus texte pourraient la nourrir d'un peu de sens. Le sommaire dont nous parlions pourrait par exemple jouer ce rôle.
- Le lien *Si vous n'arrivez pas à visualiser les images, cliquez ici* est peu aisé à cliquer, car la surface du mot « ici » est réduite à 10 pixels carrés. Or, la loi de Fitts nous a appris qu'un élément est (notamment) plus facile à atteindre s'il est de grande taille. Au cas où le libellé *Cliquez ici* était conservé, il faudrait alors rendre les deux mots cliquables. On recommande toutefois de rendre cliquables les mots discriminants (voir le syndrome du « Cliquez ici » dans l'étude n° 37 sur PriceMinister).
- De plus, le lien *Si vous n'arrivez pas à visualiser les images, cliquez ici* doit être amélioré : par son format de présentation et son caractère cliquable, c'est le mot *ici* qui est mis en avant, donc repérable par le lecteur. Or, il ne signifie rien. Ce qui a du sens, c'est *visualiser les images*. On devrait donc réécrire le lien pour que l'élément cliquable devienne « voir cette newsletter avec les images ».

En version sans images, rien ne permet de distinguer la newsletter d'une semaine sur l'autre. Cela est symptomatique d'une communication qui repose trop sur l'image, sans prendre en compte les contraintes réelles liées à la réception.

> **Testez l'affichage !**
> Vérifiez toujours comment seront présentés vos textes dans la réalité du contexte ! Ici, il est dommage que le point d'exclamation passe à la ligne dans la phrase d'introduction.

Partie 7

APPLICATIONS IPHONE

Exprimer l'essence d'un service sur un écran quatre à six fois plus petit que celui d'un ordinateur, profiter des promesses du mode d'interaction tactile, bénéficier des recommandations d'Apple en la matière : ces défis passionnent de plus en plus marques et concepteurs, sans que les études impliquant les utilisateurs finaux puissent suivre avec suffisamment de recul une évolution des usages extrêmement rapide.

Une chose est sûre : les utilisateurs installent beaucoup (beaucoup) plus d'applications qu'ils n'en emploient réellement, et la question de l'utilité fait rage dans l'adoption des outils. Plus étonnant, l'utilisabilité ne sort pas indemne du débat, malgré la présence et la rigidité des guides de conception Apple, et sa mainmise sur la diffusion des applications. Les règles étant loin de résoudre l'entière question de l'ergonomie, voyons à travers plusieurs exemples ce qui fait qu'une application peut être satisfaisante ou non pour ses utilisateurs.

55 LA CHAÎNE MÉTÉO

http://www.lachainemeteo.com

La Chaîne Météo est une chaîne de télévision dédiée qui propose gratuitement sur le Web et le Web mobile des prévisions à douze jours. Analyse de quelques-uns des points d'ergonomie de l'application iPhone.

Fig. 55-1

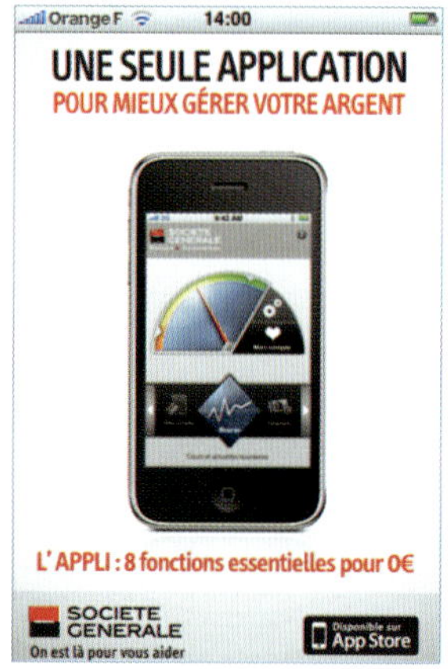

Fig. 55-2

Fig. 55-3

Fig. 55-4

1 DONNER L'INFORMATION ATTENDUE LE PLUS TÔT POSSIBLE

- À l'ouverture de l'application, un écran d'attente (splash screen) affiche le logo de la marque. Cette page couvre le temps de chargement, mais son contenu doit préparer l'utilisateur à l'interface finale, plutôt qu'être utilisé dans un pur objectif de communication. Apple recommande d'ailleurs d'éviter les splash screens afin de limiter au maximum le temps de chargement, car les utilisateurs changent fréquemment d'application.

Apple à propos du lancement des applications

Les développeurs d'applications iPhone doivent prévoir une image de lancement. Le guide de conception Apple (*iPhone Human Interface Guidelines*) recommande qu'elle soit calquée sur le premier écran de l'application, excepté pour les éléments dynamiques, afin de diminuer le temps de chargement perçu :

« Si vous pensez qu'en suivant ces recommandations, vous obtiendrez une image de lancement ordinaire et ennuyeuse, vous avez raison. Rappelez-vous que l'écran de lancement n'est pas dédié à la promotion de l'expression artistique, mais tout simplement à renforcer la perception que votre application est rapide à charger et immédiatement prête à l'emploi. »

- En outre, deux splash screens s'enchaînent, puisqu'à la suite du logo, une page de publicité plein écran est dédiée à un annonceur. C'est seulement après qu'on a réellement accès au service météo. Compte tenu de la fréquence d'utilisation de cette application, on risque de provoquer un agacement dû à l'attente trop longue, se répétant à chaque utilisation. On recommande donc a minima de conjuguer ces deux étapes en un seul écran, plus acceptable pour l'utilisateur. Dans l'absolu, aucun des deux ne devrait exister.

Publicité : plus acceptable si elle n'est pas intrusive

La publicité est sans doute un passage obligé sur ce type de service, d'autant plus qu'il est gratuit. Cependant, elle sera mieux tolérée par l'utilisateur si elle ne le gêne pas dans sa consultation d'informations. Ainsi, à la différence du splash screen qui le bloque et le met dans une position passive, le bandeau de publicité que l'on voit sur les écrans suivants est plus acceptable.

2 EXPLOITER LA PERSONNALISATION POUR RÉDUIRE LE NOMBRE DE CLICS

- L'application s'ouvre sur la météo du jour pour la France entière. Cela répond normalement à la plupart des besoins, mais reste peu précis. Les concepteurs ont donc prévu une rubrique *Mes villes*, permettant de définir des endroits favoris et d'en consulter la météo précise. C'est notamment dans cette adaptation au besoin individuel de chaque utilisateur qu'on reconnaît une application interactive de qualité.

- Cette fonctionnalité est cependant sous-exploitée : même lorsqu'il a défini une ville préférée, l'utilisateur doit à chaque fois cliquer sur *Mes villes* pour y accéder. L'application s'ouvre toujours sur la rubrique *Carte*, et aucune option de configuration ne permet d'arriver par défaut sur une ville enregistrée.

Tous les efforts de développement pour créer cette fonction ne semblent donc pas profiter complètement aux utilisateurs, par manque d'adaptation à leurs besoins. La fonction de personnalisation est proposée, mais pas poussée à son maximum. Or, typiquement, dans ce type d'applications, l'utilisateur a normalement peu de besoins en navigation : l'utilité essentielle du service résidant dans la consultation de la météo d'un endroit, souvent sa ville, le premier écran pourrait suffire à obtenir l'information souhaitée, et satisfaire l'objectif utilisateur.

- Le fonctionnement de la rubrique *Mes villes* est bien adapté au besoin utilisateur : on peut déclarer plusieurs villes préférées, ce qui est assez utile, tout en accordant une importance particulière à la ville déclarée par défaut, dont on verra la météo suite au clic sur *Mes villes* (avec bien sûr toujours la possibilité de naviguer vers les autres). Cependant, l'intitulé du bouton *Favoris* (alors que la rubrique s'appelle *Mes villes* dans le menu) fait qu'il n'est pas intuitif de savoir comment afficher l'écran de liste (Fig. 55-7).

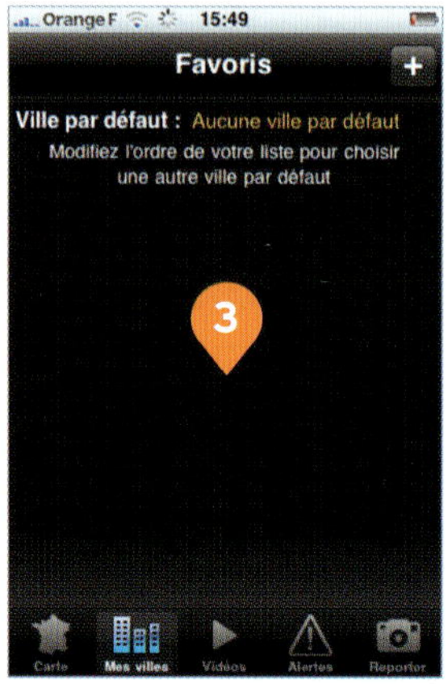

Fig. 55-5

Fig. 55-6

Fig. 55-7

Fig. 55-8

3 LIMITER LE NOMBRE D'ÉTAPES POUR ACCOMPLIR UNE ACTION

- Lorsque l'utilisateur n'a pas encore enregistré de ville, l'écran *Mes villes* est vide. Pour en ajouter une, il doit cliquer sur le bouton +, qui mène à une fonction de recherche. Ces deux écrans pourraient être regroupés en un seul, puisque l'écran vide n'a aucune utilité pour l'usager.
- De même, la fonction de déclaration d'une ville par défaut bénéficie d'un écran dédié, alors qu'elle pourrait être intégrée à la liste des villes (même s'il est vrai que, sur iPhone, les fonctions d'édition sont effectivement souvent regroupées derrière le bouton *Modifier*). Cette recommandation est renforcée par le fait que l'indicateur « par défaut » est d'ailleurs déjà présent dans la liste.

Supprimez les messages qui n'ont pas de sens dans certains contextes d'usage : sur la figure 55-5, on n'a pas besoin d'expliquer à l'utilisateur comment modifier l'ordre des éléments dans la liste, puisqu'il n'y a encore rien dans cette liste.

Mobile et efficience

Sur la plupart des applications mobiles, tout ce qui est du ressort de l'**efficience** a énormément d'importance : les utilisations étant répétées, la moindre action en trop se ressent rapidement, et gêne le confort d'usage.

4 SOIGNER LE CARACTÈRE INTUITIF DES ACTIONS UTILISATEUR

Déclarer une ville par défaut est important, car c'est sur celle-ci qu'on arrivera suite au clic sur *Mes villes*. Or, il n'est pas aisé de le faire sur l'application actuelle.

- En arrivant sur l'écran *Mes villes* (Fig. 55-4), si on souhaite déclarer *Paris* par défaut, on a tendance à essayer de la glisser au-dessus de *Roanne*. La phrase d'introduction semble nous inviter à le faire, alors qu'il faut en fait d'abord cliquer sur le bouton *Modifier* pour accéder à la fonction d'ordonnancement (Fig. 55-6).
- La phrase *Modifiez l'ordre de votre liste pour choisir une autre ville par défaut* n'est pas assez précise sur l'action attendue : il serait préférable d'expliquer que la ville par défaut est la première dans la liste. L'utilisateur comprendra ainsi de lui-même que pour déclarer *Paris* par défaut, il doit la déplacer tout en haut.
- Le glisser-déposer n'est sans doute pas le mode d'interaction le plus approprié ici (Fig. 55-6), puisqu'il est utilisé pour ordonnancer les villes, mais qu'il y a peu d'intérêt à le faire, sauf pour placer une ville en premier afin d'en faire sa ville par défaut. On pourrait donc le remplacer par un simple système de bouton radio.
- Pour quelqu'un n'ayant jamais été confronté à ce type d'interface, il peut être difficile de modifier l'ordre des villes, car le premier réflexe est de déplacer la barre entière et non seulement l'icône de liste. Mais ce modèle d'interaction étant repris dans de

A contrario, le glisser-déposer est idéal pour procéder à un réel ordonnancement des éléments dans une liste.

nombreuses applications, ainsi que le propose Apple, un utilisateur d'iPhone est cependant susceptible de connaître par avance la manière d'ordonnancer les éléments, puisqu'il l'aura déjà expérimenté ailleurs.

Parier sur l'apprentissage

Une application iPhone est typiquement un outil que l'utilisateur utilisera de nombreuses fois. En outre, cette fréquence est démultipliée car les applications partagent un socle commun de modes d'interactions. Cette dimension doit être prise en compte dans l'ergonomie : cette dernière ne doit pas seulement penser aux premières utilisations, mais aussi favoriser le confort des utilisateurs habitués à l'application. Il faut donc éviter que ces derniers soient gênés par des aides seulement utiles aux novices.

5 UN ÉQUILIBRE À TROUVER ENTRE GUIDAGE ET SIMPLICITÉ VISUELLE

- Dans les prévisions par ville, on ne voit que quatre jours par défaut et aucun indice ne laisse voir au premier abord que les prévisions sont à douze jours. C'est d'autant plus vrai que proposer des prévisions à quatre jours ne semble pas étrange pour un service météo. Autrement dit, plus une limitation paraît plausible à l'internaute, moins il ira chercher si elle est effective.
- Il faut cependant veiller à ne pas complexifier l'interface sous prétexte d'avoir voulu tout expliquer clairement à l'internaute. En effet, dans ce type de contexte, une fois qu'il a découvert la possibilité de voir la météo à douze jours, l'utilisateur aura accompli sa phase d'apprentissage, et pourrait être gêné par une interface trop guidante.
- Le parcours de la liste par un défilement horizontal étant bien approprié, il reste à montrer à l'utilisateur que la liste continue et ne s'arrête pas aux prévisions à quatre jours. Dans la rubrique *Carte*, cet indice est donné par la série de points en bas de l'écran. Dans un souci de cohérence, on pourrait reprendre ce système, mais il a pour inconvénient de charger l'écran. Ici, l'idéal serait de montrer le début du cinquième jour coupé, avec une interface comparable à ce que l'on peut voir en figure 55-8, où on se trouve en milieu de liste.

- L'idéal toutefois serait de revoir cette limitation à quatre jours, puisque la visibilité à douze jours est vraiment la valeur ajoutée du service. Les voir d'un seul coup d'œil offrirait un confort indéniable, qu'on peut d'ailleurs expérimenter sur le site web.
- Utiliser une icône de soleil pour signifier la journée n'est pas forcément le plus approprié dans une application météo, car elle est d'abord interprétée comme un signe de beau temps. Dans ce cas, on aurait largement pu se suffire pour la navigation de libellés « journée », « soirée », « nuit », et réserver les pictogrammes au contenu météo en lui-même.

© www.lachainemeteo.com

Fig. 55-9

56 JE DESSINE

http://www.jedessine.com

Je dessine est le premier site français pour enfants. Il propose à ces derniers une application iPhone leur permettant de s'amuser avec des jeux, coloriages, dessins et un outil de personnalisation de son avatar, appelé le *Yodimi*. C'est cette partie de l'application dont nous analysons ici quelques caractéristiques.

Fig. 56-1

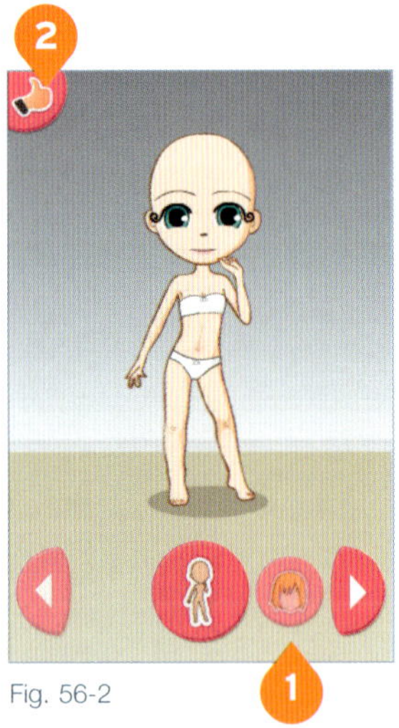

Fig. 56-2

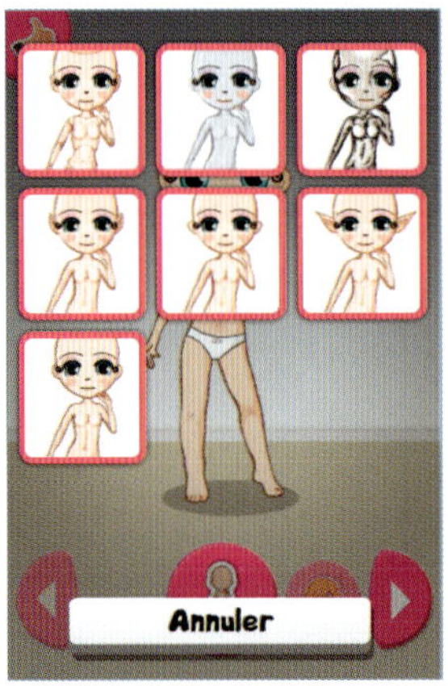

Fig. 56-3

Fig. 56-4

1 UNE APPLICATION TRÈS UTILISABLE, MAIS DONT LE GUIDAGE POURRAIT ÊTRE AMÉLIORÉ

Les enfants risquent de ne pas voir la possibilité de choisir parmi plusieurs corps

Après avoir choisi le genre du personnage qu'il souhaite habiller, l'utilisateur arrive sur une première page où un personnage vierge lui est proposé. En bas de l'écran, il devine qu'une suite de chapitres va lui permettre de personnaliser son Yodimi selon ses envies. Le premier réflexe est alors d'appuyer sur le chapitre « cheveux », car on a l'impression d'être déjà dans le chapitre « corps ». L'enfant risque donc de rater la possibilité de personnaliser le corps de son personnage

Cela vient du fait qu'il y a déjà un corps choisi par défaut, alors qu'il serait plus compréhensible d'avoir vraiment un personnage vierge correspondant à une étape zéro, et que l'écran suivant soit le choix du corps.

Une navigation contre-affordante

Si l'enfant appuie sur l'icône « cheveux », rien ne se passe. En fait, il faut cliquer sur la flèche de droite pour positionner l'icône correspondante au milieu, car c'est cette zone du milieu qui est cliquable et peut provoquer l'ouverture du panneau de sélection.

- Il est difficile de comprendre que l'icône opacifiée n'est pas cliquable : puisqu'on la voit, on s'imagine pouvoir y accéder en appuyant dessus. Cela génère en outre des erreurs persistantes, car l'icône en question est tellement affordante à l'action qu'on conserve le réflexe d'appuyer sur les chapitres opacifiés et non sur les flèches, alors même qu'on connaît le fonctionnement pour l'avoir déjà expérimenté.
- Pourquoi ne pas simplement les rendre cliquables ? Cette recommandation est importante, car compte tenu du nombre élevé de chapitres à configurer, et du fait que les enfants ont tendance à effectuer le parcours dans l'ordre, selon les étapes qu'on leur propose (et non à sauter certaines étapes, comme nous pourrions le faire en tant qu'adultes), le scénario d'usage consistant à configurer en entier sera moins agréable à réaliser et prendra potentiellement plus de temps. Cliquer sur la flèche, puis sur l'icône pour accéder au panneau de sélection double en effet le nombre de clics, si tant est qu'on ne se trompe pas en cliquant sur une icône inactive.

2 ADAPTER LA PRÉSENTATION À LA FRÉQUENCE DES BESOINS

- En haut à gauche de l'écran, une icône de pouce levé permet de déclarer qu'on a terminé, qu'on souhaite passer à autre chose. Cette fonction, très pertinente et qui

La plupart des fonctions dans cette application sont facilement utilisables, et l'ensemble est suffisamment bien conçu pour qu'il ne soit pas dramatique de ne pas retrouver le graphisme conventionnel des applications iPhone fourni par défaut par Apple. En termes d'utilité, le service peut être assez addictif pour la cible, et correspond bien à leurs préoccupations.

On ne voit pas l'item sélectionné dans le panneau (Fig. 56-3). C'est un défaut classique de manque d'information, qui entame le guidage utilisateur.

manque sur l'interface de coloriage en ligne de Je dessine (étude n° 40), n'est toutefois pas accompagnée par une interface optimale.

- Le bouton *Continuer* est affiché en premier, alors que si un enfant clique sur cette icône, c'est probablement qu'il a terminé de personnaliser son personnage et souhaite l'enregistrer. Même si les quatre boutons proposés sur cet écran sont utiles, il est important de les hiérarchiser et d'adapter leur ordre d'apparition à la fréquence supposée des utilisations.

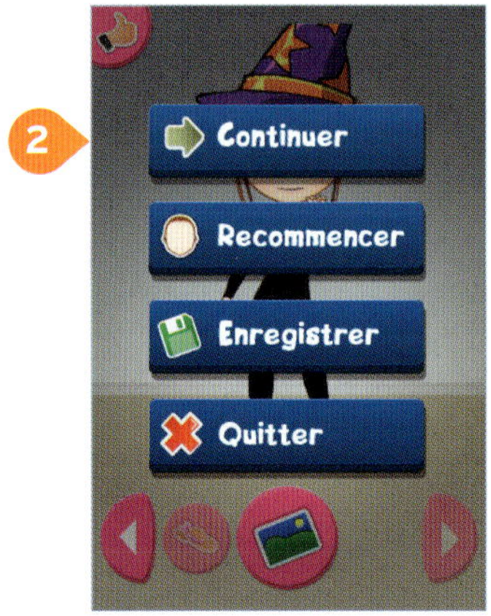

Fig. 56-5

Fig. 56-6

Fig. 56-7

Fig. 56-8

3 AMÉLIORER LE NIVEAU D'UTILITÉ

- Une fois que le message *Ton Yodimi a bien été enregistré* est apparu, l'enfant ne peut plus le retrouver pour le modifier. Chaque session de personnalisation n'est donc qu'un événement unique, indépendant de tout le reste : l'enregistrement ne sauvegarde pas vraiment un projet, mais exporte une image. Le personnage n'a donc pas été enregistré, mais envoyé pour participer au concours.
- Il est dommage de ne pas profiter d'un outil bien fait par ailleurs en oubliant que le service proposé n'a de réel sens que si les enfants peuvent créer leur Yodimi, mais aussi vivre avec lui et le faire évoluer au fil des jours.

4 L'APPLICATION IPHONE NE DOIT PAS IGNORER L'ÉCOLOGIE DU SYSTÈME GLOBAL

Après avoir enregistré un Yodimi sur l'iPhone grâce à un compte utilisateur existant, on ne retrouve pas les modifications effectuées via l'interface web. Cela renforcerait l'idée que la personnalisation d'un personnage sur l'application ne sert qu'à participer à un concours, mais semble étrange. En fournissant des identifiants, on s'attend naturellement à ce que le service enregistre nos informations dans notre profil, quel que soit l'endroit ou la plateforme d'où on y accède. C'est cette impression que c'est le cas qui rend la réalité encore plus déceptive.

Si l'on veut jouer sur la personnalisation, il faut bien analyser les attentes et motivations des utilisateurs à s'engager dans les actions de configuration : qu'ont-ils à gagner ? Les enjeux ici sont très liés aux concepts de réputation, d'attachement au groupe et de partage, et sont renforcés par le fait que l'application parle elle-même d'un concours. S'il s'agit juste de participer à un concours, il faudrait être plus clair sur ce point, car le pire dans ce choix d'interaction est que les utilisateurs risquent de ne se rendre compte de l'impossibilité de modifier leur Yodimi que trop tard.

57 MONABANQ

http://www.monabanq.com

Banque en ligne particulièrement en avance sur le créneau de l'innovation de service mais aussi des outils web et mobile, Monabanq se propose de servir ses clients à distance avec au moins autant d'efficacité qu'une banque classique. Une suite de trois applications iPhone est proposée aux utilisateurs : *Suivi crédit*, *Taux d'épargne* et *Mon portefeuille*.

Fig. 57-1

Fig. 57-2

Fig. 57-3

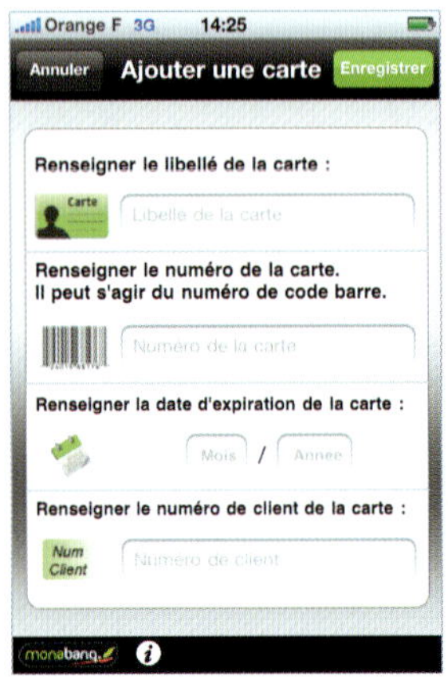

Fig. 57-4

Autopromotion

Le guide de conception d'Apple (*iPhone Human Interface Guidelines*) va jusqu'à dire que l'identité peut être simplement transmise par les couleurs employées : *« L'autopromotion est plus efficace quand elle est subtile et sous-jacente. Les gens utilisent votre application iPhone pour accomplir un objectif ou pour se divertir ; ils ne veulent pas se sentir forcés de regarder une publicité. Vous devriez donc faire le maximum pour intégrer les couleurs ou images de votre marque de manière fine et non intrusive, par exemple en personnalisant les couleurs des écrans et boutons d'action. »*

En juillet 2010, cinq participants ont été confrontés à l'écran d'accueil de *Mon Portefeuille* avec pour consigne de montrer ce qu'ils feraient s'ils étaient seuls. Quatre participants possèdent un iPhone, trois sont utilisateurs d'applications, et le dernier est novice.

SCÉNARIO (après explication du service Cartes de fidélité) : « Imaginons que vous vouliez enregistrer votre carte de fidélité Monoprix. »

1 ADAPTER LE NOMBRE DE MESSAGES COMMERCIAUX À LA FRÉQUENCE D'USAGE

Surexposer les utilisateurs à des messages marketing est risqué : ici, avant d'arriver sur les applications *Taux d'épargne* et *Suivi de crédit*, un splash screen fait la promotion des autres applications Monabanq. Or ce n'est pas pour cela que l'internaute a lancé l'application, mais pour l'utiliser. Ces écrans sont d'autant plus gênants qu'on les voit à chaque lancement, et qu'ils sont déjà précédés par un autre splash screen visant à présenter l'application en cours d'ouverture.

2 UN MENU POURRAIT REMPLACER LA PAGE D'ACCUEIL

- Dans *Mon portefeuille*, l'écran d'accueil pourrait être supprimé car il ne fait que lister les 5 rubriques de l'application. Les transférer dans une barre de menus iPhone plus conventionnelle serait plus adapté. Cela permettrait en outre d'avoir une barre de navigation plus simple à l'intérieur des rubriques (pas besoin de bouton *Mon portefeuille*).
- Le plus pertinent dans ce cas est de choisir un service parmi tous ceux proposés et d'en faire celui sur lequel s'ouvre l'application (c'est par exemple ce qui est fait dans l'application *Suivi de crédits*), tout en proposant aux utilisateurs de pouvoir le configurer (d'autant qu'il existe déjà une rubrique *Préférences*).

3 UN SERVICE UTILE DESSERVI PAR DE FAUX INDICES D'INTERACTION

- En arrivant sur l'écran *Cartes de fidélité* pour la première fois, quatre participants sur cinq appuient sur le bouton +. Le cinquième appuie sur le *1*. Les stratégies suivantes sont souvent de réappuyer plusieurs fois sur le +, puis de cliquer dans les champs pour saisir des données, mais cela ne fonctionne pas non plus. Ce n'est jamais avant le troisième clic que les utilisateurs tentent le bouton + dans la barre de navigation.
- En fait, cette interface ne fait que représenter l'écran réel (accessible en appuyant sur + dans la barre de navigation), mais les éléments affichés ont ainsi une affordance erronée au clic : ils sont si semblables à des objets utilisables que le premier réflexe est de les utiliser. Le danger reste que l'on pense que l'application ne fonctionne pas.

Le service *Cartes de fidélité* offre une belle promesse, qui rend l'application utile même pour les non-clients : dématérialiser les cartes de fidélité qui encombrent leur portefeuille. Cette grande qualité est toutefois mise en défaut par l'interface proposée sur l'accueil de la rubrique.

58 Ô DELICES

http://www.odelices.com

L'application iPhone Ô délices est proposée par Marie-Laure Tombini, auteur de livres de cuisine qui propose depuis 2002 sur son site Ô délices un grand nombre de recettes et de partage autour du thème de la cuisine. Analyse de l'ergonomie de quelques écrans de cette application.

Fig. 58-1

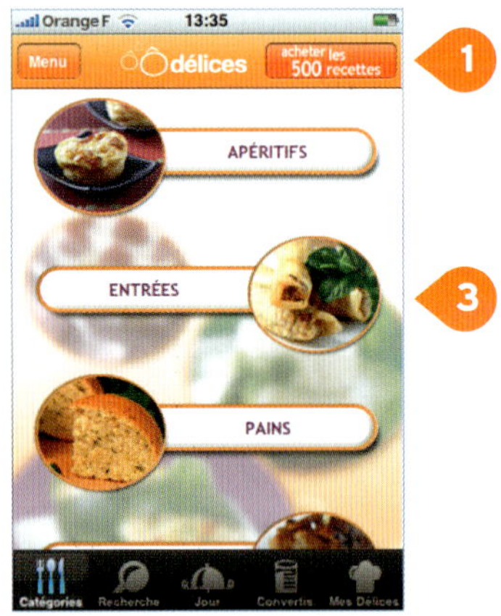

Fig. 58-2

Fig. 58-3

Fig. 58-4

De très belles photos ponctuent l'application, et s'affichent en entier lorsqu'on clique dessus, repoussant tout autre élément d'interface. Ce type de zoom est particulièrement bien adapté au support iPhone, et permet au lecteur d'obtenir une vue confortable de la photographie (Fig. 58-8).

1 TROIS TYPES D'APPLICATIONS POUR ADRESSER TOUS LES BESOINS

- L'internaute qui serait intéressé mais hésiterait à acheter l'application peut installer une démonstration gratuite contenant dix recettes. C'est intéressant et peut lui permettre de tester avant d'acheter la version complète, si cela lui plaît.
- Ô délices propose aussi des applications dédiées par catégories ou thèmes (*Chocôlat*, *Gatô*, *Sôupes*...), qui adressent un besoin plus particulier. L'ergonomie de ces versions pourrait toutefois être adaptée afin de prendre en compte le plus petit nombre de recettes (exemple : 30 pour la version Apérô). En effet, on tombe très vite sur aucun résultat lorsqu'on entreprend une recherche, à tel point qu'il serait préférable de ne pas proposer cette fonction afin de ne pas provoquer de déception.

2 L'ÉCRAN D'ACCUEIL EST INUTILE

- Le premier écran est un menu, utilisable en soi puisqu'il permet à ce moment-là de se diriger selon plusieurs clés d'entrée. Cependant, une fois passé ce premier écran, les mêmes options sont présentées dans une barre de menus plus classique. Il est peu indiqué de changer la manière d'atteindre un objectif : si l'internaute clique sur *Rechercher une recette* sur l'accueil, cela va forger son modèle mental de la manière de lancer une recherche.
- Autrement dit, à travers cette première action, il a déjà commencé à apprendre le fonctionnement de l'application, et devra en réapprendre un nouveau pour lancer une recherche à partir du menu. Pire, puisque les deux sont toujours disponibles (l'écran d'accueil pouvant être atteint grâce au bouton *Menu*), on risque que l'utilisateur revienne en arrière pour choisir une autre rubrique, alors qu'elles sont aussi disponibles en bas.
- Libérer cet écran du menu pourrait permettre de l'utiliser pour montrer directement les catégories ou des recettes de saison, une recette au hasard ou d'autres contenus à vocation de découverte et d'inspiration.

La barre de menus en bas de l'écran est le type de présentation de menus que les utilisateurs d'iPhone connaissent le mieux, même s'ils n'éprouveront aucune difficulté à choisir leur rubrique sur l'accueil.

Si on supprime cet écran, la fonction *S'enregistrer* peut être transférée dans *MesDélices* puisque c'est la seule rubrique pouvant être personnalisée. Les informations et crédits peuvent être accessibles via une icône « i » placée en haut à gauche de l'en-tête sur l'écran d'accueil.

3 LISTE DES RUBRIQUES : REVENIR À L'OBJECTIF UTILISATEUR

Sur l'écran des catégories, les photos permettent d'avoir une liste plus appétissante que les seuls titres des rubriques, mais les choix graphiques ne permettent de proposer que trois items par écran. C'est trop peu, et cela rend le parcours de la liste plus difficile. On devrait trouver un compromis, par exemple en conservant les photos mais en réduisant la hauteur consacrée à chacune des lignes. La photo de fond est peut-être à cet égard inutile.

4 LISTE DES RECETTES : BESOIN D'ESPACE ET DE CLARTÉ

- Dans cette liste, le calque statique qui présente le logo et le titre de la rubrique est inutile et prend trop de place à l'écran (d'autant qu'il est affiché pendant tout le parcours de la liste). Le mot *Entrées* devrait être placé dans l'en-tête, normalement réservé aux titres et non aux logos des applications.

Fig. 58-5

Fig. 58-6

Fig. 58-7

Fig. 58-8

Le design graphique utile

Les recommandations d'Apple sont assez claires sur l'usage d'éléments qui risqueraient de compromettre l'utilisabilité de l'application iPhone : « *Considérez la taille réduite de l'écran comme une motivation pour centrer l'interface utilisateur sur l'essentiel. Vous n'avez pas la place pour inclure des éléments graphiques qui ne sont pas absolument nécessaires. Entasser des éléments d'interface rendra votre application déplaisante et difficile à utiliser.* » (Source : *iPhone Human Interface Guidelines*)

- Le nombre d'étoiles attribuées à une recette semble représenter son évaluation par les utilisateurs (voire par le site), alors qu'il indique en fait le niveau de difficulté de la recette. Attention aux conventions : vos internautes sont tellement habitués à voir ce symbole pour indiquer des avis qu'ils ne chercheront pas une autre explication.

5 LA PRÉSENTATION DE LA FICHE RECETTE DOIT ÊTRE AU SERVICE DU CONTENU

Recto verso : une fausse bonne idée

- Utiliser la métaphore d'une véritable fiche de cuisine carton avec un recto et un verso est amusant, mais a des impacts dommageables sur la complexité perçue du flux d'interaction. Il faut en fait deux clics pour accéder à la recette, le premier écran n'en présentant que les éléments essentiels.
- En voyant les flèches, on a tendance à vouloir appuyer dessus, plutôt qu'à comprendre qu'elles ne font que nous inciter à faire défiler la fiche. Elles perdent donc toute utilité, d'autant que le bouton *Fiche recette* suffirait. C'est grâce au mouvement qu'il provoque qu'on comprend qu'il est possible de le faire soi-même.

Si le système était conservé, les boutons *Voir recette* et *Retour fiche* devraient être placés au même endroit de l'écran, ce qui renforcerait leur lien fonctionnel et faciliterait l'utilisation par l'internaute.

La présentation ne doit pas étouffer le contenu

- Sur un si petit écran, il est capital de se concentrer sur les éléments vraiment utiles. Ici, le décorum autour de la fiche recette nuit à la lecture et encombre l'écran au détriment du véritable contenu. Conjugué au principe du recto verso, il faut finalement quatre écrans pour lire une recette qui ne paraît pourtant pas très longue.
- Le logo n'a par exemple pas sa place en Fig. 58-4, il pourrait être supprimé ou déplacé dans l'en-tête (puisque le mot *Recette* n'apporte pas d'informations à l'utilisateur). De même, le bouton *Retour* devrait plutôt être appelé *Entrées*, ce qui aurait plus de sens et permettrait de pouvoir supprimer le même terme dans la fiche.

Attention, une icône différente est utilisée pour représenter la rubrique *MesDélices* et le bouton permettant d'ajouter une recette dans cette rubrique de favoris. Être cohérent dans les signifiants employés (que ce soit des mots ou des pictogrammes) rendra votre interface plus facile à apprendre et à comprendre.

6 UNE MICRO-UTILITÉ DE CONVERSION TRÈS BIEN PENSÉE !

L'application se met vraiment à la place du visiteur lorsqu'elle lui propose de convertir les proportions en fonction du nombre de convives. Une vraie bonne idée, qu'il est étonnant de ne pas retrouver sur le site web tant elle est adaptée au besoin de l'internaute !

59 CHALLENGES

http://www.challenges.fr

Challenges propose, outre son magazine papier et le site web du même nom, une application iPhone dédiée à la lecture des articles aussi publiés sur le Web. Un exemple intéressant du point de vue de l'ergonomie.

Fig. 59-1

Fig. 59-2

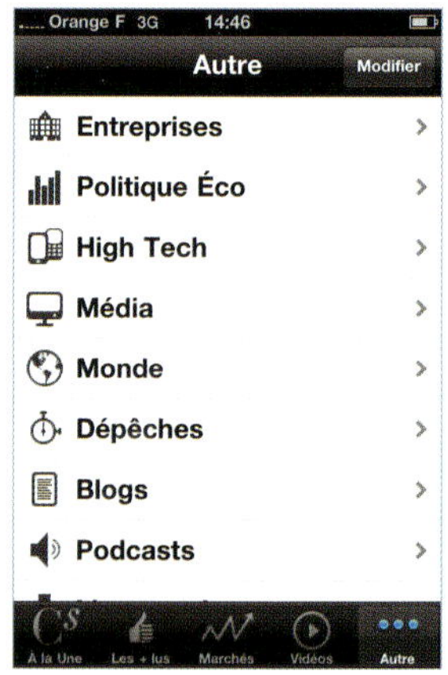

Fig. 59-3

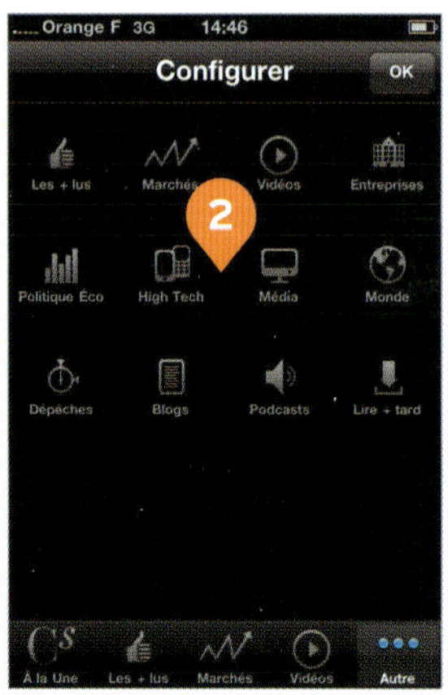

Fig. 59-4

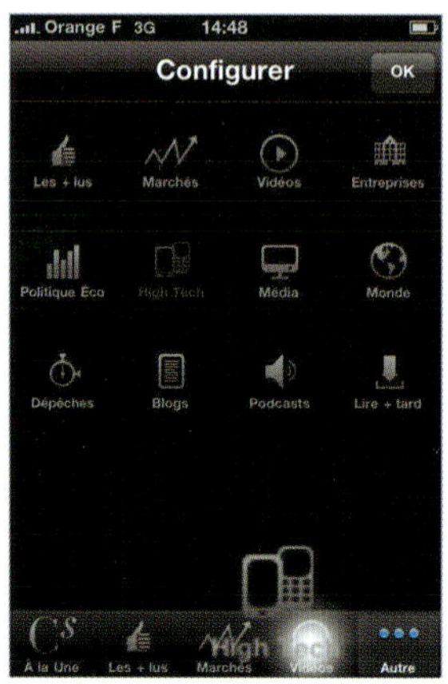

Fig. 59-5

Fig. 59-6

© www.challenges.fr

1 ACCUEIL : LA LISTE DES ACTUALITÉS À LA UNE

- La liste des actualités est claire, lisible et bien structurée autour de la date et de l'heure de publication, constituant l'élément le plus fort de chaque ligne. Cela renforce une ligne éditoriale accordant une grande importance à la fraîcheur des informations, et reflète ce qui se fait sur le site web. Cette forte présence rend presque inutile la mention *Mis à jour le...*
- Dans la rubrique *Les + lus*, ce libellé pourrait constituer le véritable titre de l'écran et être placé dans la barre de navigation à la place du logo. S'il est normal pour une marque de vouloir afficher son identité sur l'application qu'elle propose à ses utilisateurs, cela doit le moins possible entrer en concurrence avec les besoins fonctionnels de l'application. Ici, bien que cela ne soit pas dramatique, on ajoute une ligne qui n'est pas nécessaire, d'autant que l'identité de Challenges est aussi présente dans la barre de menus en bas, dans l'en-tête des articles et dans le **splash screen**.

Le dernier élément du menu, *Autre*, envoie sur une liste de rubriques thématiques. L'icône est celle recommandée par Apple, et a donc des chances d'être connue des utilisateurs, mais le libellé pourrait être plus suggestif s'il était libellé au pluriel, voire remplacé par un *+ de sujets* ou *Thèmes*.

2 PERSONNALISER LE MENU : TRÈS UTILE MAIS PEU INTUITIF POUR UN NOVICE

- La configuration du menu est disponible suite au clic sur *Modifier* dans la rubrique *Autre*. On y propose à l'utilisateur de remplacer les rubriques par défaut du menu par celles qui l'intéressent le plus. Un bel exemple d'adaptation d'un outil aux préférences individuelles d'un utilisateur, grâce à quoi l'application peut réellement devenir « sienne ».
- La découverte de la fonction nécessite de la persévérance. Bien qu'inscrite telle quelle dans les recommandations d'Apple, l'interface mériterait davantage de guidage pour aider l'utilisateur. En effet, quand on arrive sur l'écran *Configurer*, on essaie de déplacer les icônes dans l'espace de travail, ce qui n'a aucun effet. Rien n'indique qu'une icône est déplaçable, ni que la destination attendue est la barre de menus. Une réaction des icônes à leur saisie et une mise en valeur de la zone de menu à ce moment précis permettrait d'accompagner les novices sans gêner ceux qui connaissent le système.
- La cohérence des termes aide l'utilisateur à s'approprier l'outil. Quand on clique sur le bouton *Modifier*, on arrive sur un écran nommé *Configurer*. Le « Edit » anglais inclut d'ailleurs mieux cette notion de configuration que notre « Modifier ».

L'effet de transparence affecté à l'en-tête et à la barre de menus (Fig. 59-7) n'est pas réellement utile fonctionnellement parlant, mais permet de renforcer le contexte de l'activité de lecture.

3 PRÉSENTATION ET OUTILS DE LA FICHE ARTICLE

- La présentation des articles est bien lisible et fait la part belle au contenu. Le titre de l'article commence sous l'image, un choix éditorial original qui privilégie la mise en relation du texte et de son titre.

Fig. 59-7

Fig. 59-8

Fig. 59-9

Fig. 59-10

Fig. 59-11

Fig. 59-12

© www.challenges.fr

Dans les listes, ce principe d'image par défaut est à l'inverse nécessaire pour obtenir une présentation cohérente et un alignement identique pour toutes les lignes.

- La présence d'une image dans l'article est discutable quand, faute d'image signifiante, on affecte une image par défaut avec l'icône de Challenges. On pourrait alors en profiter pour faire commencer l'article plus haut. L'image doit être considérée comme du contenu, et non comme un élément à intégrer dans un gabarit où une place lui est attribuée.
- Si l'internaute éprouve le besoin d'adapter la taille du texte, l'outil dédié est très facile à utiliser. Son interface pourrait encore être réduite à sa plus simple expression, en se limitant au slider ; le titre *Taille* n'a pas besoin d'être répété, et l'indication chiffrée en pixels a peu d'utilité pour l'usager.

4 DE NOMBREUX CHOIX DE NAVIGATION À PARTIR D'UN ARTICLE

- Une fois sur une fiche article, l'application propose non seulement de revenir à la liste, mais affiche aussi une fonction de suivant/précédent : très utile, cette fonction est souvent oubliée sur les applications de consultation d'informations, les parcours utilisateurs étant souvent très calqués sur l'arborescence avec un simple système d'aller-retour entre niveaux.
- En fin de lecture, des liens vers les articles *Sur le même sujet* fournissent une alternative au retour à la liste.

5 UNE RUBRIQUE MARCHÉS À AMÉLIORER

La présentation doit être homogène

La rubrique *Marchés* a une présentation différente des autres pages : on croirait presque qu'on a changé d'application, alors qu'on se trouve simplement dans une liste différente. Plus encore que dans un site web, l'homogénéité des éléments d'interface revêt une importance particulière sur iPhone : concentré sur l'écran dédié à l'application, l'utilisateur sera plus facilement gêné par les incohérences de la présentation.

L'offre de la rubrique est cachée par le menu

Mais ce qui affecte le plus l'expérience utilisateur dans cette rubrique est le manque de visibilité de l'offre de contenus. Un sous-menu de quatre items est proposé, mais lorsqu'il arrive par défaut sur *News*, l'utilisateur ne voit que les deux items suivants, et peut donc penser que le menu s'arrête à ces trois éléments. Or, une page *Indices et devises* se situe après la page *Conseils*.

- La seule chose qui puisse sauver la visibilité de la suite est que l'utilisateur consulte la page *Conseils*, car le menu se déplace alors et on voit apparaître le lien *Indices et devises* (Fig. 59-12). C'est un bon moyen de limiter quelque peu le manque de visibilité de cette rubrique, mais cela ne suffit pas.
- Le procédé adopté ici est d'autant plus dommage qu'il n'y a finalement que quatre liens dans ce sous-menu, et qu'adopter la même police que la barre de menus permettrait de tous les afficher sur la largeur de l'écran.

Des interfaces suggestives
Ce paradoxe est fréquent dans les outils interactifs : par un choix de présentation, on cache des choses à l'utilisateur, annulant ainsi toute possibilité de rendre l'interface suggestive.

C'est une très bonne idée de fournir un outil global à la rubrique *Marchés* permettant de basculer entre $ et €. Cependant, on devrait voir clairement quelle devise est sélectionnée par défaut.

60 SELOGER

http://www.seloger.com

L'application iPhone de SeLoger propose à ses utilisateurs de profiter des services du site web en mobilité. Une véritable adaptation de l'offre est réalisée, exploitant le potentiel de cette situation d'usage bien spécifique. En voici quelques écrans dont nous avons testé l'ergonomie.

Fig. 60-1

Fig. 60-2

Fig. 60-3

Fig. 60-4

1 LE PREMIER ÉCRAN S'ADAPTE À L'EXPÉRIENCE DE L'UTILISATEUR

- Lors de la première visite, l'écran d'accueil est centré sur l'incitation à effectuer une nouvelle recherche (Fig. 60-1). Les fois suivantes, si l'utilisateur a effectué des recherches, on affiche aussi les recherches mémorisées ainsi que la dernière recherche (Fig. 60-2). Ainsi, l'utilisateur n'a pas forcément besoin d'avoir enregistré une recherche pour la retrouver. On s'adapte donc à la plupart des usages, consistant à rechercher selon un seul jeu de critères.
- Pour la première visite, on peut en effet accompagner l'utilisateur dans la découverte des fonctions de l'application grâce à une introduction textuelle, mais il faut éviter dans cette présentation de répéter des choses déjà présentes dans des boutons ou des liens. En général, citer le nom d'un bouton est symptomatique d'un texte d'accompagnement qui pourrait sans doute être supprimé. Ici, c'est le cas de *Pour commencer votre recherche, appuyer sur le bouton 'Créer une nouvelle recherche'*. Ce type de recommandation est sans doute encore plus importante sur une application iPhone que sur le Web, du fait de la valeur encore plus grande de chaque pixel carré. Par ailleurs, l'espace ainsi libéré donnera plus de poids aux autres éléments.

On appelle écran d'accueil celui qui fournit les véritables éléments fonctionnels. En effet, là encore, le splash screen est dédié au logo de la marque, alors que ce dernier apparaît déjà sur tous les écrans de l'application.

2 DES FONCTIONNALITÉS BIEN PENSÉES POUR LA TÂCHE ET LES SITUATIONS DE MOBILITÉ

De nombreuses micro-utilités sont ici très intéressantes pour l'utilisateur : la fonction d'ajout d'une annonce à ses favoris est presque de l'ordre de la dette, mais on appréciera aussi la possibilité de recevoir les nouvelles annonces par push iPhone, de prendre des notes sur une annonce, d'y associer des photos ou encore un rendez-vous pour une visite. C'est en répondant ainsi aux besoins des utilisateurs qu'une application a des chances d'être adoptée et d'avoir de bons retours en termes de satisfaction.

Conjuguer utilité et utilisabilité

N'oubliez jamais la réflexion sur **l'utilité** (ce que vous fournissez) en plus de celle sur le niveau d'**utilisabilité** (comment vous le fournissez) de vos outils interactifs. C'est bien la conjugaison des deux qui vous permettra d'obtenir une bonne qualité ergonomique.

Il est appréciable que l'application iPhone SeLoger n'oblige pas l'utilisateur à créer un compte pour utiliser le service à son maximum. Cela paraît évident, mais de nombreuses marques transfèrent le modèle web (je crée un compte pour pouvoir personnaliser mon expérience) sur iPhone, afin que l'internaute puisse utiliser ses données quel que soit l'outil. L'idéal serait de proposer les deux.

3 AJOUT D'UNE PHOTO : TROP D'AMBIGUÏTÉS

Les fonctions disponibles dans la barre rouge concernent toutes la personnalisation : partager, ajouter une note, une photo ou un rendez-vous pour une visite. En cliquant sur *Photos*, on s'attend donc naturellement à pouvoir prendre des photos d'un bien immobilier pour les conserver attachées à l'annonce. Effectivement, l'application propose alors de prendre une photo ou d'en choisir une existante dans l'iPhone.

Fig. 60-5

Fig. 60-6

Fig. 60-7

Fig. 60-8

Une fois la démarche complétée, le message de confirmation est très ambigu : a-t-on ajouté la photo uniquement pour soi, ou l'ajout de cette photo a-t-il automatiquement été partagé avec les autres utilisateurs ? Si on clique sur *OK*, on voit alors que la photo est mélangée aux autres, et qu'on ne peut pas la supprimer. Il faudrait opérer une distinction, même mineure, pour montrer que les photos personnelles de l'utilisateur sont différentes de celles proposées par le site. Sinon, on risque une sous-utilisation de la fonction par crainte de partager ses photos avec les autres internautes (la démarche de prises de vue lors de la visite d'un appartement est quelque chose de très personnel). Dans l'idéal, les photos de l'annonce devraient être dans la zone de contenu, et celles de l'utilisateur dans la rubrique *Photos*.

Cette ambiguïté est renforcée par l'existence des sites à contenu produit par les utilisateurs (*User Generated Content*), auxquels les internautes commencent à être habitués. Il est donc logique qu'ils puissent douter de l'usage qui sera fait de leurs photos dans le cas où l'outil n'est pas explicite sur ce point.

4 UNE RECHERCHE SIMPLE, MAIS TROP LONGUE À CONFIGURER ?

Un trop grand nombre d'étapes

- Le respect des flux d'interaction spécifiques aux applications iPhone donne parfois des parcours complexes en termes de nombre d'étapes. Par exemple, en cas d'erreurs sur le choix d'une localisation (qui peuvent être fréquentes) ou afin de réduire le périmètre des recherches, il faut cliquer sur *Modifier* pour accéder aux fonctions de suppression, alors que ce sont les seules disponibles sous cette rubrique d'édition et que, de son côté, la liste des localisations n'accueille aucune fonctionnalité (Fig. 60-10).

Déplacer la suppression directement dans la liste aurait par ailleurs pour avantage de libérer l'espace en haut à droite pour un bouton *Valider* (voir ci-après).

- En dépit des difficultés de développement, il est regrettable qu'aucune mémorisation des critères saisis ne se fasse à la fermeture de l'application (qui peut notamment se produire lors d'un appel téléphonique), d'autant plus au vu de la longueur perçue du renseignement de l'ensemble des critères. Cela devient encore plus important avec l'arrivée du multitâche sur iPhone 4.

Optimiser la présentation

Dans l'écran *Critères avancés* (Fig. 60-13), il est dommage que l'utilisateur ait besoin de faire défiler l'écran uniquement à cause de l'item *Cave*. Cela peut amener à proposer plutôt des boutons (deux par ligne) que des lignes, d'autant que les libellés sont très simples, afin que l'internaute puisse voir l'ensemble des critères d'un seul coup d'œil.

Utiliser une application iPhone n'empêche pas les réflexes acquis dans d'autres domaines par les internautes : ici, les choix multiples sont présentés sous la forme de ce qui peut ressembler à des boutons radios et non de cases à cocher. Notons que c'est plus gênant pour *Type de bien* ou *Nombre de pièces* (où on peut penser que le choix multiple est impossible) que pour *Critères avancés* où on se doute qu'on peut sélectionner plusieurs items.

Comment faire pour valider ?

À chaque fois que l'utilisateur a fini de remplir un niveau de critères (par exemple, le type de bien qu'il souhaite inclure dans sa recherche), il doit cliquer sur *Retour* pour valider sa saisie. Ce libellé est tellement contre-intuitif que, même lorsqu'on a déjà utilisé l'application, on hésite à cliquer sur ce bouton pour passer à la suite.

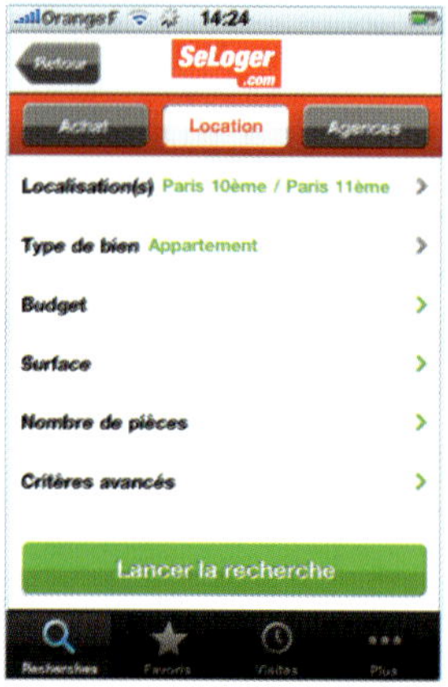

Fig. 60-9

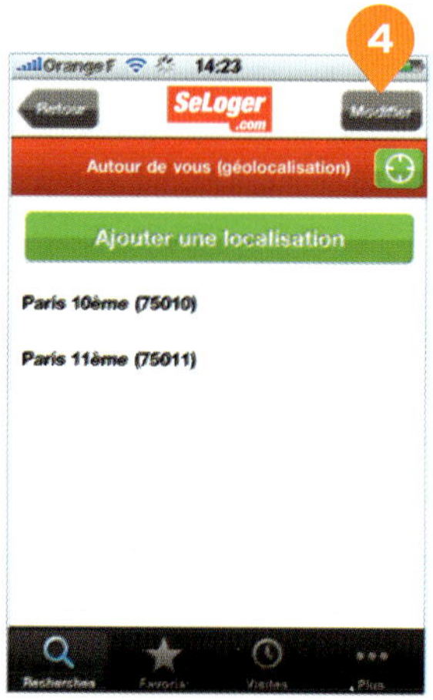

Fig. 60-10

Fig. 60-11

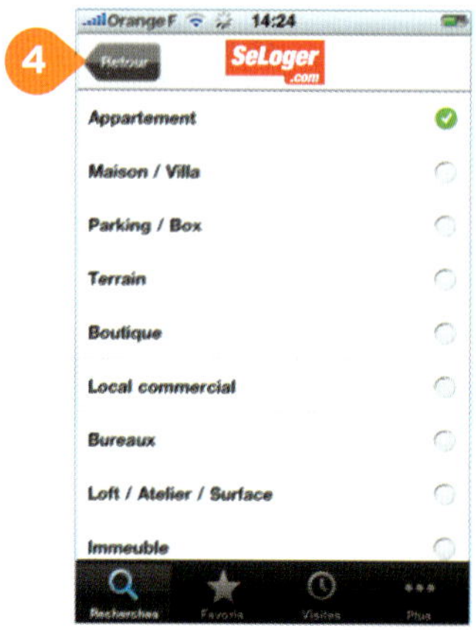

Fig. 60-12

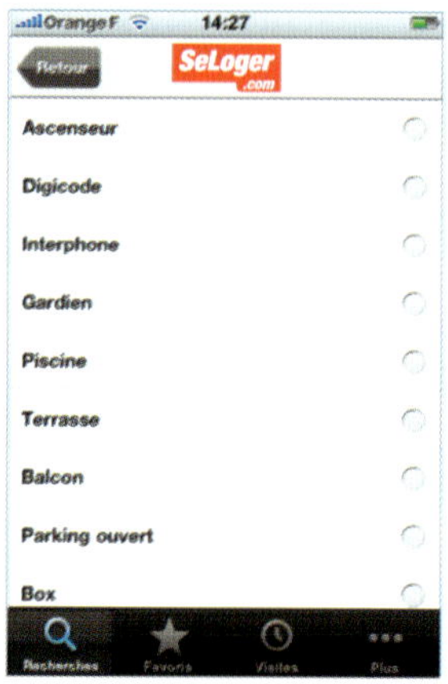

Fig. 60-13

Fig. 60-14

5 UNE LISTE TRÈS PROPRE MAIS QUI PEUT ENCORE ÊTRE AMÉLIORÉE

- La liste des résultats d'une recherche est bien présentée : chaque item est clairement défini, le prix bien mis en valeur, des outils permettent d'ordonnancer les items par prix, date et surface, et la fonction d'enregistrement de la recherche est suggérée en début de page. Lorsqu'une annonce a déjà été consultée, la ligne correspondante est légèrement opacifiée afin de faciliter le repérage.

Format visité

Prévoir un format visité dans les listes est très important sur iPhone où le défilement peut être approximatif, et pour l'immobilier en particulier, où on consulte beaucoup de listes et de fiches de détail.

- Le titre de la liste peut être encore optimisé : on affiche d'abord le nombre (réduit) d'annonces affichées, puis le nombre total, la liste pouvant être allongée via le bouton de pagination incrémentale en fin de page. C'est ce nombre total de résultats (3 720) qui est réellement important pour l'utilisateur, plus que de savoir que seulement 50 sont affichés par défaut. On peut donc supprimer cette dernière information.
- Répéter les critères de recherche est une bonne idée, mais prend beaucoup de place ici, et a tendance à noyer l'information sur le nombre de résultats. On pourrait les présenter plus discrètement et de manière plus succincte (par exemple, sans faire de phrase, mais en juxtaposant les critères).
- Étonnamment, alors que c'est une fonction très appréciable sur le site web, l'application iPhone ne propose pas de fonction « seulement avec photos » ou « de préférence avec photo ».

61 ALLOCINÉ

http://www.allocine.com

AlloCiné se propose d'être une source pratique et rapide d'informations sur le cinéma, caractérisée par sa gratuité et un grand nombre de possibilités d'accès aux services et contenus : téléphone, mobile, Web ou même magazine. Nous abordons ici l'ergonomie de l'application iPhone.

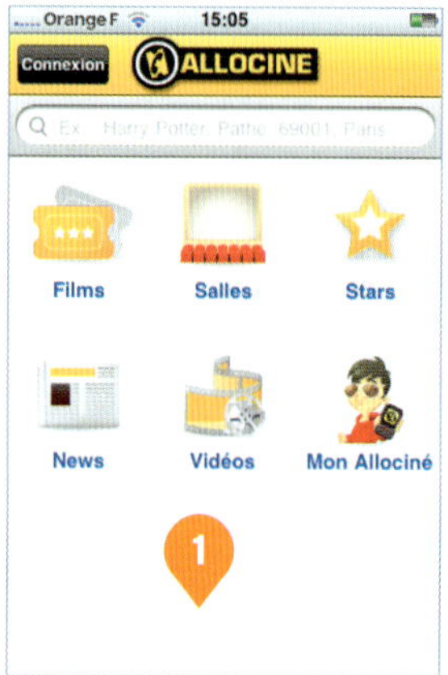

Fig. 61-1

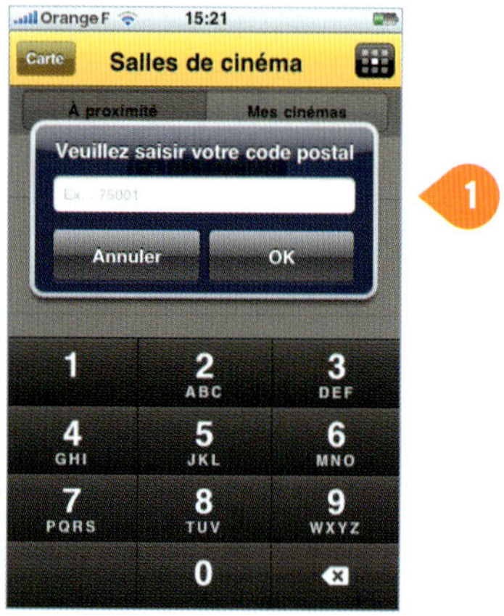

Fig. 61-2

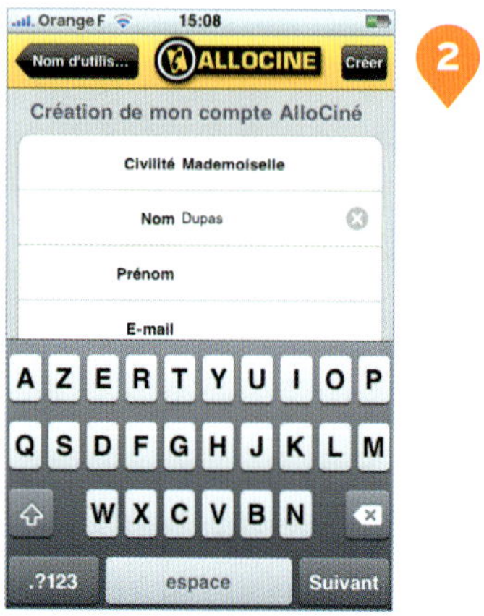

Fig. 61-3

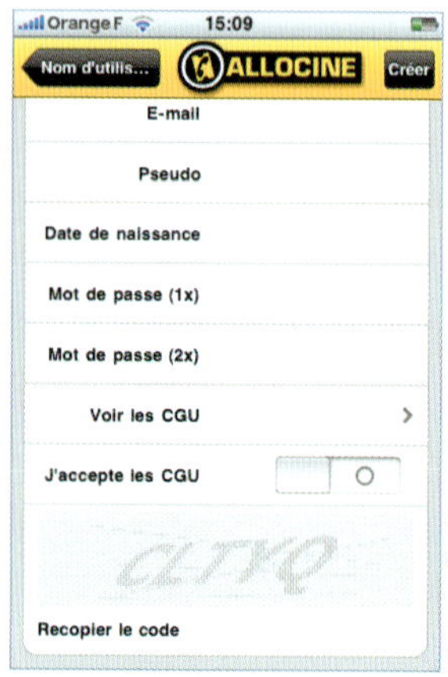

Fig. 61-4

1 FAVORISER LES PARCOURS PERSONNALISÉS

- Il est appréciable d'avoir un menu clair et cartésien, dont les catégories sont signifiantes (*Films*, *Salles*, *Stars*…). Cependant, on ne prend pas assez en compte le fait que chaque utilisateur va se forger un parcours primaire d'utilisation, celui qu'il adoptera la plupart du temps (exemple : regarder ce qui passe dans sa salle de ciné, entrer par film pour ensuite regarder les horaires, ou encore visionner les bandes-annonces des films à sortir la semaine suivante). L'application ne facilite pas cette récurrence des parcours, et c'est dommage car l'optimisation de l'efficience est importante au vu des fréquences d'utilisation supposées.
- La plupart du temps, si l'utilisateur a enregistré des cinémas favoris, c'est ce qu'il voudrait voir au lancement de l'application. Cela ne signifie pas pour autant qu'il n'aura pas accès au reste. La charge de travail pour y accéder sera d'ailleurs identique si on prévoit une barre de menus iPhone classique en bas de l'écran. Des options de configuration pourraient aussi lui permettre de choisir ses préférences quant aux contenus à afficher sur l'écran d'accueil, mais on ne peut pas compter dessus : il faut que le flux d'interaction nominal soit déjà optimal !
- Avant de penser à cette personnalisation sur l'accueil, il faut déjà régler le même problème à l'intérieur des rubriques : l'utilisateur qui clique sur *Salles* revient toujours sur la pop-up *Code postal* (Fig. 61-2) liée à l'onglet *À proximité*, et pas sur *Mes cinémas*, même quand il en a enregistré ! Le parcours pour atteindre le détail d'un cinéma favori est donc si long qu'il ne donne pas envie de revenir. Un tel design d'interaction risque d'entraîner une préférence de l'utilisateur pour un autre média (par exemple, le site web), alors que la valeur de ce service en mobilité est vraiment forte.

Exploiter l'historique

La personnalisation pourrait être partiellement automatisée en proposant à l'utilisateur les contenus qu'il aura consultés récemment. Cela permettrait aussi d'aider les utilisateurs n'ayant pas agi de manière déclarative (par exemple en ajoutant une salle à leurs favoris).

De nombreuses applications sont installées et utilisées une seule fois, voire jamais. Pour celles qui touchent le quotidien, cependant, il est important de soigner le confort de visite en réduisant le nombre d'actions pour obtenir des contenus et services personnalisés.

La personnalisation peut aussi être exploitée pour des remontées d'informations contextuelles. Par exemple, une fiche film pourrait directement afficher les horaires du jour dans les salles enregistrées et non seulement donner accès à ces horaires. S'il n'est pas possible d'afficher tous les horaires de toutes les salles, il faut le faire au moins pour la première, qui pourrait être celle par défaut.

2 SERVICE ET ENGAGEMENT IMMÉDIAT

- Pour toute fonction de personnalisation, l'application demande de créer un compte. Or, il est encore plus capital sur iPhone qu'ailleurs de permettre une utilisation directe du service, cet engagement immédiat n'empêchant pas l'utilisateur de créer un compte par la suite si cela devient nécessaire (par exemple, pour partager les informations enregistrées avec un compte web).

- Ce point est d'autant plus critique que la création de compte est lourde, la vue de l'écran correspondant pouvant même largement dissuader d'aller jusqu'au bout (Fig. 61-3 et 61-4) : pas moins de dix champs doivent être remplis, dont certains particulièrement générateurs de points de fuite (*Pseudo*, *Date de naissance*), plus parce qu'ils peuvent sembler illégitimes que parce qu'ils sont difficiles à renseigner.

Le format iPhone n'aide par ailleurs pas à justifier l'importance des informations requises, comme cela peut être fait en mode web. Ici, tout est compliqué par le fait qu'on n'indique pas les champs obligatoires et que l'internaute risque donc fort de faire des erreurs en se disant qu'il n'a pas envie de remplir tel ou tel champ.

Simplifier le captcha

Essayez de privilégier des minuscules pour le captcha, car sinon, pour ne pas risquer d'erreurs, l'internaute aura tendance à recopier les majuscules, et ainsi à se compliquer la tâche.

- Cette création de compte semble fastidieuse au point que l'utilisateur préférera peut-être chercher son cinéma à chaque fois. C'est un comportement typique de ce que Nielsen & Pernice (2010) nomment le momentum behaviour : on colle à un parcours parce qu'on le connaît et qu'on est sûr d'arriver à nos fins en l'employant. Ici, même si créer un compte lui permettrait effectivement d'être plus efficient pour l'ensemble des utilisations suivantes, cet argument risque de ne pas toujours suffire pour convaincre l'utilisateur.

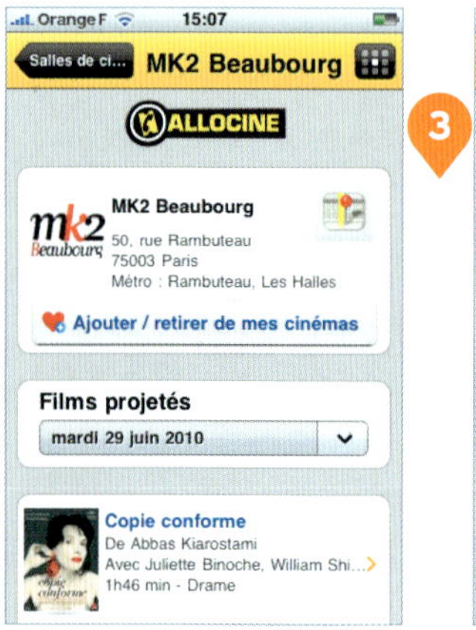

Fig. 61-5

Fig. 61-6

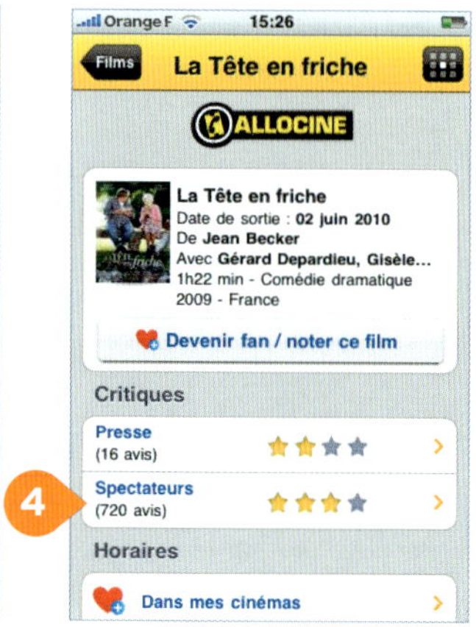

Fig. 61-7

Fig. 61-8

3 UNE FICHE SALLE TRÈS BIEN AGENCÉE, MAIS QUI DOIT DONNER PLUS D'INFORMATION CHAUDE, PLUS VITE

La liste est présentée clairement et agréable à parcourir

La réalisation de l'application est très propre et témoigne d'une réflexion avancée sur l'agencement et le design graphique des éléments à l'écran, mais pêche parfois au niveau de la prise en compte des besoins et comportements des utilisateurs. Un bon exemple de la différence entre le niveau de qualité perceptible au premier coup d'œil, et celui se révélant seulement à l'usage.

Hiérarchiser les contenus pour fournir l'information clé le plus haut possible

Lorsque l'utilisateur consulte le détail d'une salle, c'est le plus souvent pour voir la liste des films projetés, plus rarement pour obtenir l'adresse de la salle, et jamais pour voir le logo d'AlloCiné. On ne voit qu'un film sur le premier écran, alors que c'est une de ses premières utilités.

Une fois qu'une salle est ajoutée dans *Mes cinémas*, on pourrait avoir un bouton *Déjà dans vos cinémas* ou seulement le lien de suppression, plutôt que le bouton à double vocation *Ajouter/retirer de mes cinémas* (Fig. 61-5), car l'utilisateur peut avoir tendance à cliquer à nouveau dessus pour vérifier que la salle a bien été enregistrée.

Comme vu sur le cas de l'application Challenges (étude n° 59), il est compréhensible de vouloir afficher son identité de marque sur son application (peut-être encore plus lorsqu'elle est gratuite), mais cela ne doit pas mettre en danger la qualité d'utilisation de l'outil. Ici, un splash screen affiche déjà le logo et une accroche textuelle. L'ajout d'une barre de menus comme recommandé précédemment pourrait permettre d'y placer une icône pour retourner à l'écran d'accueil, évitant ainsi d'afficher le logo ailleurs.

4 FOURNIR L'INFORMATION DISCRIMINANTE SUFFISAMMENT TÔT

Les critiques des *Spectateurs* et de la *Presse* sont si importantes dans le choix d'un film qu'elles pourraient être affichées dès la page de liste, comme c'est d'ailleurs fait sur le site web. Il est vrai que cette information va augmenter la charge visuelle à l'écran, mais le compromis joue en faveur de l'utilité ainsi obtenue, qui pèse plus lourd que l'inconvénient graphique. AlloCiné est d'ailleurs très légitime à proposer ce genre de contenus : il n'est pas rare qu'un film y attire des centaines voire des milliers de notes de la part des spectateurs, et les critiques presse sont assez diversifiées.

Tenir compte des phénomènes de validation sociale

Le besoin de concordance et d'appartenance à un groupe nous guide fortement, même si nous pensons tous choisir les choses rationnellement et être indépendants dans nos décisions. En effet, ces processus se déroulent souvent inconsciemment, mais ont largement été démontrés dans la littérature scientifique.

Ils sont particulièrement à l'œuvre dans les situations où nous sommes indécis, ce qui peut être le cas dans la situation de choix d'une séance de cinéma (« je sais que j'ai envie d'aller au cinéma, mais je ne sais pas quoi aller voir »). En outre, ils se renforcent à mesure que le nombre d'indices de confirmation sociale augmente (ici, les notes attribuées par les spectateurs).

62 MARIE CLAIRE MAISON

http://www.marieclairemaison.com

Marie Claire Maison propose, outre son bimensuel historique et son site web, une application iPhone gratuite permettant aux internautes de consulter l'essence des contenus du site en mobilité. Nous analysons ici quelques principes et écrans de cette application.

Fig. 62-1

Fig. 62-2

Fig. 62-3

Fig. 62-4

1 UNE TRÈS BONNE SÉLECTION DES SERVICES PHARES

Une application iPhone est souvent plus ergonomique quand son spectre fonctionnel est réduit. Il est en effet mathématiquement plus facile d'obtenir une interface utilisable lorsqu'un travail de concision a permis de sélectionner un petit nombre de fonctions. Lorsqu'elle est dérivée d'un site web, un tri doit donc être effectué pour choisir les services les plus à même de profiter d'un accès en mobilité, et qui seront les plus utiles aux internautes. Marie Claire Maison nous en offre ici un très bon exemple.

Plus de concision pour plus d'efficacité !

Les problématiques d'ergonomie sont souvent liées au fait qu'on essaie de concevoir des applications qui font tout à la fois. En résultent des difficultés d'organisation et d'agencement qui se répercutent sur le confort ressenti. Plutôt qu'un multifonction, essayez d'abord de bien traiter les fonctions cœur de votre service !

Appréciez ce que dit à cet égard John Maeda dans son fameux *The Laws of Simplicity* (MIT Press, 2006) : *« La technologie a rendu nos vies plus pleines, mais a provoqué dans le même temps un désagrément lié à ce trop-plein. »*

2 UN ACCUEIL À VOCATION D'INSPIRER L'UTILISATEUR

- Sur le premier écran de l'application, on propose des photos et rien que des photos, sans que l'internaute ait rien demandé. C'est bien connaître la cible utilisateur, très friande de découverte, même si elle ouvre l'application dans un objectif plus précis.
- Au niveau fonctionnel, il serait appréciable pour l'internaute que cet écran couple des mises en avant d'idées et de produits (aujourd'hui les seuls représentés sur cet écran), afin de bien assurer la fonction de valorisation de contenus enfouis dans l'arborescence, mais susceptibles de le séduire. On représentera ainsi mieux l'offre de contenus du site.
- Il est un peu dommage de ne pas offrir la possibilité de faire défiler l'écran (que ce soit en horizontal ou en vertical). On donnerait plus de corps à cette page d'accueil avec davantage de contenus. Il faudra alors suggérer à l'utilisateur que la liste continue, même de manière très discrète (exemple : voir le tout début des images de l'écran suivant, comme on le voit ici avec la liste d'images présentées dans *Idéesdéco*, Fig. 62-7).

3 FAIRE LA PART BELLE AUX VISUELS

De plus grandes images seraient encore plus efficaces

Une des forces de Marie Claire Maison est la grande qualité de ses photos. C'est notamment par cette qualité qu'on peut séduire l'utilisateur et lui faire adopter l'application. Ici, ce potentiel de l'image n'est malheureusement pas suffisamment exploité. Les photos sont bien présentes, mais souvent trop petites pour avoir autant d'impact qu'elles devraient.

Fig. 62-5

Fig. 62-6

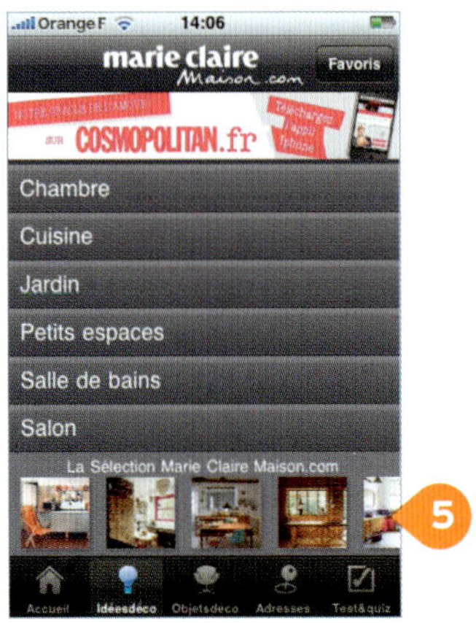

Fig. 62-7

Fig. 62-8

Un zoom plein écran pour répondre au besoin utilisateur

Lorsque l'internaute demande à zoomer sur une photo (Fig. 62-5 et 62-6), on pourrait tout à fait enlever tout élément d'interface à part cette image. Le retour à la page de départ peut alors aisément se faire en pressant à nouveau sur la photo zoomée, ce qui sera intuitif pour les utilisateurs, puisque c'est la seule chose qu'ils pourront faire. Surtout, on répondra ainsi vraiment à leur besoin d'agrandir l'image.

4 LIMITER LA POLLUTION DE L'ÉCRAN PAR LA PUBLICITÉ

On peut en partie expliquer la taille réduite des images par une présence constante de la bannière publicitaire sur tous les écrans de l'application. C'est naturellement quelque chose à éviter, mais sur les écrans proposant des contenus à forte vocation de séduction (comme les photos de situation ou de produits), c'est vraiment regrettable. Dans les écrans de zoom, cela devrait être évité à tout prix.

Dans les listes, cela limite aussi beaucoup l'espace disponible, non seulement à l'arrivée sur l'écran, mais pendant tout le parcours de la liste, puisque cette bannière est posée dans un calque statique, sous lequel défile la liste. Comme *La Sélection Marie Claire Maison* utilise le même système, il ne reste plus beaucoup de pixels pour l'affichage de la liste ! C'est trop peu, et encore plus dommageable dans la liste *Objetsdéco*, qui contient 54 items.

5 UNE MISE EN AVANT DE CONTENU QUI COMPLÈTE LA LISTE

Dans les listes, on a choisi d'afficher une sélection en images plutôt bien pensée, qui compense le côté exclusivement texte des listes iPhone et permet de mettre en avant des inspirations ou objets auxquels l'internaute n'aurait pas forcément pensé, mais qui sont susceptibles de l'attirer.

6 SIMPLIFIER LE MENU

Sur iPhone, les noms des rubriques dans la barre de menus sont très importants. Ici, il est probable qu'on n'ait pas besoin d'indiquer *déco* dans les titres des rubriques : *Idées* au lieu de *Idéesdéco* et *Objets* au lieu de *Objetsdéco* auraient le même poids signifiant. Le nom de l'application elle-même associé aux contenus vus à l'écran suffisent pour transmettre cette notion de « déco ». On pourrait par ailleurs remplacer *Idées* par *Inspirations* pour mieux coller au contenu de la rubrique. Cela permet aussi d'être cohérent avec la terminologie utilisée sur le site web. Enfin, *Test & quiz* serait sans doute aussi efficace si on l'appelait simplement *Quiz*.

Lexique

Ce lexique ne référence pas les termes les plus utilisés en ergonomie, mais ceux qui apparaissent plusieurs fois dans cet ouvrage sous le format lexique. Pour en savoir plus sur ces différentes notions, vous pouvez vous reporter au livre *Ergonomie web – Pour des sites web efficaces* (Eyrolles, 2e édition, 2009, collection Accès libre), qui consacre plusieurs chapitres aux principes et fondements théoriques de la discipline.

AFFORDANCE
: Les affordances sont les possibilités d'action suggérées par un objet lorsqu'on le voit, avant même de l'utiliser. Popularisée par Donald Norman, cette notion peut être utilisée aussi bien dans le monde physique que dans le domaine des interfaces homme-machine.
Lorsque vous arrivez sur un site web, ce dernier fournit par exemple un ensemble d'indices vous laissant comprendre quels éléments vous permettront d'arriver à vos fins. On doit savoir très vite, d'après l'apparence d'un objet, si ce dernier est cliquable, s'il peut mener quelque part ou permettre d'accomplir une action. On dit ainsi qu'un élément est *affordant au clic* s'il est évident lorsqu'on le voit qu'il est cliquable (exemple : lien, bouton, image). Il est *affordant à l'interaction* s'il est évident qu'il est actionnable (exemple : champ de saisie). Les affordances perçues sont influencées par nos réflexes innés ou par des habitudes acquises au fur et à mesure des expériences.
Une bonne partie du chapitre 3 du livre *Ergonomie web – Pour des sites web efficaces* est consacrée à la présentation de cette notion et de ses applications.

AFFORDANCE ERRONÉE (OU CONTRE-AFFORDANCE)
: Situation dans laquelle l'affordance perçue par l'utilisateur est différente des véritables caractéristiques de l'objet. Cela survient lorsque les signaux que renvoie cet objet ne sont pas adaptés à sa fonction, par exemple : un objet semble cliquable alors qu'il ne l'est pas.

ANCRE
: Lien qui permet de descendre à un endroit précis dans une page web. Les ancres sont souvent utilisées dans les sommaires afin de faciliter l'accès à un chapitre en particulier.

APPRENTISSAGE INTERNE, APPRENTISSAGE EXTERNE

L'*apprentissage interne* réfère au phénomène d'habituation sur un site web en particulier : après avoir passé quelques minutes sur un site, vous le connaissez mieux que lorsque vous l'avez découvert pour la première fois, et gagnez ainsi en expertise au fur et à mesure de vos utilisations. On essaie de limiter la nécessité d'un apprentissage interne pour les sites sur lesquels les internautes ne reviennent pas souvent.

À l'inverse, l'*apprentissage externe* désigne l'ensemble des habitudes que les internautes auront forgées sur les autres sites. C'est ce phénomène qui rend la prise en compte des conventions aussi importante, et vous permet de profiter des connaissances acquises par les utilisateurs sur d'autres sites pour qu'en découvrant le vôtre, ils ne soient pas perdus, alors même qu'ils ne l'ont jamais vu.

ARCHITECTURE PLATE, ARCHITECTURE PROFONDE

La notion de profondeur d'une architecture de l'information réfère au nombre de niveaux qu'elle contient. Une *architecture plate* présente peu de niveaux de profondeur, mais beaucoup de rubriques par niveau. On a donc moins de clics à effectuer pour arriver à chaque niveau, mais potentiellement plus de difficultés à choisir un item à chaque niveau.

A contrario, une *architecture profonde* présente beaucoup de niveaux de profondeur, avec un nombre plus restreint de rubriques par niveau. Si une grande largeur est préférable à une grande profondeur, le nombre de clics n'est toutefois pas le seul critère pour décider de la pertinence de votre architecture. Ce qui doit influencer vos choix d'organisation est la difficulté de chaque action, et non le nombre d'actions requises pour atteindre un objectif. Il faut donc rechercher le bon équilibre entre largeur et profondeur.

ATTENTION PARTAGÉE, ATTENTION SÉLECTIVE

L'*attention partagée* est mise en œuvre lorsque nous répartissons nos capacités attentionnelles sur plusieurs choses en même temps. Bien que très puissante, l'attention partagée a aussi le défaut de ne pas permettre de percevoir de manière optimale chacun des signaux.

L'*attention sélective* relève du phénomène inverse : elle peut presque être assimilée à la concentration, qui nous permet de fixer notre attention sur un objet, un signal en particulier, en occultant tous les autres.

BANNER BLINDNESS

Phénomène qui fait référence au fait que les internautes ignorent souvent tout ce qui ressemble à une bannière publicitaire, selon ce qu'ils en ont appris de leurs expériences antérieures : ainsi, tout ce qui a une forme classique de bannière, est animé en permanence, clignote ou est agressif visuellement risque d'être mis de côté par un filtre mental, qui peut être conscient ou inconscient selon les individus et le contexte.

BASELINE (OU TAGLINE)

Appelée parfois aussi *signature*, la *baseline* est une phrase généralement adossée au logo d'un site web, définissant ce que le site fait ou apporte à l'utilisateur. Il s'agit de la traduction microscopique de la proposition de valeur. Il est important qu'elle soit assez courte, dans les situations de conquête de notoriété, et qu'elle offre au moins un terme objectif pour décrire l'activité (si votre site vend des chaussures, il est préférable d'inclure dans la *baseline* un terme appartenant au champ sémantique des chaussures).

BOTTOM-UP Un processus mental ascendant, ou *bottom-up*, est un type de raisonnement qui part des données. Par extension, sur le Web, un tel comportement survient lorsque ce sont les informations fournies par le site web (indépendamment des attentes conscientes de l'utilisateur) qui guident les choix effectués par cet utilisateur.

CALL-TO-ACTION, CALL-TO-ACTION PRIMAIRE Le *call-to-action* réfère par extension aux boutons ou liens d'action sur une page, qui doivent attirer l'attention des internautes et représenter au mieux la fonction qu'ils sous-tendent.

Lorsque plusieurs boutons sont proposés dans une même zone de l'écran, on recommande souvent de les hiérarchiser en fonction de leur importance pour l'internaute, de leur fréquence d'utilisation supposée ou encore de leur importance stratégique. On leur affecte alors des formats graphiques distincts afin de les différencier visuellement. Le *call-to-action* le plus important est appelé *call-to-action primaire*.

CAPTCHA Système de protection utilisé pour éviter l'intrusion de robots sur un site, où on demande à l'utilisateur de saisir une suite de caractères représentés sous forme d'image, ou de répondre à une question difficilement soluble par une machine (exemple : culture générale, résultat d'un calcul représenté en image...).

CARROUSEL Zone de défilement où on présente successivement plusieurs mises en avant, qui s'affichent les unes après les autres. Ce caractère dynamique du carrousel permet de profiter au maximum de chaque pixel carré, et ainsi d'optimiser l'espace disponible à l'écran sans augmenter la charge visuelle par défaut.

CARTE DE CHALEUR Une carte de chaleur représente les fixations oculaires sous forme imagée, en impression par-dessus la copie d'écran d'un site. Les zones rouges représentent les espaces les plus fixés, et le dégradé allant du rouge au vert montre la hiérarchie décroissante, le blanc représentant les zones non fixées. Cela ne signifie pas que ces dernières zones n'ont pas été vues, puisqu'elles peuvent avoir fait partie d'une vision périphérique, plus floue.

CARTE D'OCCULTATION Les cartes d'occultation sont la vue en négatif de la carte de chaleur : le principe est inversé puisqu'on voit précisément les éléments fixés (alors que la carte de chaleur les recouvre). C'est un type de représentation plus dangereux que la carte de chaleur, puisqu'il donne souvent une impression plus tranchée des résultats, et ignore complètement, du fait de son format, la notion de vision périphérique.

COHÉRENT La cohérence est une des règles fondamentales en ergonomie web. Elle réfère à la nécessité d'être homogène dans les choix de présentation et d'interaction de votre site, afin de favoriser son **apprentissage interne** par les utilisateurs. Par exemple, si le souligné représente un lien dans une des pages, il ne doit absolument pas être utilisé pour une autre signification à un autre endroit du site.

COMPROMIS L'ergonomie est souvent décrite comme la science du compromis. Ce terme est aussi régulièrement repris dans cet ouvrage, concernant l'ensemble des situations où une ergonomie « idéale » ne peut pas être appliquée pour des raisons stratégiques, techniques, d'image, etc., mais aussi le compromis entre différents critères d'ergonomie qui peuvent entrer en concurrence les uns avec les autres.

CONTRASTES DE COULEURS Pour optimiser la lisibilité d'un site web, il est important de vérifier si les contrastes entre la couleur du fond et la couleur des caractères sont suffisants. Les contrastes de couleurs, mais aussi de luminosité, sont importants à prendre en compte, et ont donné lieu à des normes édictées par le W3C. Ce référentiel indique que pour être accessible, un contraste fond-caractères doit présenter une différence de couleurs d'au moins 500 et une différence de luminosité d'au moins 125. De nombreux outils permettent de mesurer ces contrastes. Une méthodologie en est fournie au chapitre 6 du livre *Ergonomie web – Pour des sites web efficaces*.

CONVENTIONS Lorsque les internautes voient quelque chose sur plus de la moitié des sites web, ils s'attendent à retrouver le même modèle sur d'autres sites. Cette prise en compte des conventions est fondamentale en ergonomie web, puisqu'elle permet de s'assurer que les internautes comprendront le mode de fonctionnement du site web avant de l'avoir utilisé. Les conventions sont de tous types : emplacements, terminologies, formats, comportements…

CONVERSION Le phénomène de conversion peut être assimilé à la valeur des visites des internautes sur votre site web. C'est le phénomène permettant de transformer un simple visiteur en quelqu'un qui accomplira une action allant dans le sens de vos objectifs stratégique (inscription à une newsletter, création d'un compte, achat d'un produit…).

CORRECTION DES ERREURS Étape fondamentale de la gestion des erreurs : une fois qu'un internaute se trouve face à un oubli ou une erreur sur un formulaire, on doit lui faciliter la tâche de correction. La localisation du message, son format, sa durée d'affichage, l'explication précise et compréhensible de l'erreur, ainsi que le fait de ne pas effacer les données saisies sont autant de paramètres qui y contribueront.

CROSS-SELLING Technique consistant à proposer à un internaute des produits complémentaires à celui qu'il vient d'acheter ou s'apprête à acheter (un étui pour un téléphone portable, une assurance pour un ordinateur, de la chantilly pour des fraises…). C'est ce qu'on appelle aussi ventes additionnelles, associées ou croisées.

Pour le Web, on parle souvent par extension de *cross-selling* lorsqu'on propose des produits similaires au produit consulté (livres du même auteur, autres produits ayant été achetés par les internautes consultant ce produit…). On pratique aussi souvent l'*up-selling* (proposer une montée en gamme avec un produit de même type, mais plus cher que le produit consulté).

DÉTAIL De nombreux points abordés dans cet ouvrage auront pu vous sembler de l'ordre du détail, notamment lorsqu'un défaut d'ergonomie n'a pas pour conséquence de provoquer un effort conscient pour les internautes. C'est souvent juste, mais ce sont pourtant l'ensemble de ces détails qui, mis bout à bout, risquent d'entamer le confort d'utilisation ressenti.

DETTE UTILISATEUR Ce que le site doit à l'internaute, autrement dit ce à quoi ce dernier s'attend en termes de contenus ou de services. La dette utilisateur peut être naturelle (induite par le type de site, les produits proposés, etc.) ou provoquée par un contrat d'échange implicite (l'utilisateur a créé un compte, a accepté de laisser son adresse e-mail, etc.).

DESIGN ÉLASTIQUE, DESIGN SEMI-ÉLASTIQUE Un design *élastique* (autrement appelé *liquide* ou *fluide*) permet d'exploiter la largeur totale d'une fenêtre, en étirant le contenu du site sur l'entièreté de la place disponible à l'écran. Dans ce type de construction, une colonne a donc rarement la même largeur, puisqu'elle dépend de la taille de la fenêtre de l'utilisateur.

Le design *semi-élastique* se situe à mi-chemin entre un design totalement rigide et un design totalement liquide : seules certaines colonnes s'étendent si elles bénéficient de place supplémentaire. En général, ce sont les colonnes de contenu ; en revanche, on garde fixes les colonnes de navigation et les **gouttières**. C'est en général la solution idéale par rapport à un design entièrement fluide, qui risque de provoquer des effets visuels non désirables (créer un écart trop important entre la navigation et le contenu, par exemple).

DYNAMIC SCROLLING Technique consistant à charger le contenu dynamiquement, à mesure que l'internaute le consulte en descendant dans la page. Ce procédé de défilement dynamique permet par exemple de proposer une **liste infinie** sans que le temps de chargement initial de la page soit trop long.

EFFET DISRUPTIF Sensation de rupture, provoquée en général par le rechargement d'une page ou d'une portion de page. C'est l'inverse d'une expérience d'utilisation fluide, où les choses s'enchaînent à mesure que l'internaute avance dans son exploration du site.

EFFET TIRAMISU © C'est l'impression que vous pouvez ressentir au restaurant quand, après avoir hésité de longues minutes sur le tiramisu à la fraise ou celui au chocolat, vous finissez par choisir ce dernier, et que le serveur vous annonce qu'il ne lui en reste plus. La déception est forte, et vous risquez même de ne plus avoir envie du tiramisu à la fraise, car vous vous êtes psychologiquement trop engagé dans celui au chocolat. En transposant au Web : c'est ce qui se passe quand un site semble faire une promesse à l'internaute, lui laisse le temps de s'investir mentalement, pour finalement l'avertir trop tard de l'indisponibilité d'un article, lui offrir une fonctionnalité qui s'avère déceptive à l'usage, etc.

EFFET DE RARETÉ Le fait qu'un objet soit rare fait qu'il est plus attirant, mieux apprécié et évalué comme plus coûteux. Ce principe a largement été démontré dans les années 1960-1970, mais a aussi été confirmé récemment au sujet de l'e-commerce.

L'effet est renforcé par le caractère relatif de la rareté (un objet abondant qui devient rare), et par la provenance sociale de la rareté (lorsque c'est la demande plutôt qu'un événement accidentel qui crée la rareté). Il est aussi renforcé lorsque l'objet permet de briller socialement, et atténué lorsque la personne connaît déjà l'objet.

EFFICIENCE

L'efficience réfère non seulement au fait que l'utilisateur puisse atteindre son objectif (on parle alors d'*efficacité*), mais aussi au fait qu'il y parvienne rapidement et sans erreurs. Travailler sur l'efficience, c'est donc optimiser les coûts liés à l'effort dans la réalisation d'une action. L'efficience est capitale dans des contextes d'utilisations répétées, où les internautes passent beaucoup de temps sur un site web ou un outil.

ENGAGEMENT IMMÉDIAT

Technique visant à plonger directement l'internaute dans l'utilisation d'un service afin de l'engager psychologiquement. Autrement dit, on ne lui demande pas de créer un compte avant de pouvoir se servir du site, de l'outil, etc. On sait en effet que plus il avancera dans l'usage, plus il sera facile de convertir sa visite (création d'un compte, renseignement d'un formulaire, etc.).

ERREUR PERSISTANTE

Une erreur persistante est une erreur que la même personne répète plusieurs fois, alors même qu'elle l'a déjà commise auparavant. Elle peut même avoir compris la raison de cette erreur, mais la répéter quand même, car l'interface présente un défaut trop marqué, étant ainsi difficile à apprendre.

ERGONOMIE DE SURFACE, ERGONOMIE DE FOND

L'ergonomie *de surface* concerne l'ensemble de ce qui touche la présentation de la page, par opposition à ce qu'on peut appeler l'ergonomie *de fond*, recouvrant l'offre de contenus et de services du site, ainsi que son architecture de l'information. Les défauts de forme (emplacement, format, couleur, comportement, voire terminologie) sont en général plus faciles à corriger que ceux qui touchent l'ergonomie de fond.

ESSAIS-ERREURS

Type d'apprentissage où l'internaute procède à des essais successifs pour trouver la solution qu'il recherche.

FACETTES

Ensemble de critères définissant un objet (produit, article…), qui peuvent être représentés comme autant de clés d'entrée vers une sélection parmi l'exhaustivité d'une offre. Le prix, l'auteur, la couleur ou la forme peuvent être considérés comme des facettes d'un produit. On parle souvent de navigation par facettes pour référer aux filtres permettant de cocher différents critères pour affiner une sélection.

FEEDBACK

Phénomène de réponse du système à une action de l'utilisateur. Principe fondamental en ergonomie web, il s'agit que l'interface donne suffisamment de signaux de réaction pour que l'internaute comprenne qu'on a entendu sa demande, et puisse être sûr que son action a bien été prise en compte, ou patienter le cas échéant. C'est une des conditions pour qu'il continue son parcours sur le site, car sans réponse, il aura l'impression que le site ne fonctionne pas. Un manque de feedback peut aussi augmenter la difficulté de réalisation d'une tâche ou le niveau de confort ressenti. Par exemple, décompter en temps réel le nombre de caractères restants dans un champ limité est une bonne manière de donner un feedback parfaitement adapté aux caractéristiques de la tâche.

FENÊTRE FLOTTANTE

Fenêtre modale, posée par-dessus une page web (laquelle est souvent opacifiée pour mettre en relief le contenu de la fenêtre flottante), autrement appelée *lightbox* ou *shadowbox* par référence aux solutions techniques permettant de la mettre en place. Elle permet de présenter du contenu ou un formulaire de manière assez fluide, en conservant le contexte directement en dessous, et limite ainsi l'effet disruptif que l'internaute peut ressentir en passant de page en page.

FIL D'ARIANE

Chemin de progression souvent présent au début des pages web, permettant à l'internaute de se situer dans le site, et de pouvoir revenir aux différents niveaux d'arborescence. Il a donc à la fois un rôle d'information et de navigation. Ainsi, en voyant le fil *Accueil > Actualités > On déménage !*, l'utilisateur pourra facilement revenir à la page d'accueil du site ou à sa rubrique d'actualités.

FITTS (LOI DE)

Les grandes lignes de ce principe énoncent que le temps qu'on met pour atteindre une cible est proportionnel à la distance à laquelle elle se trouve, ainsi qu'à sa taille. Plus précisément, une cible est d'autant plus rapide à atteindre qu'elle est proche et grande. C'est une fonction logarithmique, en conséquence de laquelle de légères optimisations de taille sur de petits objets auront plus d'impact que les mêmes optimisations sur de plus grands objets. Les mêmes phénomènes se produisent concernant la distance.
Une bonne partie du chapitre 3 de *Ergonomie web – Pour des sites web efficaces* présente cette loi et ses applications.

FIXATIONS ET SACCADES VISUELLES

Dans un parcours oculaire, les fixations sont constituées par une attention visuelle concentrée sur un objet, par opposition aux saccades, qui représentent les sauts entre deux points de fixation. Les activités de lecture et d'appropriation de pages web sont exclusivement constituées de saccades et de fixations. Nous ne fixons pas l'ensemble des objets d'une situation, et nous sommes capables d'interpréter le reste en fonction du contexte fourni par les fixations.

FIXATIONS RÉSIDUELLES

Ce sont des fixations qui ne sont que le reliquat, la trace d'autres fixations effectuées sur la scène précédente. Il arrive par exemple régulièrement que le premier point de fixation oculaire sur une page web soit identique au dernier point de fixation sur la page précédente.

GESTALT (LOIS DE LA)

Les théories de la Gestalt traitent de la manière dont notre cerveau analyse le monde environnant comme un ensemble de formes. Pour la théorie de la Gestalt, le tout est plus que la simple somme de ses parties : la conjonction de plusieurs formes peut faire émerger une

nouvelle caractéristique, qui n'est contenue dans aucune des formes prises indépendamment. Certaines de ces lois sont régulièrement utilisées en ergonomie web, notamment les **lois de proximité**, de similarité, de point focal ou de bonne continuité.
Une bonne partie du chapitre 3 de *Ergonomie web – Pour des sites web efficaces* présente ces lois et ses applications.

GOUTTIÈRE — Les gouttières sont les colonnes ou lignes vides permettant d'espacer les zones de contenu et de laisser respirer ces dernières. Ces interstices vides sont essentiels pour faciliter l'appréhension visuelle et mentale d'une page web.

GUEST CHECKOUT (COMPTE INVITÉ) — Possibilité pour un internaute de passer une commande sans avoir besoin de créer de compte utilisateur.

GUIDAGE — Capacité à accompagner l'internaute dans son parcours sur le site ou l'application : indicateurs situationnels, navigation, organisation des éléments à l'écran, etc.

HABILLAGE — L'habillage est le type de publicité qui entoure complètement une page web : le même annonceur occupe le haut du site mais aussi son fond, et éventuellement un ou plusieurs pavés dans la page. Ce type de format publicitaire est peu intrusif dans le sens où il n'empêche pas de visualiser le véritable contenu du site, mais présente un risque que l'utilisateur, ayant du mal à se concentrer sur le contenu du site, se lasse de cette présence constante et invasive de la publicité.

INDICATEUR SITUATIONNEL — Repère visuel permettant à l'internaute de savoir à quel endroit il se trouve dans le site. Il est souvent caractérisé par un format graphique spécifique donné au bouton ou au lien concerné dans la barre de menus, d'onglets ou encore dans un sommaire.

INTERSTITIEL — Une publicité interstitielle est une page promotionnelle placée avant la page que le visiteur cherche à atteindre. Souvent animées, ces pages ont une durée variable et on recommande qu'elles intègrent un lien *Passer l'intro* ou *Accès direct au site*, l'essentiel de leur **ergonomie de surface** résidant dans la visibilité et le libellé de ce lien.

INTRUSIF — Un objet présente un caractère intrusif lorsqu'il entame la liberté de l'utilisateur, ne lui laissant que peu de choix pour l'éviter.

LANDING PAGE — Littéralement, page d'atterrissage : c'est la page sur laquelle arrive un internaute sur un site web. Le terme est plus souvent utilisé pour désigner les pages créées spécialement pour accueillir les internautes provenant de campagnes publicitaires ciblées, pour qui on prévoit une page spéciale, différente du site web habituel.

LATENCE — Temps qui s'écoule entre deux événements, par exemple lorsque l'internaute attend le chargement d'une page web après avoir cliqué sur un lien.

LIBELLÉ ORIENTÉ ACTION Titre de liens ou de boutons formulé à l'infinitif ou à l'impératif : des verbes qui donneront souvent à ce titre une valeur incitative plus forte que de simples noms.

LIBERTÉ Revendiquée par les internautes, elle nécessite d'éviter de contraindre l'utilisateur à effectuer des choix qu'il n'aurait pas envie de réaliser.

LIGNE DE FLOTTAISON C'est la ligne de référence prise en compte pour désigner la limite maximale de la page visible sans scroller. On l'appelle aussi *seuil de scroll* ou encore *fold* (le pli, par référence au pli des journaux papier).

LISTE INFINIE Liste sans pagination, ou dont la pagination ne fait finalement qu'augmenter petit à petit le nombre d'items d'une liste dans la même page. Ce type d'interface se consulte en descendant au fur et à mesure dans la page.

LOI DE PROXIMITÉ Appartenant aux lois de la **Gestalt**, la loi de proximité énonce que notre cerveau tend à regrouper les choses qui sont proches physiquement. La proximité visuelle serait donc traitée en tant qu'indice par notre cerveau pour préjuger d'une proximité conceptuelle. Autrement dit, par réflexe, on considère que deux éléments qui sont proches physiquement entretiennent des points communs, un rapport significatif. Cela implique donc aussi que l'éloignement de deux objets témoigne d'une différence entre eux. Nombreux sont les exemples sur le Web où cette loi de proximité n'est pas prise en compte, et provoque des incompréhensions ou des erreurs.

MAILLAGE, MAILLÉ Le maillage réfère aux liens transversaux permettant de relier les pages web les unes aux autres. Selon la densité de ces liens, on fournira à l'internaute une navigation plus ou moins riche et flexible.

MICRO-UTILITÉ Si l'utilité d'un site web concerne son service global (exemple : créer son arbre généalogique en ligne), les micro-utilités sont les fonctionnalités qui ponctuent ce site web (exemple : partager l'arbre généalogique pour que toute sa famille puisse y participer). C'est souvent dans l'adaptation des micro-utilités aux besoins et attentes des internautes qu'on reconnaît un site web ergonomique.

MOMENTUM BEHAVIOUR Comportement consistant à rester fixé sur une idée, une manière d'atteindre un objectif, alors qu'il existe une autre démarche plus **efficiente**, mais pas vue par l'utilisateur, car il est déjà engagé sur une autre piste et semble ne plus pouvoir voir autre chose (Nielsen & Pernice, *Eyetracking Web Usability*, New Riders, 2010).

NAVIGATION TRANSVERSALE Autrement appelée navigation contextuelle, elle réfère aux liens permettant de passer de page en page sans utiliser les barres de navigation, mais en s'appuyant sur les caractéristiques partagées par certains contenus.

NOMINAL État premier, avant que l'utilisateur ait encore interagi avec l'interface. Il faut toujours que cet état par défaut soit optimal et corresponde aux besoins du plus grand nombre. Par exemple, il est important que la taille de la police sur un site soit déjà confortable en mode nominal, car la possibilité de configurer la taille du texte n'est pas forcément utilisée par les internautes.

PAGE NAVIGATIONNELLE (OU NAVIGANTE) Page qui a pour fonction essentielle d'emmener l'internaute sur une autre page : c'est typiquement la fonction des pages de listes, de rubriques, etc. L'utilisateur y accomplit plutôt des activités de navigation que d'action ou de consultation d'informations.

PAGINATION INCRÉMENTALE Fonction permettant d'augmenter petit à petit le nombre de résultats dans une liste, en les présentant paquet par paquet. Par exemple, dans une liste de 50 lignes, un lien *Voir les 50 suivants* après le dernier résultat permet de passer à une liste de 100 lignes, à la suite de laquelle un nouveau lien permettra de passer à 150 lignes, et ainsi de suite.
L'objectif est de produire une plus grande fluidité dans la consultation de données qu'avec une pagination classique, où l'internaute est obligé de changer de page. Ici, les résultats s'affichent précisément là où il les a demandés, ce qui ne lui demande aucun effort moteur pour les consulter. Ce type de pagination est utilisé sur iPhone, mais aussi sur des sites web (Twitter et Facebook, notamment).

PARCOURS PRIMAIRE Un parcours primaire d'utilisation est le chemin que l'internaute adopte la plupart du temps, son action préférée sur un site ou une application web.

POINT DE FUITE Endroit où on prend un risque que l'internaute quitte le site.

POP-UP Fenêtre modale s'ouvrant par-dessus une autre page web.

POUVOIR SUGGESTIF Voir **Suggestif**.

RASSURANCE Qualité de ce qui est propre à rassurer, à rendre la confiance.

RÉACTANCE Comportement de résistance développé par l'individu qui se sait l'objet d'une tentative d'influence et voit donc sa liberté menacée. Quelqu'un qui assiste à la baisse de stock d'un produit va naturellement être plus attiré vers ce même produit, par crainte de ne plus disposer de la liberté de l'obtenir.

SACCADES VISUELLES Voir **Fixations visuelles**.

SAILLANCE Caractère de ce qui est bien visible, qui présente une force visuelle suffisamment importante pour être perçu sans aucun risque par l'utilisateur. La saillance est souvent permise par un format qui tranche avec le reste du site, qui s'oppose en termes de couleurs notamment.

SAISIE PRÉDICTIVE
Système proposant à l'utilisateur des résultats au fur et à mesure qu'il saisit des caractères dans un champ. Ce type de procédé en temps réel permet de simplifier la tâche de saisie, et peut aussi avoir un impact suggestif, mais doit être utilisé avec précaution pour être efficace.

SANS SERIF
Une police *sans serif* est une police sans empattements (*serifs*), c'est-à-dire sans les petits traits qui prolongent les caractères. On appelle aussi ces polices *linéales* ou *bâton*. Arial, Helvetica ou Verdana sont des polices sans serif alors que Times New Roman, Georgia ou Garamond sont des polices à empattements.

SEUIL DE SCROLL
Voir **Ligne de flottaison**.

SLIDER
Élément d'interface qui permet de faire défiler une liste de contenus du premier ou dernier, ou de faire défiler cette liste paquet par paquet. Les objets qui permettent de déclarer une valeur en tirant un curseur peuvent aussi être appelés *sliders*. Pour interagir avec ces éléments, l'internaute doit utiliser un mode d'interaction par glisser-déposer.

SPLASH SCREEN
Interface positionnée entre le visiteur et la page d'accueil d'un site ou l'écran d'une application. Les *splash screens* sont souvent dotés d'un lien *Passer l'intro* sur les sites web, plus rarement sur les applications iPhone, où ils sont légion.

SUGGESTIF (POUVOIR)
Capacité à suggérer quelque chose à l'internaute. Utiliser des interfaces à grand pouvoir suggestif est important sur un site web lorsque vous souhaitez faire découvrir un service ou une fonctionnalité que vos visiteurs ont peu de chances de connaître. Ce pouvoir suggestif peut être obtenu de différentes façons : un lien bien placé (au bon endroit et au bon moment), libellé de telle manière qu'il pourra attirer l'attention de l'internaute, suffisamment grand pour être visible ; une offre réservée aux internautes qui viennent de passer une commande, etc.

TAUX DE TRANSFORMATION
Indicateur de référence pour traduire la performance de votre site en fonction de ce que vous souhaitez que vos internautes fassent. Sur un site e-commerce par exemple, où l'objectif est très souvent que les visiteurs achètent des articles, le taux de transformation représente le nombre d'internautes ayant acheté quelque chose sur le nombre total de visiteurs du site. Ainsi, un taux de transformation de 4 % signifie que sur 100 visiteurs, 4 ont procédé à un achat.

TESTS MULTIVARIÉS
Tests comportementaux permettant de comparer plusieurs interfaces ou dimensions d'une page web. Ce type de test consiste à proposer aux internautes des versions différentes de votre site, pour observer laquelle sera la plus efficace sur vos indicateurs de conversion. Les tests A/B (on compare les interfaces une à une) ou multi-variés (plusieurs dimensions croisées) permettent ainsi de décider objectivement d'une modification à effectuer sur un site. Ils sont un très bon outil complémentaire aux démarches plus classiques de conception centrée utilisateur.

TEST UTILISATEUR

Méthode participative consistant à inviter des internautes à participer à des sessions individuelles de test, où ils seront confrontés à une interface avec le prétexte de réaliser un scénario précis. Méthode la plus souvent utilisée sous sa forme qualitative, elle permet d'obtenir un point de vue objectif sur la qualité d'utilisation d'un site en voyant les utilisateurs finaux essayer de s'en servir. Le test utilisateur est indispensable dans une démarche de conception centrée utilisateur : il permet de cerner des défauts de conception peu visibles pour des experts du Web, mais surtout de les expliquer et d'en trouver des pistes de résolution à l'aide des réactions et verbalisations des participants.

UTILITÉ, UTILISABILITÉ

L'*utilité* d'un site est son socle de contenus et de services, autrement dit ce qu'il propose aux internautes, son fond. On oublie souvent cette composante importante de l'ergonomie pour ne s'intéresser qu'à l'*utilisabilité*, qui concerne la manière dont on présente les contenus et services, autrement dit la forme du site. Travailler sur les deux dimensions est indispensable pour obtenir un site adapté à ses internautes.

VALIDATION À LA VOLÉE

Traitement des erreurs et des messages d'informations au cours de la saisie dans un formulaire.

VOCABULAIRE CONTRÔLÉ

Lexique listant les termes, expressions et déclinaisons qui sont utilisables dans un contexte (dans notre cas, le site web). Le vocabulaire contrôlé est un référentiel contraignant, mais qui permet d'obtenir un résultat cohérent et compréhensible par les internautes. Un thésaurus propose par exemple un vocabulaire contrôlé pour l'organisation des informations dans un site web.

ZONING

Répartition des grands espaces d'information à l'écran. Le *zoning* peut aussi intégrer des notions d'importance visuelle de chacune des zones.
Une partie du chapitre 9 de *Ergonomie web – Pour des sites web efficaces* est consacrée aux principes et méthodes pour ces découpages en zones.

Conclusion

J'espère que l'ensemble de ces exemples deviendront pour vous le terreau d'une vision différente, d'un mode de pensée que vous pouvez appliquer sur chaque site web ou application iPhone rencontrée. Pour aller plus loin, rien ne vaut la pratique, l'approfondissement des notions théoriques et la rencontre de vos internautes : ce sont les seuls qui pourront réellement vous révéler si votre site répond à leurs besoins, leur est agréable, en un mot, s'il est ergonomique.

Index

A

B

INDEX

Q

R

S

Conception et réalisation Nord Compo

Achevé d'imprimer en octobre 2010
par D.Z.S. (Slovénie)
N° d'éditeur : 8220
Dépôt légal : octobre 2010